山西晋信律师事务所

企业合同法律风险防控实务

——暨在装备制造业的应用

武晋宝◎著

法律出版社 LAW PRESS·CHINA
北京

图书在版编目（CIP）数据

企业合同法律风险防控实务：暨在装备制造业的应用 / 武晋宝著. -- 北京：法律出版社，2024. -- ISBN 978-7-5197-9508-5

Ⅰ. D923.64

中国国家版本馆 CIP 数据核字第 2024SR8708 号

企业合同法律风险防控实务

——暨在装备制造业的应用

QIYE HETONG FALÜ FENGXIAN FANGKONG SHIWU

—JI ZAI ZHUANGBEI ZHIZAOYE DE YINGYONG

武晋宝 著

策划编辑 邢艳萍

责任编辑 邢艳萍

装帧设计 贾丹丹

出版发行 法律出版社

编辑统筹 法律应用出版分社

责任校对 裴　黎

责任印制 刘晓伟

经　　销 新华书店

开本 710 毫米 × 1000 毫米　1/16

印张 28　　**字数** 450 千

版本 2024 年 10 月第 1 版

印次 2024 年 10 月第 1 次印刷

印刷 北京盛通印刷股份有限公司

地址：北京市丰台区莲花池西里 7 号(100073)

网址：www.lawpress.com.cn

投稿邮箱：info@lawpress.com.cn

举报盗版邮箱：jbwq@lawpress.com.cn

销售电话：010-83938349

客服电话：010-83938350

咨询电话：010-63939796

书号：ISBN 978-7-5197-9508-5　　**定价**：98.00 元

凡购买本社图书，如有印装错误，我社负责退换。电话：010-83938349

序　言

订立及履行各种业务合同是企业日常经营活动的主要工作内容,如何防范和应对与合同有关的各种法律风险,就成为企业经营过程中所面临的重要问题。在律师为各行业、各类型的企业提供的法律服务中,指导企业建立合同管理制度,审查各种合同文本,协助企业进行合同磋商和签署,为合同的履行提供法律咨询意见,以及在发生合同纠纷时帮助企业解决争议,也就成为律师执业活动中的重要工作内容。

山西晋信律师事务所在对全所律师的执业活动进行日常管理的过程中,提倡和鼓励每位律师将办案过程中收获的经验进行全面、及时的归纳和总结,并经常性地组织所内全体律师对办案过程中的一些代表性问题进行讨论及集体总结。我们在为企业提供与合同有关的法律服务的过程中,积累了丰富的工作经验。同时,也发现了大量合同订立不规范、合同履行不细致、合同争议解决不当等实际问题。这些现象的出现,大多是由于企业及其工作人员法律风险意识淡漠、法律知识欠缺或对法律规定存在错误认识等原因造成的。鉴于此,我们将工作中积累的关于合同法律风险防控的知识和经验进行归类总结,并提供给企业管理人员加以了解和掌握,对于提高企业的合同管理及风险防控能力是一件很有必要,也很有意义的事情。

本书作者武晋宝律师,在从事律师职业前有十余年的企业技术开发等方面的工作经历,积累了丰富的企业合同管理方面的工作经验,进入律师事务所工作后,在我的指导下通过了律师执业的实习期。随后一直在我所从事专职律师工作。通过多年的共同工作,我对他有较为全面和深入的了解。武律师本人不仅具有较为深厚的法学理论功底,对与法律的理解和适用有联系的其他关联学科知识也有较为深入的研究。在讨论案件时,武律师经常能从更宏观或更细致的角度提出一些新颖、独到的观点或意见，为案件的处理提供别具一格而又不脱离实际的新思路、新方案。本书各章节的内容中，有不少地方体现出作者这种独特的思维方式。

本书的创作主要围绕将法律、司法解释及实践中认可度高、应用性强的司法观点等规范内容，融入企业合同法律风险防控的具体工作中展开，内容涵盖交易进行前交易对象的选择、交易条件的磋商、合同的订立、合同的履行、合同的变更或解除、合同纠纷的处理等各个阶段法律风险的防控。全书内容既从宏观上对企业应如何构建法律风险防控体系、从哪些方面进行合同法律风险防控作出了说明，又对合同实务中各种常见的法律风险点从发生原因、可能产生的不利后果、可以采取的应对策略和方法等进行了微观的分析，内容的安排突出实用性和可操作性。本书既可以为各类企业，尤其是装备制造企业建立和运行合同管理制度提供指导，又为企业日常经营活动中各种常见合同的法律风险防控提供了具体的方法。其中，下篇的四章内容，对装备制造企业经营活动中涉及的四种合同进行了详细的介绍，尤其是关于工业品买卖合同、承揽合同相关法律风险防控知识的分析和讲解，为经常从事该两类交易的装备制造企业有针对性地提供了可具体操作的合同法律实务指南。

本书是作者对相关法律规范和实务工作经验进行分析、归纳和总结而形成的，既是作者个人的智力创作成果，也包含了我所律师的集体智慧。本书的出版发行是对作者个人创作成果的认可和鼓励，同时也是对山西晋信律师事务所的鼓励。衷心希望本书的出版能够为广大企业合同法律事务的处理有所裨益，也希望我所律师在未来的工作中能够把握更多的机会，为国家法治建设贡献更多的力量。

山西晋信律师事务所主任

二〇二四年九月十九日

前　言

装备制造业是为国民经济各部门的生产活动提供生产工具的各类制造业的总称,是制造业的核心组成部分;承担着为各行业提供生产工具和工作母机、带动相关产业发展的重任,在整个工业体系中占有举足轻重的地位。装备制造企业在生产经营活动中,需要通过交易从市场获取所需资源,也需要通过交易将产品提供给市场。大量的、持续不断的交易构成了企业的全部经营活动;而合同就是应交易的需要而产生的,是交易行为在经济活动中的具体表现形式。企业为达成交易而与所选择的交易对象就交易条件进行磋商的过程就是合同订立的过程,双方所达成的交易条件的组合就是合同内容,双方按照约定的条件进行交易的行为就是合同履行行为。

市场经济是法治经济,企业通过合同进行交易的行为受国家法律的规范,如相关交易行为与法律规定不符,企业将可能由此承担于己不利的法律后果。这种因民事主体所实施的交易行为不符合法律规定而可能导致的法律上的不利后果,就是实践中所说的“合同法律风险”。在市场经济的环境下,企业的所有经营行为都是围绕合同展开的,合同法律风险也就成为企业经营活动中发生频率最高、影响最大的经营风险。因此,建立、健全科学合理、运行有效的合同风险管理制度,对包括装备制造企业在内的一切企业的生存和发展都有极其重要的意义。

本书根据《民法典》和相关民事特别法律、法规,以及最高人民法院最新制订或修订的相关司法解释,对装备制造企业经营活动中可能面临的与合同有关的各种法律风险进行了较为深入的分析和探讨。对合同订立、履行、变更、解除及可能的纠纷解决过程中各个环节的常见法律风险节点进行了详细的梳理,并提出了相应的法律风险防控建议。全书内容以企业防控法律风险的实务需求为出发点和落脚点,内容突出实用性和可操作性,可满足不同规模装备制造企业合同法律风险防控的基本需要。

本书内容分为两篇共八章。上篇为企业合同法律风险防控通用知识,内容共四章,适用于各种类型企业的合同法律风险防控实务需要。第一章企业合同法律风险防控基础知识,简要介绍了企业合同法律风险的概念、特征、形成原因、分类,以及合同法律风险防控的含义、原则、过程、措施等与合同法律风险防控工作相关的基础知识。第二章合同订立过程中的法律风险防控,主要从合同主体的适格性、形式的合理性、意思表示的真实性、内容的合法性、条款的实用性、权利义务的明确性六方面对合同订立阶段存在的常见法律风险进行了详细的分析、论证,并就相关法律风险的防控措施提出了建议。第三章合同履行过程中的法律风险防控,从合同履行的过程管理,合同的完善、补充、变更、解除,违约责任的承担,履约证据的管理等四个方面,就企业如何对合同履行阶段存在的法律风险进行防控进行了详细的介绍。第四章合同纠纷解决过程中的法律风险防控,对和解、调解、仲裁、民事诉讼等四种民事纠纷解决方式的含义、特点、适用范围,以及分别存在的法律风险的防控方法进行了介绍。其中,对民事诉讼过程中法律风险的防控进行了重点介绍。下篇装备制造企业常用合同的法律风险防控,针对装备制造企业经营活动中的四类常用合同即技术合同、工业品买卖合同、工业品承揽合同、机电设备融资租赁合同的法律风险防控进行了详细介绍,内容共四章。第五章技术合同的法律风险防控,介绍了技术合同的基本法律知识及不同种类技术合同的法律特征和法律风险防控方法。第六章工业品买卖合同的法律风险防控,第七章工业品承揽合同的法律风险防控,该两章通过对装备制造企业生产经营特征的归纳、总结,根据《民法典》及其他相关法律的规定,就该行业企业经营活动中使用最多的工业品买卖、承揽合同的订立、履行、争议解决等进行了全面细致的论述,并对其中法律风险的防控提出了可供借鉴的解决方案,该两章内容相互间有较强的关联性。第八章机电设备融资租赁合同的法律风险防控,除对以机电设备为标的物的融资租赁合同的概念、法律特征及常见类型等进行了简要介绍外,着重从装备制造企业的交易角度,对融资租赁合同订立、履行、纠纷解决过程中常见法律风险的防控方法进行了分析和说明。

本书以满足装备制造企业法律风险防控的实务需要为宗旨,对实践中从合同订立、到合同履行、再到可能的争议解决过程中的常见法律风险的防控进行了较为全面的介绍;并对装备制造企业经营活动中较为疑难、复杂的四类合同的法律风险防控知识进行了专章介绍。本书内容为满足企业、尤其是装备制造企业进行合同法律风险防控工作的基本需要而编写,适合相关企业的管理人员、营销人员、采购人员阅读参考,也可供企业法务人员、律师等法律实务人员参考使用。

凡 例

名称	本书中简称
《中华人民共和国民法典》	《民法典》
《中华人民共和国民事诉讼法》	《民事诉讼法》
《最高人民法院关于适用〈中华人民共和国民法典〉总则编若干问题的解释》	《民法典总则司法解释》
《最高人民法院关于适用〈中华人民共和国民法典〉合同编通则若干问题的解释》	《民法典合同编通则司法解释》
《最高人民法院关于适用〈中华人民共和国民法典〉有关担保制度的解释》	《担保司法解释》
《最高人民法院关于审理买卖合同纠纷案件适用法律问题的解释》	《买卖合同司法解释》
《最高人民法院关于审理技术合同纠纷案件适用法律若干问题的解释》	《技术合同司法解释》
《最高人民法院关于审理融资租赁合同纠纷案件适用法律问题的解释》	《融资租赁合同司法解释》
《最高人民法院关于适用〈中华人民共和国民事诉讼法〉的解释》	《民事诉讼法司法解释》
《最高人民法院关于审理商标民事纠纷案件适用法律若干问题的解释》	《商标司法解释》
《最高人民法院关于审理侵犯商业秘密民事案件适用法律若干问题的规定》	《商业秘密司法解释》

CONTENTS 目　录

上篇　企业合同法律风险防控通用知识

上　篇

企业合同法律风险防控通用知识

在市场经济条件下，企业生产经营所需的各种要素，都需要通过交易向他人获取；生产经营活动中形成的产品或提供的服务，也需要通过交易提供给他人。如此循环往复地采购生产经营所需的资源、并不断地向市场提供产品或服务，构成了企业生产经营活动的全部内容。在企业开展经营活动的过程中，各种交易活动基本都是围绕合同的订立和履行进行的，如购买原材料需要与供应方订立并履行原材料的买卖合同，出售产品需要与客户订立并履行产品的买卖合同等。

企业在经营活动中订立、履行各类业务合同或其他合同时，应紧密围绕己方的交易需求，根据相关的法律规定，合法、合理地实施合同行为，有效地防控相关的法律风险。在由于合同与他人发生纠纷时，也应充分了解不同纠纷处理方式的特点，选择有利于解决纷争、有利于维护己方权益的纠纷解决途径，并在纠纷解决过程中合理确定策略，正确实施相关行为，有效地防范和应对相关的法律风险。

本篇内容首先介绍了与合同有关法律风险的基础知识，随后以合同订立、履行及可能的纠纷解决的流程为主线，对合同各个存续阶段蕴含的法律风险进行了详细的识别和分析，并对各种法律风险的防控提出了实用、可操作的具体措施。

第一章　企业合同法律风险防控基础知识

在市场经济条件下,企业等市场主体只有通过交易才能获取自身生产经营所需的资源要素,也只有通过交易将自己的产品或服务提供给他人才能实现经营目的。企业要进行交易,就需要选择交易对象,并与交易对象协商交易事项,交易双方就交易所达成的合意就是合同。企业或个人等民事主体在从事交易活动时,需要遵循法律关于合同的规定实施相关交易行为,防范和化解由于行为与法律规定的要求不符而产生的各种法律风险。

第一节　企业合同法律风险概述

企业在开展经营活动的过程中所实施的行为,大多数都是围绕合同的订立或履行而展开的。合同法律风险是对企业的经营活动影响最大、最重要、也最需要进行防控的法律风险。

一、合同法律风险的概念

根据国家标准化管理委员会2012年发布的《企业法律风险管理指南》(GB/T 27914—2011)的规定,所谓企业法律风险,是指“基于法律规定或者合同约定,由于企业外部环境及其变化,或者企业及其利益相关者的作为或者不作为导致的不确定性,对企业实现目标的影响”。实践中,企业法律风险事件会发生在企业所从事的各种经营或管理活动中,常见的有合同法律风险、人力资源法律风险、知识产权法律风险、税务法律风险、投融资法律风险、安全生产法律风险、企业治理法律风险等。其中,由于合同在企业生产经营活动中的重要地位,合同法律风险在发生频率、可能造成的损失、对企业利益的影响等方面均处于首要的地位。

根据上述国家标准关于“企业法律风险”的定义,结合合同的交易特征及法律特征,本书认为,企业合同法律风险,就是指企业在从事合同的订立、履行、变更、解除、纠纷解决等与合同有关的活动时,基于与所从事的合同活动有关的法律规定或者合同本身的约定,由于外部法律环境本身及在合同进行过程中可能产生的变化,或者由于企业自身及其他与合同有关的利益相关者所实施的行为,而产生的合同订立结果、效力、履行过程和结果等方面的不确定性,从而导致企业所追求的交易目标难以实现或难以全部实现、或造成企业其他损失的可能性。

二、合同法律风险的特征

企业对合同法律风险进行防控,需要根据合同法律风险所具有的以下特征开展相关的工作。

1. 不确定性

合同法律风险的不确定性,是指风险事件是否发生、发生的时间及产生的结果等都在事前难以准确判断。在具体的合同关系中,某项特定的法律风险是否会实际发生、何时发生、发生以后会造成何种结果等都具有偶然性和随机性,事前难以进行准确的预测。因此,企业针对具体的合同法律风险事件选择应对策略时,需要综合考虑风险的发生概率、可能造成损失的大小、自身的风险偏好、对风险事件的承受能力等因素后审慎确定。

2. 客观性

合同法律风险的客观性,是指风险是不以人的主观意志为转移的客观存在,无论人们是否在实施合同行为以前已经意识到法律风险因素的存在,一旦风险事故现实地发生,就可能会造成当事人实际的损失。合同法律风险所具有的客观性,揭示了企业实施法律风险防控工作的必要性和重要性。

3. 普遍性

合同法律风险的普遍性,是指法律风险蕴藏于合同从订立到履行,再到可能的合同变更、解除、争议解决等全部过程的各项活动中。企业应当对合同法律风险进行全流程的、综合的、全面的防控。实践中广泛存在的重合同订立过程中风险的防控、轻履行及其他过程中风险防控的做法,是不能满足合同法律风险防控的实际需要的。

4. 规律性

合同法律风险的规律性,是指法律风险事件是否发生、由于何种原因发生、什么时间发生、发生后所造成的损失大小等都具有一定的规律,可以通过事前的分析进行科学的评估。如前所述,单个法律风险事件的发生是偶然和随机的,但数量众多的同类或类似风险事件的发生则是具有规律性的。企业在进行具体风险事件的防控时,可以通过逻辑推理及对本企业或相同、相近行业其他企业的相关经验、教训的总结,对相关法律风险事件发生的可能性、发生后可能造成的后果等进行科学的分析和评估。合同法律风险所具有的规律性,使交易主体对交易过程中的法律风险进行防控成为可能,也为法律风险防控工作的进行指明了方向。

三、合同法律风险的形成原因

企业在各种交易活动中的法律风险,既有由于外部环境的影响而形成的外部因素,也有来源于企业自身的内部因素。

(一)合同法律风险的外部因素

1. 法律规范的抽象性

与合同有关的法律法规,以及相关司法解释、司法政策等,都是为了满足实践中纷繁复杂的交易需要而制定的,在内容的安排上都具有一定的抽象性。企业在具体的交易活动中,就特定交易事项进行合法、合规性的评价时,往往难以得出明确、具体的唯一结论,从而增加了交易行为所导致法律后果的不确定性,使相关的法律风险防控工作复杂化。

2. 司法机关在适用法律时自由裁量权的行使

由于法律规范本身的抽象性,不同的司法机关、司法人员对相同法律规范的理解也会产生明显的不同,从而在司法实践中针对相同或类似的合同纠纷形成了多种不同的裁判规则或法律适用意见,致使企业在实施与合同有关的行为时无所适从,也增加了合同纠纷在司法处理过程中结果的不确定性。

3. 交易习惯不完全合法、合规

为节省交易成本、提高交易效率,一些特定行业或领域的企业在长期的交易活动中往往会形成一些相对稳定的交易流程或交易方式、方法，从而形成一定范围内的交易习惯。这些交易习惯的内容多数是为了满足相关企业自身的交易需要而被运用的，并不一定完全合法、合规。企业在按照这些行业交易习惯实施各种合同行为时，将会面临行为不合法、不合规的法律风险。

4. 合同利益相关者的行为

企业在通过订立及履行合同进行各种资源的交易时，交易对象以及其他与合同有关的利益相关人，可能会由于追求己方利益的实现或其他的事由而实施影响企业交易目的实现的行为，如交易对象的违约行为、交易辅助人的不当行为、第三人就交易标的主张权利等。这些情形的出现，都会对企业交易目的的实现造成影响。

此外，各种不可抗力事件、情势变更事件以及影响交易正常进行的其他意外事件的发生，也会对企业通过合同的履行所要实现的交易目的造成影响。

（二）合同法律风险的内部因素

1. 对合同法律风险管理的重视程度不够

在市场经济条件下，企业生存和发展的首要条件是获得足够的市场交易机会，而绝大多数企业向社会提供的产品或服务又都处于充分竞争的市场状态。因此，很多企业出于获取尽可能多交易机会的考量，在交易活动中主动或被动地降低了对包括法律风险在内的交易风险的防控要求，形成了重视业务开展、轻视风险防控，或重视商业风险、轻视法律风险的经营现状。

2. 未建立或未实施健全、有效的法律风险防控机制

企业由于整体管理水平不高、法律风险意识淡漠、专业人员配置不足等，而未建立贯穿合同全流程的完整系统和符合企业自身需求的法律风险防控机制；或虽建立了相关的管理制度，但制度内容停留在纸面上，没有在合同管理活动中进行有效的实施。

3. 合同法律风险防控措施不当

企业合同法律风险的防控是一项复杂的系统化工作，在实施的过程中，需要企业根据不同风险因素的特点，综合运用业务开展、企业管理、法律应用等方面的专业知识，分别或综合采取事前、事中、事后的评估，应对等防控措施。但一些企业会由于过分追求交易效率、管理水平不高、专业人员配置不足、存在侥幸心理等，而对风险因素的识别不全面，分析和评估不周密，进而错误地运用了

不足以防控相关法律风险的措施。

4. 企业及其工作人员法律遵从意愿不强

一些企业的管理人员或业务人员法治意识不强，认为按照法律规范开展交易活动会增加交易成本、降低交易效率，影响企业的经济效益；并在此种思想的指导下，在交易活动中实施各种自认为处于法律规范灰色地带的行为，企图追求常规交易中难以实现的经济利益。这些行为客观上都会使企业面临更多、更复杂的法律风险。

四、合同法律风险可能造成的后果

风险本身并不是损失，有法律风险的合同行为并不一定都会造成企业利益的丧失。但由风险因素影响的风险事件一旦实际发生，就会造成企业具体而实在的损失。合同法律风险可能造成的企业损失后果主要有以下几种情形。

1. 交易目的全部或部分无法实现

合同是交易的形式，是企业为与他人进行资源交换而使用的工具。合同订立或履行过程中存在的各种法律风险因素，如实际形成了法律风险事件，就会导致合同无法全部按照约定得以履行，从而导致交易目的的全部或部分无法实现。例如所订立的合同无效或部分无效的，企业将无权要求交易对象履行相应的合同义务，也无法请求司法机关强制对方履行，从而导致企业期望通过合同的履行所要达到的交易目的无法实现。

2. 经济损失

合同法律风险事件实际发生后，不仅会对企业交易目的的实现造成影响，在大多数情况下，还会造成企业额外的经济损失。例如，对合同的无效具有过错的当事人，不仅无权要求对方继续履行合同以实现己方的交易目的，还需要自行承担己方在合同订立或履行过程中所受到的损失，并且还要承担对方当事人由于合同无效所受到的损失。

3. 被国家机关追究行政或刑事法律责任

企业订立或履行合同的行为违反行政管理法规的，会受到相关行政机关的行政处罚；情节严重、触犯刑法的，还会被司法机关追究刑事责任。例如，交易不符合法定交易条件的不动产，买卖侵犯他人知识产权的产品，交易不符合国家强制性安全标准的产品等情形。

4. 对企业形象、商业信誉的损害

企业在交易活动中的行为违反国家强制性规定，或损害社会公共利益、他人合法权益的，或存在严重违约行为、损害交易相对人利益的，不仅需要承担相应的法律责任，还会不可避免地对企业的社会形象、商业信誉造成损害，给企业以后的经营活动造成不利影响。

第二节　企业合同法律风险的分类

合同从产生到终止一般会经历订立和履行的过程；特定情形下，还会有变更或转让、解除及争议解决等过程。其中，法律风险要素主要集中在订立、履行和争议解决的过程中；存在于变更或转让、解除等过程中的法律风险要素，也大多与合同的订立、履行、争议解决等事项有关或相类似。

一、合同订立过程中的法律风险

在合同订立阶段，当事人需要就交易所涉及的主体、标的、方式、交易出现障碍时的处理等方面的内容进行确定。当事人在进行交易磋商、订立交易合同时，不仅需要考虑与谁交易、交易什么、怎么交易等商业问题，还需要考虑与交易有关的法律问题，如合同主体是否具有订立合同的资格或资质，交易标的及交易方式是否为法律所允许等。合同订立过程中的法律风险，主要体现在以下几个方面：

一是合同主体不适格，即订立合同的当事人不具有订立合同的法定资格或不具有履行合同的能力。例如，企业的内设部门等不能独立从事民事活动的组织以自己的名义订立的合同；或不具备交易所属领域经营资质的企业或个人所订立的合同；或当事人不具有履行合同约定义务的能力，导致所订立的合同无法得到履行等。

二是合同形式不适当，即合同的表现形式与交易的实际需求不匹配。例如，复杂的交易采用了口头合同，导致当事人在合同履行过程中对合同的具体内容产生争议；经协商一致达成的合同采用了类似格式条款的形式，导致合同中对当事人有利的条款被作为格式条款中的免责内容而排除适用等。

三是合同当事人意思表示不真实,即当事人所订立合同的内容不符合其本意,合同履行后当事人的交易目的全部或部分无法实现。例如,一方当事人由于自身的原因对交易对象、交易标的、交易价格等事项存在误解;当事人由于受到交易对象或第三方的欺诈、胁迫而订立了不符合自身交易目的的合同等。

四是合同内容不合法,即交易标的或交易方式等合同内容与法律的强制性规定不符。例如,买卖法律禁止交易的非流通物;转让土地使用权的交易条件不符合法律规定;交易侵害他人知识产权的产品;买卖质量不符合国家强制性标准的标的物等。

五是合同条款不实用,即合同条款未按照交易的实际需求合理设置。例如,履行过程复杂的合同未就各方合同义务的履行顺序作出安排;在交易对象缺乏履行能力的情形下,合同未设置有效的担保措施;或合同中约定了大量无助于交易进行的冗余条款等。

六是交易标的及当事人的权利义务约定不明确,即合同中关于交易标的及双方权利义务的约定模糊不清,难以通过合同内容准确界定。例如,买卖合同未约定交易标的物的具体信息,服务合同未约定服务范围、质量等内容,或合同中未约定明确的履行方式、期限等内容。

二、合同履行过程中的法律风险

合同依法成立并生效后,当事人需要按照约定履行各自的义务,当事人围绕合同的工作也就由订立阶段进入了履行阶段。虽然合同内容既有当事人所享有权利的约定,也有所需承担义务的约定,但当事人合同权利的实现主要是通过对方当事人履行义务来实现的,故合同履行主要表现为各方当事人对各自合同义务的履行。在不同的合同中,交易标的、交易方式等内容会有显著的不同,即使在相同或相似标的的交易中,由于当事人交易需求的不同,当事人所要履行的合同义务也会有很大的差别。因此,与合同的订立相比较,合同履行过程中所存在的法律风险因素要复杂很多,整体上呈现出零散分布、个性化强、专业性高、规律性较差等特点。本书根据风险事故发生原因的不同,将合同履行过程中的常见法律风险进行如下分类:

一是未及时完善合同内容,即合同进入履行阶段后,未对合同中可能存在的遗漏、错误、不明确、不符合交易需求的内容进行完善修正,导致合同履行过程难以顺利进行。例如,买卖合同未对所交易标的物的规格型号作出准确约定,在合同开始履行后,双方当事人又均未及时发现该项合同内容瑕疵,导致出卖方交付标的物时无法确定标的物的规格,或在交货后双方当事人就所交货物是否符合约定发生争议。

二是未依约履行合同义务,即当事人未按照合同约定或法律规定履行己方义务,造成己方合同违约,需向对方承担继续履行、支付违约金、赔偿损失等法律责任。例如,承揽合同的承揽人未按合同约定的期限完成承揽工作,可能需向定作方承担赔偿损失的违约责任。

三是交易对象违约,即对方当事人未按照合同约定或法律规定履行义务,造成己方的交易需求无法按照预期得到实现。例如,机械设备买卖合同中的出卖人未按约定的交货期限交付标的设备,导致买受人的生产经营活动由于生产设备未按时到位而无法正常进行。

四是交易对象经营状况恶化,即由于各种主客观因素的影响,交易对象可能在履行合同过程中丧失或降低履行能力,导致无力履行合同义务。例如,承揽合同的承揽人由于核心职工的大量离职而无力继续进行承揽工作,买卖合同的买受人因生产经营恶化而无力支付合同价款等。

五是未及时全面收集履约证据,即由于各种原因没有对己方及对方的履行义务情况收集必要的证据材料等,造成己方履约过程的混乱或发生争议时无法证明各自的合同义务履行情况。例如,标的物构成复杂的买卖合同的出卖人,未对交付标的物的情况收集和保留相应的证据,导致自身对已交付和未交付标的物的具体情况产生错误认识,从而造成多交、少交的合同履行错误;或在对方当事人提出标的物交付数量的异议时,己方由于缺乏证据而无法进行抗辩。

三、合同纠纷解决过程中的法律风险

在合同履行过程中及履行后,为保障己方权利的实现,当事人都应就对方的债务履行进度及完成情况予以特别关注,发现对方的履行不符合约定的,应提出督促或整改的要求。对方不认可或虽认可但未提供问题解决方案的,就会形成交易纠纷。一般而言,合同当事人都希望合同能够顺利履行完毕,而不希望合同纠纷的发生。但由于当事人交易立场的不同,合同约定不明确或合同由于各种因素的影响无法正常履行,或交易环境在合同成立后发生较大变化时,

各方交易主体为追求己方利益的最大化,交易纠纷的发生就将难以避免。

当事人因合同订立、履行等事项发生纠纷后,可根据纠纷的具体情况选择和解、调解、仲裁及诉讼等方式对纠纷加以解决。在不同的纠纷解决方式中,纠纷解决方式的性质、程序的启动,当事人可以实施的行为、所实施行为的性质,纠纷解决的结果等均有很大差异。当事人需要根据所发生合同纠纷的具体情况及各种纠纷解决方式的特点,选择适当的纠纷解决方式;并在纠纷解决的具体过程中,按照不同纠纷解决方式的性质及法律规定实施相关行为。

合同纠纷解决过程中的法律风险,可以分为以下几种主要类型:一是纠纷解决方式选择不当。例如,选择了不利于具体案情中实现己方利益的纠纷解决途径,或选择提起仲裁或诉讼的时机不当等。二是和解或调解程序中的法律风险。常见的如违背自愿原则的和解、调解;和解、调解协议内容不符合法律规定,或内容不明确、无法执行;和解、调解协议达成后,纠纷未得到彻底解决等。三是仲裁程序中的法律风险。例如仲裁协议无效、仲裁机构或仲裁员选择不当、仲裁请求不合理等。四是诉讼程序中的相关法律风险。例如选择管辖法院不当、诉讼策略错误、未依法行使诉讼权利、诉讼行为违法等。

第三节　合同法律风险防控的含义、原则和过程

对于市场交易活动中的各种合同法律风险,企业应当在详细分析、评估风险事件发生的可能性及发生后可能造成损失大小的基础上,合理确定风险防控策略和应对方式。

一、合同法律风险防控的含义

合同法律风险防控,又称合同法律风险管理,是指企业运用风险管理的技术和方法,对合同流程中的各种法律风险进行识别、评估和应对,以达到避免或有效降低风险不利后果的工作过程,包括法律风险事件发生前的防范、发生中的控制以及发生后对后果的补救等模式。

合同法律风险是企业经营活动中最常见、也是最重要的法律风险,企业如果对其放任不管、听之任之,将会随时由于风险事件的爆发而陷入困境,企业的

生产经营活动将无法持续、稳健地进行。但与此同时,包括合同法律风险在内的各类风险往往是与商业机遇相伴而生的,完全回避风险往往意味着商业机会的丧失,企业经营也将会举步维艰、无所作为。因此,在面临各类风险时,企业既不能不管不顾、听之任之,也不能一概规避,而应详细分析、评估交易活动可能带来的收益以及风险事件可能造成的损失大小,合理确定风险防控策略和应对方式。

二、合同法律风险防控的原则

根据《企业法律风险管理指南》(GB/T 27914—2011)的要求,企业在进行包括合同法律风险在内的法律风险防控的过程中,应遵循以下原则。

1. 审慎管理

企业应在尊重法律、保持诚信的前提下,开展法律风险管理活动,风险管理的策略和方法不应违反法律的义务性规范和禁止性规范。

2. 以企业的战略目标为导向

法律风险的管理目的在于促进企业战略目标的实现。企业法律风险管理活动要充分考虑法律风险与企业战略目标之间的相互关系等因素。

3. 与企业整体管理水平相适应

企业法律风险管理是企业管理的有机组成部分,和企业战略管理、流程管理、绩效管理、信息管理等密切相关。为保证企业法律风险管理取得良好的效果,法律风险的识别、分析、评价和应对等活动要充分考虑企业当前整体管理水平。

4. 融入企业经营管理全过程

法律风险发生于企业的经营管理活动,其识别、分析、评价和应对都不可能脱离企业经营管理过程,因此企业法律风险管理要融入企业经营管理的全过程,贯穿决策、执行、监督、反馈等各个环节。

5. 纳入决策过程

企业所有决策都要综合考虑风险,以便将风险控制在企业可接受的范围内。法律风险作为企业的重要风险类型,要纳入企业决策过程,作为企业决策应考虑的重要因素。

6. 纳入企业全面风险管理体系

企业法律风险管理是企业风险管理体系的组成部分,要与其他风险的管理活动整合，以提高风险管理的整体效率和效果。

7. 全员参与

法律风险产生于企业经营管理的各个环节，因此法律风险管理需要企业所有员工的参与并承担相关责任，其中特别包括企业专职的法律管理部门或人员。各方人员宜分工负责，以形成法律风险管理的长效机制。

8. 持续改进

企业法律风险管理是适应企业内外部环境变化的动态过程，其各步骤之间形成一个循环往复的闭环。随着内外部环境的变化，企业面临的法律风险也在不断发生变化。企业要持续不断地对各种变化保持敏感并做出恰当反应。

三、合同法律风险防控的过程

合同法律风险的防控是企业全面风险管理工作的有机组成部分，是风险管理的理论和方法的具体应用，贯穿与交易有关的所有决策和经营管理的各个环节。根据《企业法律风险管理指南》(GB/T 27914—2011)的要求，企业合同法律风险防控的过程，包括明确法律风险环境信息，法律风险评估，法律风险应对、监督和检查等活动；其中，法律风险评估包括法律风险识别、法律风险分析和法律风险评价三个步骤。

1. 合同法律风险环境信息的明确

合同法律风险环境信息的明确，是指企业应用适当的方法，对企业内部和外部环境中与合同法律风险相关的信息进行收集、分析、整理、归纳的一系列工作过程。通过明确合同法律风险环境信息，企业可明确其合同法律风险的防控目标，确定与企业相关的内部和外部风险管理参数，并设定法律风险管理的范围和有关风险准则。企业合同法律风险环境信息包括企业外部和企业内部两方面的信息内容。

外部合同法律风险环境信息是指存在于企业外部的、与企业合同法律风险防控相关的政治、经济、文化、社会、技术、法律等各种相关信息，包括但不限于：企业所处行业的业务模式及特点、产业发展现状、技术发展情况、产品或服务的升级迭代周期、行业整体未来可能的发展变化等；国家对企业所处行业、所经营的业务、所进行的交易模式的立法、执法、司法情况以及相关产业政策的制订和执行情况，相关法律规范及政策在未来可能发生的变化；国家对企业所进行的经营活动的监管体制、监管机构、监管政策以及监管的实际执行等情况；企业开展经营活动的市场竞争情况，本企业在市场竞争中的地位，本企业在产业价值链中的定位；与本企业可能形成交易关系的，以及其他可能影响到企业交易活动的利益相关者对法律、合同、道德操守等规则的遵从意愿、履行能力等情况。由于外部环境产生的合同法律风险因素，企业难以通过自身的行为对风险事件的发生进行防控，而只能通过对相关风险事件发生可能性的分析评估进行合理的预测，并采取风险规避、风险承担、风险转移等应对方法。

内部合同法律风险环境信息，是指企业内部与合同法律风险及其防控相关的各种信息，包括但不限于：企业的经营目标、盈利模式和业务模式；企业的治理结构、部门设置、职能分工、人员配置、工作人员的岗位职责；企业合同管理制度的制订和执行情况；企业法律事务工作及法律风险管理现状；企业与合同相关的工作人员的法律、道德遵从情况、激励约束方式，业务水平、工作能力等；企业自身的技术水平、生产能力、财务状况等合同履行方面的能力；企业的知识产权管理情况。由于内部环境产生的合同法律风险因素，企业可以通过制定和执行相关管理制度、提高工作人员法治、道德水平及业务水平、加强合同法律风险管理等内部控制措施加以防范和控制。

2. 合同法律风险的评估

合同法律风险的评估包括合同法律风险的识别、分析和评价三个环节。

合同法律风险识别，是指企业先通过对合同流程中可能存在的法律风险进行查找，然后对查找出的法律风险进行描述、分类，对其原因、影响范围、潜在的后果等进行分析归纳，并最终生成企业合同法律风险清单的过程。通过对合同法律风险的识别，可全面、系统和准确地描述企业合同法律风险的状况，为下一步的法律风险分析明确对象和范围。

合同法律风险分析，是指对识别出的合同法律风险进行定性、定量的分析，为合同法律风险的评价和应对提供支持。合同法律风险分析要考虑导致法律风险事件的原因、法律风险事件发生的可能性及其后果、影响后果和可能性的因素等。根据法律风险分析的目的、可获得的信息数据和资源，合同法律风险的分析可以是定性的或定量的分析，也可以是定性的和定量的组合分析。对合同法律风险的分析，包括对法律风险可能性的分析及影响程度的分析。

合同法律风险评价，是指将合同法律风险分析的结果与企业的法律风险准则相比较,或在各种风险的分析结果之间进行比较,确定法律风险等级,以帮助企业作出法律风险应对的决策。在可能和适当的情况下,进行合同法律风险评价的步骤为:在法律风险分析的基础上,对法律风险进行不同维度的排序,包括法律风险事件发生可能性的高低、影响程度的大小以及风险水平的高低,以明确各法律风险对企业的影响程度;在法律风险水平排序的基础上,对照企业法律风险准则,可以对法律风险进行分级,具体等级划分的层次可以根据企业管理的需要设定;在法律风险排序和分级的基础上,企业可以根据管理的需要,进一步确定需要重点关注和优先应对的法律风险。

3. 合同法律风险的应对

合同法律风险的应对,是指企业针对合同法律风险或合同法律风险事件采取相应措施,将合同法律风险控制在企业可承受的范围。合同法律风险应对包括选择法律风险应对策略、评估法律风险应对现状、制订和实施法律风险应对计划三个环节。

合同法律风险应对策略包括规避风险、降低风险、转移风险、承受风险和其他策略,可以单独使用也可以组合使用。其中,规避风险是指企业通过改变交易计划来消除交易过程中可能的风险,如放弃交易、重新选择交易对象、重新确定交易标的等。规避风险的策略适用于风险后果超出企业承受范围的风险,或风险可能造成的损失明显大于交易可能的收益、且无法通过其他策略进行降低的风险。降低风险是指企业在对风险可能造成的损失进行细致、可靠的评估后,通过采取降低风险事件的发生概率、减轻风险事件可能造成的损失的措施以应对风险的策略,如加强企业内部管理,提高合同履行质量,降低自身违约事件的出现等。转移风险是指企业为避免自身承受风险后果,而通过特定的交易安排或其他方式将风险转移给他人承担的策略,如要求交易对象承担超出法律基本要求的产品质量保证责任,要求交易对象对其合同义务的履行提供第三方的保证担保,向保险公司投保信用保险或保证保险等。承受风险是指企业在权衡交易可能带来的收益及风险可能造成的损失后,对风险进行自我承担的策略;承受风险适用于可能造成的损失小、无法采取其他策略或采取其他策略的成本过高等类型的风险。

合同法律风险应对现状的评估,是指企业对已经在生产经营活动中选择运用了的风险规避、降低、转移或承受等策略的应用现状进行评估,以了解目前的法律风险应对存在哪些不足和缺陷,为制订法律风险应对计划提供支撑。

制订和实施合同法律风险应对计划,是指企业经对与合同有关的法律风险进行识别、评估并选择适当的应对策略后,制订并实施具体的各项风险应对措施的过程。实践中常用的合同法律风险应对措施包括:配置资源类,即设立或调整与合同法律风险应对相关的机构、人员,补充经费或风险准备金等;制度、流程类,即制订或完善与合同法律风险应对相关的制度、流程;标准、规范类,即针对特定的合同法律风险,编写标准、规范等文件,供相关人员使用;技术手段类,即利用技术手段规避、降低或转移某些法律风险;信息类,即针对某些法律风险事件发布预警信息;活动类,即开展某些专项活动,规避、降低或转移某些法律风险;培训类,即对某些关键岗位人员进行法律风险培训,提高其法律风险意识和法律风险管理技能。

4. 监督和检查

企业应及时跟踪内外部法律风险环境的变化,及时监督和检查法律风险管理流程的运行情况,以确保法律风险应对计划的有效执行,并根据发现的问题对法律风险管理工作进行持续改进。

第四节　合同法律风险防控的实施

对于交易活动中的各种合同法律风险,企业应通过建立可靠的合同法律风险管理体系,并采取切实有效的管理措施来进行有效的防控,以避免风险事件的发生给企业造成难以承受的损失。

一、合同法律风险管理体系的构建

根据《企业法律风险管理指南》(GB/T 27914—2011),企业合同法律风险管理体系包括企业合同法律风险管理的方针、组织机构及职能、资源配置、信息沟通机制等基础设施的建设。

1. 企业合同法律风险管理方针

企业合同法律风险管理方针需要明确下列事项:企业法律风险管理理念、企业决策者对法律风险管理的承诺、企业法律风险管理的目标、企业的法律风险偏好、企业法律风险管理目标与企业的目标及其他风险管理目标的关系、企业法律风险管理目标的层次分解和细化、持续改进的承诺。

2. 企业合同法律风险管理的组织机构及职能

企业应设立专门的法律风险管理机构或者岗位，并明确其职责和内容，具体包括但不限于：明确本企业法律风险管理机构或岗位的人员组成，根据企业内部条件和管理需求，必要时可设置企业总法律顾问，从总体上负责企业的法律风险管理工作；明确内外部法律风险管理资源的分工和合作方式；明确法律风险管理体系的制定、实施和维护人员的职责；明确执行法律风险应对措施、维护法律风险管理体系和报告相关风险信息人员的职责；明确企业管理人员及其他员工在其本职工作中有关法律风险管理方面的职责；建立批准、授权制度；建立考核方法、奖惩制度。

3. 企业法律风险管理的制度流程

企业应根据其法律风险管理的目标，建立完善适当的配套制度和行为规范，确定法律风险管理的工作程序，同时结合企业内部控制管理工作将法律风险纳入流程控制中，确保法律风险管理工作切实融入企业的日常管理工作中，确保法律风险管理在企业内部统一理解和执行。具体要考虑：本企业法律风险管理工作的范围和内容；法律风险管理制度、规范的制定要考虑企业的制度体系，特别是风险管理制度，确保一致性；形成对制度规范的定期更新，确保时效性。

4. 企业法律风险管理的资源配置

企业需根据法律风险管理计划，制定可行的方法，为法律风险管理分配适当的资源。具体要考虑：法律风险管理相关人员的技术、经验和能力要求；法律风险管理过程每一阶段所需要的资金及其他资源；法律风险管理目标、成本和收益的关系。

此外，企业可以根据内部条件和管理需求，通过建立企业法律风险管理信息系统，完成企业法律风险环境信息的收集，法律风险识别、分析、评价、应对，监督与检查，沟通和记录等各项工作，实现法律风险信息的在线查询、检索和维护，支持企业法律风险管理体系的动态管理。

5. 企业法律风险管理的沟通和报告机制

企业需建立内部沟通和报告机制，以保证：企业法律风险管理体系的关键组成部分及其调整得到适当的沟通；在企业内部充分报告法律风险应对计划实施的效果和效率;在适当的层次和时间提供法律风险管理的相关信息;建立与利益相关者协商的程序。

企业需建立与外部利益相关者沟通的机制。这种机制要保证:企业的对外报告符合法律法规和公司治理要求;企业与利益相关者保持有效的信息沟通;在外部利益相关者中建立对组织的信心;在发生突发事件、危机和紧急状况时与利益相关者沟通;为企业提供外部利益相关者的报告和反馈。

企业法律风险管理信息的沟通和报告机制要考虑与其他风险信息传递的衔接关系,以保证相关部门信息的互动沟通。

6. 企业法律风险管理文化

企业应当注重法律风险意识和风险管理文化的培养,从而促进法律风险管理的贯彻实施,保障法律风险管理目标的实现。具体应考虑:树立法律风险管理是企业全体员工共同责任的理念,需在不同层次上履行防范法律风险的职责;重视企业领导层对法律风险管理工作的态度、管理理念以及管理承诺;提高重要流程及核心岗位员工法律风险管理的意识和能力;法律风险管理专业机构可制定系统化的法律风险管理培训计划,采用多种途径加强对企业法律风险管理理念、知识、方法和流程的培训,从而提高全体员工知法、守法和用法水平;加强法律风险管理机构专业人员的法律实务水平和风险管理水平,加强提升对企业业务管理的深入理解和支撑服务能力,主动积极地为企业的经营决策和管理活动提供法律支持;企业应当加强对内部违法违规行为的惩治力度,形成良好的法律风险管理文化。

二、合同法律风险防控的具体措施

企业对合同法律风险的防控,不仅需要建立全面、系统的风险管理体系,还需要根据本企业开展交易活动的具体情况采取相应的具体措施。

1. 合同管理制度的制订和执行

合同是企业经营活动中使用频繁、对企业利益影响重大的商务和法律文件。企业在订立和履行合同时,如果没有内容明确、可靠的合同管理制度进行指引,企业的经营活动将会不可避免地陷入混乱。因此,企业应根据所处行业及所进行经营活动的特点,就合同订立和履行过程中相关事项制订并执行内容翔实、明确、可行的各项合同管理制度,如客户或供应商的选定,交易谈判的进行，合同文本的起草、审核、签署，合同的流程管理，合同的履行管理等。

2. 重大交易的可行性研究分析

对于日常经营活动以外的重要交易活动，如购置、租赁厂房，购置大中型生产设备，与他人进行合作经营、承包经营等；以及日常经营活动中大额、重要的交易活动，如大型项目的参与，价值高昂配套设备的采购等。企业在作出相关交易决策前，应对此类交易事项在商业上及技术上的可行性进行详细的调查研究和分析判断，尽量降低作出错误交易决策的可能性。

3. 重要交易事项的尽职调查

在订立合同的过程中，企业应根据交易事项的重要程度，合同履行的周期长短、专业性强弱、难易程度等，就交易对象的信用情况、经营资质、履行能力、经营现状等事项进行能够满足交易需要的调查了解，以防止与不具有经营资质、诚信度不够、履行能力不足的交易对象订立重要的合同。在履行合同的过程中，企业也应根据合同的重要程度对对方当事人的履约情况、经营状况等进行详细的跟踪了解，以便及时发现对方当事人可能发生的违约行为或履约能力的变化等情况。

4. 合同示范文本的制订

对于日常经营活动中重复进行的交易，企业应考虑根据交易标的的特点及自身的业务处理模式，制订相应的合同示范文本，以供订立相应的合同时参照使用或直接采用，如货物销售合同、服务提供合同、商品或服务采购合同等。合同示范文本的制订和应用，可以有效地简化后续相关合同的订立过程，降低交易成本、提高交易效率，也有利于企业对与合同相关的工作进行标准化的管理。但需要注意的是，企业在制订示范文本时，在内容的安排上应兼顾交易对象的利益，以争取更多的商业机会；在使用示范文本订立合同时，应就相关条款的具体内容与交易对象协商确定，以避免合同条款被认定为格式条款而造成己方不必要的损失。

5. 专业人员对合同订立和审查过程的参与

对于交易标的组成复杂、技术性强，或履行过程复杂的合同，企业应安排相关技术或业务部门的专业人员参加合同的订立和审查工作，以避免合同标的超出自身的履行能力或不符合己方的交易需求。对于当事人权利义务关系复杂的合同，新兴行业或领域、企业自身难以把握合同内容合法性的合同，或企业日常经营活动以外的、对企业利益影响重大的合同等，企业应考虑聘用在相关领域具有足够经验的法律事务专业人员参与合同的订立和审查，以确保合同内容合法及对当事人的权利义务安排公平、合理。

6. 对合同履行过程的管理

企业为进行交易而订立的合同，只有双方当事人都按照约定全面进行了履行，当事人的交易目的才能最终实现。实践中，除小额、及时清结的简易合同外，合同的履行往往要经历较为漫长的过程，在此过程中，双方当事人需要实施大量的合同履行行为。己方或对方当事人的任何履行不当行为，都可能影响到当事人交易目的的实现。因此，企业需要投入必要的人力、物力资源，对双方当事人的履行义务情况以及可能影响合同履行的外部因素的变化进行全面的跟踪了解，以尽可能避免己方不必要的违约，以及对对方可能的违约或其他可能影响己方交易目的实现的事件及时作出有效应对。

第二章　合同订立过程中的法律风险防控

法律风险蕴藏于合同从订立到终止的所有过程中。其中，合同订立过程中的法律风险主要体现在合同主体不适格、形式不适当、意思表示不真实、内容不合法、条款不实用、约定不明确等方面。本章内容将就存在于合同订立阶段的各类法律风险的含义、产生原因、特征、可能造成的损失、防范和应对方法等进行介绍。

第一节　合同主体不适格的法律风险防控

合同主体的适格是指订立合同的当事人应具有法定的缔约资格，并具有满足交易需求的合同履行能力。具体包括两方面的要求，第一方面是法律上的要求，即法律规定的合同主体的缔约资格及从事特定经营活动的资质；第二方面是交易本身的要求，即对合同义务的履行能力。企业与不适格的交易对象订立合同的，将可能造成合同无效、可撤销，或对方无能力履行合同义务而造成己方损失等不利后果。

一、合同主体不具有缔约资格的法律风险防控

1. 缔约资格的含义及法律要求

缔约资格，一般是指特定的组织或个人通过订立合同参与民事活动所必须具备的法定条件。不具备缔约资格的组织或个人所订立的合同，根据具体情形的不同而可能分别属于无效或可撤销的合同。根据《民法典》的规定，具备民事权利能力的个人或组织可以参与民事活动，成为民事法律关系的主体，享有民

事权利并承担民事义务。但不具有完全民事行为能力的个人,虽可以作为民事法律关系的主体,但实施订立合同等民事法律行为需由其法定代理人代理进行。依法设立的法人组织及符合法定条件的非法人组织可以以自己的名义从事订立合同等民事法律行为。其中,法人组织包括:有限公司、股份公司等营利法人,事业单位、社会团体、基金会、社会服务机构等非营利法人以及机关、集体经济组织、群众自治组织、合作经济组织等特别法人。非法人组织包括个人独资企业、合伙企业以及不具有法人资格的专业服务机构等组织。此外,个体工商户也可以使用登记的字号从事订立及履行合同等民事活动,但产生的合同义务及可能的合同法律责任需要由经营人承担;经依法登记领取营业执照的法人组织分支机构也可以自己的名义参与订立合同等民事活动,但产生的责任需要由法人组织承担。

此外,因所有的社会组织都不可能具备自然人的思维、行动等能力,故参与订立及履行合同等民事活动均需由具体的自然人代为进行。根据《民法典》的规定,既可以由相关组织的法定代表人或负责人代表进行,也可以由依法委托的代理人代理进行。

2. 合同主体不具备缔约资格的情形及可能的后果

法律关于民事主体类型的规定及民事主体进行订立合同等民事法律行为需具备相应的权利能力和行为能力的规定,均属于强制性规定,不符合法律规定条件的组织或个人订立合同的,将会导致合同无法产生当事人期待的法律效力。

合同主体不具备缔约资格所存在的法律风险主要包括以下情形:一是无民事行为能力的个人订立合同未经法定代理人代理实施的会导致合同无效。二是限制民事行为能力的个人订立合同未经法定代理人同意或代理实施的,所订立的合同需经法定代理人追认或同意方可生效,法定代理人不追认或不同意的,合同不能产生法律效力。三是不具备前述法定资格的组织以自己的名义订立合同的,除非事后得到具备缔约资格的开办单位等主体的追认,否则合同不能产生法律效力;实践中,该种情形主要表现为法人组织的内设机构、职能部门、没有进行登记的分支机构、办事处等组织以自己的名义与他人订立合同。

3. 缔约资格法律风险的防控

企业在订立合同时,首先需要考量的就是交易各方的缔约资格,如合同主体不具备缔约资格又未采取补救措施的，所订立的合同将可能无法产生法律效力，当事人的交易目的也将无法实现。因此，当事人订立合同时不仅要核实交易对象的缔约资格，还应核实己方的缔约资格。在交易主体为自然人的情形下，应考查该方主体是否具备法律规定的完全民事行为能力；如不具备，则应由其法定代理人代理进行。

（1）法人作为合同主体时的缔约资格确定

在交易主体为法人的情形下，应根据法人类型确定其可以订立合同的范围。《民法典》规定的三类法人中，营利法人可以在依法登记的经营范围内从事经营活动，也可以从事为满足自身需要而进行的其他民事活动。超出经营范围订立的经营性合同，除属于法定许可经营的情形外，合同效力虽不受影响，但属于违反行政管理法律法规的违法行为，会受到市场监督部门的行政处罚。因此，营利法人应避免超经营范围订立经营性合同。

非营利法人及特别法人，都是为履行特定的社会职能而设立的，只能从事为履行职能所需的民事活动，一般不能从事民商事经营活动。该两类法人从事与履行职能无关的经营活动的，合同一般会被认定为无效；且相关行为违反行政管理法律法规，会受到相关主管机关的行政处罚。因此，该两类法人组织不应违法违规从事民商事经营活动，其他民事主体也应避免与该两类法人订立经营性合同。

（2）非法人组织作为合同主体时的缔约资格确定

在交易主体为非法人组织的情形下，首先应审查该组织是否属于《民法典》规定的可以自己名义从事民事活动的非法人组织。根据《民法典》规定，不具有法人资格的组织中，只有个人独资企业、合伙企业、专业服务机构、依法设立并登记的法人分支机构可以自己的名义从事民事活动。该类组织从事民事活动时需遵守的规定与法人类似，营利性非法人组织只能从事依法登记的经营范围内的经营活动和满足自身需要的民事活动，非营利组织则只能从事符合其设立宗旨的民事活动。

除上述范围之外的各种非法人组织，如各类法人组织的内设机构、职能部门、分厂、车间、内设“公司”、没有依法登记的分支机构、办事处、项目部、经销部等均不可以独立从事订立合同等民事活动。这些组织所订立的合同如事后未得到开办其的法人单位的追认，则属于无效合同，当事人的交易目的将无法实现,且可能被市场监督部门对开办单位处以行政处罚。因此,该类组织原则上不应直接以自己的名义开展民事活动,确因经营所需订立合同的,也应以开办该组织的法人的名义订立;情况特殊不得不以自己的名义订立合同的,应事前取得所属法人单位的同意,或在事后及时取得追认。企业在与该类非法人组织订立合同时,原则上也应避免与之直接订立合同,而应要求对方以法人单位名义订立合同;情况特殊无法选择时,也应根据双方合作的历史、交易惯例、对方诚信状况等审慎确定,并在订立合同后尽快取得对方所属法人组织的认可。

二、特定交易中的合同主体不具有相应经营资质的法律风险防控

1. 经营资质的含义及法律风险的防控

国家为保护社会公共利益及秩序,规定在一些特定行业或领域从事经营活动的组织或个人,需经政府相关部门审查并取得许可后方可开展相关的经营活动。经营资质,就是指民事主体从事这些特定行业或领域的经营活动所需取得的特别经营资格。实施经营资质管理制度的行业或领域在实践中大量存在,如金融、房地产、建设施工、道路交通运输、食品药品经营、教育培训、特种设备经营等行业;相关的法律规范散见于各行业性法律规定及行政法规中。经营者未取得相应经营资质而从事经营活动的,会受到行政机关的行政处罚,特殊的行业或情节严重的,还可能被以非法经营等罪名追究刑事责任;同时,经营活动中所订立的相关合同一般会被确认无效,合同相关各方的交易目的也将无法实现。

企业在开展经营活动之前,应详细了解国家对相关行业或领域的行政管理制度;如拟从事的经营活动属于法定许可经营的范围,则应在取得相应行政许可后方可开展经营活动以及对外订立相关的业务合同,而不得违法无证经营。企业在作为需求方采购法定许可经营范围内的商品或服务时,也应从具备经营资质的供应商处采购,而不应为降低交易成本而向无证经营人采购,以避免发生争议时合同被确认无效而导致交易目的无法实现,或所采购的标的因无法取得国家规定的合法来源凭证、质量保证文书等材料而无法投入使用。

2. 挂靠经营的法律风险防控

挂靠经营并非严格的法律用语,《民法典》条文中虽有采用该名称,但并未对其具体含义作出规定。实践中一般认为,挂靠经营是指不具备特定行业经营

资质的组织或个人，通过借用他人资质，以具有经营资质主体的名义开展经营活动的经营模式。挂靠经营中的合同，名义上的合同主体是有资质的被挂靠人，但实际实施订立和履行合同行为的均是无资质的挂靠人。挂靠经营因违反国家对相关行业的资质管理制度，属于违法行为，在被相关国家行政机关查实后，经营人会被处以相应的行政处罚；情节严重的还可能会被追究刑事责任。因此，从事挂靠经营活动的企业或个人面临着较为严重的行政或刑事法律风险，尤其是在现在国家法律制度逐步完善，相关国家机关对挂靠等违法经营活动的执法力度日趋严格的背景下。

在挂靠经营活动中，挂靠人和被挂靠人所订立的挂靠协议，因违反法律强制性规定，是没有法律效力的；而挂靠经营活动中对外所订立的合同，因双方当事人均没有实际履行的真实意愿，而是为隐藏不具备资质的挂靠人违法经营的事实而订立的，一般认为也是无效的。因此，挂靠经营活动中的相关当事人均面临着复杂的民事法律风险。对于被挂靠人而言，如在合同履行过程中挂靠人由于无力履行或不愿履行合同而需对相对人承担违约责任、或由于存在侵权行为而需要对他人承担侵权责任，被挂靠人作为合同中载明的当事人，将不得不单独或与挂靠人共同承担责任。对于挂靠人而言，其在开展经营活动的过程中一般需要将自有的经营性资产及履行合同过程中应收取相对人的交易对价置于被挂靠人的控制下，如在此过程中被挂靠人发生对外负债，则本应属于挂靠人的财产将可能被作为被挂靠人的责任财产对外承担责任；或双方发生相关财产的权属纠纷时，挂靠人也往往难以证明其对财产的合法权属。对于交易相对人而言，其所选择的交易对象虽名义上是履行能力雄厚、有经营资质的被挂靠人，但实际向其履行合同义务的却是管理水平不高、履行能力低下的挂靠人，合同得不到正常履行的可能性会显著增加。

因此，企业在经营活动中应避免采用接受他人挂靠或挂靠他人的经营模式，存在挂靠经营情形的企业也应主动调整经营模式，积极改变经营状态。企业在交易活动中选择交易对象时，也应选择自身具有合法经营资质并具有足够履行能力的企业或其他合法组织；而不应盲目地追求更低的交易对价，选择通过挂靠他人方式违法从事生产经营活动的个人或组织。

三、交易对象履行能力不足的法律风险防控

1. 履行能力的含义及交易对象缺乏履行能力可能造成的后果

履行能力,是指合同当事人履行合同义务的能力。具体包括两个方面的要求,一个方面为客观履行能力,即交易对象客观上是否具备履行合同义务的能力,主要通过企业的规模、人员配置、技术能力、履约经验、财务状况等方面加以体现。另一个方面为主观方面的履行能力,指的是交易对象的诚信水平,即交易对象即使具备客观上的履行能力,但在合同订立后是否会由于过分考虑自身利益而恶意不履行合同义务以寻求其自身利益的最大化。

当事人在合同中的权利主要是通过对方当事人履行义务来实现的,如果订立合同时选择的交易对象履行能力有瑕疵,就可能在合同履行过程中由于其无力履行或不愿履行合同义务,而导致合同无法得到实际履行,当事人的合同权利也就无法实现,期望通过合同履行获得的利益也会落空。

2. 交易对象履行能力法律风险的防控措施

企业在合同订立过程中选择交易对象时,应根据实际交易需求详细审查交易对象的履行能力,并应根据发现的问题采取相应的风险防控措施。在现代市场经济环境下,绝大多数交易模式都是一方支付货币向他方采购商品或服务。对于出售商品或服务的一方而言,考察对方的履行能力主要就是考察对方的付款能力;发现对方财务状况不良的,可以通过要求对方提供相应担保及将对方的付款情况与己方提供商品或服务的时间节点进行合理的安排来化解对方无法依约付款的风险。但对于支付货币购买商品或服务的一方而言,除能够及时清结的简易合同外,情况则要复杂得多。该方当事人在选择交易对象时,不仅需要考虑对方的财务状况,还需要考虑对方的技术能力、生产产品或提供服务的能力、提供的商品或服务的质量是否可靠等问题。

实务中,采购方在选择供应方时可以从以下几个方面考察对方的合同履行能力:一是应考察对方是否具备合同标的的提供能力。具体的考察方法包括到对方经营地实地考察其技术、生产、管理能力,在相关行业或领域内调查了解其已提供产品或服务的质量状况,了解过往业绩等。二是应考察对方的财务状况。财务状况运行困难的企业,即使具备合同标的的提供能力,也会由于资金紧张而在合同履行过程中无法按计划投入履行资金而导致合同无法正常履行。

三是应考察对方的诚信状况。诚信状况不良的企业或个人,在合同履行中随时有可能为了过度追求己方的单方利益,而在合同履行过程中编造各种事由拖延甚至拒绝履行义务,故该种缺乏诚信的民事主体即使具备交易标的的提供能力,也应慎重与其交易。此外,在选择长期交易的合作对象,或订立标的数额大、履行周期长的合同时,除应按照前述内容考察对方的履行能力外,还应从组织结构、经营模式、人员的组成等方面考察对方是否具备持续经营、长期履行合同的能力。

四、代理人法律风险的防控

1.代理制度的含义、功能及存在的风险

民事主体从事订立合同等民事活动,需要根据交易的需要,以完成一系列行为的方式来进行。但个人从事订立合同等民事活动时经常会由于自身的知识、经验、时间、精力等有限而没有足够的能力或精力完成这些工作;对于企业法人等组织而言,从事民事活动需通过法定代表人或负责人来进行,但企业在实际经营中往往会面临各种纷繁复杂的事务需要处理,凡事都由法定代表人或负责人亲力亲为显然并不现实。为此,法律设立了委托代理制度,从事民事活动的个人或组织可以通过委托他人在委托权限内代为实施民事法律行为的方式来参与民事活动。在委托代理关系中,委托他人为本人处理事务的人称为委托人,接受他人委托的人称为受托人,交易对象称为相对人。受托人在代理权限内以委托人的名义实施的民事法律行为,相应的法律后果由委托人承担。代理制度的运用有效地弥补了民事主体自身活动能力的不足,也使民事主体可以同时处理大量事务,极大地扩展了民事主体的活动范围。

但代理制度在为民事主体带来极大便利的同时,也不可避免地蕴藏着相应的风险。实践中,较为常见、应特别关注的与代理人有关的法律风险主要体现在以下几个方面:一是己方代理人能力不足或在代理活动中从事违法活动的法律风险。代理人能力不足的可能导致丧失本应获得的交易机会,或虽获得了交易机会但订立的合同不能满足己方的交易需求,甚至造成己方额外的经济损失;代理人在代理事务中从事违法活动的,相关的违法行为可能会被国家机关认定为委托人的行为而招致相应的处罚。二是表见代理的风险,即行为人未经己方委托或虽经委托但超出委托权限、期间，以己方的名义从事了订立合同等行为，如相对人有理由认为行为人有代理权的，则己方当事人仍需为代理人的行为承担责任。三是对方代理人无权代理的风险，即己方与交易对象委托的代理人进行了交易磋商、订立合同等行为，但事后发现行为人并未取得对方当事人合法授权，导致合同订立后对方当事人不予认可，己方交易目的无法实现的结果。

2. 代理人法律风险的防控措施

企业在交易活动中由于与代理人有关的法律风险事件的发生而蒙受损失的案例并不鲜见，有时还可能会涉及合同诈骗、职务侵占、行贿等刑事犯罪。

(1)选任代理人的法律风险防控

关于己方代理人相关的法律风险，主要表现为能力不足及代理人从事违法活动。对于前者，企业在选任委托对象时，需要对拟委托人员是否具备与代理事务有关的专业知识、工作能力、工作经验等详细考察，根据拟代理事务的复杂性与代理人能力的符合程度合理确定其代理权限；并在其具体实施所代理事项的过程中通过强化工作管理等方式来防控相关风险。对于后者，企业在选任委托对象时，则需要对拟委托人员的个人道德水平、法纪观念、有无经济方面的不良记录等加以考察，在委托时向其提出不得从事违法活动等的具体要求，并在其办理委托事务时进行全流程的监督管理。此外，企业还应当根据实际情况建立业务开展的合规管理制度，从制度上防范工作人员违法犯罪事件的发生。

(2)表见代理的法律风险防控

行为人未经委托，或虽经委托但超出委托权限、期间，以当事人的名义实施订立合同行为的，属于无权代理。如当事人对行为人的行为不予追认，则行为产生的后果当事人不承担责任。但如相对人有理由认为行为人有代理权的，则代理行为有效，当事人需按无权代理人与相对人订立的合同履行债务、承担责任，这就是学理上所称的“表见代理”。

企业应当对表见代理的法律风险有充分的认识，并应采取有效的措施防范表见代理事件的出现。对于被冒用身份即完全没有代理权的表见代理，应着重从建立、健全并有效运行各项管理制度着手，严防公章、合同专用章、法定代表人名章及盖有前述印章的营业执照复印件、空白委托书、介绍信、法人代表证明、空白的纸张等被不正当使用；严防非本单位工作人员在本单位工作场所从事不正当活动;严防本单位工作人员在本单位内从事与本职工作无关的经营活动或未经授权以单位代理人的身份活动,以避免他人有合理的理由将未经企业授权的人误认为本方的工作人员或代理人并与之从事订立合同等民事活动。

对于超越权限的表见代理风险防控,企业应在委托代理人办理代理事务时与其明确约定具体的代理权限,并将代理人的权限在介绍信、授权书中明确记载,通知准备进行合同磋商的交易对象;并在代理人与对方进行交易磋商、合同订立时对其工作进程进行全程跟踪监督,防止越权代理行为的发生。对于超越期限的表见代理风险防控,应在委托代理人时与其明确约定具体的代理期限并将代理期限在介绍信、授权书中明确记载,通知准备进行合同磋商的交易对象;在己方负责合同订立工作的营销、采购人员因离职、换岗等原因不再从事相关工作时,应及时通知其负责联系维护的交易对象,防止己方曾经委托过的代理人在丧失代理权后仍以代理人的身份开展活动。

(3)对方代理人无权代理的法律风险防控

无权代理的情形不仅会发生在本方代理人身上,对方代理人同样也会发生无权代理的情况。企业与没有代理权、超越代理权限或期限的行为人订立合同的,如对方当事人对无权代理人的行为不予追认的,则合同不产生约束对方当事人的效力。因此,企业与他人磋商交易、订立合同时,应对对方委托的代理人的代理权、代理权限、代理期限等进行详细核实,具体可通过详细审查对方提供的介绍信、授权委托书的真伪及具体内容,与对方当事人取得联系进行核实等办法进行;即使对于一些实践中已长期交往的代理人,也应关注其是否有已离职、离岗等情形的存在,防止与代理权有瑕疵的代理人从事订立合同的活动。

第二节　合同形式不适当的法律风险防控

合同的形式是指合同内容的表现方式,包括书面形式、口头形式及其他形式。企业在订立合同时,应根据交易的需要,并按照法律的规定采用适当的合同形式。采用的合同形式不适当的,可能会造成合同履行障碍,还可能会由于合同形式不符合法律要求而被认为合同不成立或没有生效,从而导致当事人的交易目的无法实现。

一、书面形式合同的法律风险防控

在民事交易活动中,书面形式的合同以其内容直观明确、履行时易于查证、发生争议时有据可查等鲜明的特点,成为企业订立各种业务合同、个人订立较为重要合同时的主要形式。根据《民法典》及相关民事特别法的规定,涉及不动产、特殊动产、设置担保、金融业务、知识产权等交易的,当事人应当订立书面形式的合同;此外,当事人在订立合同时也可以约定采用书面形式。在法律规定或当事人约定采用书面合同的情形下而未采用的,可能会导致合同不成立从而致使当事人的交易目的落空;在一些特殊情形下,违反法律规定未订立书面合同的,还可能需要承担额外的民事不利后果,并可能被相关国家机关处以行政处罚。

(一)书面形式的采用及相关法律风险的防控

法律未对合同形式提出要求、当事人也未约定合同形式的,原则上合同当事人可以任意选择合同形式。但实践中通过口头合同即可满足交易需求的只有小额、交易关系简单、能及时履行等的简单交易,对于较为复杂的交易,口头合同则在事实上并不适用。如交易各方为图便利,对内容并不简单的交易没有采用书面形式,将可能造成合同订立时内容不周全、履行时没有明确的依据、发生争议时没有证据等严重的交易障碍。因此,除简单且即时履行的交易外,合同应优先选用书面形式。

对于法律规定或当事人约定采用书面形式订立合同但当事人未采用的,根据《民法典》的规定,除非一方已履行合同主要义务且对方接受,否则合同不成立,双方已达成的合意内容对当事人不产生法律约束力。因此,当事人在准备与他人订立合同时,应提前了解与所涉及交易相关的法律法规是否对合同的形式作出了规定,对于法律法规规定应采用书面合同的交易,应按照规定执行;否则,将可能在合同履行过程中出现己方已为交易付出成本、但在向对方履行义务时对方拒绝接受,或己方基于对合同的信赖要求对方履行义务而被拒绝的情形。出现这些情况时,由于在法律上合同并未成立,对方并不需要承担违约责任,从而造成己方当事人不仅交易目的无法实现,还可能需承受额外的经济损失。

（二）合同书的采用及相关法律风险的防控

合同书，是指合同当事人就交易事项达成合意后，将合意内容进行书面记载并由各方当事人签名、盖章或按指印确认的文书。合同书以其内容直观、易辨识、便于执行，各方均签章、约束感强，载体易保存、便于提供等特点，在交易活动中得到了广泛认同，成为商务活动及各种民事活动中最主要的书面合同形式。当事人在采用合同书进行交易时，应充分考虑交易本身的需求及法律规范的要求，避免订立过程中的不当行为导致合同不成立、无效、无法履行等情形的发生。

1. 合同书未完成签署的法律风险及其防控

根据《民法典》的规定，以合同书形式订立合同的，合同自当事人均签名、盖章或按指印时成立。因此，当事人在以合同书的形式订立合同时，应按照法律规定的方式完成合同的签署；其中，个人应采用签名或按指印或两者组合使用的方式进行签署，企业等组织应采用盖章、法定代表人或委托代理人签名或按指印，或几种方式组合进行的方式进行签署。关于加盖个人名章，虽然此种缔约方式在我国有悠久的传统，但在现代社会的市场环境下，除各类企业等组织的法定代表人或负责人在相关国家机关备案后的个人名章可以在其履行职务过程中进行加盖外，其余的个人名章由于在发生争议时难以确定实际加盖人，且加盖该类名章的效力在司法实践中争议较多，故一般不宜采用。

一方或双方未完成合同书签署程序的，双方间的合同关系不成立，双方事先已达成的交易合意不产生法律约束力。如在该种情形下一方当事人开始投入资源履行合同主要义务，在向对方交付履行成果时，对方如接受则合同可被补正为已成立；但如对方拒绝接受则合同仍未成立，对方的行为不属于违约行为，已准备履行合同义务的一方不仅无法实现交易目的，还会由此承担额外的经济损失。因此，当事人应当对该项法律风险予以重视，在双方应签署而尚未完成签署合同书的情形下，如不能确定对方是否会接受己方履行义务，则不应贸然投入资源进行合同义务的履行，否则所造成的损失将可能需要由己方自行承担。当然，企业在签署合同书以前如对已达成的交易条件反悔的，也可以考虑通过不签署合同书的方式推翻以前的合意；但此种行为虽不属于违约行为、无须承担违约责任，但根据交易的具体情况，可能需要承担缔约过失责任、就对方在合同订立过程中产生的损失承担赔偿责任。

2. 订立合同书的特别程序及相应法律风险的防控

实践中,有些交易活动的进行不仅与当事人自身利益有关,还可能与其他和交易存在特定关联关系的相关公众或群体的利益有关,有些还可能涉及国家利益或社会公共利益的保护。在这些情形下,如果完全遵照法律规定的自愿原则,由相关民事主体在交易活动中完全独立自主地决定交易内容及交易方式,将可能造成相关公众或群体的利益损失,或造成国家利益或社会公共利益的损害。为此,相关领域的单行法律对这些情形下的交易规定了特殊的决策程序或进行程序。

(1)需根据相关组织或群体作出的决定订立的合同

法律规定需经相关组织或群体作出决定,随后相关民事主体方可依据决定内容与交易相对人订立建立交易关系的合同,主要包括以下几种情形:一是根据《公司法》的规定,公司向其他企业投资或为他人提供担保,应根据章程的规定由股东会或董事会通过决议后,公司代表机构方可与相对人订立相关的合同。二是根据《村民委员会组织法》《农村土地承包法》的规定,涉及村民利益的土地承包经营方案、处分村集体财产等事项,需经村民会议决定后村民委员会方可对外办理。三是根据《民法典》的规定,利用建筑物共有部分从事经营活动等,需经业主大会作出决定后业主委员会才可以依据决定与相对人订立相关合同。在这几种情形中,民事主体对外订立合同的前提条件是对交易有决定权的组织或群体事先作出了交易决定。违反法律规定未经相关决定程序即订立合同的,因合同内容可能损害特定群体的共同利益,合同一般会被确认无效,合同当事人的交易目的将无法实现。

因此,该类交易中的合同当事人在相关群体或组织作出同意交易的决定后才可以对外订立合同。企业作为交易相对人订立此类合同时,应要求对方事先提供有关群体或组织同意进行交易的材料,并对材料的真实性和合法性进行必要的审查,防止对方未经有效的决定即独立对外订立合同,以免在发生争议时合同被确认无效,导致不仅当事人的交易目的无法实现,还可能造成额外的经济损失。

(2)需通过特定公开竞价程序订立的合同

对于一些涉及社会公共利益或国有资产保护、公共资金使用的交易,法律规定需要通过特定的公开竞价程序才可以订立相关合同,主要包括以下几种情形：一是根据《招标投标法》的规定，大型基础设施、公用事业等关系社会公共利益、公共安全的项目，全部或部分使用国有资金投资或者国家融资的项目，或使用国际组织或外国政府贷款、援助资金的项目，必须进行招投标。二是根据《企业国有资产法》的规定，部分国有资产的转让需通过依法设立的产权交易机构以公开转让的方式进行。三是根据《政府采购法》的规定，政府采购应根据采购货物的数额、市场供应情况等，采取公开招标、邀请招标、竞争性谈判、单一来源采购、询价等方式进行，其中应以公开招标为主要方式。

企业在参与这几类交易活动时，应严格按照法律规定的程序和方式订立合同。违反这些规定的合同会被确认无效，导致当事人无法实现交易目的，交易活动中的经办人员还可能会因为行为违反法律规定而被追究行政责任，严重的甚至可能被追究刑事责任。

3. 合同书的审批、登记、备案、公证

对于一些涉及社会公共利益的交易活动，国家制定了专门的法律法规对交易秩序进行规范，规范的主要手段是要求交易主体在进行交易时需向相关国家机关申请审查批准，或将交易合同登记、备案。

（1）需办理审批手续的合同

法律法规规定需要办理审查批准手续的合同，主要集中在金融机构股权变更、国有资产转让处置、矿业权转让、技术进出口等领域。这些需经批准的合同未办理报批手续或虽经报批但未获批准通过的，合同不生效，合同当事人不得进行相关交易。民事主体在进行相关交易时，应详细调查了解所进行的交易是否属于需经政府机关批准的事项。

此外，根据《民法典》第502条的规定，合同中约定的关于报批义务内容的效力独立于主合同，有报批义务的一方不履行该项义务的，对方有权要求其承担违约责任。因此，当事人在订立此类合同时，应就合同报批义务的承担作出明确约定；同时，还应有预见性地对合同未获批准时的善后事务、双方可能的损失如何处理等事项作出安排。

（2）需办理登记手续的合同

法律法规规定需要办理登记手续的合同，主要集中在不动产转让、特殊动产转让、担保物权设定、知识产权转让等领域。这些合同在登记后产生相应的物权设立、变动或对抗第三人等效力，而是否登记对合同本身的效力并无影响。

对于登记产生物权设立、变动效力的合同，办理登记实质上是合同的履行内容，属于同意在财产上设立权利负担或转让财产一方当事人的主要合同义务；该方当事人不履行办理登记义务的，另一方当事人可以通过仲裁或诉讼方式要求履行。当事人在订立此类合同时，应遵循权利义务明确、违约行为可界定、违约责任明确具体可执行的原则，在合同中就与办理标的权利设立、变更有关的登记事项作出约定。

对于登记产生对抗效力的合同，在办理登记后标的受让方可取得就相关权利对抗第三人的法律效力。但标的转让方如不协助办理登记手续，标的受让方是否可以通过起诉或仲裁的方式要求办理，在合同未作约定的情形下，实务中存在不同的理解。当事人作为受让方与他人订立此类合同时，应就是否进行登记、登记义务的承担、未履行义务时的违约责任、无法登记时如何处理等事项在合同中作出约定，以利于合同履行的全面、顺利进行。

(3)需办理备案手续的合同

法律法规规定需要备案的合同，主要集中在商品房预售、房屋租赁、土地经营权流转、知识产权许可使用、商业特许经营等国家行政管理领域。一般来说，办理备案手续的目的主要是便于行政主管机关对相关行业的经营行为进行监督管理。当事人未办理合同备案的，可能会被行政机关予以行政处罚；但合同是否办理了备案手续对合同的效力并无影响，一般也不会对当事人的民事权利产生实质影响。

当事人在进行这些特定领域的交易时，应事先了解备案单位关于备案手续的要求，并在订立合同时将合同备案手续由谁办理、备案的时限、未履行备案义务如何承担违约责任、无法备案时如何处理等作为合同的内容进行明确约定。此外，如无特殊的交易需求，一般不应在合同中约定合同在备案后生效或与之相类似的内容。

(4)当事人约定办理审批、登记、备案手续的合同

实践中有当事人在法律法规未要求审批、登记、备案的合同书中，约定关于这些手续应如何办理的内容，甚至有的还约定合同在办理相关手续后生效之类的内容。这些手续一般都是由主管相关行业的行政机关或其他组织依据相关法律法规办理的，对于法律法规未要求办理相关手续的合同，行政机关是无法办理、也无权办理的。如合同当事人在合同中约定了相关内容，实践中是无法

实现的。因此，当事人在订立合同时，应事先了解与所进行的交易相关的法律法规中是否规定了办理审批、登记、备案手续的要求，而不应随意在合同中约定相关内容。

（5）公证在合同书订立过程中的应用

公证是指公证机构根据民事主体的申请，依据法定程序对民事法律行为、有法律意义的事实和文书的真实性和合法性予以证明的活动。对于合同订立过程中的行为及合同书文本，除有涉外因素的情形外，法律法规并没有关于需要公证的规定。因此，除合同中有特别约定外，合同是否进行过公证对于合同的效力并不产生影响。当事人根据交易的需要在合同订立过程中申请公证的，公证机构可以根据申请范围对订立合同的主体是否具备缔约资格及从事特定交易的资质、代理人是否具有合法的代理权、当事人订立合同的意思表示是否真实、所订立的合同内容是否符合法律规定等事项进行审查。经审查认为符合法定条件的，公证机构可以出具相应的公证书。根据《民事诉讼法》的相关规定，经法定程序公证的文书，人民法院一般应当作为认定案件事实的依据。因此，对合同书的订立过程及对合同书文本进行公证，对于确保合同的订立主体适格、合同内容合法，以及减少合同争议、发生争议时对合同真实性和合法性的证明等都具有积极意义。

对于所订立的合同是否需要公证，当事人应根据交易的重要性、合同的复杂程度、各方当事人的诚信状况等自主决定。一般而言，存在合同交易金额大、对当事人利益影响明显、履行期限长、履行过程中对方当事人有反悔可能或人员变化的可能性大、证据容易灭失、当事人对交易主体或代理人身份是否符合法律规定缺乏认识能力、当事人对相关领域的法律规定缺乏了解无法把握合同内容是否合法等情形的，可以考虑对合同的订立过程及合同文本进行公证。

4. 格式条款的应用及相关法律风险的防控

根据《民法典》的规定，格式条款是指一方当事人为重复使用而预先拟定，在订立合同时未与对方协商的合同条款。由于格式条款是一方当事人未经与对方协商而单方拟定的，拟定方在确定条款内容时往往会突出对其自身利益的优先维护；如按照一般的法律适用规则对当事人间的权利义务进行确定，将可能造成对交易相对人利益保护的不公平。为此，《民法典》对合同中格式条款的成立、生效及解释等事项，均作出了比一般合同条款更加严格的法律适用规则。

当事人在订立合同时,选择使用格式条款要慎重;确有必要使用时,应根据法律规定的要求设置条款内容,并履行就条款内容向对方作出提示及明确说明的法定义务,防范条款被认定不成立、无效的法律风险。

实践中,采用格式条款与交易对象订立合同的,一般都是在某一行业或领域内面向公众提供定型产品或服务的经营者。该类经营活动的交易标的基本都是标准化的产品或服务,经营活动中交易对象广泛,会形成大量的合同文本,典型的如银行、保险、电信等行业。经营者如与每一个交易对象都就交易条件进行单独磋商,将会极大地提高交易成本、降低交易效率。

除此以外的其他企业,一般并没有运用格式条款订立合同的必要,订立合同时应谨慎采用格式条款,更应避免将日常经营活动中的非格式条款合同制作成格式条款的外观,以避免在发生争议时对方按照关于格式条款的法律规定主张权利或被司法机关认定为格式条款并要求己方承担相应的责任。例如,企业拟定合同时尽量不要将己方企业名称设置为合同名称的组成部分,合同文本不要使用带有己方名称或商业标识、水印等符号的纸张,不要在合同中设置己方在对合同解释及其他方面具有优越于对方的权利,以及其他可能会被认为符合格式条款特征的内容。

对于因经营活动需要,不得不采用格式条款订立合同的,应严格按照《民法典》的要求,公平合理地确定条款内容,条款中不应有不合理地减轻或免除己方责任、限制或排除对方在交易中的主要权利等内容;并应按照法律规定的要求就格式条款中的免责、减轻己方责任等与对方有重大利害关系的内容履行相应的提示、说明义务。

(三)信件等形式书面合同的采用及相关法律风险的防控

除合同书外,法律认可及实践中也有使用的、以有形介质表现所载内容的书面形式合同,还包括信件、电报、电传、传真等方式。以这些方式订立的合同,一般是双方在交易磋商过程中,用信件等书面方式就交易条件进行了协商,并最终就交易达成了一致意见,但在达成交易合意后,双方并未另行订立合同书。该种情形下双方达成的交易合意符合法律关于合同成立的条件,故双方之间形成了有法律约束力的合同关系。但合同内容并未通过合同书进行确定,而是体现在双方进行交易磋商时的往来书面文件中。

与合同书相比,以信件等方式记载内容的书面合同,优点在于原汁原味地记载了双方进行交易磋商的过程,对合同内容的理解不容易产生分歧;并且磋商的过程就是合同形成的过程,省去了专门订立合同书的程序,客观上有利于节省交易成本,提高交易效率。但与此同时,该种合同存在的缺点也是很明显的,主要体现在合同内容不直观,容易遗漏合同条款,合同是否已成立不易判断等方面。为克服信件类书面合同的这些缺陷,《民法典》规定,当事人采用信件等方式订立合同要求签订确认书的,签订确认书时合同成立。

因此,以信件等方式订立的书面合同主要应适用于交易程序简单、标的额小、履行周期短等的简单交易,或当事人间存在长期合作,已形成较为稳定的交易惯例的情形,其他情形下的交易应慎重采用。如在交易磋商过程中双方通过书面沟通的方式达成了交易合意,可通过将合意内容另行订立确认书或合同书的方式确定合同关系。

(四)数据电文形式书面合同的采用及相关法律风险的防控

随着信息技术和互联网技术的蓬勃发展,通过网络进行各种商品和服务的交易及通过各种社交软件、即时通信工具等进行信息沟通已经成为人们日常生活的重要组成部分。当事人在网络交易中所达成的电子合同,以及通过社交软件、即时通信工具、电子邮箱等网络通信工具进行交易磋商所达成的合同,均符合法律关于合同成立条件的规定,属于受民事法律规范调整的合同。

1. 法律关于数据电文形式合同的规定

国家为规范网络交易及通过网络订立合同的行为,在以往的《合同法》及现在实施的《民法典》合同编中,均对数据电文形式的合同进行了规定;并先后单独制定了《电子签名法》《电子商务法》等专门法律对与网络有关的合同行为进行规范。根据这些法律规定,符合法定条件的以数据电文方式存在的合同属于法律规定的书面形式合同,但在成立条件上除需满足书面形式合同的一般要求外,还需满足内容可以有形表现并可以随时调查取用这两个额外的条件。不符合该两项条件、且无其他证据可以证明的情形下,当事人间的合同关系不能成立。此外,根据《电子签名法》的规定,涉及婚姻、收养、继承等人身关系的合同,供热、供气、供水等公用事业服务的合同以及法律法规规定不适用电子文书的合同,不应采用数据电文方式订立。

2. 电子商务交易中的法律风险

通过网络进行商品和服务交易的电子商务活动，一般都是经营者在自营或他人开办的电子商务平台上对商品或服务的信息、交易条件、交易流程等进行展示，用户根据自己的需要选择合适的商品后以提交订单的方式对交易进行确认。其中，经营者对商品的展示属于向用户发出要约，用户提交订单的行为属于承诺，订单提交完毕合同即成立，双方另有约定的除外；但经营者不得在格式条款中约定用户支付价款后合同仍不成立，格式条款中含有该内容的无效。

电子商务经营者提供的商品或服务，多数都是规格、质量、交易方式等均高度标准化的产品或服务，用户采购这些商品或服务时，一般只有是否同意交易的选择权，而并没有对产品规格、质量、交易流程等提出己方意见的机会。对于电子商务交易中的用户，交易风险主要体现在选择的交易对象是否可靠、交易标的是否能满足自己的需要两方面。因此，当事人在通过电子商务方式采购商品或服务时，应选择信誉良好、可靠的电子商务经营者进行交易；在提交订单以前，应详细核实对方提供的商品或服务是否符合自己的交易需求。

3. 数据电文形式合同的法律风险

当事人通过使用电子邮箱、即时通信工具等网络通信工具订立的合同，其内容以留存在手机、电脑等终端设备的方式而存在。此类合同具有与信件方式合同相同的特点，即都有交易便捷、成本低、效率高等优点，但也有内容不直观等缺点；并且，其存在方式为存储在电子设备中的代码，由于终端设备的兼容性不同，以及存储设备故障发生等方面所具有的不确定性，还存在无法进行有形表现及需要时无法调用的风险，给合同的履行及发生争议时纠纷的处理均会带来明显的不利影响。此外，通过数据电文方式订立的合同还面临着合同主体的身份确认、签名的真实性、内容完整性及真实性等实际应用方面的难题。

综合考虑数据电文方式合同的特点，在目前的市场环境下，该类合同与信件类合同的应用范围相似，主要应适用于交易程序简单、标的额小、履行周期短等的简单交易，或当事人间存在长期合作、已形成较为稳定的交易惯例的情形；其他情形下的交易应慎重采用。如在交易磋商过程中双方通过数据电文的方式达成了交易合意，可通过将合意内容另行订立确认书的方式订立合同。

二、口头及其他形式合同的法律风险防控

根据《民法典》的规定，合同的形式除可以有形表现合同内容的书面形式外，还包括口头形式和其他形式。简而言之，如当事人磋商交易时只是采取了口头交流的方式，就交易达成合意后也未通过有形表现的方式将合意内容加以固定，则双方所形成的交易合意仍只是存在于双方当事人或代理人的记忆中，此种形式的合同即为口头合同。合同的其他形式是指当事人间未就交易进行过意思交换，但根据双方实施的行为可以确定双方间成立了合同关系，实质上是一种被推定成立的合同形式。

1. 口头合同的应用

口头形式合同的内容存在于当事人的记忆中，无法有形表现出来，除订立合同的本人外，其他人无法进行识别。在合同履行过程中或发生争议需要核实合同内容时，会由于无法调取到有形表现的合同内容而形成障碍，造成合同无法正常履行或纠纷无法合理解决的不利局面。但口头形式的合同也有订立过程简单快捷，交易成本低廉等特点，因此，口头形式的合同在小额、简单、即时交易中有明显的优势。在这些简易交易的进行中，虽无须采用书面合同，但当事人也应注意收集合同履行过程中的相关材料，如收款收据、交货凭证、收货单等。这些履行材料虽然不是合同本身，但在发生争议的情形下也可以起到证明合同关系的存在及合同履行情况的作用，部分弥补了没有书面合同的缺陷。

2. 其他形式合同的应用

其他形式的合同，是指当事人并未以意思交换的方式形成合意，而只是根据一定行业、区域内或当事人间的交易惯例，以及特定的交易场合、背景等，推定当事人基于某些明示或默示的行为形成了交易合意，从而形成了合同关系。由于此类合同的成立是通过推定的形式确定的，因此，双方之间不可能存在关于交易的明确合意内容。在履行过程中发生争议时，如双方无法通过协商解决分歧，则只能按照交易惯例及法律规定的规则解决争议。

企业在从事经营活动的过程中，有与他人就某项交易订立合同的意愿时，应通过积极的意思表示订立合同，而不应用只意会、不言传的方式进行，避免在己方无意与对方缔约的情况下却被确认形成了合同关系；或虽有意与对方进行

交易,但由于双方未就交易事项进行磋商,被推定成立的合同关系中的履行方式等内容不符合己方的交易需求,从而造成不必要的损失。

第三节　合同欺诈、误解等意思表示不真实的法律风险防控

当事人在订立合同的过程中,如因自己的误解或因受到他人的欺诈等原因而对与交易有关的事项产生了错误认识,或由于他人实施胁迫、乘人之危等行为而作出了与本人真实意愿不符的意思表示,并在此基础上与他人订立了合同,则所订立合同的内容体现的就不再是当事人的真实意愿。在此情形下,如继续按照合同约定进行履行,则合同的履行结果将不再与当事人的交易需求相符,当事人的真实交易目的将无法实现。

一、合同订立过程中意思表示不真实的形成原因

合同订立过程中意思表示的不真实,既可能是由于当事人自己的原因,也可能是由于他人的不当干涉。其中,由于当事人自身原因的有误解、通谋虚伪、真意保留;由于他人干涉的有他人的欺诈、胁迫、乘人之危。

1. 误解

误解,是指当事人基于自身认识水平有限、经验不足、疏忽大意等非故意缘由,对与交易有关的事项产生了错误认识,如将不具有特定功能的商品误认为具备该功能,将租赁误认为无偿借用,将当事人甲误认为乙等。在此种情形下所订立的合同,内容没有反映当事人的真实意愿,法律效力会受到影响。但由于误解毕竟是当事人自己造成的,让交易相对人为其错误承担所有责任也有失公平,故《民法典》第147条规定,行为人基于重大误解实施的民事法律行为,可以请求人民法院或仲裁机构予以撤销。所谓重大误解,是指行为人对行为性质、相对人、标的物的品种、规格、数量、质量等民事法律行为的基本事项存在错误认识,使行为的后果与其真实意思不符,并造成较大损失的情形。因此,当事人只有对存在重大误解的合同才可以请求撤销,而对于存在一般误解的合同则不享有撤销权。

2. 通谋虚伪

通谋虚伪,是指当事人与对方当事人共同故意以虚假的意思表示订立了双方都没有真实履行意愿的合同。例如,某当事人为制造其房屋已出售的假象,而与其特定关系人订立了房屋买卖合同,实际双方订立合同时均无进行房屋交易的真实意愿。在此种情形下所订立的合同,因双方当事人均无使其生效的真实意愿,根据《民法典》的规定属于无效合同。此外,经常与通谋虚伪相伴发生的还有隐藏的意思表示,是指当事人与对方共同订立双方均无履行意愿的合同时,隐藏在该合同中的其他真实交易合意,如双方当事人为隐藏房产买卖的真实交易,而订立的名为赠与实为买卖的合同。根据《民法典》的规定,以虚假意思表示隐藏的民事法律行为的效力,依照有关法律规定处理,而并不因其以隐藏的方式存在而无效。

3. 真意保留

真意保留,是指当事人故意向他人表达与其真实意愿不一致的意思,如本来不想购买某高价名牌物品,而出于好面子等原因向出卖人表示同意购买。此种情形的意思表示不真实是当事人在对交易事项有清楚认识的基础上,基于自己的意志进行的。根据责任自负的一般原则,应由其对自己的行为承担责任,故法律未将该种情形下所订立的合同规定为无效或可撤销,如无其他无效情形该种合同应属有效。

4. 欺诈

欺诈,是指他人故意对当事人就与交易有关的事实进行虚构或隐瞒,致使当事人对有关事项的性质或后果产生了错误认识。例如,对方当事人或第三人向当事人虚构交易主体身份、交易标的类型、质量、数量等,或隐瞒交易主体的身份、履行能力、标的物的质量瑕疵等。当事人由于受到他人欺诈而订立的合同,虽然是其自愿订立的,但内容未能反映其真实意愿,且其错误认识是他人的不当行为所造成的,不应强求其必须接受该合同。因此,《民法典》第 148 条规定,一方以欺诈手段,使对方在违背真实意思的情况下实施的民事法律行为,受欺诈方有权请求人民法院或仲裁机构予以撤销。第 149 条规定第三人实施欺诈行为,使一方在违背真实意思的情况下实施的民事法律行为,对方知道或应当知道该欺诈行为的,受欺诈方有权请求人民法院或仲裁机构予以撤销。

5. 胁迫

胁迫，是指他人以给当事人或当事人的特定关系人造成身体伤害、名誉损害、财产损失等为要挟，致使当事人陷入恐惧，而被迫作出与自己真实意思不符的意思表示。当事人由于受到相对人或第三人的胁迫所订立的合同，并不是其真实意愿，不符合意思自治的民法基本原则，不应对行为人产生法律拘束力。但与欺诈的情形相类似的是，一概将该类合同按无效处理，并不一定都有利于保护受侵害方的利益。因此，《民法典》第 150 条规定，一方或者第三人以胁迫手段，使对方在违背真实意思的情况下实施的民事法律行为，受胁迫方有权请求人民法院或者仲裁机构予以撤销。

6. 乘人之危

乘人之危，是指他人利用当事人处于危困状态，急需某项商品或服务、或无法进行交易选择；或利用当事人由于知识不足、能力欠缺、环境所限等缺乏对交易事项的判断能力等情形，而与当事人订立了合同。他人利用当事人的危困状态或缺乏判断能力等情形而与之订立合同，违背了诚实信用原则，应受到法律的否定性评价。但乘人之危与欺诈、胁迫在损害他人利益的性质上有明显的不同，欺诈、胁迫本身就是侵害他人交易知情权、交易自主权的违法行为；而乘人之危是对他人不利状态的利用，难以认为属于侵犯交易权利的行为。故《民法典》第 151 条对乘人之危规定了与欺诈、胁迫有差别的评价标准，具体为一方乘人之危致使民事法律行为在成立时显失公平的，受损害方有权请求人民法院或仲裁机构予以撤销。所谓显失公平，是指双方当事人在相关法律关系中的权利义务明显不对称，利益明显失衡。因此，在存在乘人之危的情形时，只有所实施的民事法律行为在成立时即显失公平的，受损害方才享有撤销权。

二、意思表示不真实的法律风险

在订立合同的过程中，无论是由于自身的误解、通谋虚伪、真意保留，还是由于对方实施了欺诈、胁迫、乘人之危的行为，当事人在意思表示不真实的情形下订立合同的，都可能会导致以下的不利后果。

1. 合同的履行无法实现当事人的交易目的

存在当事人意思表示不真实情形的合同，其内容没有体现当事人的真实交易需求，如按合同的约定进行履行，受不利影响的一方当事人将难以实现己方的交易目的。例如，对标的物的使用性能存在误解的当事人，通过合同的履行可能会得到不符合自身使用要求的标的物；受他人欺诈订立合同的当事人，通过合同的履行可能会得到质次价高的商品等。

2. 当事人之间容易形成合同效力争议及其他争议

在当事人意思表示不真实的合同成立后，受不利影响的一方当事人发现合同内容与其对交易的真实意愿所存在的差距后，可能会由于不愿承担合同履行后的不利后果而不按照合同的约定履行义务，进而提出撤销合同、合同无效等主张。在此情形下，就会在当事人之间形成合同是否有效、是否应撤销的效力争议。同时，虽然法律规定当事人基于重大误解所订立的合同，或由于受到对方或第三方的欺诈、胁迫、乘人之危而订立的合同，均可以请求撤销。但在请求撤销的法律程序中，当事人需对这些事实的存在承担举证责任；且根据相关司法解释的规定，人民法院对于欺诈、胁迫、恶意串通等事实，需要根据在案证据证明该事实的存在能够达到排除合理怀疑的证明标准方可认定，而在具体的个案中，当事人的举证要达到该证明标准极为困难。因此，即使存在这些情节，当事人欲通过法律程序撤销合同，也有很大的可能由于举证无法达到法定证明标准而无法实现，从而将会面临较大的诉讼或仲裁法律风险。

此外，即使在依照法定程序撤销了合同或确定合同无效后，当事人也还会由于合同的订立以及准备履行、实际履行等而可能付出了较大的成本，从而造成难以补救的损失。这些损失依法应当由对造成合同无效或可撤销有过错的当事人承担，因此还会在当事人之间形成损失赔偿等方面的争议。

3. 造成当事人经济损失

所有存在意思表示不真实情形的合同，几乎都会造成当事人程度不等的经济损失。存在一般误解、真意保留情形的合同是合法有效的，合同履行后，受不利影响的一方将不得不接受不符合己方交易目的的履行结果，从而蒙受经济损失。由于重大误解、欺诈、胁迫、乘人之危且显失公平等订立的合同，如当事人未依法进行撤销，合同将会按照约定的内容得到履行从而造成当事人的损失；如当事人通过法定程序进行了撤销，则对合同被撤销有过错的一方当事人将需要自行承担合同订立造成的己方损失，并需要赔偿对方由此受到的损失。

三、合同欺诈及其他意思表示不真实的法律风险防控

企业在订立合同的过程中,对由于自身或他人不当行为而可能造成的意思表示不真实的情形所形成的法律风险,应采取必要的措施加以防控,尤其是对实践中发生较多、争议较大的合同误解、欺诈等,应当重点加以防范。

1. 合同误解的防范及应对

误解是行为人存在自身认识能力不足、未对交易事项进行必要的调查了解等主观原因,而造成的对交易事项的错误认识。因此,为避免误解的发生,当事人在订立合同时,应选派掌握合同工作专门知识、具有相关交易工作经验的人员开展相关工作;并应对交易相关事项进行全面的调查了解,了解清楚对交易的进行可能产生影响的各种信息;对于疑难复杂、标的数额大、对当事人利益影响重大的交易,应配置相关行业或岗位的专业人员对相关事项进行专业的尽职调查。在调查清楚交易所涉各项事实的基础上,对获取的所有交易信息进行分析整理,形成合理可行的交易方案;在对各种可选择的交易方案可能的履行结果建立了充分的认识后再决定是否订立合同、如何订立合同,尽最大可能降低对交易事项发生误解的可能性。

对于时间仓促、工作失误等原因已经在存在误解的情形下订立的合同,应详细分析评估发生误解的原因及可能受到损失的大小,并根据合同订立的实际情况及法律的相关规定判断是否构成重大误解,争取通过与对方友好协商的方式进行补救,或在合同履行过程中有针对性地采取有效的管理措施将损失降到最小;无法补救且符合重大误解构成条件的,可考虑通过依法行使撤销权的方式撤销合同。

2. 合同欺诈的防范及应对

在合同订立过程中受到的欺诈与误解的相同之处在于,当事人都是对交易主体、标的、方式等事项产生了错误的认识,如误认为履行能力不足的交易对象具有履行能力、不符合要求的标的物符合要求等。但前者是由于对方的欺骗,后者则是由于自己的失误。因此,防范他人的合同欺诈与防止自己对交易的误解,具体的工作内容都是通过采用各种调查方法了解清楚与交易有关的真实信息,防止对交易事项产生误认。不过,他人带有恶意的欺诈显然比自己无意的误解具有更强的迷惑性,在交易活动中,企业需要采取更严密的措施和投入更

多的资源防范合同欺诈。

在具体的交易中防范合同欺诈可围绕以下几个方面展开：一是严格审查交易对象的履行能力及诚信记录，即在审查缔约资格、经营资质、履行能力等内容外，还应了解其在以往的交易活动中有无进行欺诈活动的不良记录。二是对影响己方交易目的实现的事项进行全面、有效的调查研究，不轻信对方的单方陈述，如合同标的的性能能否满足己方要求、质量是否稳定可靠等。对于一些存在明显信息不对称的交易，如投资、合作、资产收购、复杂的商务服务项目等，应通过专业系统的尽职调查获取影响交易进行的足够信息。三是对于合同履行后己方对合同标的的运用效益，应在交易前通过充分的市场调查进行科学的分析评估，根据评估结论决定是否进行交易；而不应轻信对方当事人为推广商品或服务而进行的片面性的预测、推演。四是对于由对方掌握的、己方无法通过合理的途径核实真实性的交易信息，应在合同内容中由对方对信息的真实性作出保证并约定相应的违约责任承担方式。

如在合同订立后发现对方在合同订立时陈述的事项与实际不一致，且可能影响到己方交易目的实现或可能造成己方损失的，应及时核实不一致的原因；认为对方在合同订立过程中存在欺诈情形的，应及时收集证据并可与对方协商变更合同内容，无法协商解决的应考虑通过法律规定的程序撤销合同并可要求对方赔偿损失。

3. 合同诈骗的防范

合同诈骗，是指行为人以非法占有为目的，在合同签订、履行过程中，骗取对方当事人财物的行为。合同诈骗与合同欺诈的相同之处在于行为人客观上都向相对人就交易事项进行了虚构不存在的事实、隐瞒真实信息的欺骗行为，并企图诱导相对人基于对其提供的虚假信息的相信而作出有利于行为人的意思表示。不同之处在于，欺诈人一般是希望通过欺诈行为获取交易机会、谋求超出正常交易可得利益的超额利益，一般属于民事违法行为；而合同诈骗则不同，诈骗人的目的是非法占有他人财产，签订、履行合同的行为只是其实施诈骗行为的手段。数额小的合同诈骗属违反治安管理法律的违法行为，会受到公安机关的治安处罚；数额较大的合同诈骗则属于犯罪行为，会被依法追究刑事责任。与合同欺诈相比，合同诈骗的危害性显然更加恶劣，遭遇合同诈骗时，当事人遭受损失的可能性更大、受到的损失也会更严重。

企业从事订立、履行合同等民事活动时应提高警惕,严防合同诈骗,尤其是与一些规模小、履行能力低下、陌生的交易对象之间的交易。防范合同诈骗的方法除按照前述关于防范合同欺诈的方法对交易对象的履行能力、诚信记录、交易事项的真实信息等进行详细的调查了解外,还应对自称当事人代理人的个人身份信息进行详细核实。实践中,大量的合同诈骗活动都是不法分子冒充知名企业代理人的身份实施的。此外,为有效防范合同诈骗,在合同中安排交易步骤时,应将双方履行合同义务的顺序进行合理设计,防止在未收到交易对价时单方向对方支出大额资金或交付高价值的标的物。

4.通谋虚伪的法律风险的防控

通谋虚伪,表现在订立合同的过程中,是指行为人与相对人均无进行交易的真实意愿,却在表面上订立了进行某项交易的合同。根据《民法典》的规定,基于通谋虚伪订立的合同无效,当事人均无权要求对方履行。但实践中,在双方基于虚假的意思表示订立合同后,一方基于自身利益的考虑而要求对方履行合同的不乏其例;在此种情形下,对方往往无法证明订立合同时双方并不存在真实的缔约目的,也就无法证明通谋虚伪事实的存在,造成合同无法被确认无效、当事人不得不履行或承担违约责任的后果。同时,基于通谋虚伪订立合同的主体中,一般来说至少有一方期望通过订立的虚假合同达到特殊的目的,如将虚假的合同提交给行政机关或司法机关作为证明虚假事实存在的证据使用,或将虚假合同提供给他人进行欺诈甚至诈骗等。这些对虚假合同的使用行为基本都是违法行为、甚至可能是犯罪行为,行为人可能面临相关国家机关的行政处罚甚至被追究刑事责任。因此,当事人在交易活动中不应轻易相信他人的片面之词,随意与他人订立自认为无须履行、无须承担责任的合同,否则将会使自己面临难以预料的法律风险。

此外,很多基于通谋虚伪而订立的合同,当事人是在借用此类合同的形式,实现彼类交易的目的,即将真实的交易目的隐藏在虚假的交易形式之中。此种情形下,所隐藏的交易并不因其以隐藏的方式存在而无效。因此,如隐藏的交易并不违法,则当事人的隐藏行为并无必要,且由于真实交易隐藏在其他形式的合同中,当事人往往无法就真实交易约定具体、明确的权利义务,反而为交易的进行增加了不必要的履行风险。如所隐藏的交易属于违法交易,实践中相关行政机关或司法机关在认定交易性质时,并不是单纯根据合同名称或部分措辞、用语确定,而是根据交易中双方权利义务的性质综合判定。故将违法交易隐藏在合法合同中的方式,很难逃避合同内容被确认违法、行为人被追究法律责任的结果。因此,当事人在所从事交易活动的方式涉嫌违法时,应通过合理调整交易模式等方式规避相关法律风险,而不应将违法内容隐藏在表面上合法的合同中企图蒙混过关。

5. 其他导致当事人意思表示不真实的法律风险的防控

(1)真意保留的运用

真意保留,是行为人由于自己的主观故意而就是否进行交易及如何交易作出了与自己真实想法不符的意思表示。此种情形下,直接的后果是订立了本不愿订立的合同或未订立本来愿意订立的合同,或接受了本来不愿接受的交易条件。由于真意保留并不对合同的效力产生影响,故行为人应根据其已表示的意思承担行为的后果,即可能由于订立了不合理的合同而造成损失,或未订立需要订立的合同而错过交易机会等。

因此,如无特别的交易以外的利益需要考虑,企业不应由于不理智而进行真意保留。如存在交易以外的利益需要考虑,或需要通过购买己方并不需要的小额物品来维护双方的合作关系等,也应理性考量本次交易可能造成的损失与交易以外利益实现的可能性、可能的收益大小等因素,综合进行分析评估后审慎抉择。

(2)胁迫行为的防范

实践中,企业被胁迫订立合同情形较为少见,尤其在近年来国家对黑恶势力严厉打击的背景下,但也并没有完全绝迹。企业等组织在交易活动中被交易对象胁迫订立合同的,主要见于己方经营活动中存在违法行为或提供的商品或服务质量存在问题等情形下,他人在获知信息后以向相关部门投诉、举报或向媒体曝光等手段相要挟,迫使当事企业在交易中作出不合理的让步,进而实现其追求不法利益的企图。

因此,企业等市场主体防范被他人胁迫的最有效的办法就是自身合法、合规、诚信经营,向社会提供优质的商品和服务,不给他人提供进行胁迫的机会。企业也应该对自己已经实施的不符合法律要求的经营行为,或交易活动中的违约行为,勇于承担责任;在后续交易中遭遇以此相要挟的交易对象时,应敢于拒绝。对于已经由于对方的胁迫行为订立的合同,也应综合考虑其中的利弊得失,必要时应积极收集证据,考虑通过法律规定的程序撤销合同以挽回损失。

(3)乘人之危行为的防范

企业或个人在生产、生活中,由于遭受各种意外以及经济困难而陷入困境,被他人恶意利用订立不公平民事合同的事件,实践中时有发生,尤其是因资金困难,订立利息标准远超过国家法定标准的民间借贷合同。造成这一社会现象的直接原因,多数是当事人从事了超过自身承受能力的高风险经营活动,或经营管理水平不高、风险承受能力不足等造成了自身的经营困难。

企业在遭遇资金或其他经营困难时,应通过改善经营管理、加强经营活动中的风险防范、不盲目投资、争取银行融资支持等途径摆脱困境,而不应选择向他人高利借贷、接受他人明显不公平的交易条件。已经接受并订立了交易合同的,应综合评估对己方利益的影响程度,如造成己方重大利益损失的,可考虑通过法定程序撤销合同以维护己方权利。

(4)对方不当主张己方欺诈、胁迫等的防范

实践中,在合同订立后,一方当事人由于各种主客观原因而对所订立合同反悔,但却既不愿意继续履行合同,又不愿承担违约责任的情况并不鲜见。在这种情况下,违约方往往会寻找合同订立过程中存在的瑕疵,谋求通过确认合同无效、撤销合同等以逃避其应承担的违约责任,而指称对方在合同订立过程中存在欺诈、胁迫、乘人之危等情形则是寻找的较为常见的理由。无论这些理由是否有证据支持,是否能在发生诉讼时被司法机关认定,都会增加纠纷发生的概率及纠纷发生后处理的难度。

当事人在订立合同时,应根据交易对象的诚信状况、交易磋商过程的复杂程度等情况,提前做好相关的防范工作。具体可采用的方法包括:以书面方式向对方作出交易提示;在合同文本中增加合同订立过程中不存在欺诈、胁迫、乘人之危的情形,以及各方是在对交易有充分了解的基础上签约的等内容;其他可以证明合同订立过程不存在欺诈、胁迫、乘人之危的方法,如对签约过程进行录像、公证等。

6. 撤销权的行使

撤销权是当事人基于法定事由而享有的、对自己已实施的生效民事法律行为请求撤销法律效力的权利;相关民事法律行为被依法撤销后,自始没有法律效力。根据《民法典》的规定,行为人基于重大误解,被他人欺诈、胁迫,或被他

人乘人之危并导致显失公平等事由,实施了订立合同等民事法律行为的,有权请求撤销。撤销权需在法律规定的期限内行使,并需按照法律规定的方式,即向人民法院或仲裁机构提出请求的方式行使。关于撤销权的行使期间,根据《民法典》第 152 条的规定,重大误解的,为自当事人知道或应当知道撤销事由之日起 90 日内;当事人受胁迫的,为自胁迫行为终止之日起 1 年内;其他事由,均为自当事人知道或应当知道撤销事由之日起 1 年内。当事人知道撤销事由后明确表示或者以自己的行为表明放弃撤销权的,撤销权消灭;当事人自民事法律行为发生之日起 5 年内没有行使撤销权的,撤销权消灭。因此,超出法律规定的行使期限或撤销权消灭后请求撤销合同的,相关诉求将得不到人民法院或仲裁机构的支持;没有向人民法院或仲裁机构提出请求,而是直接向对方当事人提出撤销合同请求的,不能产生合同被撤销的效力,也不能产生撤销权行使期间中断、延长的效力。

当事人在合同成立后发现存在己方可撤销合同的事由时,应详细评估相关事实对己方利益的影响程度,并应考虑首先通过与对方协商变更合同内容或解除合同的方式避免己方的损失。如无法协商一致、或在撤销权行使期间内无法完成协商,且合同的继续履行将给自己造成较大损失的,则可以通过在法定期间内提起诉讼或仲裁的方式请求撤销合同。对方当事人的原因导致合同可撤销的,还可以在提出撤销合同请求的同时,提出要求对方当事人赔偿损失的诉求。此外,如前文中所述,相关的司法解释对于欺诈、胁迫、恶意串通等事实的认定,规定了比一般争议事实更高的证明标准,当事人如以订立合同过程中存在此类事由为理由请求撤销合同的,应做好充分的证据准备。

第四节 交易事项不合法的法律风险防控

为保护交易当事人、第三人的权利及社会公共利益,维护公平有序的交易秩序,《民法典》及相关的民事特别法对当事人在交易活动中的行为进行了全面的规范。当事人在订立合同的过程中应遵循这些法律规范实施相关行为,所实施的行为不符合法律要求的,将需要承担相应的不利后果。

一、交易事项不合法的含义及后果

本书中所称的交易事项不合法,是指当事人为满足己方的特定需要而与他人进行交易时,所进行的交易本身以及为进行交易而在合同中约定的内容等事项与法律规定不相符合的状态,前者如当事人的交易目的或订立和履行合同的前提条件不符合法律规定,后者如当事人在合同中约定的交易标的、方式、救济措施等内容与法律规定不符。因此,本书中所称的交易事项的合法性与实务中相关书籍或文章大量介绍的“合同内容的合法性”并不相同;以合同内容的合法性为主题的相关文章、书籍的研究对象,都是记载在合同文本中的相关内容的合法性,而本书中交易事项的合法性除包括合同文本中内容的合法性外,还包括了文本以外交易事项的合法性问题。实践中,交易事项的不合法主要体现在当事人的交易目的、交易条件、交易标的、交易方式、交易救济措施等方面。

根据是否可以由当事人选择适用,法律规范可区分为任意性规范和强制性规范两种类型。任意性规范的适用可以由当事人自行选择;强制性规范则不得选择或变更,当事人的行为不符合强制性规范的需承担相应的法律责任。与交易有关的任意性法律规范只有在当事人未就相关事项进行约定时,才可以作为确定当事人间权利义务的补充性依据;当事人所作约定与任意性规范不符的,不属于不合法的约定,当事人间的权利和义务应按约定内容确定。与交易有关的强制性法律规范,根据其是否影响合同效力可区分为效力性强制规定和管理性强制规定。交易事项违反效力性强制规定的,所订立合同中的相关内容无效,其中合同核心内容的无效会导致合同全部无效,当事人的交易目的将无法实现或无法全部实现。交易事项违反管理性强制规定的,合同的效力虽不受影响,但由于交易行为妨害了国家对相关行业或领域的管理秩序,一方或双方当事人可能会受到相关国家机关的行政处罚、甚至刑事处罚。

二、交易目的不合法的法律风险防控

交易目的是当事人期望通过交易的完成所要实现的某种特定目的。交易目的与合同目的的概念并不完全相同,如果合同中没有另外约定,合同目的一般是指当事人期望通过合同的履行得到的直接利益。例如,买卖合同中,合同目的是获得符合约定条件的标的物;但交易目的则可能是满足己方的正常生产或生活需要，也可能是囤积某类商品，还可能是损害他人的优先购买权、或帮助他人逃债等。交易目的属于交易当事人的主观想法，一般不属于合同内容，不出现在合同文本中，也不能根据对合同内容的合理解释加以确定，而需要根据交易主体的身份、相互间的关系以及交易背景等综合确定。

当事人从事交易活动的目的，一般都是希望实现特定的利益；任何人追求己方利益的实现本身并不违法，但为达到法律不允许的交易目的而订立或履行合同，则为法律所禁止。《民法典》第 154 条规定，行为人与相对人恶意串通，损害他人合法权益的民事法律行为无效。《民法典》第 153 条第 2 款规定，违背公序良俗的民事法律行为无效。关于对公序良俗的理解，理论上较为抽象，实践中也多有不同，但一般认为，民事法律行为具有侵害人格权、违背伦理道德、危害家庭关系、限制竞争、损害弱势群体利益、牟取暴利、有赌博性质等妨害社会基本秩序的情形的，属于违背公序良俗。

根据上述法律规定可知，当事人以损害他人合法权益为目的而订立合同的，或为追求不符合公序良俗的利益而订立合同的，所订立的合同均无效，当事人所追求的交易目的也将无法实现；由于合同的订立和履行所造成的损失将需要自行承担，造成他人损失的，还需要承担赔偿责任。因此，企业在经营活动中从事相关的交易时，应检讨交易事项的进行是否具有损害他人合法权益的目的、是否会产生违背公序良俗的结果，不应基于不合法的交易目的订立和履行合同。

三、交易条件不合法的法律风险防控

本部分内容所指的交易条件，是指交易的法律条件，即法律法规对某些特定交易的进行规定的特别前置条件，如国有建设用地使用权需完成一定的开发投资数额或形成用地条件后方可转让；经济适用房需达到规定的使用年限方可转让；商品房开发企业需取得商品房预售许可证后方可对外预售房屋等。法律法规就交易的进行所规定的这些前置条件，有些是针对合同订立行为的，即只有符合法律规定的条件，当事人才可以订立相应的交易合同；有些是针对合同履行行为的，即订立合同时并不需要符合规定的条件，而只需要履行合同，即交付相关的标的物时满足条件即可。

关于此类为特定交易的进行设置前置条件的法律规定，是属于管理性强制

性规定、还是效力性强制性规定,司法实务中存在不同的观点。总体而言,以往的裁判案例多倾向于认定为效力性强制性规定,但现在有逐步转变认定为管理性强制性规定的趋势。当事人在不满足法律规定的交易条件的情形下订立交易合同的,合同可能被确认无效,或虽有效、但被认为不满足履行条件。合同被认定为无效的,交易将无法进行,当事人的交易目的将无法实现;已经履行的,将需要恢复到履行前的状态,无法恢复的需要折价补偿;对合同的无效有过错的当事人,还需要赔偿对方由此受到的损失,并自行承担己方受到的损失。合同即使被认定为有效、但被认为不满足履行条件的,合同将可能无法按照约定进行履行,当事人的交易目的也将无法按照预期得到实现;合同已经履行的,将可能需要比照合同无效的相关规定进行处理。并且,无论合同被确认为有效还是无效,当事人都可能由于合同的订立或履行行为违反法律规定,而被处以行政处罚;情节严重的,还可能被追究刑事责任。

当事人在进行此类有法定前置条件的交易时,应详细了解法律法规所规定交易条件的准确含义和具体要求,并对所准备实施的交易是否符合法定交易条件进行充分的分析研究。对不符合法定条件的交易,应考虑变更交易方式以规避相关的法律风险,如通过订立预约合同的方式将双方的交易合意提前进行确定,待交易条件满足后再订立正式的交易合同;通过租赁、借用等方式先行获得不符合交易条件的标的物的使用权,待满足交易条件后再订立及履行标的转让合同等。对于无法通过调整交易方式使交易合法化的,或发生交易纠纷的可能性大、合同被确认无效的可能性大、可能造成己方重大经济损失的,或可能被追究严厉的行政责任及刑事责任的等情形,则应特别慎重或规避进行相关的交易。

四、交易标的不合法的法律风险防控

交易标的,是指在交易中由供应方提供给需求方、用于满足需求方特定需要的资源,在具体的合同关系中,表现为当事人权利义务所指向的对象,主要包括物和行为两种类型。以物的所有权或使用权为交易内容、或就特定的物设立担保物权的合同,交易标的即为物;以一方当事人向对方提供服务、劳务等为交易内容的,交易标的即为行为。在经营性的交易活动中,作为交易标的的物习惯上称为商品,行为称为服务。此外,在与知识产权有关的交易中,交易标的是

专利技术、商标等智力成果。本书中所称的交易标的不合法，是指在具体的交易中，当事人对特定标的所进行的交易不被法律所允许。

1. 标的在法律上的可交易性

从经济学的角度分析，只要是能满足人们某方面需求的商品或服务，都可能会被作为交易标的在不同的社会成员或组织之间进行交易。因此，当事人通过订立和履行合同的方式进行交易的标的是纷繁复杂的，涉及社会生活的方方面面。实践中，大多数被交易的标的都是用于满足当事人正常生产或生活的，但也有些标的几乎只能用于非法用途，如毒品、淫秽物品、专门用于违法犯罪活动的工具、传授违法犯罪方法等。有的标的虽然也可以满足民事主体的合理需要，但不当使用则会造成对社会的严重危害，如武器、危险易爆物品等。有的标的具有较强的复杂性或危险性，如达不到一定的质量标准，使用时可能危及他人或社会公众的安全，如建筑物、特种设备等。

为维护公平合理的交易秩序、保护公众及社会公共利益，相关的法律法规对不同的标的制定了不同的交易规范，具体可以分为三种类型：一是可自由交易的标的，即法律不对交易进行限制，当事人可以按照自己的意愿自主交易的标的，实践中大多数商品或服务均属此类。二是限制交易的标的，即只能在特定主体间或需满足特定条件方能交易的商品或服务。例如，特定的危险品只能在特定主体间流通；有强制性国家标准的产品，只有符合该标准才可以作为交易标的进行市场流通；农村宅基地上的房屋只能在本集体经济组织成员之间按规定条件流通等。三是禁止交易的标的，即不得进行交易的商品或服务。例如，只能用于不法用途的物品，土地的所有权，人体组织、器官、遗体，企业的资质、证照，侵犯他人知识产权的商品等。

2. 交易标的不合法的后果及法律风险防控

法律法规对特定商品或服务所作出的限制交易或禁止交易的规定，均属效力性的强制性规定。对相应标的不具有法律规定的交易资格的当事人、或以不符合法律规定条件进行的交易，或就禁止交易的商品或服务进行的交易，所订立的合同一般均属无效合同，当事人无权要求对方履行合同义务；已经履行的，也将可能被要求以返还财产等方式恢复到履行前的状态或进行折价补偿，对合同的无效有过错的当事人，还需要承担相关的经济损失。并且，根据所交易商品或服务的种类、行为的违法程度、标的额大小等情节，交易当事人还可能被处以行政处罚,严重的还会被追究刑事责任。例如,交易双方买卖侵犯他人专利权、商标权的商品的,所订立的合同为无效合同,且行为人会被知识产权保护的主管机关处以行政处罚;交易金额达到刑事追诉标准的,行为人还将会被以侵犯知识产权犯罪的罪名追究刑事责任。

因此,当事人在准备交易可能属于法律法规禁止或限制交易的标的时,应详细了解相关法律法规的具体要求,正确判断拟进行的交易在法律上的可行性。对于禁止交易的标的,应停止相关标的的交易,通过重新选择其他可以满足需求的替代标的满足己方的交易需求。对于法律法规规定了当事人交易资格、强制性质量标准等交易条件的标的,应严格按照法律规定的要求进行交易;不满足法定要求的,应通过重新选择交易标的、变更交易主体、变更交易方式等方法规避相关的法律风险。

五、交易方式不合法的法律风险防控

当事人在正确选择交易标的后,还需要根据标的的属性、双方的交易需求以及法律的相关规定,合理、合法地选择交易方式,以保证当事人交易目的的实现,以及交易的合法进行。

1. 交易方式的概念及法律意义

在合同法律关系中,需求方可以通过交易获得的、用以满足己方需要的标的物、行为、智力成果等;期望获得的对交易标的所享有的权利则可能是所有权、使用权、担保权、专用权等不同类型的权利。对标的所享有不同类型权利的交易,会具有明显不同的交易特征。本书中所称的交易方式,就是指交易双方在对交易标的的具体类型的权利进行交易时,所采用的与交易特征相符的交易模式,如对一般动产、不动产的所有权进行交易的方式为买卖,对使用权进行交易的方式则可能是租赁或借用等;对股权等投资性权利的交易方式为转让;对特定工作成果进行交易的方式为承揽;对专利、商标的专用权进行交易的方式为转让,对使用权的交易为许可使用等。当事人在交易活动中对标的所采用的交易方式决定了合同的性质和类型,如当事人对标的进行买卖的合同为买卖合同,对特定工作成果进行承揽加工的合同为承揽合同等。

在不同的交易方式中,当事人间的权利义务关系会有明显的差别;在相同的交易方式中,即使所交易的标的不同,当事人在交易过程中的主要权利和义务也是基本相同的。因此,通过对具体的交易方式中当事人间的权利义务进行规范,就可以实现对此类交易进行规范的目的。《民法典》合同编典型合同分编关于各种典型合同的规定,以及各项民事特别法中关于各种特定类型合同的规定,都是按照不同类型的合同所对应的不同交易方式对当事人间的权利和义务进行规范的。当事人在合同订立阶段对交易进行安排、对合同内容进行确定,也需要按照所选择交易方式的相关商业规则和法律规则来进行;司法机关处理各种类型的交易纠纷,同样需要根据不同交易方式的法律特征对当事人间的权利义务进行合理、合法的界定。

当事人在从事交易活动时,首先需要根据自己的需求确定交易标的及对标的享有的权利类型,并据此确定交易方式;再在能够提供己方所需标的的民事主体中选择交易对象、磋商交易条件。不同的交易方式决定了当事人在交易完成后对交易标的所享有权利的性质,也决定了当事人在合同中就各自的权利义务应如何进行约定。因此,交易方式的正确选择对于当事人交易需求能否按预期得以实现具有决定性的作用。

2. 交易方式不合法的具体情形及法律风险的防控

在交易活动中,当事人可以根据对具体交易事项的实际需求自主选择交易方式,既可以选择法律法规已规定的各种典型合同的交易方式,也可以根据需要自行约定其他的交易方式。但当事人在选择交易方式时,同样需要遵循法律的相关规定,而并不是完全不受法律约束;当事人所选择的交易方式与法律要求不符的,将会给交易活动的进行带来相应的法律风险。实践中,当事人所选择的交易方式不符合法律规定而导致的法律风险,主要体现在以下几个方面:

一是交易方式与当事人的交易目的不匹配,导致交易结果无法满足当事人的交易需求。例如,当事人期望对某国有土地获得 30 年以上的使用权,以便在土地上建设厂房长期经营使用,但却没有就该土地的建设用地使用权进行转让,而是与土地使用权人订立了土地租赁合同,导致对该土地的使用权利最多不能超过 20 年;再如,当事人对某种机电设备有特别的使用要求,但却没有定作设备,而是通过买卖的方式购置了该类设备的通用产品,导致其对设备的特别使用要求无法实现。

此种交易方式的选择错误导致交易目的落空的案例在实践中大量存在,当事人在交易活动中应予以特别的注意。对于此类交易法律风险,需要从以下几个方面加以防控。首先,在合同订立以前,应根据标的的自然特征、法律特征,以及己方对标的的具体需求,确定己方需要通过交易所获得的对交易标的的权利类型,如以物为标的的交易中,是需要获得物权性质的所有权、使用权、担保权,还是债权性质的使用权、担保权等权利,如租赁、保证等。这些不同类型的民事权利在行使方式、内容等方面有很大的差别,所能满足权利人的具体需求也是完全不同的。其次,当事人需要根据拟通过交易所取得的对标的的具体权利,按照法律的相关规定,合理、合法地确定交易方式。例如,需要取得一般动产所有权的,可采用买卖的交易方式;需取得对国有土地的物权性质的使用权的,可采用出让或转让的方式;需取得对土地的债权性质的使用权利的,可采用租赁、借用等方式。最后,当事人在订立合同时,一般应优先选用法律法规已在相关典型合同中作出了明确规定的交易方式;确因交易需求的特殊性,需要约定非典型的权利类型、交易方式的,则需要在合同中就相关权利的具体内容、行使方式,交易进行过程中各方的权利义务等内容作出翔实而明确的约定,避免合同履行过程中因没有法律规定可供补充适用而致使合同难以履行。

二是合同约定的交易方式与合同中关于当事人权利义务的其他约定不相符,导致当事人无法通过合同的履行达到交易目的,并容易引发当事人间的交易纠纷。例如,合伙合同约定了一方当事人享有保底收益的权利;买卖合同约定了出卖方需根据买受人随时提出的要求变更产品的组成等承揽合同的内容等。此种情形的出现原因较为复杂,有些是当事人对相关交易方式的法律特征理解错误而造成的,还有一些则可能是至少有一方当事人希望享有两种以上交易方式中相似交易地位当事人的权利等而形成的。此种合同进入履行阶段后,往往会由于当事人交易需求或外部交易环境等因素的变化,而在当事人之间产生关于合同性质的争议,且在相关纠纷进入诉讼等程序后,也会面临合同性质的确定与当事人的期望不符的诉讼或仲裁风险。

因此,虽然《民法典》及相关民事特别法规定,在订立合同的过程中当事人在遵守法律强制性规定的前提下,可自由约定交易过程中各方的权利和义务,但当事人在订立合同时,还是应围绕所选择的交易方式的实现约定具体的合同内容,而应避免出现与所选择交易方式的法律特征不相符的内容,尤其是关于交易风险的承担、标的转移过程中及转移后各方当事人的基本权利、基本义务等体现交易方式法律特征的内容。

三是当事人所选择的交易方式被法律所禁止，导致所订立的合同无效，并可能导致当事人受到行政处罚甚至刑事处罚。例如，有经营资质的经营者与无经营资质的单位或个人所订立的挂靠协议；经营者之间订立的排除、限制竞争的协议等。一般而言，法律对交易方式的禁止，都是针对可能造成第三人利益的损害、社会公共利益的损害或公共秩序的破坏等特定方式的。

当事人在进行可能与第三人利益有关，或法律规定了专门管理措施的交易时，应详细了解国家法律法规的相关规定，如拟采取的交易方式为法律所禁止，则应考虑通过合理调整交易标的或交易方式规避相关风险。例如，将违法的挂靠经营变更为合法进行的承包经营或合作经营等模式；将不受法律保护的、超出20年使用期限的租赁合同变更为权利转让、共有等。无法通过交易标的及交易方式的变更使交易合法化的，则不应继续进行该交易以规避相关的法律风险。

六、交易救济措施不合法的法律风险防控

本部分内容中所称的交易救济措施，仅指当事人在合同中就违约责任的承担及争议的解决所约定的处理措施，而不包括当事人就其他交易障碍导致双方间的权利义务应如何重新确定所作的约定。与交易标的、交易方式、交易目的、交易条件的合法性不同的是，当事人在合同中约定的违约责任条款以及争议解决条款，即使违背了法律强制性规定，也不会影响到合同整体的效力；当然也不会导致当事人无法就对方的违约行为主张权利、或导致纠纷丧失解决途径；而只是会导致当事人就该两类事项所作的约定不能产生法律效力，违约方责任的承担及争议的解决途径需按照法律规定确定。

（一）违约责任条款内容不合法的法律风险防控

根据《民法典》合同编的规定，违约责任的功能以弥补损失为原则，以惩罚性赔偿为例外，即一般情形下法律不允许当事人通过追究对方违约责任的方式获得过分高于合同实际得到履行时可以得到的利益。因此，当事人在订立合同中的违约条款时，应根据《民法典》规定的要求，结合交易的实际需要，约定既符合法律规定、又能满足交易需求的内容。

1. 违约责任条款的内容组成

违约责任条款一般由两部分内容组成，一部分是关于违约行为范围的确定，另一部分是违约责任的承担方式。违约行为范围的确定，指当事人在合同中约定哪些行为属于违约；违约责任的承担方式，则是指对于具体的违约行为，违约方应如何承担责任。虽然《民法典》对违约行为及违约责任的承担均已作出了规定，但由于这些规定需适用于民事活动中各种不同类型的合同，故所制定的规范内容均较为抽象，难以完全满足具体交易尤其是复杂交易的需要。因此，当事人在订立合同时，可以根据交易的实际需要有针对性地对违约责任进行约定，但所约定的内容应符合法律规定的要求。

2. 违约行为范围的合法约定

根据《民法典》的规定，违约行为是指当事人不履行合同义务或履行合同义务不符合约定，即完全不履行或不适当履行合同义务两种情况。因此，当事人在合同中约定违约行为的界定范围或具体类型时，也需根据该规定内容进行具体展开，即应该按照当事人的何种行为属于或不属于不履行或不适当履行合同义务的具体表现形式来进行约定；而不应将与当事人行为无关的事项，如交易外部环境的变化等约定为违约行为，一般也不应将明显由当事人过错导致的合同未履行或未适当履行通过约定而排除在违约行为以外。当事人在合同中关于违约行为范围的约定不符合前述法律规定要求的，将可能导致所作约定因不符合公平原则或与法律关于违约责任的承担条件不符而被确认不具有法律效力。

3. 违约责任承担方式的合法约定

根据《民法典》的规定，当事人存在不履行合同义务或履行义务不符合约定的违约行为时，应承担继续履行、采取补救措施、赔偿损失等违约责任；其中，继续履行是对未履行或未全部履行合同义务的违约行为承担责任的方式，采取补救措施是对履行合同义务与约定不符的违约行为承担责任的方式，赔偿损失则是对各种违约行为所造成损失进行弥补的责任承担方式。同时，《民法典》还规定，当事人可以在合同中约定支付违约金、给付定金等违约责任承担方式。但当事人约定的违约金过分高于违约行为所造成损失的，人民法院或者仲裁机构可以根据当事人的请求适当减少；定金的数额不得超过主合同标的额的20%，超过部分不产生定金的效力。

当事人在订立合同的过程中就违约责任的承担进行约定时,应按照法律规定的原则和具体要求确定合同内容。首先,所约定的违约责任承担方式应当是为了弥补对方当事人所受到的损失,而不应约定以单纯损害违约方利益为目的的惩罚性措施。其次,通过对所约定违约责任承担方式的实施,对方当事人所能实现的利益不应过分高于合同履行后其可以获得的利益。最后,约定内容应基本符合公平原则、比例原则,对于造成的损失小、情节轻的违约行为,不应约定实施成本远高于所造成损失的责任承担方式;对于通过较低成本的责任承担方式即足以弥补损失的违约行为,不应约定实施成本过高的其他方式。

(二)争议解决条款内容不合法法律风险的防控

当事人由于与合同有关的事项发生争议的,可以通过协商、调解、仲裁、民事诉讼等方式进行解决。为规范民事纠纷解决过程中当事人间及当事人与纠纷处理机构之间的关系,国家专门制定了《人民调解法》《仲裁法》《民事诉讼法》等法律法规;并且,为尊重交易主体的自主选择权,法律允许当事人在一定的范围内就解决争议的方式进行约定。协商和调解均属当事人自愿进行的纠纷解决方式,无论合同中是否就该两种方式作出了约定,均不影响纠纷发生后当事人在自愿基础上通过和解或调解的方式解决纠纷。仲裁是合同或其他财产纠纷的当事人可以通过订立仲裁协议进行选择的纠纷解决方式。民事诉讼是解决各种民事纠纷的主要途径,在合同纠纷中,只要当事人未通过选择仲裁对民事诉讼进行了排除,而纠纷又无法通过自行协商或调解解决的,当事人均可向人民法院提起民事诉讼;并且,根据《民事诉讼法》的规定,当事人在合同中可以按照法律的规定选择案件的管辖法院。

1. 仲裁协议的合法约定

根据《仲裁法》及相关司法解释的规定,当事人选择通过仲裁解决合同纠纷或其他财产性民事纠纷的,可在合同中约定或在纠纷发生前后以书面方式达成请求就纠纷进行仲裁解决的协议。仲裁协议中应包括请求仲裁的意思表示、仲裁事项、选定的仲裁委员会。请求仲裁的意思表示,指合同或其他财产性民事纠纷的当事人均一致同意将争议提交仲裁裁决,并排除人民法院的管辖。仲裁事项是指当事人就发生何种类型的争议通过仲裁解决的约定,如当事人概括约定仲裁事项为合同纠纷的,则与该合同有关的成立、效力、履行、违约责任、终止等与合同有关的争议均属仲裁事项。此外,婚姻、收养、抚养、监护、继承等与人身关系有关的纠纷,以及应由行政机关处理的行政争议,不能通过仲裁程序解决。选定的仲裁委员会,指当事人所选择的处理纠纷的仲裁机构;根据规定,当事人选择的仲裁机构应明确具体,即必须明确选定或可以确定某一具体的依法设立的仲裁委员会。当事人达成的仲裁协议不符合法定要求的,该协议无效,当事人可就相关争议向人民法院提起民事诉讼。

当事人在约定仲裁协议的内容时,应严格按照法律及司法解释的要求进行。实践中,为保证仲裁协议的合法性,当事人在订立仲裁协议时应特别注意以下事项:一是请求就纠纷通过仲裁解决的意思表示应明确具体;不应在协议中约定发生纠纷后可仲裁、可诉讼,或先仲裁、后诉讼,或先诉讼、后仲裁等内容。二是约定的仲裁事项应当清楚、明确,可准确判断,并且属于法律规定的可仲裁事项范围。三是所选择的仲裁委员会应当是依据《仲裁法》的规定依法设立的,并且名称应准确无误;不得约定不存在的仲裁机构、或依法设立的仲裁委员会以外的其他组织或个人对纠纷进行仲裁;不具有涉外因素的纠纷,不应约定境外仲裁机构。

2. 民事诉讼管辖条款的合法约定

根据《民事诉讼法》及相关司法解释的规定,合同当事人可以在书面合同中或在诉讼前以书面形式约定,选择被告住所地、合同履行地、合同签订地、原告住所地、标的物所在地等与争议有实际联系的地点的人民法院作为纠纷发生时的管辖法院,但不得违反法律关于级别管辖和专属管辖的规定。选择的管辖法院在起诉时应能够确定,选择了两个以上与争议有实际联系的地点的人民法院的,所选择的法院均有管辖权。当事人订立的诉讼管辖条款无效的,管辖法院应按照法定管辖的规定确定,即一般的合同纠纷应由被告住所地或合同履行地人民法院管辖。

当事人在合同中约定诉讼管辖条款时,应按照上述法律规定确定合同条款内容。具体的实务要点包括以下几个方面:一是不得约定与纠纷所涉事项没有实际联系的地点的人民法院对纠纷进行管辖。二是约定的管辖法院应当在纠纷发生时能够准确确定;不应约定由某省的人民法院、由守约方所在地人民法院管辖等可能在纠纷发生时无法确定具体管辖法院的内容。三是如约定了管辖纠纷的具体的人民法院名称,则应核实可能的纠纷争议标的额、争议类型等因素是否符合法律关于级别管辖的规定,避免约定内容违反法律关于级别管辖的规定。四是法律对不动产纠纷、港口作业中发生的纠纷、继承遗产的纠纷规定了专属管辖制度，此类纠纷的当事人不能就管辖法院进行自行约定。

第五节　合同条款不实用的法律风险防控

合同条款，是当事人就已达成合意的交易事项在合同中以条目形式进行的表述。合同条款是合同内容的载体，实践中绝大多数合同都是通过不同条款的组合来表述内容的。当事人在订立合同时，应按照交易的实际需要确定合同的组成条款。

一、合同条款不实用的含义、后果及防范方法

1. 合同的条款组成

根据《民法典》第470条的规定，合同的内容由当事人约定，一般包括当事人信息，标的，数量，质量，价款或报酬，履行期限、地点和方式，违约责任，解决争议的方法等条款。但《民法典》已作出规定的该8项条款，既不是合同必须同时具备的内容，也不是对合同内容的范围限制。当事人根据交易需要，既可以只约定其中部分条款，也可以在该8项条款以外增加约定其他条款，如合同生效条件条款、定义条款、陈述与保证条款、担保条款、保密条款、知识产权保护条款等。

根据《民法典》及《民事诉讼法》的相关规定，当事人就质量、价款或者报酬、履行地点、履行期限、履行方式、违约责任、争议的解决方法等未作约定或约定不明时，相关事项应按照法律规定进行确定。因此，当事人在合同中未约定此类条款的，并不会影响到所订立合同的成立或效力。由此可见，当事人在订立合同的过程中，只要已就参加交易的主体，交易标的、数量及交易方式进行了协商并达成了一致意见，双方间的合同关系就可以成立。由于交易方式一般是通过合同名称及合同中关于当事人间权利义务的约定内容来确定的，一般不需要通过单独的合同条款进行表述，故应当认为合同中的当事人信息条款，标的名称、内容及数量条款，体现交易方式的条款均应属于合同的必备条款，合同内

容中缺乏此类条款的，合同关系将不能成立。

除上述必备条款外，对确定其他交易事项的条款是否在合同中作出了约定并不影响合同的成立或效力，但这些条款的缺乏将可能导致合同履行过程的困难，从而使合同的履行效果大打折扣，甚至可能导致一方或双方当事人的交易目的无法实现。因此，当事人在订立合同时，需要根据交易的实际需要审慎确定合同的条款组成。

2. 合同条款不实用的常见情形及可能造成的后果

合同条款是否具有实用性，是指当事人在合同中所约定的条款是否能够满足交易的实际需求，具体而言，是指合同条款是否有助于当事人交易目的最大限度的实现。例如，合同中是否就交易事项所属行业、交易标的、交易方式、合同相对人等所具有的不同特征作出了个性化的、具有实用意义的约定等。当事人由于商务及法律知识欠缺、交易经验不足、重视程度不够等而未能按照具体交易的实际需求确定合同条款，导致合同在成立后履行困难、或引发争议的事例在实践中大量存在，常见的情形主要体现在以下几个方面：

一是生搬硬套合同示范文本或其他交易中已使用过的合同文本。合同示范文本是国家市场监督部门或其他部门为便利市场交易的进行及合同的规范化订立，而制定的供市场主体自行选择的合同文本。合同示范文本具有格式规范、内容较为全面、用语准确等特点，可以满足当事人在一般交易中的需要。但合同示范文本毕竟是为满足通常的市场交易需要而制订的，而实践中的交易往往是复杂的，当事人在相似交易中的具体交易需求、交易标的等往往各有不同。例如，同样是机电设备的买卖合同，大型成套设备与小型单机设备在交易过程中的复杂程度、当事人的权利义务组成等方面就会有显著的区别，合同示范文本库中的工业品买卖合同的条款内容显然无法同时满足这两种交易的需要。因此，合同示范文本在实际使用中具有明显的局限性，当事人如不顾交易的实际情况而盲目套用，将可能导致合同的履行困难、当事人的交易需求无法全面体现、在当事人间形成交易纠纷等后果。此外，由于不同交易中交易主体、标的的具体情况、当事人交易目的等的不同，当事人自己或他人在以往类似交易中已经使用过的合同文本也不应随意套用。

二是盲目借鉴、套用境外合同文本或其他内容晦涩、用语抽象复杂的合同文本。随着对外交往的日益扩大，很多企业在经营活动中都或多或少地与境外企业进行过交易。有些企业可能会发现境外提供的合同，尤其是英美国家的合同，文本动辄几十页，内容组成全面、具体，约定的事项面面俱到，进而想当然地认为境外的合同文本专业水平高而在自身的经营活动中进行了采用。事实上，境内外的交易商务环境及法律环境均存在极大的差异，我们平常看到的组成复杂的境外合同文本大多是为了适应境外交易环境而设计的，在没有涉外因素的交易中应谨慎采用。盲目套用境外合同文本，可能会由于合同用语与国内相同用语的含义不同、法律意义不同等，形成无谓的合同争议；或造成企业内部工作部门、人员难以从复杂、抽象的合同内容中准确识别出履行要点，而导致合同履行过程的效率低下或履行错误，进而形成不必要的合同违约。

三是合同文本内容过于简略，未就交易进行过程中的相关必要事项进行约定。实践中，当事人会由于对交易事项重视程度不够、对具体交易的进行过程缺乏深入了解等，在仅就交易标的的名称、数量等最基本的事项达成合意，而未就对交易标的的具体要求、交易过程中各方当事人的具体权利义务等对交易的进行具有重要影响的事项达成合意的情形下订立了合同。在此种合同进入履行阶段后，当事人会由于合同约定不全而无法准确确定己方应履行的义务，也无法判断对方的履行行为是否适当，从而造成合同的难以履行或履行效率低下，并可能在当事人间产生合同争议。

四是合同内容未对交易过程中可能出现的障碍进行合理、必要的预测并约定相应的处理措施。在交易进行的过程中，尤其是履行内容繁多、履行周期漫长的交易中，经常会由于与交易有关的各种主客观因素的变化而出现一些妨碍交易继续进行的事件，如市场行情的波动、原材料的短缺、当事人交易需求的变化、对方当事人的违约等。这些事件的出现都会导致合同难以完全按照合同的原始约定进行履行，从而形成履行障碍。当事人在订立合同时，如未就这些事件出现时应如何确定当事人间的权利义务作出约定，则在此类事件实际发生时，当事人将不得不就合同履行障碍的消除进行补充协商，不愿协商或协商不成的将会不可避免地导致当事人间交易纠纷的发生。

五是合同中虽然就相关交易事项的进行作出了约定，但内容不具有针对性，无助于交易的进行及当事人交易目的的实现。例如，约定的产品质量标准为“符合国家标准”，但事实上标的产品不存在国家标准；约定的债务担保人没有履行能力，达不到保障债权实现的目的；约定的违约责任为“违约方向对方承担赔偿责任”,实际效果与没有约定并无区别等。

3. 合同条款不实用的防范方法

无论何种原因造成的合同内容与交易需要不匹配,都属于合同条款的不实用,具体的表现形式都可以归纳为“合同遗漏了交易所需的条款”及“约定的条款不具有针对性”两种情形。为尽量避免此类情形的出现,当事人在订立合同时,应按照交易的实际需要,围绕促进交易目的的实现和保护交易安全,根据具体交易中的交易目的、交易背景、交易标的、所属行业、交易对象、交易救济措施等方面的特征,在合同中配置能针对性地解决实际问题的实用性条款。

合同的条款组成应根据交易本身的复杂程度、履行周期长短等因素合理确定,一般应遵循以下要求:

一是所有合同均应包括当事人信息条款,标的名称、内容及数量条款,体现交易方式的条款,即合同成立的必备条款。合同内容中缺乏这些条款的,将会导致合同关系不成立。此外,虽然价款或报酬条款的缺乏不会影响到合同的成立,但该条款内容体现的是标的提供方在交易中的基本权利,属于合同履行中的必然事项,故也应当在所有类型的合同中都作出约定。

二是除小额、简易、即时进行的交易外,合同不仅应包括上述必备条款,还应包括标的质量,履行地点、期限、方式,违约责任,争议的解决方法等基本条款;这些条款对应的合同内容是大多数交易活动中都会涉及的事项,一般应作为交易协商的事项并将协商一致的内容约定在合同中。此外,当事人还需要根据交易的特性在合同中约定基本条款以外的条款,如交易事项中涉及专门术语的应配置解释或定义条款、债务人履行能力不足的应设置担保条款、交易信息存在不透明情形的应设置声明或保证条款等。

三是大型、疑难复杂、重要程度高的交易,应按照合同的履行顺序,详细落实每一个交易环节的履行内容及可能出现的交易障碍,并在此基础上在合同中约定相应的条款,以保证交易的顺利进行。例如,大型设备的买卖合同中,应当对交货环节中的发货前通知、运输、收货、数量检验、性能验收等事项分别约定相应的条款内容。

四是合同中各项条款的内容应当围绕本起交易的需要专门制定,而不应约定泛泛而谈无实质内容、照抄照搬其他合同内容、随意引用法律条文等无助于交易活动进行的条款，如买卖合同中的运输条款，应按照标的物大小、形状、重量、物理特性以及运输距离、交通便利情况等，就运输方式、标的物保护、收货方的配合义务等作出具体约定。此外，对合同的履行起不到实际作用的冗余条款应尽量避免出现在合同内容中。

二、合同目的条款的实用性约定

在合同法律关系中，合同目的的确定对当事人的权利保护具有特别的意义。当事人在订立合同时，应按照交易的具体情况，根据己方从事交易活动所要实现的目的在合同内容中约定适当的合同目的条款。

1. 约定合同目的条款的意义

根据《民法典》的规定，对合同已有条款的解释、条款不全面时对合同内容的补充、合同法定解除权的成立条件、对方违约时己方所受损失范围的界定等重要交易事项，均需按照当事人的合同目的进行确定。由此可见，合同目的的确定对当事人在交易中的权利保护具有重要影响。但如当事人在合同中未作出约定，则合同目的一般仅指当事人期望通过合同的履行所能得到的直接利益，即交易标的本身，如买卖合同中买受人的合同目的是获得符合约定要求的标的物，租赁合同中承租人的合同目的是取得对租赁物的使用权等。

但当事人从事交易活动的目的，则一般并不仅限于获得交易标的，还会期望通过对交易标的的合理运用，实现一定的经济利益或其他利益，如买卖合同中的买受人期望通过对标的物的转卖获得销售收益，承租合同的承租人期望通过利用租赁物进行经营活动获得经营收益等。在这些情形中，当事人如未将交易目的体现在合同内容中，则其与对合同标的的运用有关的事项将难以确定为合同目的；在对合同内容进行解释、补充，判断对方的违约行为是否严重到己方有权解除合同的程度时，当事人对交易标的的特定使用用途能否实现将难以作为判断依据；对方存在违约情形，需确定己方的损失范围时，对标的物进行利用可能获得的经营性收益也将可能难以确定为合同履行后的可得利益。

实践中，因未在合同中将特定交易目的约定为合同目的，导致当事人遭受不利后果的案例并不鲜见，尤其是在非标准化的商品或服务的交易及对交易标的有特殊要求或用途的交易中。因此，当事人在订立合同时，应在合同中充分体现其特定的交易目的，尤其是在交易中支付货币采购非通用的商品或服务，以及对交易标的有特别要求或用途的当事人。

2. 交易目的的确定

交易目的是当事人期望通过交易的进行所要实现的利益,体现了当事人从事交易活动的动机。当事人在合同订立前,需要根据真实的交易需求确定己方适当的交易目的,为后续的合同订立奠定良好的基础。

首先,企业在进行交易活动以前,需根据生产经营活动的实际需要确定真实的交易需求;如交易需求确定错误,则后续的交易活动将失去所有意义。例如某企业的产品质量不合格率严重超标,导致生产经营的困难。企业决定采取措施改进产品质量,但如该企业产品质量不合格率高的实际原因是人员素质不高、管理水平低下等,而企业却错误地决定通过更新设备解决问题,即错误地确定了购买新设备的交易需求,则其无论购买到性能如何优良的设备,也可能无法真正改变产品质量不良率高的现状。因此,发现自己真实的交易需求是交易成功的先决条件。其次,在确定真实的交易需求后,企业还需要对能满足其需求的交易标的的市场供应情况进行了解。如发现市场上提供的通用类型的产品或服务即可满足需求,则直接采购交易成本较低的通用产品或服务即可;但如市场上的通用产品或服务无法满足交易需求,则需选择具备供应能力的供应商就交易标的及交易条件进行具体商定,通过采购个性化的产品或服务来满足交易需求。最后,合同标的确定后,企业还需要按照所选择标的具有的功能、性能等,根据己方的交易需求,确定己方拟对交易标的采取的运用措施,如是将合同标的用于自用还是转卖、用于消费使用还是营业性使用等,并合理确定对标的进行运用后可能获得的利益。这种经科学规划确定的、能够满足当事人个性化需要的对合同标的合理运用的措施及可能获得的利益,就是当事人从事交易活动所要实现的目的,即交易目的。

3. 合同目的条款的约定

将当事人特定的交易目的体现为合同目的,可以根据交易的具体情况,通过在合同中约定交易背景条款、保证条款、合同目的条款等方式进行。其中,交易背景条款是双方当事人就各自进行交易的原因、所要达到的目的及具有的履行能力等进行的确认,常见的如合同前言、鉴于条款等形式;保证条款是一方当事人对于对方特别关注的特定事项专门作出的保证,如标的物质量保证、合同标的运用效果保证等;合同目的条款则是当事人为将特定的交易目的明确为合同目的而约定的专门条款。

在以通用型产品或服务为交易标的的情形下，当事人应根据自己对标的的用途是否不同于其一般使用用途，决定是否需要在合同中专门约定合同目的。在使用用途为交易标的一般用途时，一般无须在合同中特别约定合同目的条款；但如存在特殊的交易背景或双方对标的的运用效果也达成了一致意见的，则应在合同前言、鉴于条款等内容中对交易背景进行说明，在合同主文中将标的的运用效果作为单独条款或以供应方声明、保证的方式明确为合同内容。在使用用途不同于交易标的一般用途时，作为交易标的需求方的当事人应争取将己方对标的的实际用途约定在合同内容中，并由供应方就标的能够满足使用用途作出承诺或保证。

在以非通用型产品或服务为交易标的时，一般都需要交易双方经过详细、复杂的交易磋商，才能最终确定交易标的的组成、功能、性能等。一般而言，在磋商过程中需求方需要向供应方说明其对标的的要求，由供应方根据需求方的要求确定标的类型、规格、性能等。在没有现成产品或服务可供参照的情形下，双方间信息交换的充分程度会受到交易磋商人员工作能力、对标的的理解程度、可能的误解及固有的信息不对称等方面的影响。因此，需求方在采购非通用产品或服务时，在磋商过程中应充分说明对交易标的的各项要求；并根据交易的实际情况，在合同内容中通过设置专门的合同目的条款或交易背景说明条款充分说明己方的交易需求，将己方对交易标的个性化需求作为履行合同的目的，以为对方后续履行合同义务提供明确具体的指引，保障己方交易需求的实现。

三、交易标的与合同条款的实用性

交易标的，是当事人期望向交易对象转让或从交易对象处获取的、可用于满足对方或己方特定需要的资源。一般来说，交易标的包括物、行为、智力成果等；物指各种动产、不动产等商品，行为指交易活动中一方向对方提供的各种劳务、服务，智力成果指各类知识产权的权利内容。实践中，可用于交易的标的涉及社会生活的方方面面，只要具有经济上的价值和使用价值、可为当事人所控制且法律允许交易的各类有形、无形的资源，均可以作为交易标的在当事人之间进行流通。

1. 交易标的的法律属性和自然属性

本部分内容所指交易标的的法律属性,是指法律对不同标的在交易过程中体现在交易程序、履行方式等方面的特别要求,而并不包含标的合法性方面的要求。例如,法律关于不动产,机动车、船舶等特殊动产在交易中需登记方产生物权变动效力或对抗第三人效力的规定;林木、可交易的动植物及易燃易爆物品等在交易中涉及以运输方式进行交付时,需办理运输许可等的规定;以及法律法规规定需办理审批、备案手续的标的交易等。本部分内容所指交易标的的自然属性,是指不同标的由于大小、形状、结构、组成等物理或化学特征的不同,而可能对交付范围、交付方式、交付顺序等合同义务的履行造成的影响。例如,常见的通用商品在交易时直接交付对方即可,而复杂的非标商品则可能不仅需要交付商品本身,还会根据需求方对产品了解程度的不同,由提供方提供不同程度的技术服务。

不同交易标的的法律属性及自然属性会存在很大的区别,当事人在订立交易合同时,需要根据法律对于拟交易标的在交易程序和合同履行方式等方面的特定要求,以及由于交易标的在结构、组成等自然属性方面对合同履行内容和履行方式等方面的特殊要求,在合同中约定满足交易需要的实用性条款。

2. 满足交易标的法律属性实用性条款的设置

法律法规对不同标的在交易程序、履行方式等方面的要求,主要体现为以下几种情况,当事人在订立合同时,需要在合同中约定相应的条款以保证交易的依法进行。

一是对特定标的的交易需经相关国家机关或组织办理批准或备案等手续。企业在从事这些行业、领域的交易时,应在订立合同以前详细了解当地政府机关或有关组织对办理批准、备案手续的具体要求,并在合同中就各方在办理手续过程中的任务安排、办理期限、无法办理时的处理、未依约办理时的责任承担等作出具体、可操作的实用性约定。

二是对特定标的的交易需经登记方可产生权利设立、变动的效力,或产生可以对抗第三人的效力,常见的主要是不动产,机动车、船舶等特殊动产的交易,抵押权、质权等担保权利的设立,专利权、商标权、技术秘密等知识产权的转让或许可等。在这些类型的交易中,如未在合同履行过程中进行登记,将造成标的取得方在交易完成后无法取得对标的的权利,或取得的权利有重大瑕疵等不利的后果。因此,作为标的需求方的企业应该对登记问题充分重视,并应在合同中就对方办理登记或配合登记的义务、履行义务的期限、违约责任等作出具体约定;尤其是交易当时尚不具备登记条件的交易,更应在合同中明确约定登记条件是否具备应如何识别,对方或其权利义务承继人承担配合变更登记义务的方式、期限,费用承担等事项。

三是合同履行过程中,由于标的的交付、运输等需要或可能需要办理特定手续的交易,如前文所述法律法规对运输设置有专门要求的标的。在这些标的的交易中,当事人应在合同中对履行过程中相关手续办理的义务承担作出具体约定。

四是交易完成后,需求方对标的的使用有法律法规规定的管理要求,如有购货凭证、检验证书、定期维护记录等要求的产品。此类交易标的主要是涉及社会公众利益的食品、药品等影响身心健康的商品;高温高压容器、特种设备、计量用具等影响公共安全或公共交易秩序的产品等。在从事这些标的的交易时,应根据法律规定对提供方应向需求方提供的单证的种类、期限、方式、违约责任等作出约定,并对供货方是否负责标的交付后的日常维护、检验等作出约定。

3. 满足交易标的自然属性实用性条款的设置

标的自然属性对交易程序、履行方式等的影响,主要是由标的的组成部分、存在形式、使用方式,标的采购方的自身条件等决定的。企业在订立合同时,应充分考虑交易标的在这些方面的特殊情形,在合同中约定有利于交易顺利进行的实用条款。例如,对保存环境有特别要求的标的,在合同中应约定关于包装方式和标准、交接方式和期限、验收标准等及相应的违约责任等条款。各类劳务、服务等以完成一定行为为标的的合同,应约定劳务或服务的提供方式、需求方的配合义务及方式、可量化的履约标准等条款。交易标的自然属性对交易程序、履行方式等的影响情况纷繁复杂,无法全部总结。在具体交易中的当事人,应全面考虑交易标的的个性特征及在不同交易类型中的特别的交付方式、交易程序等,并在合同中作出有利于交易顺利进行及防范相应交易风险的实用性条款。

4. 交易标的信息不对称时实用条款的约定

由于交易标的产生的法律风险,除前述介绍的交易标的法律属性及自然属性导致的以外,实践中更多的是交易双方对交易标的的信息掌握不对称造成的。所谓交易标的信息不对称,是指各方交易主体对拟交易标的的类型、组成、质量等内在价值的了解程度明显不同,且居于信息劣势的一方难以通过通常途径获得足够的信息。在存在信息壁垒的交易中,居于信息劣势的一方难以主动获取足够信息来为其交易决策提供判断依据,而往往只能根据对方对交易标的的描述决定是否交易及确定交易条件。在这种情形下进行的交易,当事人往往会面临巨大的交易风险,尤其是对方诚信度不足时。例如,在股权交易中,股权转让方作为公司的股东,对于公司的净资产、盈利能力、经营状况、债权债务等直接影响股权价值的信息一般是很了解的;但受让方则在交易以前很难获得公司经营状况的真实信息,多数情况下只能将公司经营的表象及对方当事人的陈述作为交易决策的依据。股权受让人很可能在订立并履行股权转让合同后,获得股权并参与到公司经营中时,才发现公司的实际经营状况与订立合同时所了解到的信息存在显著的差距,导致己方的交易目的无法实现。实践中,当事人对标的存在明显信息壁垒的交易常见的有公司股权转让、资产并购,以及标的构成复杂的交易、专业性较强的服务类交易等。居于信息劣势的一方如在交易过程中未采取必要措施化解劣势,则所订立的合同极易造成双方利益的严重不平衡,从而导致己方在合同履行中蒙受损失,甚至造成交易目的根本无法实现的后果。

解决信息不对称的方法除对交易标的进行全面的尽职调查,以获取影响交易的足够信息外,还可以考虑在合同中增加解决信息不对称问题的实用条款,具体包括如下几类:一是保证或陈述类条款,即在合同内容中,由居于信息优势一方对其所掌握的对对方利益有重要影响的、关于交易标的的信息作出陈述,并对所提供信息的真实性、全面性予以保证。二是估值调整类条款,即在合同内容中约定,如在合同订立后发现信息优势一方所提供的信息与实际不符,则应按照一定的标准对交易标的的对价进行合理调整的条款。三是赋予信息劣势一方附条件的合同解除权,即如发现信息优势一方所提供的信息与实际不符,且偏差达到一定程度,则对方享有合同解除权,并由提供信息一方按一定标准承担违约责任的条款。此外,当事人还可以在合同中,根据交易标的及所涉及信息的具体情况,按照有效化解交易信息不对称可能产生的不利后果的原则,约定符合交易实际情况的其他实用性条款。

四、交易对象与合同条款的实用性

交易对象,是指交易中的对方当事人。实践中,民事主体对合同义务的履行能力千差万别,当事人与存在履约能力瑕疵的交易对象一概规避交易并非明智之举。因此,企业在订立交易合同时,需要根据交易对象在履行能力方面的具体情况,在合同中约定足以保证己方交易目的实现的实用条款。

1. 交易对象履行能力的差异性

如前文关于合同主体适格性的内容中所述,当事人在交易中选择交易对象时,需考察对方的缔约资格、经营资质、履行能力等是否符合法律规定和交易需要。其中,是否具备缔约资格及经营资质只有“是”或“否”两种状态,不存在其他中间状态,且该两项事项事关所订立合同的法律效力,故一般情形下,当事人应尽量避免与该两项条件存在缺陷的交易对象订立合同。但交易对象履行能力的具备情况则与缔约资格、经营资质有明显不同。实践中参与民事交易活动的主体,在履行能力方面呈现出各种复杂的情况。例如,一般的制造类企业,在技术开发、项目管理、产品设计、生产能力、质量管理,以及财务状况、诚信信息等不同方面均可能存在程度不等的差异;如果按照综合评分的方法进行量化,可能零分到一百分都会存在。当事人在考察交易对象的履行能力时,对于对合同主要义务存在明显履行能力缺陷的交易对象,应尽量避免与之交易。但对存在其他方面的履行能力瑕疵的交易对象,则不应完全拒绝,否则可能会丧失合理的交易机会或明显提高交易成本;而应根据交易的重要程度、交易事项的疑难复杂程度、合同标的额的大小等因素,通过在合同中约定特定的实用性条款防范和化解相关交易风险。

2. 交易对象存在履行能力不足情形时合同条款的约定

防范和化解交易对象履行能力不足的实用性条款,常见的有如下几种类型:一是合同履行顺序条款,即将己方履行合同义务的时限与对方履行相应义务的时限进行合理安排,防止由于对方无力履行义务而给己方带来损失。例如,货物的出卖方与资金状况紧张的买受方交易时,应考虑按照对方的付款进度逐步交付标的物,防范己方交货后对方无力付款而带来的风险。二是担保条款,即要求合同履行过程中可能无力履行合同义务的交易对象,就其义务的履行提供抵押、质押,或由履行能力充分的民事主体为其保证到期债务的履行。

三是监督条款，即对履行能力可能有瑕疵的一方的履行行为，在合同中约定以一定的方式进行监督。例如，要求按期提供履约进度通报并进行核实，派驻监理、质检等人员对其履约行为是否符合约定进行检查，对资金运用情况进行监督等。

五、违约责任与合同条款的实用性

违约责任是合同当事人未履行或未按约定全面履行合同，以及未依诚信原则履行合同附随义务时应承担的法律责任。在不同的交易中，违约行为的表现形式及相应的违约责任承担方式是不同的。当事人在订立合同时，在合同中根据交易的实际需要约定有实用价值的违约责任条款，对于督促对方积极履行合同义务、防范和控制对方违约行为对己方造成的不利影响等均有重要的意义。

1. 违约行为表现形式的复杂性

在不同的交易中，由于交易标的、交易方式、当事人交易目的等事项的不同，违约行为的表现形式也会有很大的差异。在不同交易方式的合同中，当事人所需履行的基本合同义务是不同的，故未依约履行合同的违约方式一般也是不同的。且即使在相同交易方式的合同中，由于交易标的、当事人交易目的等的不同，违约行为的表现方式也会有较大的差异。例如，在所有的买卖合同中，出卖方常见的违约情形有未提供或逾期提供标的物、提供的标的物质量不合要求等，买受方常见的违约情形则主要是未依约支付价款。但在具体的买卖交易中，由于标的物、当事人实际需求等的不同，对当事人的利益实现影响较大的违约行为也会各有不同。例如，在组成复杂的标的物买卖交易中，出卖方交付不全的情形；需要提供附带技术服务的买卖交易中，出卖方提供的技术服务无法满足要求的情形；大型复杂标的物的交付过程中，买受人未积极配合接收的情形等。

这些在特定交易中由于交易具体事项的不同，而可能发生的导致交易无法正常进行的违约情形，在相关法律法规或政府机关发布的合同示范文本中一般都不会体现，需要由当事人通过在合同中约定相应的权利义务分配条款及与之相配套的违约责任条款对交易的进行加以规范。

2. 违约责任承担方式的可选择性

根据《民法典》的规定，当事人一方违约的，应承担继续履行、采取补救措施或者赔偿损失等违约责任。当事人可以约定一方违约时向对方支付一定金额的违约金，也可以约定因违约产生的损失赔偿额的计算方法。当事人还可以约定一方向对方给付定金作为债权的担保;一方违约的,按照规定的定金罚则承担违约责任。一方的违约行为致使对方的合同目的不能实现的,对方当事人可以要求解除合同。根据前述法律关于违约责任承担方式的规定,如合同未作出约定,违约方当事人对于特定违约行为所应承担的违约责任具有可选择性。也就是说,在合同履行过程中对方当事人出现违约情形时,如合同未对该违约行为所应承担的责任作出约定,则己方当事人需要根据违约的具体情形合理选择要求对方承担违约责任的方式;对方当事人不认可己方主张的,则会在双方之间形成关于违约责任承担方式的争议,从而可能导致己方由于对方违约造成的损失难以通过追究对方违约责任的途径得到有效的弥补。例如,买卖合同中的买受人认为对方交付的标的物质量不合格应当退货或换货,而对方则可能认为只需要对标的物进行适当维修即可等争议。

因此,当事人在订立交易合同时,需要根据交易的实际需要,就对方当事人可能发生的对己方交易目的有重要影响的违约行为约定相应的违约责任承担方式,尽可能使合同中约定的违约责任条款能够起到督促对方积极依约履行义务、最大限度地维护己方交易利益的作用。

3. 违约责任条款的实用性约定

在合同订立的过程中,当事人应根据交易的实际情况,合理预见对方可能造成己方明显损失或导致交易不能顺利进行的违约行为,并在合同中就这些违约行为出现时违约方应如何承担责任作出有实际意义的约定,而不是空泛地约定“一方违约的,应承担违约责任”等没有实质含义的内容。

在确定合同中违约责任条款内容时,首先,应根据交易方式、标的以及交易对象的履行能力、交易进行的顺序等事项,综合分析交易中的各种风险,识别交易对象可能的违约行为,并对各种违约行为发生的概率进行合理的评估。其次,应根据己方的交易需求,分析交易对象可能的各种违约行为对己方交易目的的影响程度,即各种可能的违约行为是否会造成己方现实的损失及可能造成损失的严重程度。最后,根据前面步骤中分析评估的结果,将交易对象可能的违约行为,根据发生的可能性大小及可能造成损失的大小进行分类排列。将其中可能影响己方交易目的实现、或可能造成己方较大损失的项目,明确约定在合同违约责任条款中,并约定能够将违约行为所造成的不利后果有效化解的违约责任承担方式。所约定的违约责任承担方式除各种法定或法律规定可以约定的方式外,还可以赋予守约方当事人实施适当的自助行为或采取合理的权利维护措施,以利于督促对方积极履行合同,以及对方发生相应的违约行为时,为己方所采取的维权措施提供明确的依据。

六、合同中其他实用性条款的设置

除前述因交易目的、交易标的、交易相对人、违约责任等交易事项而需要在合同中设置的实用性条款外,当事人还可以根据交易的实际需要在合同中设置其他相应的实用性条款,以促进交易的顺利进行及化解相关的交易风险。例如,匹配法律规定的条款、体现行业特点的条款、解决交易纠纷的实用条款等。

本书中所称匹配法律规定的条款,是指在《民法典》或相关民事特别法对交易中当事人的权利义务已作出规定的情形下,根据当事人的交易需求,对法律规定的任意性规范进行取舍、强制性规范进行具体化,以利于在合同履行过程中具体应用的条款。例如,《民法典》关于动产买卖合同中标的物的所有权自交付时转移的规定属于任意性规范。出卖方如需通过保留所有权为己方债权提供担保的,则可以通过在合同中约定所有权保留的条款实现目的。再如,《民法典》规定承揽合同中的定作人享有任意解除权,但需赔偿对方所受损失。当事人在订立承揽合同时,就可以针对定作人行使解除权时对方的损失如何确定约定符合实际需要的实用性条款等。

体现行业特点的条款,是指由于同一行业中的交易一般都有相似的交易模式,也会面临类型基本相同的交易风险,并可能会存在行业内的交易习惯等,当事人在具体的交易中,为应对行业共性的交易风险,以及根据交易需要决定是否采纳行业交易习惯而订立的条款。例如,以分期付款方式出售高价值、大型机电设备的出卖方,均面临标的物售出后购买方拖欠甚至拒付到期价款的风险;为有效应对该类风险,可考虑在合同中约定买受方拖欠或拒付价款达到一定额度及时限时,出卖方可通过技术手段限制标的物使用等自力救济措施的使用等条款。

解决交易纠纷的实用条款,指合同当事人可根据可能发生的纠纷类型、纠纷对经营活动的影响等,约定符合需求的交易纠纷解决条款。例如,当事人不希望将纠纷的产生情况及处理情况被社会公众知悉时,可协商选择仲裁途径解决纠纷;选择通过诉讼方式解决争议时,可以根据需要选择与合同有实际联系的任意一个或数个地点的人民法院作为管辖法院等。

第六节　合同权利义务不明确的法律风险防控

当事人在合同内容中关于双方权利义务的约定应当明确、具体，能够为当事人主张合同权利和履行合同义务提供明确依据，保障合同履行的顺利进行及在可能的交易纠纷解决过程中当事人权利的维护。

一、合同权利义务不明确的含义、后果及防范方法

1. 合同权利义务不明确的含义

合同权利义务的不明确，是指当事人在合同中所约定的各方当事人的权利、义务不够具体、明确、清晰，无法通过对合同内容的合理解读确定当事人权利义务的界限及具体内容。例如，无法从合同内容中准确识别出交易标的的范围、各方权利义务的界限、交易进行的顺序等信息；对合同内容的理解具有两种以上的解释；合同内容无法直接作为当事人在合同履行过程中行使权利、履行义务、承担责任的依据等。权利义务约定不明确的合同，会导致当事人在合同履行过程中对于合同标的的组成、权利义务的具体内容、合同履行方式、一方的行为是否构成违约及如何承担违约责任、争议如何解决等对交易的进行有重要影响的事项产生不一致的理解，从而形成合同履行障碍。

虽然《民法典》及相关法律规定了大量合同约定不明确时应如何补充、完善的内容，但按照这些规定对合同内容进行的补充往往还需要当事人针对具体问题进行协商确定，甚至需要人民法院或仲裁机构在争议解决程序中确定；并且按照法律规定对合同内容进行的补充和完善，往往与当事人的期望并不一致，难以满足当事人的交易需求，甚至会导致当事人交易目的的全部落空。因此，当事人在订立合同时，应当对如何约定合同内容加以高度重视，尽量减少合同内容不明确而导致合同难以履行情形的发生。

2. 合同权利义务约定不明确的常见原因及可能的后果

实践中，当事人对合同中权利义务约定不明确的原因主要有以下几类：

一是前期工作准备不足，当事人对交易标的、交易流程等基本事项缺乏明确认识。常见于当事人由于急于拿到订单、提前固定交易机会等，而在对交易

标的需要满足的确切功能、交易进行的顺序、交易过程中的分工合作等事项尚未建立明确认识的情况下,就草草与对方订立了交易合同。此种情形下订立的合同,在订立时当事人尚未就合同具体内容进行筹划,自然也就无法就各方的具体权利义务进行约定。

二是当事人缺乏与交易有关的商务和法律工作经验,无法就交易所涉的相关事项作出正确安排。缺乏交易经验的当事人往往只了解己方的交易需求,而对于对方提供的标的是否满足己方的需求、交易应如何具体展开、双方需要如何协作配合完成交易等均缺乏足够的判断和策划能力,也就无法就交易进行过程中双方的权利义务应如何分配作出约定。

三是双方当事人在交易协商阶段未就交易事项进行充分的沟通。当事人因交易磋商过程时间急迫、对交易的复杂程度预判不足、对交易本身的重视程度不够等原因,而在未就交易事项进行充分协商、未就双方在交易过程中的权利义务作出具体安排的情况下就订立了合同,也是合同权利义务约定不明确的常见原因。

四是当事人过分信赖以往的交易经验,将己方单方的工作习惯想当然地认为是交易习惯,而未在合同中就相关事项及双方的权利义务分配进行约定。

无论何种原因导致的合同权利义务约定不明确,都会严重影响合同的正常履行,导致合同履行效率低下。当事人无法就合同内容的补充、完善达成一致意见的,还会导致合同无法继续履行并形成交易纠纷,进而可能导致当事人的交易目的无法实现并可能造成额外的经济损失。因此,当事人在订立合同时,应当对合同中双方当事人间权利义务如何明确划分的问题予以足够重视,确保所订立的合同能够满足后期履行工作的实际需要。

3. 合同权利义务不明确的防范方法

无论何种原因导致的合同权利义务约定不明确,在具体的表现形式上都是类似的,即都是在相应的合同条款中未就双方当事人的权利义务边界进行界定、未就某项交易具体事项的完成各方应如何分工进行约定。因此,当事人在约定合同内容时,需要围绕双方各自在合同履行过程中享有哪些权利、如何行使权利,需要承担哪些义务、如何履行义务等问题进行充分的表述,具体注意事项可参照以下内容:

一是在主观上应当对合同内容的明确约定予以足够的重视。实践中,多数合同权利义务约定不够明确的现象，是由于当事人对交易重要性、合同内容约定的重要性等认识不够，以及过于相信以往的交易经验或双方的合作关系等，在主观上对合同具体内容如何确定的工作不够重视而造成的。因此，从思想上对该项工作加以足够的重视，是将合同内容约定得足够完善、明确的前提。

二是应当配置相关的专业人员参与合同的订立工作。除简易交易外，合同的订立工作是一项涉及业务开展、企业管理和交易风险防控等的综合工作，合同中当事人权利义务应如何具体筹划会涉及方方面面的专业问题，只有在相关专业人员全面参与的情况下，才能使合同内容尽可能满足交易的实际需要。

三是合同中约定的内容应当对双方当事人的权利义务界限作出明确的划分，对每项具体的交易事项都应就履行义务的主体、期限、具体方式等约定具体的内容，并确保所约定的内容能够满足合同履行的需要。

四是合同中当事人权利义务的确定，应当根据各方当事人的履行能力、履行成本等合理确定，确保交易的进行符合经济性原则，即同一事项的完成主体可以选择时，应优先考虑由履行能力强、履行成本低的一方当事人完成，以尽量降低交易成本。

二、交易标的在合同中的约定

交易标的是当事人在交易中互换的资源。实践中可用于交易的标的名目繁多，各式各样，大体可分为两大类型，一类为各种实物形式的标的，即实践中所称的商品；另一类为以完成一定行为为表现形式的标的，即实践中所称的服务。在不同的交易中，标的的类型和组成会有明显不同，甚至相同类型的交易，标的的组成也可能会有明显差异。例如，同样是企业间的设备交易合同，有的合同标的是标准化生产的通用设备，有的则需按买方需求加工定制，有的只有设备实物，有的则还包括技术服务等。

合同对于交易标的约定不明确的现象，在实践中较为常见。交易标的约定不明确时，交易双方在合同履行过程中很容易对所交易标的的属性或组成产生不同意见，从而产生交易纠纷。例如，买卖合同中未约定标的物品牌的，合同履行时买受人就可能会认为对方应提供优质名牌产品，出卖人则可能会认为提供经济适用性普通产品即可；未约定标的物安装、技术服务事项的，买受人会认为对方应无偿提供相应服务，出卖人则可能会认为服务应另外支付费用等。因此，当事人在订立合同时，需要围绕资源需求方的交易需求确定合同标的组成、类型、规格、数量、质量等详细信息，并在合同中作出明确具体的约定，且所约定的标的应具有可履行性。具体、明确的程度应确保在履行过程中双方能够根据约定内容准确识别标的具体信息，且不会对内容的理解产生歧义。

1. 实物类标的的约定

在订立以实物类的商品为交易标的的合同时，当事人应就标的名称、组成、类型、规格、数量、质量要求等确定标的物属性的具体内容作出明确的约定。通俗地说，就是要明确“要交易哪些物品、规格型号是什么、数量是多少、质量要求有多高”。对于在订立合同时尚不存在的物品及非通用定制物品的交易，由于没有现成的物品可供对照或查看，合同中对交易标的信息的明确尤其重要。其中，标的物应达到的质量标准是交易需求方最为关注的问题，是关系到交易目的能否实现的核心内容。实践中，存在很多合同中对标的物质量约定不明，需求方收到标的物后发现无法满足己方的需求，但由于缺乏明确的质量要求而无法主张权利的事例。

因此，交易中的标的需求方应当特别注意交易标的物的质量是否能满足己方的需求，并在订立合同时将己方关于标的物质量的要求在合同中作出可识别、可量化、可判断的约定。例如，企业间的设备采购合同，应将设备的各项技术参数、需满足的使用条件、所具备的功能和使用性能、合理的使用寿命等用明确的参数约定为对设备的质量要求。此外，对于标的物使用能够取得的经济效益等不属于标的提供方可以控制的事项，理论上应属于市场风险的范畴，是否作为合同内容应由双方充分协商后确定。如需求方将该类内容作为订约的前提，提供方也作出了相应的保证，则可以认为是双方对风险的承担作出了约定，如无其他无效事由，应属有效约定。例如，设备的销售方保证设备所生产产品或使用设备对外提供服务的市场价格、单位时间内可取得的经济收益等，并承诺收益未达预期时予以补偿的约定等。

2. 服务类标的的约定

在订立以完成一定行为为履行内容的服务类合同时，当事人应就服务行为的具体实施人员姓名或需具备的资质、资历，服务的类型、组成内容、工作量、服务期间，服务可量化的质量标准、需达到的效果等作出明确、具体的约定。通俗地说，就是要明确“由谁或符合什么条件的人提供服务、提供哪些服务、按什么方式什么标准提供、达到什么效果”。在服务行为产生实物成果的服务类交易中，如加工定作非标产品的承揽合同、需要提供技术报告的技术服务合同等，则不仅需要在合同中就服务行为本身的内容进行约定，还需要就服务行为所形成的实物成果的组成、质量标准、验收方法等内容作出符合交易需要的约定。在复杂的专业性服务项目中，服务的提供人与需求人之间对服务内容可能会存在明显的信息壁垒，即服务的需求人可能对对方所提供服务的性质、类型、价值、可能取得的效果等存在与实际不相符的理解。如果在合同订立过程中，双方未对服务信息进行明确或服务提供人未向需求人充分介绍服务的性质，则可能会造成需求方所选择的服务与其交易需求不符，导致其交易目的落空，此类问题在金融服务、技术服务、复杂的商务服务或其他新型服务项目中尤为明显。因此，在此类服务的交易中，双方当事人应在合同订立阶段就与服务提供有关的事项进行充分的信息交换，并在合同中作出满足交易需要的约定，尽量降低合同履行过程中发生争议的可能性。

服务的需求方在选择标准化的服务时，合同内容一般是由服务提供方提供的格式条款，需求方应仔细查看条款中描述的服务性质是否与自己的需求一致，避免选错服务项目。选择非通用性的服务时，应根据自己对服务项目的需求确定服务的类型、组成、质量标准等内容，并在合同中明确约定；尤其是关于服务的质量标准、效果等，应该具体约定可量化的判断标准，避免使用“满意为止”之类泛泛而谈的用语。实践中需注意的是，有些服务项目的实施效果可以有具体的结果，有些则无法确定结果。例如，劳务、承揽类服务一般都以得到一定确定的结果为完成的标准；但技术咨询、委托代理等服务的结果会受到各种不确定因素的影响，服务的提供者一般无法保证服务项目的最终结果。

3. 标的的可履行性

当事人约定的交易标的应具有可履行性，即无论是实物形式的商品标的，还是行为形式的服务标的，客观上都应当具有实现的可能性，如实物或服务的质量标准，应当能够通过提供方的积极努力在现行科技条件下得以实现。商品或服务的提供方，不应为承揽业务的需要而对交易标的的质量、性能在合同中作出超出己方履行能力、甚至超出现行科学技术水平的约定；否则，在履行合同过程中所提供的标的无法达到约定标准时，将可能会被认定为违约行为，需承担相应的违约责任。

三、履行方式在合同中的约定

履行方式,是指在合同履行过程中,权利人行使权利、义务人履行义务的具体方法。一般来说,合同一方的权利主要是通过对方履行义务来实现的,故履行方式主要是指合同义务的履行方式,而权利人的履行行为主要表现为通知、协助等行为。在不同的交易中,由于交易标的、当事人的自身条件及交易需求等的不同,均需要在合同中约定具体的履行方式来保障交易的顺利进行。例如,同样是实物类型标的的交付,小型、标准化产品可以灵活采用快递物流运输、需方提货、供方送货等常规方式进行,而大型非标产品则需要在考虑双方的运输能力、经验等事项后审慎确定交货方式。履行方式应具有的明确性,即指合同中应当对义务人转移标的权利的方式、各项义务的履行顺序和时限等,以及权利人通知、指示、协助等的方式作出符合标的特征,满足交易需求,内容可识别、可执行的约定。如果合同内容约定的履行方式不明确,则会导致在合同履行过程中,各方可能均要求按照有利于己方的方式、或按照己方的交易习惯履行合同义务,从而造成争议,影响合同的顺利履行;争议较大无法协商解决的,还可能会造成合同无法履行,当事人交易目的无法实现的结果。

不同的交易中,由于交易标的及当事人交易需求等的不同,当事人的权利、义务会存在明显的不同,权利行使、义务履行的方式自然也会有明显的差别。但在现代市场经济条件下,大多数的交易均是以一方支付货币换取另一方的商品或服务的方式进行的。综合分析各类交易的共同特点,在一般的以商品或服务为标的的交易中,合同履行方式主要是通过约定交易标的的转移方式、付款方式和期限、各项交易事项进行的顺序及时限等内容进行安排的,本书将对该三方面内容涉及的约定明确性的问题作出介绍。在各种非实物、服务的特殊交易中,如股权交易、知识产权许可使用、商业特许经营等,相关内容也可以参考运用。

1. 标的转移方式的约定

标的的转移方式,应根据标的的自然属性、法律属性及当事人的交易需求进行约定。在对实物类标的进行转移所有权的交易中,根据法律规定,一般动产权利的转移以交付为基本方式;机动车辆等特殊动产虽也以交付为权利转移的方式,但依法登记可产生对抗第三人等特定的效力;不动产权利的设立、转移则一般以登记为生效要件。因此,一般动产的交易合同中,应根据标的的外形大小、数量多少、复杂程度、价值高低、是否有可替代性及其他属性就交付方式作出明确约定。例如,需方负责提货、还是供方负责送货,交付地点,包装方式、运输方式,运输费用承担,运输过程中风险的承担,运输过程中是否保价运输或投保、费用承担、收货人信息,收货验收方法,收货签署的单证、标的物数量或质量异议的提出途径、方式、期限等,交付过程中双方的信息传递方式,收货方需承担的通知、协助义务的具体执行方式等,以及其他可能影响交付行为顺利实施的内容。对于机动车辆等特殊动产的交易,除应按照前述内容考虑交付行为所涉及的相关事项外,还应考虑与登记有关的问题;一般应在合同中约定是否进行登记,以及办理登记事务的承担方、登记费用的负担、另一方在登记过程中的配合义务,无法及时登记时的处理等内容。对于不动产的交易,对标的权利的转移涉及交付和登记两方面的内容。关于交付的约定,应按照交易性质及不动产的现状约定可行的交付方法及交付程序等内容,如供应方腾出不动产的时间安排、交付方式,需求方的接收方式,对不动产附着物的确认、处理方式,需求方接收后提出异议的期限、方式等内容。在以租赁、借用等方式对实物类标的进行不转移所有权的交易时,还需要在合同中就需求方返还标的物的条件、期限,返还地点、方式,供应方的接收方式,标的物状况的检查和确认方式、标的物存在损坏时的处理,添附物的处理等事项作出约定。

在以完成一定行为为交易标的的服务类合同中,如服务行为不产生实物成果,则服务行为的进行过程实际就是交易标的由提供方向需求方进行转移的过程,故只要双方已就服务标的本身的具体事项作出了能够满足交易需要的约定,一般就无须再另行约定标的的转移方式。在服务行为产生实物成果的服务类合同中,当事人则还需要就实物成果的交付方式作出具体明确的约定,具体可参照实物类标的交易中的相关内容。

2. 支付方式、期限的约定

支付方式、期限的合理约定,对于在交易中通过提供交易标的获取价款或报酬的一方当事人至关重要。该两项内容如约定不当,可能会直接导致该方当事人无法顺利收回合同对价,故交易中收取价款的一方当事人应当予以特别重视。在常规、简单的交易中,支付方式、期限涉及的内容都较为简单,一般不会产生约定不明的情况。但在复杂交易中,款项的支付形式多种多样,付款周期漫长，导致付款条件、期间的确定也较为复杂，故容易出现由于支付方式、期限约定不明，交易中的标的提供方收款困难的事件。

交易实践中可供选择的支付方式包括现金、银行转账、电汇、票据、信用证等，不同支付方式在支付便利性、财务成本、支付风险等方面均有明显的不同，当事人需要根据己方的交易需求、在交易中的地位、资金流动性状况及运作能力等因素，协商确定适当的支付方式。其中票据支付方式常见的有支票、银行承兑汇票、商业承兑汇票、无承兑的商业汇票等形式，本票及银行汇票在实际中的使用较为少见。一般来说，商业承兑汇票、无承兑的商业汇票的到期支付确定性及流通性均低于银行承兑汇票，交易活动中接收支付的一方当事人应谨慎采用。

实践中，与价款支付有关的合同约定不明的情形主要体现在付款期限方面。由于在市场经济的条件下，大多数交易标的提供方在交易中均处于相对弱势的地位，需求方往往会利用其在交易中的相对优势地位，而要求在合同内容中就价款的支付期限设置各种前置条件。例如，约定第三方向需求方付款或验收货物后需求方才向供应方付款，约定标的物实际使用一定期间后付款，或约定其他难以确定是否会发生或何时会发生的事件作为付款的前提等。作出这些约定后，往往会由于第三方未实施相关行为、标的物由于非供应方的原因一直没有投入使用、约定的其他前提事件一直未发生或无法证明是否已发生等，导致标的提供方无法要求对方支付价款。因此，当事人作为交易中的收款方参与交易时，应特别注意合同中付款期限的约定是否清楚、明确、可准确确定；应避免将己方完全无法控制的事件、无法确定是否会发生或何时会发生的事件作为付款的前提条件。

3. 履行顺序及时限的约定

交易中的履行顺序及时限，是指合同履行过程中双方当事人各自行使权利、履行义务的先后顺序安排及履行开始至结束的过程安排。实践中，除简单、小额、即时清结的交易外，交易过程的完成往往需要通过双方共同或各自实施一系列的履行行为，尤其是在内容复杂、履行周期漫长的交易中。

当事人在订立合同时，应以交易目的的实现为宗旨，从提高交易效率和保障交易安全两个方面着手，根据交易标的及所选择交易方式的特征，合理安排交易流程；将交易流程中各个交易环节各方可以行使的权利、应当履行的义务等进行明确;并将这些交易安排以各方在各个阶段、环节、节点分别需完成何种行为等以履行顺序、时限的方式在合同中进行明确约定。例如,工业企业间常见的以分期支付方式购买标准产品的买卖合同中,常见的较简单的交易流程为:需方按一定比例支付预付款→供方安排生产或备货→需方支付提货款、供方交付货物→质保期内供方提供质保服务→质保期满后需方支付剩余价款;在合同中即应明确具体地约定需方支付预付款的期限,供方生产或备货的期限,需方支付提货款及供方交货的先后顺序安排,质保期的期限及支付剩余款项的期限等,且所有期限均应约定明确、具体的开始和截止的时间节点。

四、违约责任在合同中的约定

如前文所述,合同中应根据交易对象出现某项违约行为的可能性大小及违约行为可能造成损失的大小等情况,合理设置违约责任条款。但如设置的违约责任条款内容不够明确,则会造成无法确认对方的行为是否构成违约、违约责任应如何承担等后果,导致所订立的违约责任条款无法达到督促对方积极履行合同义务、发生争议时有效追究违约方责任的目的。

违约责任条款应包含两方面的内容,即违约行为的界定标准和违约责任的承担方式;前者要解决的是当事人的何种行为构成违约,后者要解决的是当事人实施违约行为后应如何承担法律责任。当事人所约定的违约责任条款内容,应达到违约行为可以准确识别、界定,违约严重程度可以区分,违约责任的追究方式明确、具体、可操作,并尽可能可以量化。

1. 违约行为界定标准的约定

违约行为界定标准的约定,应尽可能将违约行为的具体表现方式逐项列出,而不应笼统地约定“一方未按合同约定履行义务的应……”“一方违约的应……”等过于抽象的内容。例如,一般的买卖合同中,出卖人容易发生的违约行为是逾期交货及所交付的货物存在质量问题;合同中约定违约行为的界定标准时,就应考虑根据违约行为的严重程度逐项列出具体表现形式。关于逾期交货的约定可明确为逾期不超过一个月的,应按一定标准赔偿损失;逾期一个月仍无法交货的,买受人可要求解除合同,并按一定标准要求赔偿损失等。关于质量问题的约定,也可将一般性、不严重影响使用效果的质量瑕疵,与严重的、影响合同目的实现的质量问题等分别列出,并对各自的具体构成要件进行明确。在交易内容复杂的合同中，当事人应仔细分析交易流程，有预见性地识别在交易各个阶段对方可能存在的违约行为及可能的严重程度，并对相应的后果进行评估；将有必要通过明确约定的方式进行预防的违约行为，根据可能存在的各种表现形式，在合同中作出行为性质可识别、违约严重程度可区分的约定。

2. 违约责任承担方式的约定

违约责任的承担方式，指合同履行过程中一方存在违约情形时，应当以何种方式向对方承担责任，以弥补对方所受到的损失。根据《民法典》的规定，当事人一方违约的，应通过继续履行、采取补救措施及赔偿损失等方式承担违约责任；同时，《民法典》及相关民事特别法也规定，当事人可以在合同中约定违约责任的承担方式。实践中，交易进行过程中债务人出现的违约行为种类多种多样，对债权人利益的影响方式、程度等也会有明显差别，且很多违约行为可能导致的后果在合同订立时不一定能准确预测。因此，寄希望于依据法律条文的有限规定，追究债务人可能需要承担的违约责任，在多数情况下是不现实的。当事人订立合同时，需要根据交易的实际情况，对违约责任的承担方式作出满足交易需求，且内容明确具体的约定，即所约定的内容中，债务人承担违约责任的方式应当可确定、可量化并可执行。

违约责任承担方式的约定，可采用两种模式：一种是赋予债权人实施一定行为的权利，如债权人可以解除合同、主张债权加速到期、选择要求债务人以其他方式履行合同、拒绝履行己方合同义务、采取适当的自力救济措施等。在此种违约责任承担方式中，出现债务人违约事件时，对于是否追究及如何追究违约责任，债权人有选择权。例如，发生了债权人可行使解除权的违约行为时，债权人可以要求解除合同，也可以不解除合同而要求债务人继续依约履行合同。另一种是直接约定发生违约行为时债务人应向债权人承担责任的形式。例如，继续履行的方式、赔偿损失的计算方法或违约金的数额，无法继续履行时的赔偿损失的计算方法或违约金的数额，承担补救措施的方式、时限、费用承担等。

此外，实践中还存在直接约定出现违约行为时合同自动解除、失去效力等内容的情形，从表面上看似乎违约方可能会承担最严重的违约责任，但实际的交易情况错综复杂，当事人在订立合同时无法预见合同履行时会出现的所有情况。在一些特定的情况下，这种约定可能会促使当事人故意实施导致合同失效的行为,通过恶意违约追求不当利益,并导致守约方的损失无法弥补。例如,订立买卖合同时约定,买受人逾期 10 日仍不付款的,合同解除或失效。但在合同订立后,交易标的物市场价格出现了大幅度的下跌,此时,买受人即可能会通过拒付货款的方式使合同归于失效,将本应由其承担的货物价格下跌的市场风险转嫁给出卖人承担。因此,此种违约责任承担方式应慎重采用。

五、合同内容的准确表述

合同内容约定的不明确,除前面介绍过的当事人未对交易标的、履行方式、违约责任等进行具体磋商,未将相关的交易细节作为合同内容进行约定造成的外,还有很多是合同内容表述不准确造成的。也就是说,虽然双方在订立合同时,就交易所涉的细节进行了磋商且达成了一致意见,但由于在合同中选字用词不当、重复约定、用语不规范不准确等,导致双方对合同内容的理解存在矛盾。此类问题在实践中大量存在,尤其是在复杂的交易中及交易双方缺乏商业知识和法律知识的情形下,具体的表现形式也多种多样。实践中常见的如合同内容存在矛盾、容易产生歧义及与当事人的真实意思不符等。

1. 合同内容应避免存在矛盾

合同内容存在矛盾,是指当事人在合同中就同一交易事项作出了两种以上的不同约定。例如,租赁合同的价款条款中约定租赁费用标准为每个租赁周期两万元,但在支付方式条款中约定分数次支付的相同周期租赁费用总数却为三万元。合同内容存在矛盾时,各方当事人在履行过程中可能会分别主张按照对己方有利的内容执行从而在当事人间形成合同争议。合同中存在互相矛盾内容的原因较为复杂,有的是由于当事人约定不同合同条款时未对内容相关联的其他条款统筹考虑,也有的可能只是书写、打印时的笔误,还有的是由于订立合同时借用以往的旧合同文本、网上下载类似文本、借用他人使用过的合同文本内容等,后稍加更改即作为交易合同文本使用。因此,当事人在交易过程中经交易磋商达成一致意见后订立合同文本时,应尽量根据本次交易的具体情况自行拟定文本内容,当然合同格式可以参照相关的示范文本或以往交易中使用过的文本。在拟定文本内容时,应综合安排各交易条款的内容,避免对同一事项作出两次或多次约定,尤其应避免对同一事项在合同前后条款中作出内容不同的约定。

2. 合同内容应避免存在歧义

合同内容存在歧义，是指当事人约定的合同内容，在理解上可能存在两种以上的不同解释。例如，买卖合同中约定买受人收到货物后付款，履行过程中出卖人可能会认为买受人完成收货行为时付款条件即已满足，应立即付款；而买受人则可能会认为，约定的收到货物后付款，是指买受人收货后可根据对货物的检验、试用情况，合理地自主决定是否付款、何时付款。故应在合同订立时明确约定买受人是需在收货后立即或数日内付款，还是在检验或试用无误后数日内付款等详细内容。对合同重要条款的约定内容存在歧义的，可能会在履行过程中引发当事人间的争议，如无法通过协商解决，则可能会致使合同无法履行，导致当事人的交易目的无法实现。

因此，当事人在订立合同时，应当对合同中文字、词语的使用、句式句法的运用、表述的严谨性等予以高度重视，防止合同重要条款的内容存在歧义，具体可从以下两个方面予以把握：一是合同的选词用句应符合语法要求，选用的词语应意义明确，语言风格应简洁明了。慎用、少用“合理期限内”“严重损失”“一般应”“擅自”“恶意”等具体含义不清、主观色彩浓厚的词语。慎用、少用长句、复杂句等不易理解内容的句式。二是合同文本拟定完成后，应仔细审查合同中主体、标的、数量、质量、履行方式等主要条款中的内容是否易于理解、表述是否规范、理解是否具有唯一性。

3. 合同内容应与当事人的真实意思相符

合同内容与当事人的真实意思不符，是指当事人在合同中所约定内容的通常意义，与当事人一方或双方的理解并不相同。例如，借贷合同中，第三人在协商合同事宜时表明只承担督促、监督债务人及时还款的义务，却在合同中以保证人的身份签字。因《民法典》对保证属于担保措施有明确的规定，导致合同履行时该方当事人需承担对债务的担保责任。当事人在合同内容中所采用词语的法律意义与其自身理解的意义不符，会造成所约定的内容与其本意不符的结果。如该种错误发生在合同主要内容中，将会导致合同的履行结果与其交易目的完全不符的后果，从而可能会造成对当事人利益的严重损害。

当事人在为合同内容选词用句时，不应随意根据自己的个人理解，或将当地方言、习惯用语中一些意义与法律含义不符的词语在合同中使用。例如，实践中经常使用的“产品代理”，与法律规定的代理制度并不相同，不应使用在不属于法律认可的代理关系的合同中。此外，一些经常在合同文本中使用的词语，实践中存在大量被错误使用的现象，当事人在合同文本中应注意正确使用。例如，“委托”“授权”“承揽”“合伙”“股份”“保证”等具有明确法律含义的词语，使用时应注意当事人的理解是否与其法律含义相同，不相同时不应随意使用；而“承包”“保证金”“订金”“投资”“合作”等并不具有确定的法律含义的词语，在使用时应在合同中对其含义作出专门的定义，或对所涉及的权利义务关系作出详细的约定，以明确其具体的含义。

第三章　合同履行过程中的法律风险防控

合同履行过程中的法律风险，是指当事人在合同履行过程中的行为不符合合同约定、法律规定或交易的实际需要，而可能造成的对己方不利法律后果。对于企业而言，合同履行过程中常见的法律风险包括：合同管理不善而导致履行效率低下、履行成本过高或造成己方违约；合同存在履行障碍时，未采取有效措施予以化解，造成不必要的违约或损失扩大；对方发生违约、或发生履行能力丧失或显著降低的情形时，未及时采取有效的应对措施而导致己方受到无法挽回的损失等情况。

第一节　合同履行过程管理不当的法律风险防控

除即时清结的简易交易外，合同的履行需要通过当事人在一定的期间内实施一系列的履行行为来完成。在合同履行过程中，当事人需要围绕交易进行的实际需要，对合同的履行过程进行全面、科学的管理。

一、合同履行过程管理的含义和法律风险

1. 合同履行过程管理的含义

对于企业而言，合同履行过程的管理是指企业管理者运用各种管理手段和方法，对合同履行过程中的相关事项采取计划、决策、组织、领导、协调、控制等措施，使参与合同履行工作的全体工作部门和各岗位工作人员共同完成合同履行工作的活动。

合同的履行是企业经营活动的主要内容，需要企业各个部门、各个岗位工

作人员的广泛参与。除简易合同外,合同履行的过程往往较为漫长,经常需要短则数天、长则数月的履行周期,复杂、大型的交易甚至可能长达数年。合同履行过程中的各项具体工作需要根据交易本身的实际需求及企业的业务开展流程逐步进行,具有明显的过程性和阶段性,各个不同的阶段还可能会重叠、交叉、反复进行,致使合同履行过程中会有大量的具体问题,需要不同部门、不同岗位的工作人员进行积极有效的协调配合、信息交换,方能保证合同的顺利履行。因此,企业需要制定并执行能满足经营需要的合同履行过程管理制度,对合同履行过程中各阶段需要完成的工作内容进行明确,并对完成相应工作的责任部门和人员、完成方式和期限、工作质量标准等作出明确可执行的要求,在企业内部形成规范有序、权责明确、运行流畅、稳定可靠的合同履行流程,保障各种经营合同的顺利履行。

2. 合同履行过程管理不当的法律风险

企业未按照合同履行工作的实际需要对合同履行过程进行依法、规范、科学的管理的,将可能造成以下不利后果:

一是合同履行效率低下,导致履行成本不当增加。合同的履行工作是由大量相互关联的具体事务组成的,需要当事人综合运用各种资源,合理安排人力、物力及财力来保障履行过程的顺利进行。企业如未按照履行工作的实际需要对合同的履行作出合理的规划及投入相关资源,必然会导致履行工作无法顺利开展及履行过程的非必要延期,导致合同履行效率的低下及履行周期的延长,从而造成履行成本的增加。

二是履行过程中发生错误导致需要重作、返工等,给企业造成额外的经济损失。企业对合同履行过程的管理不规范,极易造成履行顺序的混乱及履行工作本身的错误,如生产的产品不符合合同约定等,导致企业不得不对错误的履行行为通过重作、返工等方式进行补救,这些为进行补救工作所投入的人力、材料等成本就会成为企业需要额外承担的损失。

三是履行行为错误或逾期履行,导致不必要的合同违约。企业由于管理不规范而产生的履行错误,如在向对方交付合同标的前未发现,或虽已发现但由于成本、时限等未改正的,或致使己方无法按照合同约定的期限交付合同标的的,则将会构成合同违约行为,企业将可能需要向对方当事人承担支付违约金、赔偿损失等违约责任。

二、合同履行过程管理不当的法律风险防控

为保证己方对合同义务的全面、准确履行，减少合同履行过程中的错误，企业需要根据自身开展业务活动的模式并结合自身拥有的各种管理资源，对合同履行的过程进行准确、高效并符合经济性要求的管理。

1. 明确合同履行各阶段的工作内容

企业应根据所处行业的业务经营特点，结合自身的规模大小、整体管理水平、工作人员的能力等因素，将合同履行的过程进行合理的阶段划分，对每个阶段包含的工作任务进行明确，即按照己方日常经营合同中约定的己方需履行的义务、履行方式、履行顺序等，对照己方的工作流程、人员配置情况等，将为履行各项合同义务需要进行哪些工作进行详细的归纳总结，并根据工作内容的性质及实施顺序，将合同的履行过程划分为不同的工作阶段。例如，标准、批量产品的销售合同，可将合同的履行过程划分为生产准备阶段→生产阶段→检验阶段→入库发货阶段；大型复杂机电设备的承揽合同，一般可将合同的履行过程划分为合同转化阶段→技术对接阶段→产品设计阶段→生产准备阶段→生产阶段→检验阶段→入库发货阶段→现场安装调试阶段→售后服务阶段等。在分清履行阶段的基础上，将每一工作阶段需要完成的每一项工作任务所包含的具体内容、工作方式、完成标准等作出具体明确的规定。

划分工作阶段及细化工作内容，应主要根据企业的规模、管理模式等确定具体的方案。一般来说，规模越大、管理越规范的企业，越应将工作阶段划分细致，将工作内容尽量细化，以充分发挥企业的规模优势、管理优势。此外，具体合同的履行过程可能会同时存在多条相互联系、又彼此独立进行的工作进程，对这些工作进程也应当从制度上进行统筹安排。例如，非标产品承揽合同的履行过程中，产品设计与原材料的采购、生产准备等工作均需要在产品投入生产以前完成，相关的工作流程就需要在生产准备阶段同时开展，以确保后续生产工作的顺利开展；在划分工作阶段及确定工作内容时，就需要按照合同履行的总体要求，对不同工作进程中相关工作的具体内容、先后顺序、如何协调等事项进行统筹安排。

2. 合理设置工作部门、工作岗位，并明确各部门、各岗位的工作职能、岗位职责

企业的经营活动一般是围绕某一类或几类产品或服务的提供而展开的。

不同的行业特性及不同产品或服务的特点，决定了企业产品或服务的提供模式会有明显的差别，需要设置的工作部门、工作岗位也会有明显不同。企业需要根据对合同履行过程所划分的工作阶段、已确定的不同阶段的工作内容，结合自身在经营规模、发展阶段、管理模式、人员构成等方面的实际情况，合理设置工作部门及为相应的工作部门配置适当的工作岗位，并对各工作部门、工作岗位制定明确的职能和职责。

对于生产性企业而言，为满足合同履行的最低需要，一般都应考虑设置对合同履行进行统筹、协调等全面管理的综合管理部门，负责订立合同及在履行合同过程中与对方当事人进行信息沟通的营销部门，负责产品设计及技术保障的技术部门，负责原材料、配套零辅件采购的采购部门，负责组织产品生产的生产部门，负责产品质量控制的质量部门，负责产品售后服务工作的客户服务部门等。此外，为保障企业的正常运营，一般还需要设置行政管理、人力资源管理、法律事务处理、财务管理等为经营活动提供保障的工作部门。企业也可以根据自身的实际经营状况，将前述相关部门的职能进行分化组合。一般而言，小型企业设立的工作部门较少，相应地单一部门承担的工作内容就会较多。例如，售后服务工作量不大的企业可能会将该项工作职能交由生产部门或销售部门执行，生产定型、标准件的企业可能会将技术保障部门合并在生产部门中；而以大型设备生产为主营业务的企业，则经常会按照具体的项目设立工程项目部，将该项目实施过程中相关的销售、技术、采购、售后服务等职能集中到一个部门开展工作。大型企业则可能会将前述列举的某一项职能再进行拆分，并设立相应的部门分别履行相关职能；并且还可能在履行前述职能的部门以外，设立管理和维护知识产权的知识产权保护部门、处理对外关系的公关部门、进行技术调查和市场调查的开发部门、进行企业经营信息统计分析的统计部门等。

总之，企业应根据所处行业属性，所进行的业务活动的特点，以及自身规模、管理水平等因素，综合确定工作部门及工作岗位的设置；并对各部门、各岗位的职能、职责，进行明确细致、科学合理的划分，做到各部门、各岗位人员各司其职，各负其责，才能为经营活动中切实履行好各项经营合同提供可靠的组织保障。

3. 建立各部门、岗位间的工作协调、信息交换机制

合同的履行是需要企业各部门、各岗位工作人员广泛参与的、工作内容繁

多的复杂过程。在该过程的进行中,会有大量工作的完成需要在不同部门、不同岗位工作人员间协同进行,也会有大量的信息需要沟通交换。例如,设计、生产部门发现合同中不明确的内容需要明确、无法执行的内容需要变更的,就需要这些部门向综合管理部门或销售部门进行信息反馈,以便与对方当事人就这些内容进行协商。再如,生产部门无法实施或不便实施设计部门制定的设计方案时,也需要与设计部门协商变通方案,如涉及合同内容的变更,还可能需要通过销售部门与对方当事人进行协商。这些需要协调的工作、需要交换的信息,从具体内容上看,有些可能只是便利了工作,不会对合同的履行成本造成影响;但有些则可能会导致履行成本的增加或降低,有些还可能会影响对方当事人的利益。

因此,企业应根据所经营产品或服务的特点,结合本企业的部门、岗位设置现状等实际情况,对各部门、各工作岗位间可能的工作协调内容、信息传递方式作出合理的制度安排。从制度上鼓励工作人员在工作过程中积极配合、协作,努力提高合同的履行质量和效率,有效降低和控制经营成本;防止各部门、各岗位间职能、职责产生混乱,导致合同履行过程中的工作信息传递不能顺畅进行,进而影响到合同的履行效果。

第二节　合同效力相关法律风险的防控

已经完成订立的合同并不是都能得到法律的认可,企业在开始履行合同以前,应当先对合同的法律效力进行判断。对于存在效力瑕疵的合同,应采取相应的风险防范及应对措施,避免由于已经履行或部分履行的合同被确认无效或未生效、被撤销而受到难以弥补的损失。

一、合同效力存在瑕疵的法律风险

1. 合同效力的不同类型

当事人就交易事项达成一致意见后,除法律另有规定或当事人另有约定外,合同即为成立。但已成立的合同是否具有受法律保护的履行效力,则要依据法律关于合同效力的规定进行判断;只有符合法定有效要件的合同才是有效合同,法律对当事人在合同中约定的权利义务才予以保护。与合同有效相对应的,则是合同无效、未生效或效力待定、可撤销等特殊的效力形态。在合同无效的情形下,合同约定的权利义务关系不受法律保护,债权人无权要求债务人依照约定履行债务。在合同未生效或效力待定的情形下,合同约定的权利义务关系还未产生履行效力,债权人不能要求债务人依照约定履行债务。在合同可撤销的情形下,撤销权人行使撤销权以前,合同为有效合同,债权人有权要求债务人履行债务;但合同被撤销权人依法定程序撤销后,则在法律上将产生合同自始无效的效果。

2. 效力存在瑕疵合同的履行法律风险

当事人如在合同成立后未对合同的效力进行正确判断,就一概按照有效合同的履行规则履行合同义务、或要求对方当事人履行合同义务,则一旦合同被确认存在效力瑕疵,就可能会给当事人带来难以弥补的损失。具体包括以下几种情形:一是己方已经履行全部或大部分合同义务,但随后合同被确认无效或未生效、或被对方当事人依法撤销的,则己方将无权要求对方给付履行对价,己方由此所受到的损失将需要全部或部分自行承担。二是己方虽未因履行行为付出成本,但对方已经履行全部或大部分合同义务,随后合同又被确认无效或未生效、或被一方当事人依法撤销的,己方仍将可能需要就对方所受到的损失承担全部或部分责任。三是双方均进行了履行行为,则在合同被确认无效或未生效、或被依法撤销时,双方将需要根据各自的过错情况分别承担相应的责任。

此外,对于因内容违反法律、行政法规的规定,或未履行法律法规规定的审批等手续而导致效力存在瑕疵的合同,当事人如在效力瑕疵未得到解决的情形下就履行合同的,履行行为将可能会由于违反相关行政管理法律法规的规定而需要承担行政法律责任;严重的还可能会触犯刑律而被追究刑事责任。

二、合同存在效力瑕疵时的法律风险防控

对于已经完成订立、准备履行的合同,当事人在开始履行准备或进行具体的履行行为以前,应当根据法律关于合同生效的条件,从合同的当事人是否具有订立该合同的资格和资质,意思表示是否真实,合同内容是否符合法律、行政法规的规定,合同是否需要办理审批手续等各个方面,对合同的效力进行综合的分析和判断。对于不符合法定生效条件的合同,应根据合同在效力上存在的

具体瑕疵采取相应的法律风险防控措施。

1. 无效合同的法律风险应对

对于企业而言,经营活动中出现的常见的导致合同无效的事由主要有以下一些情形:合同当事人不具有缔约资格或从事特定业务的经营资质,如不能独立从事民事活动的企业职能部门、内设机构等订立的合同,或不具有特种设备经营资质的企业订立的相关设备买卖或承揽合同等;合同内容违反法律、行政法规强制性规定或损害他人合法权益,如买卖不符合国家强制性标准的产品或禁止经营的产品,或以侵害他人商标权、专利权等知识产权的侵权产品为交易标的等。

在合同存在无效事由时,如双方当事人仍有按合同约定进行交易的意愿,且导致合同无效的事由可以补正时,则可以通过采取相关补救措施的方式使合同有效。例如,将不符合法定主体资格的企业内设机构的合同当事人地位,由具备民事主体资格的开办单位替换;变更质量标准使交易标的符合国家强制性标准等。但对于一些无法合法化的交易行为,或当事人无法取得经营资质的合同,以及当事人就所需采取的补救措施无法达成一致意见的合同,则应考虑通过双方协商来终止此类无效合同的履行,并应就合同终止履行后可能的损害赔偿等相关善后事宜的处理一并予以解决。无法就终止履行达成一致意见时,如主张合同无效的理由充分,且合同关系继续存在对企业经营活动有不利影响的,可通过提起诉讼或仲裁的方式请求确认合同无效,以摆脱既有无效合同对交易活动的束缚。

应当特别注意的是,对于一些存在无效事由但实际履行结果可以满足当事人交易需求的合同,如无法通过采取补救措施使合同有效,则不应为片面追求履行利益而贸然履行。否则,在合同履行后市场环境发生变化导致合同利益失衡时,对方极有可能通过要求确认合同无效的方式推翻合同履行成果,从而导致己方不仅无法得到合同履行利益,还可能需要承担额外的经济损失;或者由于履行行为违反法律规定,己方承担沉重的法律责任,甚至可能承担刑事责任。例如,买卖侵犯第三人商标权的商品等行为,不仅需要向商标权人承担侵权赔偿责任,还会被市场监督机关处以行政处罚;情节严重、构成犯罪的,还会被司法机关处以刑事处罚。

2. 效力待定合同的法律风险应对

效力待定合同虽已经由双方合意而成立,但由于不符合法律规定或当事人约定的生效条件而尚未生效,且将来是否会生效也具有不确定性。故对处于未生效状态的合同,当事人不应开始实际的履行或进行需付出较大代价的履行准备行为;否则,后期如未发生使合同生效的事由,如相关国家机关未批准、约定的生效条件已确定无法达到等,则已履行义务的一方当事人可能面临己方已付出履行成本、但却无法向对方主张合同对价的风险。

在合同效力待定的情形下,当事人需要根据造成合同未生效的具体事由,以及己方在交易中的地位、进行交易的意愿等分别采取适当的处理措施。对于需经审批方生效的合同,不承担报批义务的一方当事人有意继续按照约定进行交易的,应督促对方积极履行报批义务;对方不履行的,可以要求其承担相应的违约责任。承担报批义务的一方当事人有意继续按照约定进行交易的,应积极履行报批义务。对于第三人未经授权或超出授权范围、期限而以己方名义订立的合同,应详细审查合同内容是否符合己方的交易需求、是否有履行意愿,对于有履行意愿的应及时通知交易相对人对合同予以追认,以固定交易机会;对不符合己方交易需求或没有履行意愿的合同,一般也应将拒绝追认的决定及时通知对方,以避免拖延太久形成交易纠纷。对于与对方当事人的代理人订立了合同,但事后发现其代理权存在缺陷的合同,应再次审查所订立合同是否符合己方的需求、是否愿意继续履行,对不愿继续履行的应尽快通知对方当事人予以撤销;对愿意继续履行的,应向对方当事人发出要求追认的催告,以便尽快固定交易关系或被拒绝追认后重新安排交易。

3. 可撤销合同的法律风险应对

可撤销合同是一方当事人对所订立合同的内容存在重大误解;或在受到欺诈、胁迫、乘人之危且导致合同内容显失公平等情形下所订立的合同。当事人在订立合同后,发现存在己方对合同享有撤销权的情形时,应及时评估合同内容是否可以满足己方交易需求、是否具有履行价值,并在此基础上确定是否愿意继续履行。如具有履行意愿,则按照有效合同的履行规则履行即可;如没有履行意愿,则不应开始履行合同义务,否则可能会被认为以自己的行为放弃了撤销权,并应在法定的撤销权行使期间内向人民法院或仲裁机构提出撤销合同的请求。通过诉讼或仲裁程序请求撤销合同时,当事人需要向人民法院或仲裁机构提供充分的证据证明合同可撤销事由的存在;否则,将可能因证据不足导致所提出的撤销合同的主张得不到支持。当然,在确保不会耽误法定期间的情况下,当事人也可以在起诉或申请仲裁以前,通过与对方当事人协商的方式变更或终止合同权利义务关系,以平和、不激化矛盾的方式解决争议。

对于对方当事人可能享有撤销权的合同,当事人也不应为单纯追求己方交易利益的实现而贸然开始履行合同,以免己方履行全部或部分合同义务后对方主张撤销合同而使己方受到难以挽回的损失;而应考虑通过适当的方式由对方当事人对合同内容是不是其真实意思表示、是否主张撤销合同等进行明确,并根据对方提出的相关意见分别采取继续履行合同、协商变更合同内容或协商解除合同等处理措施,防范和化解可能的由于合同被对方主张撤销所带来的法律风险。

第三节　合同出现履行障碍时的法律风险应对

已订立的合同存在内容不全面、不明确等影响履行的情形,或在履行过程中发生了其他履行障碍时,当事人应通过协商、诉讼等途径对合同采取补充、完善、变更等补救措施,以保障合同的顺利履行;对无法履行、丧失履行价值的合同通过协商、诉讼等途径及时解除,防止所受损失的不断扩大。

一、合同履行障碍的含义和法律风险

1. 合同履行障碍的含义

本书中所称的合同履行障碍,是指合同进入到履行阶段后,由于所约定内容无法对当事人需要实施的履行行为提供全面的依据,或由于当事人的交易目的、与交易进行有关的其他事实等主客观条件发生变化,合同不能顺利履行或继续按合同履行将不符合当事人交易利益实现的状态。

由于订立合同时交易尚未开始,合同中所约定的内容只能是当事人对未来将要发生的交易提前作出的安排,是当事人根据订立合同时所了解到的与交易有关的信息,以及对未来履行过程中可能发生事项的合理预见而确定的。由于各种主客观因素的影响,所订立的合同可能会存在内容不全、交易细节不明确、内容违法等问题,导致不能满足履行要求。此外,合同订立后,由于各种因素的影响而可能会发生当事人在订立合同时难以预料的事件,这些事件的发生可能

会导致合同无法继续履行、或履行结果不再符合当事人的利益追求，如拟交易的标的物灭失导致无法交付，拟使用交易标的物的生产经营项目不再投资建设导致失去对交易标的物的交易需求等。

2. 合同出现履行障碍时的法律风险

当事人在履行合同的过程中遭遇履行障碍时，已订立的合同将难以继续进行履行，在此情形下当事人将会面临如下法律风险：一是合同履行停滞或中断，导致一方或双方当事人的交易目的无法实现。例如，买卖合同中未约定清楚标的物的质量，履行过程中双方又互不认可对方的质量主张，导致出卖人无法履行交货义务、买受人也无法按约定的时限收到标的物。二是在合同当事人间形成交易纠纷，导致交易无法按预期顺利进行。无论合同在履行过程中出现何种交易障碍，如双方当事人不能通过及时协商进行化解，各方当事人就可能会坚持按有利于己方的主张处理问题，当分歧无法化解时，将不可避免地形成交易纠纷。三是陷入交易困境，导致当事人既无法通过履行现有合同实现交易目的，也无法重新安排交易。对于由于各种主客观因素的影响一方当事人不能或不愿继续履行的合同，如不能消除障碍或通过协商化解纷争，将可能导致当事人既无法通过现有合同的履行完成交易，也由于既有合同的羁绊而无法重新安排交易，从而陷在已成立却无法履行的合同关系中无法自拔。四是造成额外经济损失。无论何种原因形成的交易障碍，当事人如不能采取合理措施及时化解，都将不可避免地造成程度不等的经济损失。

二、合同履行障碍相关法律风险的应对

如上文所述，合同履行障碍的形成，既可能是由于当事人在合同订立过程中所选择的合同条款不实用、内容不明确等，也可能是由于合同订立后当事人的交易需求或交易环境发生了变化。无论何种原因造成的履行障碍，当事人都需要在合同开始履行前或履行过程中采取积极的措施加以应对。

（一）合同的补充、完善

合同的补充、完善，是指当事人在合同履行过程中发现合同中有遗漏或有约定不明确的内容时，通过补充增加新的约定、对已有内容进行具体化等方式进行弥补，以使合同能够满足履行需要的措施。由于各种主客观因素的影响，已订立的合同经常会存在内容不全、不明确等问题，导致合同的履行困难。例

如,买卖合同中的标的物需要通过名称、规格、型号、参数等确定,但合同中只约定了标的物名称和部分参数,导致出卖人履行合同时无法准确确定具体标的物。合同内容不全、不明确是造成合同履行障碍最常见的原因,在交易事项较为复杂的合同中,几乎都会存在程度不等的此类现象。

对于企业而言,在合同订立后履行以前或开始履行时,首先就应当由各工作部门将合同中对本部门的履行工作可能造成障碍的该类问题进行详细的核实排查,争取早发现早解决,尽量减少对合同履行过程的不利影响。经检查发现合同存在内容遗漏或不明确等现象时,应根据所发现问题的不同性质,通过与对方当事人及时协商沟通的方法对合同内容进行补充和完善,以满足合同履行工作的实际需要。合同中需要补充或完善的内容,根据是否影响交易对价可以区分为两种情况。不影响交易对价的情况,如合同中标的物型号不全,但不同型号产品的价格并无区别,无论选择哪种型号的产品均既不会增加己方的成本,也不会影响对方的利益;故一般来说此类问题解决起来较为简单,但也需要及时与对方当事人协商确定,以免所完成的履行行为不能满足对方需求而需要以退还、重作等方式进行重新履行,导致合同履行成本的浪费。合同需要补充完善的内容影响交易对价时,情况则要复杂得多;在这种情况下,交易双方面临的问题就不再是简单的对合同内容的补充、完善,而是需要对合同价款等交易条件是否需要变更、如何变更等进行协商处理。

(二)合同的变更

合同内容是当事人基于合同订立时所确定的交易需求,对未来将要进行的交易作出的预先安排。但合同的订立和履行均可能需要经历较长的时间,合同在订立后进入履行阶段时,当事人的交易需求可能由于各种主客观条件的改变而已经发生变化。此时如仍然按照原合同履行,将可能不再符合当事人的利益需求。此外,合同因存在内容不全、不明确等情形,当事人又无法通过对合同内容的补充、完善进行解决时,就可能会形成难以克服的履行障碍而无法继续履行。在这些情况下,如双方当事人仍有继续交易的意愿,就需要通过协商变更的方式对合同原约定内容进行调整,以满足当事人的实际交易需求。

1. 合同变更的法律要求

根据《民法典》第 543 条、第 544 条的规定,合同变更需经当事人协商一致;当事人对变更的内容约定不明确的,推定为未变更。因此,当事人在合同订立后，由于交易需求的变化而需要改变原合同内容时，应与对方当事人就变更内容协商一致；并且所达成的变更意见应当具体明确、可执行，否则将不产生合同变更的效力。当事人在未与对方就合同变更事宜达成一致的、内容明确的意见的情形下，单方变更合同履行内容或不按原约定履行义务的，将会被认定为违约行为，需要承担相应的违约责任。

2. 合同变更的进行

当事人在合同订立后，由于交易需求的变化需要进行合同变更时，应当及时与对方当事人就变更事宜进行协商，并争取与对方取得一致意见。在变更合同的过程中，需特别注意以下几个问题：一是对方损失的弥补。在需要对合同进行变更的一方当事人提出变更要求以前，对方当事人可能已经为合同的履行进行了准备或已经开始履行；此时如对合同内容进行变更，将可能造成对方当事人的经济损失。一般来说，对方当事人在作出同意变更的决定时，会要求提出变更的一方对其损失进行补偿。因此，当事人在产生变更合同的需求后，应尽早通知对方，以避免对方损失的不断扩大，导致合同难以变更。对于对方已产生的损失，应在衡量所需承担的损失和变更合同后的利益得失后，确定是以承担对方损失为代价变更合同，还是放弃合同变更继续按合同原内容履行。二是与对方达成的变更意见必须明确。当事人在向对方当事人提出变更合同的意思表示后，磋商过程中对方表示同意变更、但对如何变更未达成一致的明确意见的，合同仍处于未变更状态。当事人在此种情形下，不应自行按照己方的变更意见履行合同；否则，在后续未就具体变更意见达成一致时，相关履行行为将可能被认定为违约行为。三是在交易双方均存在合同变更的需求时，当事人应全面权衡双方的变更要求对各方利益实现的影响，参照合同订立时需考虑的风险防控内容，按照有利于实现己方交易目的、兼顾对方交易需求的原则，综合确定合同是否可以变更及如何变更。

3. 几种特殊情形下的合同变更

除通常情形下由于交易需求的变化而进行的合同变更外，根据《民法典》的规定及交易实践的需要，还存在以下几种合同变更的特殊情形：

一是合同内容不全面、不明确，或存在错误导致的合同变更。此种情形下的合同内容变更，实际目的是更好地履行原合同，故如变更内容不涉及合同对价的调整，则各方当事人一般都会积极促成。但如存在合同对价的变动，则双方可能会难以就合同如何变更达成一致,此种情形的出现将导致合同履行的困难。此时,根据《民法典》的规定,履行义务一方当事人应按照《民法典》第 510 条、第 511 条关于合同未约定或约定不明时的补救措施的规定,确定己方的履行义务。如果因对合同标的或标的数量、交易性质的约定不明,导致无法确定履行内容,且当事人无法通过协商一致补充完善的,此种情形应属于合同不成立,双方当事人间欲进行的交易将不能继续进行。

二是合同订立后因发生不可抗力事件导致合同需变更的情形。根据《民法典》第 590 条的规定,当事人因不可抗力不能履行合同的,根据不可抗力的影响,部分或全部免除责任,法律另有规定的除外。因此,合同订立后发生不可抗力事件的,只是在受不可抗力事件影响的范围内免除债务人相应的责任,而非不加区分地免除债务人所有责任,如不可抗力事件未导致合同完全不能履行的,则并不当然全部免除债务人的履行义务。在此情形下,受不可抗力事件影响的一方当事人即需要与对方协商合同是否需要继续履行及继续履行的方式、期限等内容,通过对合同中原内容的适当变更为合同可履行部分的继续履行提供依据,而不能以不可抗力事件为由主张免除全部责任。

三是合同订立后发生情势变更事件导致合同需变更的情形。《民法典》第 533 条规定,合同成立后,合同的基础条件发生了当事人在订立合同时无法预见的、不属于商业风险的重大变化,继续履行合同对于当事人一方明显不公平的,受不利影响的当事人可以与对方重新协商;在合理期限内协商不成的,当事人可以请求人民法院或仲裁机构变更或解除合同。根据《民法典》的规定及最高人民法院发布过的相关司法观点,情势变更事件一般是指国家政策、行政措施、市场运行状况等外部社会环境的重大变化。因此,在合同订立后发生严重影响合同履行而又不属于商业风险的事件时,当事人应根据法律规定详细分析是否属于情势变更事件;在能够构成的情形下,受不利影响的一方如不愿继续按原合同履行,则应向对方提出重新协商合同履行条件的请求,并尽量同时提出既能有效降低已发生事件对己方的不利影响、也适当考虑对方利益诉求的合理变更意见。如在合理期间内无法与对方就合同的变更协商一致,则可考虑通过诉讼或仲裁程序变更或解除合同。

(三)合同的解除

合同的解除,是指在合同成立后,当事人通过实施解除行为使合同的效力终结,合同未履行的部分不再履行、已履行的部分根据不同情形予以清理结算的法律制度。合同的解除包括协商解除、约定解除、法定解除及任意解除等方式。其中,协商解除是由双方当事人通过协商一致的方式对合同进行的解除;约定解除、法定解除、任意解除则是一方当事人通过行使基于合同约定或法律规定所享有的单方解除权,而对合同进行的解除。

1. 合同的协商解除

合同协商解除与合同协商变更所要实现的功能基本类似,即都是由于当事人交易需求的变化、或出现了影响合同继续履行的事件等主客观因素,当事人不愿再按原合同内容履行或无法按照原合同内容履行时,通过协商不再按照原合同内容确定双方间的权利义务关系。二者的区别在于,合同的协商变更是通过双方协商对部分合同内容进行变更,原合同继续履行、双方间的合同关系继续维持;而合同的协商解除则是通过双方协商,对原合同的效力予以终止,双方间的合同关系消灭。

(1)合同协商解除的进行

当事人在由于己方的交易需求发生变化、订约后反悔等主观因素,或由于市场环境变化等客观因素,不愿再继续履行已成立并生效的合同时,均可考虑通过与对方协商的方式解除合同。但需要注意的是,协商解除合同必须与对方当事人就解除事宜达成一致方为有效,不享有合同约定或法律规定的单方解除权的当事人单方解除合同的,或未与对方就解除事项达成一致意见即停止履行合同的,均属违约行为,需按照法律规定或合同约定承担违约责任。与合同变更相类似的是,合同的协商解除也需要考虑对方损失如何弥补的问题。因此,当事人应全面分析和评估合同解除的代价、违约时的责任承担、合同继续履行的结果等不同的选择对己方利益可能的影响,审慎决定是否与对方协商解除合同,以及以何种条件、何种方式解除合同。

(2)特殊情形下的合同协商解除

在发生不可抗力事件或情势变更事件时,合同协商解除制度作为一种可以帮助当事人摆脱原合同关系束缚的制度,也有运用余地。不可抗力事件的发生只产生当事人在所受影响范围内免于承担相应责任的效果,而并不产生合同效力终止的结果。因此,在不可抗力事件的严重程度未达到导致当事人完全丧失履行能力或条件的情形下,一方或双方当事人如不愿再按合同约定继续履行,也不愿或无法就合同内容的变更达成一致意见时,即可通过协商解除合同的方式终止合同关系。此外,《民法典》还规定,在不可抗力事件的发生致使不能实现合同目的时,当事人对合同享有法定解除权。对此条文的一般理解是,受不可抗力影响的一方在不可抗力事件的发生严重影响其履行条件或能力,导致其无法实现合同目的时,其有权要求解除合同;但对方当事人由于受影响一方无法依约履行合同而无法实现合同目的时是否也享有合同解除权,则在实践中存在不一致的观点。例如,买卖合同的出卖人,由于政府采取疫情防控措施而无法生产经营,此事件对其构成不可抗力事件,其无法按时交付买卖标的物的行为在受影响的范围内可以不承担违约责任。但如买受人急于得到标的物用于生产经营,出卖方的延期交货将导致其购买标的物的合同目的完全落空,在此种情形下,买受人是否对合同具有法定解除权是存在争议的,其如想通过解除现合同另行安排其他交易以满足交易需求,较为稳妥的办法就是与受到不可抗力影响的出卖人协商解除合同。

在合同订立后发生情势变更事件时,受不利影响一方如不同意继续按原合同履行,也不愿或无法就合同内容的变更与对方达成一致意见的,可以与对方通过协商一致的方式解除合同。如果在合理期间内无法协商一致,可通过诉讼或仲裁程序请求解除合同。

2. 合同的约定解除

合同的约定解除,是指当事人订立合同时,在合同中约定出现一定事由时一方当事人有权解除合同;如在合同成立后约定的事由发生的,该方当事人即取得合同解除权,有权单方要求解除合同。但所约定的合同可解除事由在合同成立后实际发生时,合同并不会自动解除,而需要由解除权人决定是否解除,决定解除的还需要将解除合同的主张通知对方当事人才能产生合同解除的法律效果。如解除权人选择放弃行使解除权或在法定期间内未行使解除权,则合同的法律效力将继续维持。

(1)是否解除合同的选择

在发生合同约定的解除事由时,获得解除权的一方当事人首先需要考虑是否需要解除合同。对于以对方发生一定违约行为为解除事由的合同,当合同可解除事由实际发生时,当事人需要全面考虑违约行为的严重程度、违约行为对己方利益的影响大小、违约的原因,是否可以通过协商由对方及时消除违约行为带来的负面影响,对方当事人是否会继续实施违约行为,解除合同后是否需要重新选择交易对象继续进行交易,重新交易的成本大小等各方面的因素,综合权衡解除合同或继续履行合同中何种选择更有利于己方交易利益的实现。

对于以对方违约以外的其他事由的出现为解除条件的合同,当约定的事由实际发生时,依约取得合同解除权的当事人在确定是否解除合同时,需要考虑合同订立时作出此种约定所考虑的特殊交易需求此时是否还存在,以及实现此项需求与继续履行现有合同对己方利益影响的对比等情况。此外,大多数合同关于此类解除事由的约定中,会同时约定解除权人解除合同时,需向对方支付一定的补偿,作为对方由于合同履行利益无法实现而造成损失的弥补。存在此类约定时,解除权人就是否解除合同作出决定时,就需要考虑解除合同时所需付出的代价与可能实现利益的对比,综合评估解除合同是否符合己方的利益。因此,无论约定了何种合同解除事由,在约定的事由出现、解除权人现实取得解除权后,都应在全面考虑解除合同与继续履行合同两种不同选择所对应的利害得失后,审慎作出是否解除合同的选择。

(2)解除权的行使

合同的约定解除与协商解除在解除方式上是完全不同的:协商解除是基于双方已对合同的解除事宜达成了一致意见,故一般不会由于合同解除本身发生争议;但约定解除则完全不同,此种解除方式是解除权人基于己方利益的考虑,以出现了合同约定的解除事由为理由,而单方要求终止合同权利义务关系。虽然解除权人解除合同所援引的事由在合同订立时就已经由双方约定,但此种解除在发生法律效力后可能会造成对方当事人的损失。双方围绕解除权人所援引的事由是否符合约定、解除程序是否合法、造成的对方损失是否需要以及如何赔偿等问题均可能发生争议。故解除权人在解除合同时,应严格遵循法律规定及合同约定行使该项权利。

根据《民法典》的规定,合同解除权应在双方约定的期限内行使;合同未约定的,应当在知道或应当知道解除事由发生之日起一年内行使,或在对方催告后的合理期限内行使;在前述期限内未行使的,解除权人不再享有合同解除权。当事人一方依法主张解除合同的,应当通知对方,合同在对方收到通知时解除;以对方未依约履行债务为解除事由,通知里载明债务人在指定期限内不履行债务则合同自动解除的,如债务人未按要求履行债务,则指定期限届满后合同解除。对方对合同解除有异议的,任何一方当事人均可请求人民法院或仲裁机构确认合同解除的效力。此外,要求解除合同的一方当事人未通知对方,直接以提起诉讼或申请仲裁的方式依法主张解除合同,人民法院或仲裁机构确认该主张成立的,合同自起诉状副本或仲裁申请书副本送达对方时解除。

根据前述法律规定,享有合同解除权的当事人决定解除合同的,应严格按照法定或约定的期限和方式行使解除权。关于解除权的行使方式,解除权人可根据交易具体情况选择通过通知对方或直接提起诉讼、申请仲裁的方式进行。在具体案例中选择通过何种方式解除合同,需考虑合同中关于解除事由的约定是否具体、明确,双方当事人对约定内容是否存在不同理解,实际发生的事由与合同约定内容的符合程度,对方当事人是否认可发生的事由与合同约定相符,对方对合同解除的态度及是否会回避、拒绝接收解除通知,解除合同是否会引发双方间的争议等因素后审慎确定。对于对方同意解除合同或虽不同意但认可发生的事由属于合同约定的解除事由的,可以考虑通过向对方发出通知的方式解除合同,此种处理模式可以使当事人尽快从无法实现己方利益的合同关系中摆脱出来,以便安排新的交易;此后即使双方间就合同解除后的结算清理等后续处理事项有争议,也可由双方单独针对后续事宜的处理通过协商或诉讼等途径逐步解决,而不会再围绕原合同的效力出现争执。

在对方不同意解除合同、也不认可发生的事由属于合同约定的解除事由,且合同约定内容不具体、发生的事由与合同约定内容符合度较差的情形下,当事人又确实不愿意按照合同约定的内容继续交易的,则在通过单方行使解除权解除合同以前,应考虑通过协商解除合同的途径解决双方争议,以规避己方行使解除权无法得到支持时相关行为可能被认定为违约行为的风险。如无法通过协商解决争议,则可根据己方在交易中的地位、重新安排交易的急迫性,以及解除合同无法得到支持时可能承担违约责任的严重程度等,综合考虑通过通知方式还是诉讼或仲裁方式解除合同。一般而言,在合同双方当事人对合同约定的解除事由的理解、合同是否符合解除条件等方面存在重大分歧,且通过分析评估认为己方解除合同存在较大交易风险、双方间又无法通过协商化解争议时,除非有另行安排交易的急迫需要,否则应优先考虑通过诉讼或仲裁的方式解决相关争议,而通过自行通知对方解除合同的方式应慎重采用。

3. 合同的法定解除

合同的法定解除，是指在合同成立后发生法律规定的特定事由，导致当事人的合同目的无法实现或可能造成其严重损失时，受不利影响的当事人有权根据法律的规定解除合同。该项法律制度所能实现的功能在于，当合同当事人由于非己方的原因遭遇合同履行困境，继续维护合同的法律效力将导致其合法的交易需求无法得以实现、或遭受的损失难以得到有效弥补时，允许其通过解除现有合同的方法从既有的合同关系中解脱出来，以便重新安排交易；或通过及时对由于合同关系产生的收益、损失进行清理结算，有效防止损失的继续扩大，并对已遭受的损失进行弥补。

（1）合同法定解除的事由

根据《民法典》第 563 条的规定，出现下列情形之一的，当事人可以解除合同：一是因不可抗力致使不能实现合同目的；二是在履行期限届满前，一方当事人明确表示或者以自己的行为表明不履行主要债务；三是一方当事人迟延履行主要债务，经催告后在合理期限内仍未履行；四是一方当事人迟延履行债务或有其他违约行为致使不能实现合同目的；五是法律规定的其他情形。在该五项合同法定解除的事由中，第一项为不可抗力事件引起的；第二项、第三项、第四项均为一方当事人严重违约，导致合同无法继续正常履行或对方合同目的无法实现；第五项为引用性的规定，具体的事由需根据《民法典》合同编典型合同分编及各民事特别法中的具体规定确定，在这些具体的关于法定解除权的规定中，主要是关于一方当事人存在某种严重违约行为时，对方当事人有权解除合同的内容。

由此可见，法律关于合同法定解除事由的规定，主要包括两种情况：第一种为当事人受不可抗力事件的影响，导致继续履行合同无法实现合同目的；第二种为一方当事人存在严重的违约行为。其中，《民法典》合同编通则部分将对方可解除合同的违约行为分为预期不履行主要债务、迟延履行主要债务且经催告后仍未履行、致使不能实现合同目的的其他违约行为等三种类型。合同成立后，只有发生了符合前述规定的事件，受不利影响的当事人才能取得对合同的法定解除权。

（2）合同法定解除与约定解除的联系与区别

合同的法定解除与约定解除的不同之处仅在于，法定解除是当事人直接基于法律规定事由的发生而取得解除权，约定解除则是基于双方约定事由的发生。两者相同之处在于,都是一方当事人基于合同成立后发生的特定事由取得解除权,并基于单方的意思表示即可使合同权利义务关系终止。合同的法定解除权与约定解除权的性质及权利行使方式均相同,即合同成立后发生可解除合同的事由时,合同并不会自动解除,而是由享有解除权的当事人选择是否解除合同,只有解除权人决定解除合同并将解除的决定通知对方当事人,才能产生合同解除的法律效力;解除权人行使解除权均需在合同约定或法律规定的期限内按法律规定的方式行使,否则,解除权将消灭或不产生合同被解除的效力。

(3)是否解除合同的选择及法定解除权的行使

在合同成立后发生法定解除事由时,享有合同解除权的一方当事人需要作出是否通过行使该权利使合同关系终止的选择。与约定解除的情形相类似,解除权人需要综合考虑解除合同并对已发生的债权债务关系进行清理结算与继续履行合同两种不同的选择中,何种选择更有利于维护己方的利益。关于法定解除权的行使方式、途径、期限,未依法行使权利的后果等,《民法典》规定了与约定解除相同的要求。

此外,由于法律规定的合同法定解除事由的内容比当事人在合同中约定的解除事由内容更加抽象,而合同的解除在多数情况下又对当事人的利益影响巨大,处理不当很容易引发争议。因此,当事人在以法定的合同解除事由要求解除合同时,应在作出解除决定以前全面收集相关证据、详细分析证据可以证实的事实、充分了解与所发生事实有关联的法律规定、全面评估发生的事实是否满足法律规定的合同法定解除条件;并在行使解除权时,严格按照法律规定的途径、方式、期限进行,最大限度地防范解除权不成立、失效、未正确行使等造成的权利丧失、损失无法弥补、行为被认定为违约等方面的法律风险。

4.合同的任意解除

合同的任意解除,是指在合同成立后,一方或双方当事人不愿继续履行合同时,既不需要与对方协商一致、也不需要以法定或约定事由的出现为条件,而是根据己方的单方意愿就可以要求解除合同。这种允许当事人对已依法成立的合同进行不需要理由的解除的制度,实质上是对合同严守的一般法律原则的背离。因此,合同的任意解除并不是一项可以适用于所有合同的制度,而只能适用于法律作出特别规定的特定合同类型中。

(1)当事人可以行使任意解除权的合同类型

法律规定一方或双方当事人可以任意解除的合同，主要包括以下类型：

一是《民法典》合同编通则部分第563条第2款规定，以持续性的债务为内容的不定期合同，当事人可以随时解除合同，但应当在合理期限之前通知对方。该规定可以适用于符合要求的各类以实物或服务为交易标的的合同关系中，如不定期租赁合同、不定期借款合同、不定期保管合同等，以及实践中常见的各种不定期限的长期供货、服务、合作等合同。

二是分散规定在《民法典》合同编典型合同分编中的一些具体类型的合同。例如，委托合同中的委托人及受托人均有权随时要求解除合同，承揽合同中的定作人在承揽人完成承揽工作以前可以随时要求解除合同等。此外，行纪合同、中介合同属于委托合同的特殊形式，建设工程合同属于承揽合同的特殊形式，均可参照法律关于委托合同或承揽合同的规定而进行任意解除。同时，实践中存在的大量以劳务、服务等行为为交易标的的合同，当事人间权利、义务关系的性质与委托合同、承揽合同可能会相类似，在发生争议时均有被认定为委托合同或承揽合同并适用合同任意解除权制度的可能。此外，《民法典》合同编典型合同分编还规定，运输合同中的旅客或货物托运人也分别享有对已成立的客运合同、货运合同的任意解除权；不定期合伙合同的合伙人，享有对合伙合同的任意解除权。

三是各民事特别法律中规定的可任意解除的合同。例如，《保险法》规定，除法律另有规定或合同另有约定外，投保人可以随时要求解除合同。《商业银行法》规定，商业银行办理个人储蓄存款业务需遵循存款自愿、取款自由、存款有息、为存款人保密的原则，实际也赋予了存款人任意解除储蓄存款合同的权利。

以上法律已作出规定的可由当事人任意解除的合同，根据享有任意解除权的当事人在交易中角色的不同可分为两种情况。一种为交易的供求双方，即合同的双方当事人均享有任意解除权，如以持续性债务为内容的不定期合同中的双方当事人，委托合同中的委托人与受托人，均享有对合同的任意解除权。另一种为只有交易中交易标的的需求方，即合同中的一方当事人对合同享有任意解除权，如承揽合同中的定作人，运输合同中的旅客或货物托运人，保险合同中的投保人，储蓄存款合同中的存款人等。

(2)合同任意解除的时机及解除后的清理结算

合同的任意解除与协商解除、约定解除、法定解除相比，其特征在于解除权人解除合同时，既不需要与对方当事人就合同解除事宜达成一致意见，也不需要依据合同成立后发生的法定或约定的事由，而是可以完全根据自己的交易需求解除已对双方当事人产生法律约束力的合同。这种基于一方当事人的单方需要而进行的合同解除，会造成对方基于合同履行可以获得利益的丧失，还可能会给对方当事人造成额外的经济损失。并且，合同任意解除权在不同条件下的行使，以及不同的行使方式，均会对对方当事人的利益产生不同的影响。

因此，《民法典》等法律在关于合同可任意解除的规定中，除赋予相关当事人对合同的任意解除权以外，同时也对不同情形下任意解除权行使的条件、方式等进行了程度不等的规范；并对解除行为可能造成对方的损失应如何弥补也进行了规范。例如，在以持续性的债务为内容的不定期合同关系中，当事人可以随时解除合同，但应当在合理期限以前通知对方。承揽合同中的定作人任意解除合同限于承揽人完成工作以前，并且应当赔偿承揽人所受的损失。委托合同中委托人或受托人可以随时解除委托合同，但解除合同造成对方损失的，除不可归责于该当事人的事由外，无偿委托合同的解除方应当赔偿对方因解除时间不当造成的直接损失；有偿委托合同的解除方应当赔偿对方的直接损失和合同履行后可以获得的利益。此外，《民法典》及相关民事特别法律对于其他可任意解除的合同，也对合同任意解除权的行使条件、方式，所造成损失的承担等进行了规范。

(3)是否解除合同的选择

合同任意解除权的行使并不是如同其学理名称一样可以任意地进行。在可任意解除的合同中，享有任意解除权的当事人在由于交易需求发生变化等需要对交易进行重新安排时，不应仅依据法律赋予其的任意解除权简单地要求对合同进行不需要理由的任意解除；而应根据《民法典》及相关民事特别法律对解除合同的条件、方式，损失的承担等事项的规定，全面分析拟解除的合同是否符合解除的条件，解除合同后可能承担赔偿责任的轻重，解除合同后是否需要重新安排交易、重新安排交易的成本高低等，综合分析评估解除合同与继续履行原合同的利弊得失，审慎地作出是否解除合同的选择。

(4)合同任意解除权的行使

任意解除权的行使方式、途径、期限等,与法定解除权、约定解除权既有相同也有不同之处。首先,三者的行使方式都是既可以直接通知对方,也可以提起诉讼或仲裁程序。其次,由于三者的产生基础不同,故权利有效期间也不同。任意解除权的产生基于法律直接规定,无须依据法定或约定事由的出现而成立,故权利的有效期间自合同成立起至合同关系终结止,贯穿于合同整个生命周期内,但法律另有规定的除外,如承揽合同中定作人的任意解除权终于承揽人完成工作时。法定、约定解除权基于特定事由的发生而产生,根据《民法典》的规定,未在约定期间内行使或超过一年不行使的,解除权消灭;对方催告过的,则催告后的合理期限内不行使解除权即告消灭。

(5)合同中约定的任意解除权的法律效力

除前述介绍的法律规定的任意解除权外,实践中还存在当事人在合同中约定一方或双方可随时要求解除合同的情形,即通常所称的约定的任意解除权。此种无须合同成立后特定事由发生、而由当事人根据约定内容直接取得的合同解除权,其性质与前文中分析过的约定解除权明显不同。关于此种约定的法律效力,理论界及实践中均有不同看法。有观点认为,此类约定的实质是赋予了当事人随意否定合同法律效力的权利,违反了法律关于合同成立后即对当事人产生法律约束力的强制性规定,故属无效约定;但也有观点认为,此类约定不违反法律强制性规定,根据意思自治的民法基本原则,应属有效约定。除这两种典型观点外,还有各种折中的附条件有效的观点。因此,合同当事人在依据此类约定行使合同解除权时将面临更加复杂的法律风险,据此要求解除合同应当慎重;尤其是合同只赋予某一方任意解除权的情形中,合同内容由于没有体现公平原则,发生争议时被确认无效的可能性将会很大。

5. 各种合同解除方式的选择运用

前文分别介绍了合同的协商解除、约定解除、法定解除、任意解除等四种合同解除方式的相关法律规定及各自不同的法律风险,并对如何防范和化解相关风险进行了分析。在具体的合同关系中,当事人只要通过其中一种解除方式合法地解除了合同,合同效力即告终止,因此,合同的解除方式不存在两种以上同时运用的余地。但不同的合同解除方式在解除条件,解除权的行使方式、途径、期限,合同解除后的清理结算等方面都有明显的差别,当事人通过不同的方式解除合同会分别面临不同的法律风险。

企业作为合同当事人在由于交易需求变化、对方违约导致合同目的无法实现等产生解除合同的需求时，面临的可选择的解除合同的方式可能只有一种，但也可能有两种以上。例如，在法律未赋予当事人任意解除权的合同关系中，也未出现法定或约定的合同可解除事由，当事人如不愿继续履行原合同、又不愿承担违约责任的，则只能选择与对方积极协商，争取通过协商解除的方式摆脱合同关系的约束。但在法律规定了一方当事人可任意解除的承揽合同关系中，如承揽人未按约定的期限交付工作成果，且可能导致定作人合同目的落空的，则定作人既可以通过与承揽人协商解除合同，也可以根据《民法典》合同编通则部分关于一方违约致对方合同目的无法实现的规定，通过行使法定解除权的方式解除合同，还可以根据《民法典》合同编典型合同分编承揽合同部分关于定作人可以在承揽人完成承揽工作以前随时解除合同的规定，通过行使任意解除权的方式解除合同。

当事人因交易的实际需要确需解除合同时，应根据合同所约定的具体内容及实际履行情况，以及所发生的对合同履行有影响事件的性质，对照各类合同解除方式所需具备的条件、解除的方式、合同解除后可能的责任承担等事项，综合分析研判有哪些解除合同的方式可供选择，不同的解除方式会有哪些交易风险以及可以采取的防控措施等，综合评估不同解除方式中法律风险的高低，选择最有利于实现交易目的的方式解除合同。

第四节　合同违约的法律风险防控

当事人由于各种主客观因素的影响，不愿或无力全面履行合同、未按合同约定及法律规定履行义务，从而导致违约的情况在实践中大量存在。违约事件的发生使交易无法完全按照合同的约定进行，会给一方或双方当事人造成程度不等的损失。在合同履行过程中，企业需要采取有效的措施防范违约事件的发生，并对已经发生的违约事件进行积极应对。

一、违约事件的发生原因及后果

1. 违约事件的发生原因

合同当事人出现违约行为的具体原因多种多样，不一而足。例如，订立合同时思虑不周致使所订立的合同不符合己方真实交易需求，或合同订立后又发现了更有利的交易机会，或合同订立后市场环境发生了变化导致继续履行合同不符合己方利益，或当事人为追求更大的交易利益而不愿按合同约定内容履行，或所订立的合同内容超出己方的履行能力等。

根据违约行为与当事人主观意愿之间关系的不同，违约行为大致可以分为两种类型。一种是主动违约，即违约方当事人本身具有履行能力，但由于合同订立后反悔而故意不履行合同，或为追求超出合同履行利益的超额利益，而故意不按约定履行。前者如合同订立后标的物市场价格发生变化，受不利影响的一方当事人不愿承担价格变化的市场风险而不愿履行合同；后者如买卖合同的出卖方在订立合同后，为追求超出合同正常履行可得利益的超额利益，而故意以假充真、以次充好，向买受人提供不符合约定质量标准的标的物。另一种是被动违约，即违约方当事人本身履约能力有限，无力履行债务、或无力全面按照合同约定履行义务，或由于第三方的原因致使其无法依约履行。前者如买卖合同的买受人接受标的物后，因经营状况恶化资金紧张而无力依约支付价款；后者如经销商由于上游供货生产厂家未按计划向其供货，导致其无法按合同约定向客户供货。

2. 违约行为的构成条件

民法理论关于违约行为的构成条件存在诸多不同的观点，如有的观点认为只有当事人主观上有过错，客观上未履行或未依约履行合同时才构成违约，即过错说；还有的观点则认为，当事人只要未履行或未依约履行合同即构成违约，主观上是否有过错无须考虑，即无过错说；此外还有严格责任说、推定过错说等不同观点。但根据《民法典》的规定，当事人只要未按照合同约定履行合同义务，或未按照诚信原则履行附随义务，即构成违约行为，而无须根据未履行合同的原因作进一步的判断。因此，当事人由于自身能力不足、客观条件变化、第三人违约等未按约定履行债务的行为，虽然其主观上并无违约故意，但仍然属于违约行为；除具有法定或约定的免责事由外，均需承担相应的违约责任。

因此,可以认为《民法典》关于违约行为构成条件的规定实际是采纳了无过错说。

但在故意违约的情形中,违约行为所反映的当事人主观恶意更为明显,对社会经济秩序的负面影响也会更为严重,违约当事人可能会承担更严格、沉重的法律责任。例如,经营者在履行与消费者的消费合同时存在欺诈情形的,除需赔偿消费者的损失外,还需承担超过实际损失的额外惩罚性赔偿责任。

3. 违约行为可能造成的后果

违约事件的发生,会直接导致对方当事人期望通过合同履行实现的利益受到损害,严重的还会导致对方通过订立合同所要达到的交易目的无法实现。在重要的交易中出现的严重违约行为,可能会给对方当事人造成重大经济损失,甚至导致企业破产倒闭等严重后果。因此,国家为保护交易活动中当事人的合法权益,建立健康有序的交易秩序,维护社会经济秩序,对合同履行中的违约行为规定了较为完善的责任承担制度,包括《民法典》合同编通则部分关于违约责任的规定,典型合同分编关于各种典型合同中违约责任的规定,以及各民事特别法律中关于违约责任承担的规定。根据这些规定,当事人不履行合同义务或履行义务不符合约定,或未依法履行附随义务的,除具有不可抗力等法定的免责事由外,均需承担继续履行、采取补救措施、赔偿损失等违约责任。但承担赔偿损失的责任时,如对方当事人未采取措施防止损失扩大,则其无权要求违约方赔偿扩大的损失;对方当事人对损失的发生也有过错的,可以减轻违约方的赔偿责任。

对于企业而言,所有经营活动的开展都是通过不断订立、履行合同的方式进行的,一旦出现未依约履行合同构成违约的情形,就将面临被对方当事人追究违约责任的现实处境:轻则赔偿对方损失造成己方经济利益的减损,重则被对方要求解除合同、退款退货并赔偿对方全部损失,从而造成己方严重的经济损失。此外,一些特殊的违约行为,如出售侵犯他人知识产权的产品、生产不符合国家强制性标准的产品等,不仅需要向对方当事人承担违约责任,还可能会由于相关行为违反行政管理法律或刑法,而被行政机关或司法机关追究行政或刑事责任,造成企业及相关主管人员个人被处以行政处罚或被判处刑罚的严重后果。并且,在现代市场经济的条件下,良好的商业信誉是企业的生命,是参与市场竞争的基础性条件;而合同违约行为对企业自身的商业信誉、信用记录、市场形象等均会产生明显的不利影响。企业在履行合同的过程中,应严密防范合同违约带来的风险,既要防止己方由于处理交易事项不当而造成不应有的违约,或承担了不应承担的责任;也要防止对方当事人出现违约行为时,由于己方处置不当而蒙受不应承担的损失。

二、己方违约的法律风险防控

在合同履行过程中,企业应秉持契约精神,遵守重合同、守信用的市场法则,在追求己方利益的同时兼顾对方当事人的利益,尽力防范己方违约事件的出现;尤其是追求不正当利益的恶意违约行为,应当完全避免。在客观条件的限制或第三人的行为导致违约行为不可避免时,也应采取积极的手段,尽量将违约可能造成的不利影响降到最低。

1. 己方违约事件的防范

己方违约事件的发生,既可能是客观条件的制约造成的,也可能是当事人的主动选择,无论何种原因造成的违约,当事人都将面临被对方追究违约责任的风险。因此,企业在履行合同的过程中,需要针对各种可能导致己方违约事件发生的风险因素,采取相应的防范措施。

(1)非己方意愿违约事件的防范

非当事人意愿的违约事件,实践中常见的主要有以下几种情形,企业在履行合同的过程中需要根据各种情形的形成原因采取相应的防范措施:

一是合同约定的应履行义务超出己方履行能力,导致合同履行过程中无力履行。造成此种违约的原因主要是订立合同时未对合同的履行难度进行符合己方实际情况的评估,或虽然已意识到难以履行但由于不愿放弃交易机会而勉强签约。防范此类违约风险的办法,主要是在合同订立阶段应对合同中己方需承担的义务根据己方的履约能力进行实事求是的评估,并应避免订立超出自身履行能力的合同。如合同已成立或合同开始履行后才发现己方对合同义务的履行存在能力上的欠缺,则应考虑积极与对方当事人协商,通过变更合同内容如适当延长交货期、在满足对方需求的前提下对合同标的进行合理调整等方式,避免违约事件的出现。对合同主要义务缺乏履行能力、无法通过合同变更补救的,可考虑与对方协商解除合同,防止己方陷入客观上无力履行却又不得不不断投入资源导致损失不断扩大的交易困境。

二是合同内容约定不明,致使合同履行因没有明确依据而无法顺利开展,从而造成合同义务未履行或履行不符合期限、质量等方面的要求。此类风险主要应通过在合同订立过程中对相关交易事项进行明确约定的方法进行事前的防范;在合同订立后发现内容约定不明的,则应优先考虑通过与对方当事人协商的方式对合同进行补充、完善、变更,使合同内容便于履行;无法通过协商解决的,应按照《民法典》第 510 条、第 511 条的规定及时确定己方的履行依据。

三是企业自身管理水平不高,各部门、各岗位工作人员信息交换渠道不畅或配合不力而导致合同履行流程混乱、效率低下,进而无法按要求完成合同义务并形成违约。此类违约风险的防范,需要根据本章第一节关于合同履行过程管理的内容对企业的相关管理制度进行整改,即通过明确合同履行各阶段的工作内容,合理设置工作部门、工作岗位,并明确各部门、各岗位的工作职能、岗位职责,建立各部门、岗位间的工作协调、信息交换机制等,切实提升企业的合同管理水平。

四是影响合同履行的外部条件发生变化,致使合同无法按照约定履行。如原材料出现市场短缺无法正常采购,出现恶劣自然现象或政府机关采取行政措施导致企业无法正常生产经营等。出现此类事由时,企业应首先评估这些事件是否属于不可抗力或情势变更事件,如属于则可考虑通过相应的法律规则和程序对合同进行变更或解除;如不属于,则应考虑积极与对方当事人协商,通过变更合同内容的方式避免己方违约事件的出现。

五是第三人的原因造成的己方违约。例如,上游供货方未按计划供货导致己方无法向下游客户交货,合同中约定由第三人履行合同义务、但第三人未履行或履行不符合要求等情形。在此种情况下,合同义务是否可以得到履行取决于合同关系以外第三人的行为,合同债务人往往并不掌握主动权,而只能在履行过程中通过不断提醒、督促第三人,或重新选择供应商采购所需商品或服务等方式避免形成己方的违约。如第三人不能履约的事实已经确定,则债务人应提前考虑积极与对方当事人协商,争取通过变更合同内容的方式避免己方违约事件的出现。

(2)故意违约事件的防范

由于合同内容未能体现己方真实意愿,或合同订立后市场环境发生变化导致原合同利益失衡，或单纯的反悔等，当事人主观上不愿再按合同约定履行义务的，首先应分析判断合同是否存在无效或己方享有撤销权的事由。如存在这些事由，则可以按照无效或可撤销合同的处理模式办理，即通过协商或提起诉讼、仲裁的方式要求确认合同无效或撤销合同。对于不存在无效或可撤销事由而己方又不愿继续履行的合同，应根据合同内容及相关的法律规定，分析判断己方是否享有对合同的法定、约定或任意解除权，或通过与对方协商的方式，对合同内容进行变更或解除合同；而不应单方停止履行合同义务导致形成违约。尤其不应通过掺杂使假、以假充真、以次充好等恶意降低标的质量或其他恶意的违约手段，不正当地追求己方利益；否则，不仅会由于被对方当事人追究违约责任而承担沉重的民事赔偿责任，还可能会被相关国家机关查处后承担行政违法责任甚至刑事责任。

2. 己方违约事件发生时可采取的补救措施

在具体合同的履行过程中，合同能否得到完全履行不仅与当事人的履行能力、履行意愿有关，还与企业所处的环境直接相关。因此，无论企业如何提升自己的综合实力，如何增强合同履行的管理工作，如何采取措施防范违约事件的发生，客观上都只能尽量降低违约事件发生的概率，而无法彻底消除。在己方违约的事件实际发生时，企业可能会由于被对方当事人追究违约责任而遭受损失；同时，还可能在特定行业或地域内形成不利影响而导致己方商业信誉受到损害。

(1)对违约可能造成经济损失的控制

发生违约事件时，违约方当事人需要通过继续履行、采取补救措施及赔偿损失等方式承担民事法律责任。违约行为给违约方自身带来的经济损失，主要是向对方承担赔偿损失的责任造成的；而根据《民法典》的规定，民事损害赔偿责任原则上以对方受到的实际损失为限，故对方受到的损失大小就是己方承担赔偿责任的依据，尽量降低对方的损失就可以有效地减轻己方的赔偿责任。因此，在由于客观条件的限制或当事人的主观意愿无法或不愿履行合同，违约事件的形成已经不可避免或具有高度可能性时，当事人应根据具体情况将合同违约可能发生的方式、程度、对对方利益的影响等事项以合理的方式通知对方，并尽可能提醒对方采取有效的措施降低损失，以将己方违约可能给对方造成的不利影响尽量降低。同时，如己方具备采取补救措施降低对方损失的条件，应积极采取相应措施。例如,买卖合同中的出卖人无法按期交付标的物的,可以与对方协商通过先提供替代性标的物供对方使用的方式,消除或尽量降低逾期交货可能给对方造成的损失。

(2)对违约可能造成信用损失的控制

对于违约行为可能造成己方商业信誉损害的风险的防控,首先,应在发生合同履行困难时,尽可能通过与对方协商就合同的变更或解除达成一致意见,化解履行障碍,从根本上防止违约事件的发生。其次,在无法通过协商避免违约事件或各种意志以外的原因导致违约事件的发生不可避免时,可通过与对方及时进行信息沟通或采取补救措施的方法有效降低违约行为给对方带来的不利影响,防止双方间争议的升级及矛盾的扩大。最后,在双方由于违约事件的发生已形成纠纷的情况下,作为违约方的当事人应积极面对争议,对于对方合理、合法的诉求不应消极逃避,而应争取通过协商、调解等途径化解纠纷,树立己方诚实守信、勇于担当的市场形象,尽量降低违约事件对企业信誉带来的不良影响。

3. 免责事由的运用

除赠与合同、委托合同、运输合同等几种法律规定了以当事人存在过错为承担责任依据的特殊情形外,一般情况下当事人只要未按照合同约定履行债务即构成违约行为,并可能需要承担相应的违约责任。但也并非所有未按合同约定履行债务的行为都必须承担违约责任或必须赔偿对方全部损失。

(1)免责事由的类型

法律为更公平、合理地保护各方当事人的权利,维护社会经济秩序,规定在一些特定情形下,即使当事人的行为构成违约,也无须或可减轻承担责任,这些法律规定的特别事由即为法定免责事由。同时,法律允许当事人在订立合同时,根据交易需求,在合同中订立免责条款;免责条款只要符合法定的成立和生效条件,即可作为出现违约事件时免除或减轻违约方当事人应承担责任的依据,此类经双方协商订立在合同中的免责事由即为约定免责事由。

根据《民法典》合同编的规定,法定的免责事由包括以下几种类型:一是不可抗力,即一方当事人由于受到不可抗力事件的影响无法依约履行合同的,在受影响的范围内全部或部分免除违约责任的承担,但法律另有规定的除外。二是对方当事人未尽到防止损失扩大的义务,即当事人一方违约的,对方当事人应采取适当的措施防止损失的扩大,否则,对于损失扩大的部分,违约方不承担赔偿责任。三是对方当事人对损失的发生有过错,即一方当事人违约造成对方损失的,对方如对损失的发生有过错,违约方可以适当减少相应的赔偿额。四是《民法典》合同编典型合同分编及各民事特别法中对各种典型合同规定的特有免责事由。例如,买卖合同中的买受人未在检验期限内提出标的物质量或数量异议的,将会被视为相关事项符合合同约定;保证合同中的债权人未在保证期间内行使权利的,保证人将不再承担保证责任等。

(2)免责事由在具体交易中的适用

法律规定或当事人在合同中有效约定的免责事由,均可作为当事人出现违约情形时要求不承担责任或减轻责任的依据。其中,规定在《民法典》合同编通则部分的免责事由可以适用于所有种类的合同关系中,但法律有特别规定的除外;规定在典型合同部分的免责事由只适用于作出规定的合同类型,或法律规定可以参照适用该规定的合同类型中;合同中约定的免责事由则只能适用于作出明确约定的具体合同关系中。当事人在合同履行过程中,未依照约定内容完成履行行为可能需承担违约责任时,应详细审查合同中是否对该种违约行为约定了免除或减轻责任的内容,以及针对该种违约行为的发生或对方损失的产生是否有法律规定的免责事由。如存在法定或约定的免责事由,则违约方当事人在通过协商或诉讼等途径解决争议时,有权要求免除或减轻责任的承担。

4. 与违约相关的行政、刑事法律风险的防控

虽然订立和履行合同均属民事法律行为,合同关系属于民事法律关系,当事人违反合同约定,未全面履行或未适当履行合同的行为需向对方承担的违约责任也属于民事责任;但在一些涉及公共安全、社会经济秩序的合同关系中,以及一方的违约行为不仅损害对方的利益,还可能损害他人利益或社会公共利益时,则相关的违约行为不仅是民事违法行为,还可能同时构成行政违法行为、甚至刑事违法行为。在这些情形下,违约方当事人不仅需要向对方当事人承担违约的民事责任,还可能面临国家严厉的行政处罚甚至刑事处罚。例如,向对方当事人提供的标的物存在掺杂、掺假,以假充真、以次充好或者以不合格产品冒充合格产品,数额达到法定标准的,将会构成《刑法》规定的生产、销售伪劣商品罪;生产销售侵犯他人商标权、著作权、专利权等知识产权的商品或服务的,将可能构成《刑法》规定的侵犯知识产权的犯罪;在订立合同过程中向对方提供虚

假的资质文件、担保措施等，在履行合同过程中又无能力履行或不愿履行而造成对方损失的，将可能构成合同诈骗犯罪等。

作为合同中违约方当事人的企业，违约行为一旦被认定为犯罪行为，将会面临企业自身及直接负责的主管人员、其他直接责任人员被判处刑罚的严重后果；并且这些行为的严重程度即使未达到犯罪的标准，也会被相关行政机关认定为行政违法行为，并被处以相应的行政处罚。因此，企业作为合同当事人履行合同时，不仅需要防范违约行为可能导致的民事责任，更要对相关行为是否符合国家行政法规乃至刑法的要求进行分析、研判，避免由于合同履行不当而被追究行政责任或刑事责任。

三、对方违约的法律风险防控

在合同履行过程中，对方当事人也会由于合同义务超出履行能力而无能力履行、发生的客观事件导致无法履行、交易需求或市场环境发生变化引发利益变动不愿履行等，而未履行或未全面履行合同，从而形成违约的事实。对方当事人发生违约时，情节较轻的违约行为，如未按约定期限交货、付款，交付的产品或服务存在质量瑕疵等，会造成己方的经济损失；情节严重的违约行为，如交付的标的物存在严重质量问题而无法使用，履行债务严重逾期等，则可能导致己方的交易目的完全落空，并可能造成额外的经济损失。因此，防范和应对对方当事人违约而对己方利益造成的不利影响，是合同订立和履行阶段都需要重点考虑的问题。在合同成立以后，交易对象和合同内容都已经确定，但并不意味着已没有任何办法防范对方当事人违约。在合同履行过程中，对于对方当事人违约风险的防控，需要围绕防范违约事件的出现及违约事件出现时的积极应对两个方面展开。

1. 对合同履行过程的跟踪、监督

企业经营活动中订立的合同，除及时清结的或其他交易内容简单的外，往往都要经历一段较长的履行过程。在履行过程中，外部事件的发生，企业自身经营条件和交易需求的变化，甚至人员的变动等，都会对经营活动中产品的生产或服务的提供带来影响，从而形成具体合同的履行障碍，进而出现违约的倾向，甚至直接导致合同无法依约履行而形成违约。因此，在履行周期较长的合同中，为切实防范对方可能出现的违约行为及在违约行为出现后能尽快采取措施应对,企业应在合同履行过程中对对方的履行行为进行必要的跟踪和监督。

对于在交易中支付货币采购商品或服务的一方当事人,己方的合同义务主要是根据约定的进度支付交易价款;而对方的履行内容则包括标的的设计、原材料的采购、产品的生产以及相关服务的提供等,任何一个环节出现履行障碍均可能形成合同违约事件,故此种情形下关注、跟踪、监督对方当事人的合同履行过程尤为重要。在交易标的是价值大、组成复杂、重要程度高的产品或服务时,需求方应采取必要的措施对对方的履行过程进行跟踪、监督,可采取的常见措施包括以下几种方式:一是要求对方按照一定的时间节点提供合同履行简报,对已完成的合同履行内容及将要履行内容的工作计划进行通报;对合同履行过程中遇到的困难及拟采取的应对措施进行告知。二是通过定期或不定期地组织项目实施进度协调会的方式,对对方当事人的合同履行情况进行全流程的跟踪了解,并对履行过程中出现的障碍通过双方积极合作的方式及时予以解决。三是通过派驻监理人员的方式,对对方当事人的合同履行进度、质量进行全流程的跟踪、监督,及时发现和解决问题。四是通过对对方当事人完成工作的情况进行阶段性检查的方式,准确掌握其对合同义务的实际履行情况,对发现的问题进行及时处理。

2. 抗辩权的行使

根据《民法典》的规定,当事人在合同履行过程中的抗辩权包括先履行抗辩权、同时履行抗辩权及不安抗辩权等三种类型。根据合同履行过程中出现的具体情况,正确、及时地行使相应的抗辩权,对于防止由于对方违约而己方受到难以弥补的损失具有重要的意义。

先履行抗辩权,是指在合同关系中当事人互负债务,有先后履行顺序的,应当先履行的一方未履行其债务的,后履行一方有权拒绝其履行请求;先履行一方履行债务不符合约定的,后履行一方可以拒绝其相应的履行请求。因此,当事人在履行合同过程中,如对方向己方提出履行义务的要求,或己方履行义务的期限已届满,在决定是否按照对方的要求或合同约定履行合同义务时,应详细审查对方是否存在未履行在先义务的情况。如对方存在未履行或未按约定履行在先义务的情况,则己方有权按照法律关于先履行抗辩权的规定拒绝对方相应的履行要求,以防止由于己方履行了合同义务而对方拒不履行致使交易对价无法收回的不利后果。

同时履行抗辩权，是指合同当事人互负债务，没有先后履行顺序的，应当同时履行，一方在对方履行之前有权拒绝其履行请求；一方在对方履行债务不符合约定时，有权拒绝其相应的履行请求。同时履行抗辩权与先履行抗辩权的区别在于债务履行顺序的不同；除此以外，权利的行使条件及方式均基本相同，在实际行使时可以参照前者的规则进行。此外，当事人行使先履行抗辩权或同时履行抗辩权，应严格按照法律规定的条件和方式进行；否则，可能会由于权利行使不当而构成违约，导致需向对方承担违约责任。

不安抗辩权，是指在合同履行过程中，应当先履行债务的一方当事人，有确切证据可以证明对方有经营状况严重恶化，转移资产、抽逃资金以逃避债务，丧失商业信誉，或有丧失或可能丧失履行能力的其他情形等其中之一时，可以中止履行己方债务的权利。中止履行时，应通知对方；对方提供适当担保的，应当恢复履行。中止履行后，对方在合理期限内未恢复履行能力且未提供适当担保的，视为以自己的行为表明不履行主要债务，中止履行的一方可以解除合同并可以请求对方承担违约责任。但是，当事人没有确切证据中止履行的，应当承担违约责任。实践中，当事人在履行合同义务前发现对方有丧失或可能丧失履行能力的情形时，将会面临着按照合同履行义务则可能由于对方丧失履行能力而无法收回交易对价，不履行合同义务则可能构成违约需承担违约责任的交易困境。《民法典》关于不安抗辩权的规定，为当事人提供了克服此类困境的有效手段。但应当注意的是，实践中一般认为，在订立合同时当事人知道对方存在丧失或可能丧失履行能力的事由，仍然与之订立合同的，则属于自愿承担风险的行为，该方当事人无权在合同履行过程中以该事由的存在为由行使不安抗辩权。

3. 保全措施的运用

保全措施，是指债务人存在不积极主张其权利，或无偿、低价转让其财产等通过不当手段减少其对外承担债务的责任财产的行为时，债权人为实现债权可以采取的法律措施。根据《民法典》的规定，保全措施包括代位权和撤销权两种权利的行使。法律关于合同保全措施的规定，使合同关系中的债权人发现债务人不当减少其责任财产致使自身债权的实现受到威胁时，可以根据不同情况分别采取行使代位权或撤销权的方式实现债权或降低债权实现的风险。

(1)代位权的行使

保全措施中的代位权分为两种情形:一种是债务人怠于行使其享有的债权或与债权相关的从权利,影响债权人到期债权实现的,债权人可以向人民法院以自己的名义代为行使债务人对相对人的权利,但权利专属于债务人的除外。代位权的行使范围以债权人的到期债权为限。另一种是即使债权人的债权尚未到期,但如债务人的债权或与债权有关的从权利面临诉讼时效即将届满或需要及时申报破产债权等紧急事由,不采取措施将会使债权无法实现,且该债权无法实现将影响债权人自身债权的实现时,债权人可代位向次债务人要求其向债务人履行债务或申报债权。

两种情形中代位权的行使条件、方式、结果等都有所不同。其中,行使条件的不同体现在第一种情形中需债权人债权已到期,而第二种情形中债权人债权无须到期即可行使;行使方式的不同在于第一种情形中需向人民法院提起诉讼,而第二种情形中可以直接向次债务人主张。行使结果的不同则是,在第一种情形下,行使权利成功后,次债务人需向债权人直接履行义务,债权人的债权可以直接得到实现;而第二种情形中债权人只能要求次债务人向债务人履行义务,即使行使成功,债权人的债权也只是增加了得到实现的可能性,而无法直接得以实现。

(2)撤销权的行使

保全措施中的撤销权也分为两种情形:一种是债务人以放弃其债权、放弃债权担保、无偿转让财产等方式无偿转让财产权益,或者恶意延长其到期债权的履行期限,影响债权人债权实现的,债权人可以请求人民法院撤销债务人的行为;另一种是债务人以明显不合理低价转让财产、以明显不合理的高价受让他人财产或者为他人的债务提供担保,导致其履行能力降低,影响债权人的债权实现,且债务人的相对人知道或者应当知道该情形的,债权人也可以请求人民法院撤销债务人的行为。

两种情形中的撤销权均只能在债权人的债权范围内行使,且均需在法定期间内以向人民法院请求撤销债务人行为的方式行使,具体为自债权人知道或应当知道撤销事由之日起一年内行使,且自债务人的行为发生之日起五年内没有行使的,该撤销权即消灭。故两种情形下撤销权的行使方式、权利消灭条件是相同的,不同之处在于权利产生所依据的事由:第一种情形中撤销权的成立无须债务人的相对人知情，第二种情形下撤销权的成立则需以债务人的相对人知情为条件。

4. 己方减损义务的履行

《民法典》第591条规定，当事人一方违约后，对方应当采取适当的措施防止损失的扩大；没有采取适当的措施致使损失扩大的，不得就扩大的损失请求赔偿。同时还规定，当事人为防止损失扩大而支出的合理费用，由违约方承担。

因此，在合同履行过程中出现对方违约的事件时，当事人应根据合同标的的性质及对方违约的具体情况，结合自身的实际能力，积极采取措施防止己方损失的扩大。例如，对方逾期交付合同标的的，应采取适当的替代性措施降低损失；对方提供的标的物存在质量瑕疵的，应在可能的范围内予以及时处理，而不应以对方违约为由放任损失不断扩大、期望通过向对方索赔弥补所有损失。

第五节　证据管理不当的法律风险防控

在合同履行过程中，全面及时地收集与合同履行有关的证据，对于提升合同履行的质量和效率，以及因合同发生争议时有效地维护己方的权利等都具有重要的意义。企业应建立并执行全面、完善的合同履行证据管理制度，对合同履行过程中发生的各种事件，尽可能全面、完整地收集、固定及保管各种与之相关的证据材料。

一、合同履行证据管理的含义及法律风险

1. 合同履行证据管理的含义

对于企业而言，合同履行过程中的证据管理，是指企业通过制定和执行相关管理制度，组织、领导和协调与合同履行工作有关的所有工作部门和工作人员，对在履行合同的过程中形成的各种能够反映或影响合同履行情况的证据材料进行能够满足需要的收集、固定、保管、运用等的活动过程。

合同的履行主要是由各方当事人按照约定的内容，实施一系列满足对方需要的行为来完成的。除即时清结的简易合同外，当事人在合同履行过程中需要完成大量的具体工作以履行己方在合同中的义务。这些具体工作的完成情况，

实际就是合同关系中债务人履行债务的情况。任何一方当事人是否全面、及时地按照约定履行了己方的合同义务，都需要根据合同履行工作的完成情况进行判断。此外，企业是以不断地订立和履行合同的方式开展经营活动的，全面收集能够证明合同履行情况的材料并对以往的合同订立和履行情况进行归类、分析，总结其中的经验、教训，发现其中的规律，对于企业提升经营管理水平也会有很大的帮助。因此，全面细致地收集和固定能够反映己方及对方当事人合同义务履行过程及完成情况的各种证据材料，对于双方间可能发生的与合同有关争议的解决，以及企业管理水平的提升等均具有重要意义。

2. 合同履行证据管理不规范的常见情形及相应的法律风险

企业在对合同履行证据管理的过程中，常见的不规范情形主要有以下几种类型。

(1) 缺乏合同履行证据管理制度

企业由于成立时间不长、规模不大、交易经验不足、整体管理水平不高等，而对合同履行过程中各工作部门或人员在工作过程中应如何收集、固定相关的文件、材料等事项，未通过制定管理制度的方法进行规范，导致工作人员缺乏证据管理意识，在具体的工作中只能按照习惯或交易的临时需要进行相关的工作。在这种管理模式中所收集和固定到的证据材料，往往会存在内容不全面、形式不规范、保管和使用混乱等各种问题，导致无法在争议解决过程中作为证明己方或对方合同履行实际情况的根据。

(2) 证据收集对象选择不当

当事人由于对交易标的性质的理解不准确，对合同内容掌握不全面，或对法律规定不了解等，而遗漏或错误地收集了证据材料，导致所收集到的证据可以证明的事实不能充分体现合同交易特征、不能说明各方当事人对合同义务的完成情况。例如，买卖合同中的出卖人由于不了解法律规定，而在向对方交付标的物时未收集交货或收货凭证，而仅收集了向对方出具的增值税专用发票用于证明标的物交付的事实；承揽合同中的承揽人由于不了解承揽合同与买卖合同在性质上的不同，而未对能够证明承揽工作进行过程的证据进行收集等。

(3) 证据收集、固定的方式不当

当事人由于对收集、固定各类证据材料的方法及需要采取的技术措施缺乏正确的认识,或对法律关于不同类型证据的证明力、证据收集过程中应当遵循的程序等缺乏了解或理解错误等,而对相关证据材料采用了不适当的收集、固定方式,或采用了违反法律规定的收集方式,导致所收集、固定的证据材料不具有证明效力。例如,收集的书证内容存在遗漏或形式不符合法律规定,制作的视听资料在发生争议时无法确定真实性,证据的来源不明确,收集证据的方法损害对方当事人合法权益等。

(4)证据材料的保管不善

当事人由于对证据材料保管工作的重要性认识不足,对证据信息载体的自然属性了解不够,或不了解法律关于各种形式证据的保存载体、内容的展示方式等方面的规定,而没有对重要证据进行长期保管,或没有保存证据的原始载体、原件等;这导致在交易过程中或交易纠纷处理过程中需要调取相关证据时,由于证据遗失、无法再现所记录的内容、载体不合法、无法说明来源或形成过程的合法性等,而无法提供证明相应事实存在的充分证据或所提供的证据无法被仲裁机构或审判机关采纳。

二、证据管理过程中的法律风险防控

由于交易标的或交易方式的不同,不同合同履行过程的进行及形成的结果也会有不同的表现形式。当事人在收集、固定以及保管与合同履行相关的证据材料时,需要根据所履行合同在履行过程及履行结果等方面的具体特点,并依据法律法规的相关要求开展风险防控工作。

1. 证据材料的收集和固定

在合同履行过程中可以收集的证据包括书证、物证、视听资料、电子数据等类型。当事人在收集和固定相关证据材料时,应根据不同类型证据材料在形成过程、存在方式、内容的表达方式等方面的不同特征,并按照《民事诉讼法》及相关司法解释的有关规定,采取既符合法律规定、又能使证据材料充分体现客观事实的证据收集、固定方式。

(1)书证、物证的收集和固定

书证是由其所记载的文字、图形、符号等所表示的内容证明事实的文书材料,如合同书、收货单、验收报告等;物证是由其外形、结构特征、存在状况等属性证明事实的物品,如作为合同标的物的各种商品等。书证和物证都是在相关事件发生、发展、结束的过程中形成的、对相关事实具有较高证明力的证据类型，应当作为合同履行过程中重点收集的证据对象。

当事人在合同履行过程中收集和固定书证、物证，应遵循以下原则：一是应收集书证的原件、物证的原物；对于容易灭失或毁损、或由他人掌握保管的书证原件，或者由他人控制的、或体积过大不便收集固定的物证，可以收集复制件、副本或影像资料，并应同时收集能够佐证复制件、副本或影像资料与原件、原物相符的其他证据。二是对于收货单、送货单、结算单、对账确认函、收款收据、产品合格证、质量保证书、使用说明书、试验报告、验收报告、通知催告函件等由双方或单方当事人制作的私文书证，在己方制作、要求对方出具或双方共同制作时，应确保文书所记载的内容全面、真实、明确具体，能够反映合同履行过程中的真实情况；避免出现漏记、误记等现象，尤其不应故意制作或向他人出具所记载内容与真实情况不符的文书。三是前述文书应由制作人或其代理人，以及能够确定身份的、履行相应工作职责的工作人员签名确认；文书中应尽量避免删除、涂改、增添等形式的更改，确有更改必要的，应重新制作文书或由更改人对更改内容签名确认。四是对于复写件、传真件等发生争议时内容的真实性容易产生争议的文书，除需要收集文书本身外，还应收集能够证明文书内容真实性的佐证材料，如原件照片或复印件、传真通信记录等；也可以由文书的制作方事后对文书内容的真实性签字、盖章确认。五是对于容易灭失、遗失或无法长期保存的重要书证或物证，可通过公证保全的方法进行证据材料的收集和固定。

(2)视听资料证据的收集和固定

视听资料包括录音资料和影像资料，分别是指用录音或录像的方法记录下来的反映事实发生情况的材料。视听资料作为证据使用时具有能够直观体现客观事实的优点，但也有容易被通过删除、增加、编辑、拼接等方式改动、变动的显著缺点。因此，民事诉讼法律及司法解释对视听资料在案件处理中的应用规定了较为严格的条件，不符合要求的视听资料将不能被作为认定案件事实的依据。

当事人在合同履行过程中通过视听资料的形式收集和固定相关证据时，应遵循以下原则：一是不得采用侵害他人合法权益的方法制作视听资料，如侵入他人私密空间录音录像，对涉及他人隐私或商业秘密的事项进行录音录像等。

二是不得采用违反法律禁止性规定的方法制作视听资料，如使用国家禁止销售、购买的针孔摄像机等设备，使用国家专门机关才能使用的监听监控设备等。三是所制作的视听资料应能体现出录制人的身份、录制开始的时间及结束的时间、录制地点等内容，录制应当连续、不间断地进行。四是录制的内容应全面、客观地反映录制对象的真实情况，不应有选择性地进行局部或片面性的记载；对行为实施过程的录制应从头到尾连续、全面地进行，不得选择性地录制部分片段。五是录制完成的视听资料应保持原始状态，不得对其通过编辑或删改等方式进行改动。六是应妥善保管或封存视听资料的原始载体，不能将录制好的视听资料从原始载体上删除，原始载体在保管过程中不能出现遗失、毁损、发生故障无法再现内容等现象。

(3)电子数据证据的收集和固定

电子数据是指通过电子邮件、电子数据交换、网上聊天记录、博客、微博客、手机短信、电子签名、域名等形成或存储在电子介质中的信息。电子数据中可用于证明客观事实的材料，包括文档、文字、图形、图像、语音、视频等形式的电子文件。当事人在收集和固定电子数据证据时，需要根据各种电子数据在形成过程、存储方式、内容的表现方式等方面不同的技术特征，以及《民事诉讼法》及相关司法解释关于电子数据证据的相关规定，采取适当的证据收集和固定方法。

当事人在合同履行过程中收集和固定电子数据证据时，可参照以下原则：一是收集和固定电子数据所采用的取证手段和方式应具有合法性，不得采用窃取他人电子信息、入侵网络系统等侵害他人合法权益或危害计算机网络系统安全的非法方法收集证据。二是在收集电子数据材料的同时，还应收集电子数据的制作方、发送方、存储方、提取方等当事人的身份信息，确保电子数据的来源清楚、明确。三是收集的电子数据材料应全面、完整、连续，以确保电子数据材料的完整性和可靠性，不得选择性收集或对电子数据进行编辑、删改等改动。四是在客观条件许可的情况下，应妥善保管或封存电子数据的原始存储介质。五是对于不便封存或无法长期保管原始存储介质的电子数据，由对方当事人、第三人持有的电子数据，来源于互联网的电子数据，以及其他无法根据需要随时调取、再现内容或容易灭失的电子数据，应通过公证保全的方式进行证据的收集和固定。

2. 己方履约证据的管理

在合同履行过程中,己方因履行合同义务而完成各项工作的情况均应全面、及时地通过书面形式加以记录,并形成详细的档案材料。这不仅在发生争议时可以有力地证明己方的履行事实,也有利于企业自身对履行情况是否符合合同要求进行查验、对照,防止不必要违约事件的发生及为合同的后续履行提供参照,主要的内容包括以下两个方面:

一是向对方交付合同标的或价款的证据,即证明己方履行合同义务是否全面、完整的证据材料。证据的收集对象包括对履行过程的记录及对方对履行结果进行的确认:前者如将标的货物交付对方时形成的记录货物详细信息的货运单据等,以银行转账方式付款后形成的银行交易凭证等;后者如对方收到货物后签收的收货单、送货单等凭证,对方收到款项后开具的收据等。其中,对方对履行结果签字确认的人员应当是合同中授权的人员或己方有充分证据足以证明属于对方工作人员的人。在条件许可的情况下,应尽量对该两类证据材料都加以全面收集。

二是证明己方交付标的质量情况的证据材料。实践中由于标的质量问题产生的纠纷很多,经常会由于双方均没有充分的证据对质量是否符合约定进行证明,纠纷处理过程中当事人间矛盾激烈、处理时间漫长,致使纠纷处理的法律风险也相应增大。因此,在纠纷发生以前全面收集标的质量状况的证据材料至关重要。此类证据同样包括两种类型,即标的质量状况的客观记录及对方对质量状况的确认:前者如产品合格证、检验记录、使用情况的记载、图纸及实物照片等,后者如验收报告、对方曾对标的进行检验等方面的证据以及对方将标的投入使用的证据等。

3. 对方履约证据的管理

除简易小额、即时清结的合同外,合同的履行周期往往需要较长的时间,并且双方当事人各自的履行顺序往往是相互交替的。一方未按约定全面、及时履行在先合同义务的,对方在受影响范围内有权中止履行后续义务。因此,全面收集体现对方合同履行情况的证据,对于追究对方可能的违约责任及合理安排己方的后续合同履行事宜均有重要的作用。企业在履行具体合同的过程中,应当对对方当事人履行准备阶段、标的交付阶段及售后服务阶段的合同义务履行情况进行全面的跟踪,并对相关证据材料进行收集和固定。

履行准备阶段,是指合同成立以后,当事人向对方交付合同标的以前,为履行己方的合同义务而进行准备的阶段。此处所指的交付合同标的,是广义的概念,不仅指实物的交付,还包括为满足对方交易需求而向对方支付价款、提供服务或劳务、转让或许可某项民事权利、承担保证等民事义务等各种不同的形式。在该阶段,当事人为保证能够按照约定履行义务、避免形成己方违约事件,往往需要进行大量准备工作,尤其是在交易中向对方提供商品或服务的一方。因此,在复杂交易中作为接受商品或服务的一方当事人时,根据合同履行的具体需要,企业可在该阶段通过要求对方提供履约进度表并核实其真实性、召开项目协调会、派驻监理人员等办法,对对方的履约准备工作进行详细的了解,并应对反映对方工作开展情况的证据材料进行全面、及时的收集,以便在发现对方的准备工作无法满足合同关于质量或进度的履行要求时,及时要求对方进行整改。对方不整改且导致合同无法正常履行、可能造成己方重大损失,或发现的问题本身已足以导致合同无法正常履行时,即可以收集到的证据为依据,依法要求解除合同重新安排交易或要求对方承担预期违约责任,最大限度地将由于对方可能的违约行为给己方造成的损失降到最低。

标的交付阶段,是指合同一方当事人向对方交付合同标的的阶段。在此阶段,根据《民法典》及相关司法解释的规定,作为交易中商品或服务的接受一方,有在约定的期间或合理的期间内对商品或服务的品种、数量、质量等及时进行检验、验收并对发现的问题及时通知对方的权利和义务。因此,合同中接受商品或服务的一方,在接受对方交付的标的时,应对标的种类、数量、质量是否符合约定进行及时查验,并将查验结果通过书面记录、拍照、录像等方式进行证据固定;发现标的与合同约定不符时,应及时通知对方。此外,向对方出具收据、收货单据、验收报告等确认数量或质量的文书时应慎重对待;如发现对方交货不全时,应在收货单据中作出明确的记载,发现标的质量与约定不符时,也应在验收报告等文书中作出明确记载,防止对方利用未记载缺货信息或质量瑕疵信息的文书逃避应承担的责任。

售后服务阶段,是指合同关系中商品或服务的提供方交付标的后,对标的的质量、使用效果等承担特定责任的阶段,如无条件退货、质量保证、保修、包换等。此类期间是否存在及期间的长短一般需按照合同约定确定,合同未约定的按照法律规定的期间或按照合理性原则确定。并且,由于这几类期间的法律性质并没有明确的法律规定,在发生争议时,商品或服务的提供者应承担的责任需按照合同约定确定,合同未约定的则按照公平原则确定。因此,商品或服务的接受方在接受合同标的后,在合同约定的退货期、质量保证期、保修期、包换期内,或合同未约定时的合理期间内,仍应对标的的使用情况进行跟踪管理,发现质量问题或出现约定可退换货、需要保修等情形时,应及时收集、固定证据,以便于要求对方履行相应的义务。

4.通知、催告过程中的证据管理

通知、催告均是一方当事人向对方告知相关信息的单方行为,二者的不同之处在于,通知的内容是告知对方与合同履行有关的信息或己方对合同的决定等,一般不是向对方提出某项要求,如告知对方交货地点、日期,以便利对方查收;或告知对方解除合同的决定等。催告的内容则是要求对方实施一定行为,如要求对方履行合同义务,要求对方及时行使合同解除权等。根据《民法典》关于意思表示的规定,通知、催告等单方意思表示的行为自意思表示的内容到达相对人时发生法律效力。因此,在合同履行过程中,当事人向对方提出通知、催告的,应以对方可以接收到的方式进行,否则将不发生相应的法律效力。

(1)通知事项的分类

合同履行过程中的通知事项包括两种类型。第一种属于合同附随义务的履行,是指在合同履行过程中,为使对方当事人的交易需求最大限度地通过履行合同得到实现或为便利对方当事人履行合同义务,当事人应该遵循诚信原则,根据合同的性质、目的、交易习惯等,履行通知、保密、协助等附随义务。其中的通知义务是指在合同履行过程中,一方当事人履行义务需由对方配合完成、需由对方做出选择等需要对方协作进行时,应就相关事项向对方提出告知的义务。《民法典》合同编典型合同章,在买卖合同、承揽合同、租赁合同、建设工程施工合同等部分的内容中,均有关于出现特定的对对方当事人的权利行使、义务履行有影响的事项时,当事人应当就相关事宜提前告知对方的规定。当事人在根据法律规定、诚信原则或双方约定需履行通知义务时,如未履行通知义务而造成合同履行障碍的,将会构成违约行为。

另一种通知是与合同有关的权利的行使方式。在《民法典》合同编通则分编,关于当事人行使合同解除权、特定的撤销权等规定中,均有关于权利需以通知对方的方式行使的要求。在这些权利的行使中,债权人如未以通知方式进行，或虽已通知但对方不认可而债权人又没有证据证明己方主张的，相关的权利行使行为将不发生法律效力。

(2)催告事项的分类

合同履行过程中的催告也包括两种类型。一种是权利人向义务人提出履行义务的要求或权利主张，即以催告形式行使己方权利。例如，买卖合同中的买受人逾期未付合同价款时，出卖人可催告要求履行；或出卖人交付的标的物不符合约定时，买受人要求出卖人承担采取补救措施或支付违约金的责任等。在此种情形下，权利人如未在法定期间、约定期间或合理的期间向对方提出催告，将可能导致权利因超过期限而不再受法律保护。另一种是当事人催促对方及时行使权利，以使双方间不确定的权利义务关系尽快确定下来，以利于各方当事人据此进行合理的交易安排，即催告对方及时行使权利。例如，一方当事人基于法定或约定事由取得合同解除权但尚未行使的，对方当事人可以催告其行使。

(3)通知、催告的实施和证据收集

通知、催告虽然不具有直接实现当事人交易需求的功能，但一旦有效作出，就会在合同当事人间产生特定的法律效果。在多数情况下，所产生的法律效果对当事人交易利益的实现具有重要的影响。因此，当事人在向对方当事人发出通知、催告时，应采用对方确定可以收到的方式进行，并应对所发送的内容及对方收到的情况进行有效的证据收集和固定，确保己方基于交易需求发出的通知、催告能够产生预期的法律效果。

首先，向对方发出的通知、催告信息应合法、合理，有明确的法定或约定依据，内容应当明确、具体，且一般应采用书面形式。其次，所选择的信息送达途径应确保对方可以收到，具备签收条件时，应尽量选择由对方的合同经办人员、负责人等签收；不具备签收条件的，可采用向合同中约定的对方收取信件的地址、邮箱、移动电话号码等接收方式发送信件。合同中未约定的，应当向对方的实际营业地等确定可以收到信件的地址发送。最后，在向对方当事人发送通知、催告等信息时及发送后，应对所发送的内容、发送方式、对方收取情况等证据材料进行全面的证据收集及固定；其中，重要事项的通知或催告，可以通过公证送达的方式对发送内容及发送、收取情况进行证据的收集和固定。

第四章　合同纠纷解决过程中的法律风险防控

由于交易环境发生变化引发合同利益失衡，或合同订立后当事人反悔，或合同内容不全面、不明确无法满足履行需要，或合同约定的内容超出债务人的履行能力等各种主客观因素的影响，合同纠纷的发生具有客观性。企业在订立、履行合同的过程中无论对各种市场风险、法律风险如何进行防范，也只能尽可能地降低纠纷发生的可能性，而无法完全避免纠纷的发生。合同当事人之间发生纠纷的，可通过和解、调解、民事诉讼、仲裁等途径进行解决。其中，和解、调解是在纠纷各方当事人自愿的基础上，通过对纠纷的处理达成一致意见以了结纷争的方式。民事诉讼和仲裁则是将纠纷提交给中立的第三方，由其对纠纷如何处理作出裁判的处理方式。

企业在面临已经形成的合同纠纷时，需要根据各种不同纠纷解决方式的性质、特征及法律要求，合法、合理地实施相关行为，规避和应对相关的法律风险。本章内容对和解、调解、仲裁、民事诉讼等四种主要的合同纠纷解决方式实施过程中常见的法律风险及相应的防控方法进行了介绍，尤其是对民事诉讼过程中法律风险的防控进行了重点介绍。

第一节　合同纠纷和解及调解过程中的法律风险防控

和解和调解都是法律认可的、由当事人在自愿的基础上通过平等协商对民事争议进行处理的纠纷解决方式。企业通过和解、调解的方式解决合同纠纷时，应根据和解、调解本身的特征及相关的法律要求实施相关行为，防范和应对相关的法律风险。

一、和解、调解的概念及相关法律要求

1. 和解

和解是发生纠纷的当事人通过直接、自愿的协商自行解决纷争的纠纷解决方式。在合同纠纷的和解解决过程中,当事人通过直接协商所达成的和解协议,内容可以是对原合同内容进行的补充、完善或变更,也可以是对合同的协商解除、权利义务的清理结算或重新安排。这些和解协议具有民事合同的性质,只要没有法律规定的无效或可撤销的特别情形,均可以作为确定当事人间权利义务的依据。但除依法由公证机构赋予强制执行效力的以外,和解协议不能作为人民法院强制执行的依据。当事人由于和解协议的履行发生争议的,只能通过重新协商或提起诉讼、仲裁的方式进行解决,而不能向人民法院就和解协议的履行申请强制执行。

运用和解方式解决纠纷,不仅可以在纠纷发生后、尚未提起仲裁或诉讼时进行;在一方或双方当事人已就纠纷的解决提起诉讼或仲裁后的相关程序进行的过程中,当事人仍然可以就纠纷的解决进行自行协商。经协商达成一致的和解意见后,当事人可以通过撤回起诉或撤回仲裁申请的方式终结诉讼或仲裁程序,也可以由人民法院或仲裁机构对和解意见进行审查后,对诉讼或仲裁案件进行调解结案处理。

2. 调解

调解是发生纠纷的双方当事人在中立第三方的疏导、说服下,通过平等协商在自愿的基础上就争议的解决达成一致处理意见的纠纷处理方式。与和解相比较,二者都是通过当事人协商,在自愿基础上就纠纷的处理达成了一致意见,都是通过双方互谅互让的方式结束纷争。两者的区别在于,和解是当事人直接协商,没有他人参与;而调解则是通过中立的第三方居中对双方就纠纷的性质、后果等进行解释,疏导双方间存在的矛盾,说服双方和平解决纷争。因此,一般来说,由第三方组织和参与的调解比双方直接协商进行的和解更容易就纠纷的解决达成一致的处理意见,更有利于化解纷争。

(1)调解的类型

根据居中调解的第三方即调解人身份的不同,以及所作出的调解文书效力的不同,调解可以分为以下几种类型。

一是民间调解,即由纠纷双方当事人自主选择的不以调解为职业或业务活动的个人或组织对纠纷进行调解。实践中,一般是由双方都信任的组织或个人进行调解,如共同的亲友、在一定区域或范围内有威望或有影响力的个人、双方达成交易意向时的介绍人,以及行业协会、商会等社会组织。

二是人民调解,即由依法设立的人民调解委员会对当事人间的民事纠纷进行调解。根据《人民调解法》的规定,居民委员会和村民委员会设立人民调解委员会,企业事业单位也可以根据需要设立。经人民调解委员会调解达成的协议,双方当事人根据需要可依照法律规定向人民法院申请进行司法确认。经人民法院司法确认的调解协议具有可强制执行的效力,一方不履行协议内容的,另一方可申请人民法院强制执行。

三是行政调解,即由国家行政机关对民事纠纷进行调解。根据相关法律、法规的规定,相关的国家机关对其行政管理事项中涉及的民事纠纷可以进行调解处理。实践中比较常见的有,基层人民政府司法行政机关对辖区内组织或个人间发生的民事纠纷可以进行调解;公安机关在办理治安行政案件或刑事案件时,对涉及的当事人之间的民事纠纷可以进行调解;市场监督管理部门在办理对市场主体合同行为进行监督管理的案件时,可以对所涉及的当事人之间的合同纠纷进行调解等。

四是仲裁调解,即当事人依据仲裁协议就纠纷向依法设立的仲裁机构申请仲裁后,仲裁机构在对案件作出裁决前,可以对纠纷进行调解。调解达成协议的,仲裁庭应当制作调解书或者根据协议结果制作裁决书,二者具有同等法律效力。调解书经当事人签收、裁决书经依法送达后,即具有法律效力,一方当事人不履行的,另一方当事人有权申请人民法院强制执行。

五是诉讼调解,即民事纠纷的当事人依法就纠纷向有管辖权的人民法院提起民事诉讼后,人民法院在对案件作出裁判前,可以对纠纷进行调解。调解达成协议的,人民法院应当制作调解书,调解书经当事人签收即具有法律效力,一方当事人不履行的,另一方当事人有权申请人民法院强制执行。

(2)调解应遵循的原则

根据《民事诉讼法》《仲裁法》《人民调解法》等法律的规定,通过调解方式解决民事纠纷应当遵循自愿以及合法的原则,违反该两项原则达成的调解协议不具有法律效力。其中,自愿是指当事人是否同意以调解方式解决纠纷,调解过程中提出何种调解意见,是否愿意接受对方或调解人提出的调解方案等,均应由当事人根据自己的意愿自主决定。对方及包括调解人在内的任何第三人均不得强迫当事人进行调解,或强迫当事人提出或接受不符合己方意愿的调解意见。合法是指调解协议的内容不得违反法律法规的强制性规定,不得损害第三人利益,也不得损害国家利益和社会公共利益。

3. 和解、调解在合同纠纷解决中的应用

和解或调解在解决民事纠纷的过程中都有争议解决效率高、成本低、灵活性大、处理结果可掌握、可以有效化解矛盾等特点,在解决标的小、争议不大、当事人间有较好的基础关系等的纠纷中具有明显的优势。此外,在疑难复杂、争议较大的纠纷中,当事人通过协商和解或在第三方的居中调解下,对纠纷涉及的事实及纠纷如何处理进行充分交换意见,也可以有效消除双方间可能存在的误解、聚焦争议的实际问题、互相了解对方的关切点,并可能进而就纠纷的解决达成一致意见;即使无法最终解决争议,也可以为下一步通过诉讼或仲裁的方式解决纠纷奠定良好的基础。因此,当事人在面临包括合同纠纷在内的各种民事争议时,如无不适于和解、调解的特别情形,应将和解、调解的争议处理方式作为优先选择。

通过和解或调解方式解决纠纷虽然具有前述介绍的诸多优点,一般应作为当事人面临民事纠纷时的优先选项,但也并非所有的纠纷都适宜通过和解或调解解决。例如交易对象诚信状况恶劣、通过严重的恶意违约追求其单方利益的,纠纷双方对基本事实的争议很大的,己方需要通过行使撤销权、解除权等形成权来维护权利的,对方利用协商和解的名义故意拖延纠纷的解决或追求不当利益的等情形。在这些特别的情形中,当事人应根据纠纷的具体情况,及时通过提起诉讼或仲裁的方式解决争议,以防过度的协商导致己方因错过法定期间而丧失撤销权、解除权等权利从而丧失在纠纷处理过程中的主动权,或者由于协商和解久拖不决导致己方损失的不断扩大。

二、和解、调解过程中的法律风险防控

在和解、调解解决民事纠纷的过程中,由于参与人员业务素质的差异、纠纷本身的复杂性,以及法律对和解和各种形式的调解的不同规定等,和解、调解活动存在诸多法律风险。当事人在通过和解、调解的方式解决包括合同纠纷在

内的各类民事纠纷时，应充分识别其中蕴含的风险，并采取有效的措施予以防控。

1. 和解、调解一般应在事实清楚、责任明确的基础上进行

无论是纠纷双方直接进行的协商和解，还是在中立第三方介入下的调解，一般均应在纠纷双方对案件事实尤其是基本事实的意见基本一致的情形下进行。例如，双方对所订立合同的基本内容、各方对合同主要义务的履行情况等基本事实在和解过程中应能够达成共识。此外，双方还应对纠纷中哪一方的权利受到了损害、哪一方应承当何种责任等存在基本一致的意见。如双方对纠纷基本事实存在争议，或对己方是否在纠纷中需要承担责任等纠纷解决的基本问题存在不一致的看法，且无法通过协商对这些争执取得谅解，则双方将很难就纠纷的解决取得一致意见，和解、调解成功的可能性也就很小。并且，即使一方当事人由于急于处理纠纷等勉强接受了和解、调解协议，其事后反悔不履行或要求撤销、确认无效的可能性也会大为增加，从而导致纠纷无法彻底解决的结果。

企业因与合同有关的事项与他人发生纠纷，通过和解、调解的方式解决时，首先应将争议所涉及的基本事实核实清楚，消除可能存在的误解；根据各方在合同订立和履行过程中可能存在的不当行为，明确各方应承担的责任。随后，在基本事实清楚、责任明了的前提下，通过各方的互谅互让争取就纠纷的解决达成一致处理意见。作为纠纷中利益受损害的一方，应善于维护己方的权利，积极向对方提出权利主张，但所主张的内容应合情合理：既要最大限度地弥补己方因对方的行为产生的损失，又要防止所提的要求超出合理的限度或对方的承受能力，导致纠纷无法有效解决。作为纠纷中的过错方，也应勇于承担责任，根据对方所主张损失的大小、合理性等，结合己方在合同履行过程中存在的违约行为或其他不适当行为，审慎评估己方所应承担责任的大小和己方的承受能力，以及纠纷无法和解、调解解决时可能给己方带来的其他不利影响等因素，争取通过双方互谅互让就纠纷的解决达成一致的处理意见。在双方都存在过错的情况下，则应根据各自的过错程度及其与损失产生的因果关系等，合理确定各方的损失和责任。

2. 和解、调解应遵循自愿原则

和解、调解是由当事人通过协商了结纷争的双方法律行为，所达成的和解、

调解协议性质上属于民事合同。和解、调解的过程与一般以交易为目的的合同订立过程本质上是相同的，都是双方为实现特定目的通过与对方进行磋商达成合意的过程。因此，当事人在实施相应行为时需遵循法律要求的自愿原则，即纠纷各方当事人应根据自己的意愿决定是否与对方通过和解、调解的方式解决纠纷及以何种条件解决纠纷。任何一方不能通过欺诈、胁迫方式使对方违背真实意愿与己方和解、调解，也不应运用己方在交易中的优势地位，迫使对方订立显失公平的和解、调解协议。

和解协议是双方当事人为解决已有的民事争议而达成的协议，本质上属于非典型的民事合同。合法有效的和解协议对双方当事人具有法律约束力，如一方当事人不依约履行的，另一方可向人民法院提起民事诉讼要求其履行。但如在和解过程中存在欺诈、胁迫、乘人之危致结果显失公平等不符合自愿原则的情形，则受损害一方当事人有权依据《民法典》的相关规定请求撤销和解协议。

调解协议是纠纷双方在中立第三方的说服、劝导下就纠纷的处理达成的一致意见。根据调解类型的不同，调解协议的法律效力也有所不同。其中，民间调解达成的调解协议与双方直接协商达成的和解协议的法律性质相同，即都属于民事合同；存在违反自愿原则的情形时，另一方可起诉要求撤销。人民调解组织调解达成的调解协议或其他可以司法确认的调解协议，依照民事诉讼特别程序进行司法确认后，即取得可以强制执行的效力；但如存在违反自愿原则的情形，则调解协议将无法得到人民法院的司法确认。民事诉讼过程中在审判组织的调解下达成的调解协议，经人民法院依法审查并出具调解书后，具有与生效判决相同的法律效力；但如诉讼调解过程中存在违反自愿原则的情形，当事人有证据证明的，可向人民法院申请再审，经人民法院审查属实的，应当再审。仲裁过程中在仲裁庭的组织下达成的调解协议，经仲裁庭依法审查并出具调解书后，调解书具有与裁决书相同的法律效力；仲裁调解过程存在违反自愿原则的情形时，是否可以向人民法院申请再审或申请撤销调解书，理论上及实务中均存在争议，但实务中不乏调解书被人民法院撤销或被裁定不予执行的案例。

3. 和解、调解协议内容不得违反法律规定

根据《民事诉讼法》《仲裁法》及其他相关法律规定，诉讼调解或仲裁调解过程中达成的调解协议，法庭或仲裁庭审查中发现其内容违反法律强制性规

定、损害他人合法权益或损害社会公共利益的，将不予确认其法律效力，不予出具调解书。即使法庭或仲裁庭因未发现存在相应问题而出具了调解书，当事人也可以调解书内容违反法律规定为由对纠纷申请再审；利益受损害的案外人可以调解书损害其利益为由，通过提起第三人撤销之诉或对调解书申请再审的途径，要求撤销或变更调解书；人民检察院发现调解书内容损害社会公共利益或国家利益的，可以向同级人民法院提出检察建议或提请上级人民检察院提出抗诉。

人民调解组织调解达成的调解协议或其他可以司法确认的调解协议，如内容存在违反法律强制性规定、损害他人合法权益、损害社会公共利益等情形的，人民法院将对其效力不予司法确认。其他不具有强制执行效力或不能进行司法确认的和解、调解协议，其性质均属于以解决已有纠纷为目的的民事合同，如内容存在违反法律强制性规定、损害他人合法权益、损害社会公共利益等情形的，根据《民法典》关于民事法律行为效力的规定，其效力当属无效，无法产生当事人期望的法律效果。

4. 和解、调解的纠纷范围应明确、可界定，协议内容应明确、可执行

和解、调解活动是为了解决当事人之间已经产生的纠纷而进行的。实践中，在简单的合同纠纷或其他民事纠纷中，争议所涉及的事实和需要在和解、调解活动中解决的问题简单明了，当事人一般不会对和解、调解活动所要解决的争议范围及已达成协议的内容发生不同的理解。但在较为复杂的交易纠纷中，如果和解、调解过程中双方沟通不全面，往往会在和解、调解协议达成后的执行过程中，由于双方对协议已解决纠纷的范围或协议本身的内容理解不同，不仅旧的纠纷未得以解决，反而又围绕和解、调解协议本身产生了新的争议。

(1) 和解、调解范围的明确

在通过和解、调解的方式解决纠纷时，如纠纷本身涉及多项争议，则双方一般应当对全部已发生的争议进行和解或调解。如双方只能对部分争议的解决达成一致意见，则应在所达成的协议内容中作出专门记载，详细说明双方间存在哪些争议，已经协商解决的及尚未解决的争议分别有哪些。防止由于协议指向的范围不明，协议达成后双方又因为协议包含的范围产生不同的认识而形成新的争议。此外，双方在围绕已产生的争议进行和解、调解时，还应有预见性地考虑围绕同一合同是否还会产生新的争议，并在和解、调解协议中尽量预先作出安排。

(2)和解、调解协议内容的明确性、可执行性

和解、调解协议除需对所要解决的争议范围进行明确外,更重要的是协议内容本身应当明确具体、可执行;否则可能会出现虽然双方间的争议已通过和解、调解确定了处理意见,但由于处理意见内容不明确而无法执行,导致双方间的纠纷实际上并没有得到解决,仍需通过继续和解、调解或仲裁、诉讼的方式解决。例如,买卖合同中的出卖人严重逾期仍无法交货,买受人提出解除合同的要求,因出卖人不认可买受方单方解除合同的效力而形成纠纷。后经双方协商,达成了在原交易价格基础上适当优惠后继续履行合同的一致处理意见;但在订立的和解协议中只记载了继续履行合同的处理方法,而并未明确如何继续履行。和解协议订立后,原合同约定的交货期限已无法执行,和解协议又未就新的履行期限和方式作出约定,致使双方约定的继续履行合同的处理意见实际上根本无法执行。

因此,和解、调解协议中约定的纠纷处理内容应明确具体,并且没有其他履行障碍、具有可执行性,即义务人应在何种时限内按何种标准完成何种具体行为,都应作出明确、具体的约定,防止一方不履行约定义务时,对方无法主张权利或无法申请人民法院强制执行情形的出现。

5. 和解、调解不应久调不决

通过和解、调解的方式解决民事纠纷的主要优势就在于程序的灵活性、快捷性以及结果的可控性。但如果纠纷中存在当事人间矛盾深、争议大,一方或双方当事人过分追求己方利益、不愿以任何形式作出让步等情形,则可能会出现双方对纠纷进行了长时间的和解、调解后仍然无法就纠纷的解决达成一致意见的情形。在此情形下,不仅一方或双方当事人期望通过和解、调解尽快解决争议的目的无法实现,还可能由于长时间进行的无效果的和解、调解本身造成了当事人难以挽回的损失。例如,合同纠纷中的违约方在和解、调解过程中以各种不合理的理由拖延责任的承担,使利益受损害一方合理诉求的实现遥遥无期;利益受损害一方为追求己方利益的最大化,通过妨碍违约方正常生产经营活动、破坏违约方商业信誉、制造不良社会影响等方式损害违约方合法权利;长时间的和解、调解过程中证据灭失、一方当事人主张权利的法定期间经过、对方恶意转移财产或财产状况恶化导致承担责任的能力下降等。

企业在通过和解、调解的方式处理合同纠纷,尤其是作为利益受损害的一

方当事人参与和解、调解活动时，应重点关注是否存在己方需在法定期间内行使的撤销权、解除权等权利，对方当事人是否存在恶意拖延和解、调解进度的情形，以及和解、调解进度缓慢是否会导致己方的权利丧失、损失扩大等情形。如存在这些情况，则应适时考虑终止相关的和解、调解活动，通过其他途径解决纠纷。

第二节　合同纠纷仲裁解决的法律风险防控

一、仲裁制度概述

仲裁是指发生合同纠纷或其他财产权益纠纷的当事人，在争议发生前或发生后，经协商达成一致意见，将纠纷提交给依法设立的仲裁委员会进行裁决的纠纷解决方式。

1. 与仲裁有关的法律规定

根据《仲裁法》的规定，仲裁委员会可以在直辖市和省、自治区人民政府所在地的市设立，也可以根据需要在其他设区的市设立，但不按行政区划层层设立。仲裁委员会由设立市的人民政府组织有关部门和商会统一组建。仲裁委员会独立于行政机关，与行政机关没有隶属关系，仲裁委员会之间也没有隶属关系。仲裁依法独立进行，不受行政机关、社会团体或个人的干涉。

当事人采用仲裁方式解决纠纷的，应当双方自愿达成仲裁协议。没有仲裁协议，一方当事人申请仲裁的，仲裁委员会不予受理。当事人达成仲裁协议，一方向人民法院起诉的，人民法院不予受理，但仲裁协议无效的除外。仲裁委员会应当由当事人协议选定，仲裁不实行级别管辖和地域管辖。仲裁应当根据事实，符合法律规定，公平合理地解决纠纷。仲裁委员会仲裁案件，由三名或一名仲裁员组成仲裁庭进行。

仲裁一般应当开庭进行，但当事人协议不开庭的，仲裁庭可以根据仲裁申请书、答辩书以及其他材料作出裁决。仲裁不公开进行，但是当事人协议公开的，可以公开进行，但涉及国家秘密的除外。当事人申请仲裁后，可以自行和解，达成和解协议的，可以请求仲裁庭根据和解协议作出裁决书，也可以撤回仲裁申请。仲裁庭在作出裁决前，可以先行调解，当事人自愿调解的，仲裁庭应当调解。调解不成的，应当及时作出裁决；调解达成协议的，仲裁庭应当制作调解书或者根据协议的结果制作裁决书，调解书与裁决书具有同等法律效力。裁决应当按照多数仲裁员的意见作出，仲裁庭不能形成多数意见时，裁决应当按照首席仲裁员的意见作出。

仲裁实行一裁终局制，裁决作出后，当事人就同一纠纷再申请仲裁或者向人民法院起诉的，仲裁委员会或人民法院不予受理。当事人不服裁决的，可以在收到裁决书之日起六个月内，向仲裁委员会所在地的中级人民法院申请撤销裁决。当事人有证据证明裁决存在没有仲裁协议，裁决事项不属于仲裁协议范围或仲裁委员会无权仲裁，仲裁庭的组成或者仲裁程序违反法定程序，裁决所根据的证据是伪造的，对方当事人隐瞒了足以影响公正裁决的证据，仲裁员在仲裁该案时有索贿受贿、徇私舞弊、枉法裁决行为等六种情形之一的，或人民法院认为裁决违背社会公共利益的，应当裁定撤销裁决。

当事人应当履行裁决，一方当事人不履行的，另一方当事人可以依照《民事诉讼法》的有关规定向人民法院申请执行，受理申请的人民法院应当执行。被申请人提出证据证明裁决有前述可撤销情形之一的，人民法院裁定不予执行。一方当事人申请执行裁决，另一方当事人申请撤销裁决的，人民法院应当裁定中止执行。裁决被人民法院依法撤销或者不予执行的，当事人就该纠纷可以根据重新达成的仲裁协议申请仲裁，也可以向人民法院起诉。

2. 仲裁的特征

仲裁是由当事人选定的仲裁委员会应当事人的请求，对纠纷作出具有法律强制力的裁断的纠纷处理方式，仲裁程序的进行具有以下特征：

一是仲裁的独立性。仲裁委员会是为解决民商事合同纠纷和其他财产权益纠纷而设立的非营利组织，不属于任何机构或部门的内设机构或下属单位，不属于行使国家权力的国家机关。仲裁委员会对纠纷进行仲裁的权利源于纠纷当事人的共同委托和授权，而非国家司法机关或行政机关行使的国家权力，所作出的裁决并不代表国家意志。仲裁活动依法由仲裁委员会独立进行，不受行政机关、社会团体和个人的干涉。人民法院只在仲裁裁决具有法定可撤销的情形时，才对仲裁裁决进行程度有限的司法监督。

二是仲裁程序体现了当事人的意思自治。当事人的意愿可以在仲裁程序中得到最大限度的体现和尊重。具体体现在是否选择仲裁方式解决纠纷，选择哪家仲裁机构仲裁、仲裁事项即仲裁范围等均可以由当事人自主约定。组成仲裁庭的仲裁员也可以由当事人自主选择,仲裁是否需要开庭进行,是否公开进行,也可以由当事人协议确定。此外,当事人还可以请求仲裁庭按照双方达成的和解协议或调解协议制作裁决书。仲裁庭制作的裁决书,当事人还可以协议请求不写明争议事实和裁决理由。

三是仲裁解决纠纷时适用规则的灵活性。根据《仲裁法》的规定,仲裁员由来自法律专业的理论研究人员和实务人员,以及各行业从事经济贸易等专业工作的人员组成。仲裁庭在对纠纷的处理作出判断时,在符合法律规定的前提下,并不是只能以现行实体法律规范作为仲裁依据。成熟的法学理论、相关行业中的交易惯例、规则等均可能作为仲裁员处理纠纷的依据。

四是仲裁程序的便捷性。根据《仲裁法》的规定,仲裁采用一裁终局制度,即仲裁庭作出的裁决,与人民法院作出的生效判决具有相同的法律效力,当事人不能拒绝履行,也不能因不服仲裁裁决而向人民法院起诉、上诉。故仲裁与民事诉讼两审终审制、可能的二审发回重审、相对宽松的申请再审条件等相比,在程序上简化了很多。并且,在仲裁进行的过程中,还可以根据当事人协商一致的意见采用不开庭的方式进行;在开庭仲裁的情形下,也不需要像民事诉讼那样每一步处理程序都遵循严格、法定的时限、程序和形式,从而有效地缩短了纠纷解决的时间周期,提高了纠纷处理的便捷性。

五是仲裁的专业性。承担纠纷仲裁工作的仲裁员来源于法律及各行业的专业人士,对相关行业或领域的产品及服务、商业运行模式、交易特征等具有一般业外人士不具备的专业知识和实践经验,这些知识和经验在纠纷处理过程中具有特殊的价值和作用,有利于纠纷更公平合理地得到解决。

六是仲裁的非公开性。在仲裁程序中,案件的仲裁以不公开进行为原则,不允许与案件无关的人员旁听,也不允许媒体报道。所作出的裁决也不向社会公开,社会公众无权要求查阅仲裁裁决。并且,当事人可以协议要求不在裁决书中写明争议事实和裁决理由。仲裁的非公开性,使得纠纷的处理对当事人商业信誉、市场形象、诚信记录、商业秘密等可能产生的不利影响降到了最低,也将纠纷对双方当事人间关系维护的不利影响降到了最低。

3. 仲裁在合同纠纷解决中的应用

合同纠纷的仲裁解决,是合同当事人在纠纷发生后,根据双方事先达成的有效仲裁协议,将与该合同有关的纠纷提交特定仲裁机构裁决的纠纷处理方式。如前文所述,通过仲裁方式解决纠纷,具有一定限度内尊重当事人意愿,规则适用灵活、可以更公平合理地解决纠纷,程序便捷、纠纷处理快速,仲裁庭组成人员专业化程度高、利于纠纷的处理,仲裁程序具有私密性、可将纠纷对当事人的不利影响有效化解等显著优势。但同时,仲裁也有一裁终局后当事人如不服裁决缺乏救济途径,规则适用灵活导致结果的不确定性增大,不同的仲裁机构及仲裁员专业水平、业务能力差异较大导致结果的不确定性增大等缺点。

当事人在订立合同中的争议解决方式条款,或在纠纷发生前后单独订立争议解决协议时,应根据合同类型、交易事项的专业性程度、纠纷所涉事项及纠纷处理本身是否需要考虑保密、急迫性等因素,审慎决定是否选择将仲裁作为该合同的争议解决方式。一般而言,交易事项涉及商业秘密;当事人不希望将纠纷的发生情况、处理过程及结果向社会公开;可能发生或已经发生的合同纠纷需要快捷处理;交易事项具有较高的专业性,非本行业或本领域的专业人员难以理解交易模式等的合同纠纷,可考虑通过仲裁解决。

二、合同纠纷仲裁解决的法律风险防控

仲裁与民事诉讼都是由中立的第三方对纠纷作出有法律效力的处理,而无须当事人对裁断意见的同意或认可。因此,民事诉讼过程中存在的纠纷应对策略选择不当的风险、举证不当的风险、庭审准备及应对不当的风险等在仲裁过程中同样存在,本书将在随后的内容中详细介绍。仲裁与民事诉讼的主要区别则在于纠纷处理的民间性、程序的便捷性、适用规则的灵活性、当事人的自主性等方面。本部分内容只介绍仲裁程序中特有法律风险的防控内容。

(一)仲裁协议订立时的法律风险防控

合同纠纷等财产权益类纠纷通过仲裁处理的前提条件是双方当事人订立有合法有效的仲裁协议。仲裁协议包括合同中订立的仲裁条款和以其他形式在纠纷发生前或发生后达成的请求仲裁的协议。仲裁协议应包括双方一致同意纠纷通过仲裁解决的意思表示、仲裁事项及选定的仲裁委员会。实践中,订立仲裁协议过程中的法律风险主要包括仲裁协议无效、约定的仲裁事项不合理以及选择的仲裁委员会不适当等方面。

1. 仲裁协议无效的法律风险防控

根据《仲裁法》及相关司法解释的规定，仲裁协议约定的仲裁事项超出法律规定的仲裁范围的，无民事行为能力人或限制民事行为能力人订立仲裁协议的，一方采取胁迫手段迫使对方订立仲裁协议的，相关的仲裁协议均无效。仲裁协议对仲裁事项或者仲裁委员会没有约定或者约定不明的，当事人可以补充协议，达不成补充协议的，仲裁协议无效。当事人对仲裁协议的效力有异议的，可以请求仲裁委员会作出决定或者请求人民法院作出裁定。一方请求仲裁委员会作出决定，另一方请求人民法院作出裁定的，由人民法院裁定。因此，合同双方当事人在订立合同中的争议解决条款或在合同订立后、纠纷发生前后订立专门的仲裁协议时，必须严格按照前述法律规定进行约定；否则，仲裁协议将不具有法律效力，当事人期望通过仲裁程序解决纠纷的目的将不能实现。

首先，当事人所约定的仲裁协议应明确发生纠纷时应确定地通过仲裁程序解决的意思表示，并应排除民事诉讼的解决途径。具体内容即可以约定为发生争议后通过仲裁解决，也可以约定为通过协商解决、协商不成时通过仲裁解决等；还可以按照相关仲裁机构公布的示范条款文本确定协议内容。而不应约定为所发生的纠纷“可以”通过仲裁解决、既可以仲裁也可以诉讼、先仲裁后诉讼或先诉讼后仲裁等未排除人民法院对案件管辖权的内容；否则，仲裁协议可能无效或在当事人间形成关于仲裁协议效力的争议。

其次，仲裁事项应明确，如合同是否成立的争议、效力争议、履行的争议、违约责任承担的争议等。如无特别的需求，一般应将与合同有关的所有争议约定为仲裁事项，而不要只约定部分类型的争议；否则发生合同争议后，会出现部分争议在仲裁委员会解决，而其他争议则在有管辖权的人民法院解决，导致纠纷分头处理的混乱及额外增加法律风险。

最后，双方在仲裁协议中所选定的仲裁委员会应具体明确、真实存在并具有唯一性，名称应准确无误；而不应根据主观想象想当然地随意约定，导致仲裁协议由于约定的仲裁机构不存在或无法准确确定而无效、或当事人对仲裁协议的效力产生争议。

2. 仲裁机构选择不当的法律风险防控

仲裁是当事人自愿选择的纠纷解决方式；自愿不仅体现在当事人对通过仲裁这种非诉讼方式解决纠纷的自愿，还包括当事人共同选定由哪一家仲裁机构对纠纷进行仲裁的自愿。在选择仲裁机构时,当事人需要综合考虑可能发生纠纷的标的大小、专业化程度,以及纠纷处理的便利性、费用负担等因素,选择能够满足纠纷处理需要的合法、适当的仲裁机构。

(1)可选择的仲裁机构范围

根据《仲裁法》的规定,仲裁不实行地域管辖、级别管辖,当事人可以根据自己的意愿依法自主选择解决纠纷的仲裁机构。在我国境内设立的仲裁机构,可以分为普通仲裁机构和专业涉外仲裁机构两种类型。普通仲裁机构主要受理境内自然人、法人、其他组织间发生的可以通过仲裁处理的境内仲裁案件,但也可以根据当事人的自愿选择受理具有涉外因素的纠纷。专业涉外仲裁机构,是按照《仲裁法》的特别规定在我国境内设立的受理涉外仲裁案件的专业仲裁机构,但也可以受理不具有涉外因素的国内仲裁案件。我国境内的当事人选择通过仲裁处理纠纷时,非涉外的民事财产纠纷只能选择境内仲裁机构,不得选择境外仲裁机构;涉外的民事财产纠纷既可以选择境内设立的仲裁机构,也可以选择境外仲裁机构。

上述所称普通仲裁机构,是指依据《仲裁法》第 10 条的规定由境内各设区的市设立的仲裁委员会。目前,全国各设区的市多数都设立了仲裁委员会。境内设立的专门涉外仲裁机构主要是指中国国际经济贸易仲裁委员会(以下简称贸仲)和中国海事仲裁委员会。其中,贸仲现已发展成为国际上享有盛誉的商事纠纷仲裁机构,可以受理各类境内外当事人间的商事纠纷,也可以受理境内无涉外因素的财产类民事纠纷。中国海事仲裁委员会专注于受理境内外当事人间的海商、海事民事纠纷,属专业性仲裁机构。境外设立的著名仲裁机构则有设立在法国巴黎的国际商事仲裁院,设立在美国纽约的美国仲裁协会,设立在英国伦敦的伦敦国际仲裁院,设立在瑞典斯德哥尔摩的斯德哥尔摩商会仲裁院及设立在美国华盛顿的解决国际投资争端中心等;这些机构以其仲裁人员处理相关纠纷的高度专业性及仲裁规则的严谨、完善等优势,在国际上享有盛誉。

(2)仲裁机构的选择

当事人在选择仲裁机构时,应依照法律规定,综合考虑纠纷的标的额、纠纷的专业性、纠纷处理的便利性和成本等因素,合理选择与纠纷处理的实际需求相匹配的仲裁机构。在纠纷具有涉外因素的情形下,如存在纠纷标的额巨大、专业性强等情形，可考虑选择境外知名仲裁机构。在选择境外仲裁机构进行国际仲裁时，当事人还有权选择仲裁地，且仲裁地对仲裁过程所适用的程序法及纠纷处理所适用的实体法律均有直接影响；但对仲裁地并非可以完全不受约束地自由选择，而是需按照相应仲裁机构的仲裁规则选择。此外，涉外可仲裁纠纷，当事人也可以选择境内仲裁机构处理。

在纠纷不具有涉外因素的情形下，当事人只能选择境内仲裁机构，否则所订立的仲裁协议将会被确认无效。实践中，如纠纷标的额大、专业性强，则可以考虑选择贸仲或设立在北京、上海等特大、发达城市的仲裁机构；与设立在中小城市的仲裁机构相比，这些仲裁机构在所处的法治环境、人才储备等方面均有明显优势，案件仲裁的公正性和专业性相对来说均更有保障；但对于非本地当事人而言，纠纷处理的经济成本也会更高。故一般专业性不强、争议标的不大的纠纷，可以根据纠纷的实际情况，选取本地或其他便于处理纠纷的国内仲裁机构。

(二)仲裁程序进行过程中的法律风险防控

已订立合法有效仲裁协议的合同当事人间发生合同争议、无法通过自行协商解决的，当事人即可以仲裁申请人的身份向已选定的仲裁机构提出仲裁申请。仲裁机构受理仲裁申请后，相关纠纷就进入了仲裁解决的程序。由于仲裁在当事人的自主性、适用规则的差别性、程序的灵活性等方面与民事诉讼均有明显的不同，当事人在通过仲裁程序解决合同纠纷时应按照仲裁程序在这些方面的特征合理、合法地实施相关行为，防范和应对相关的法律风险。

1. 仲裁请求的合理确定

仲裁请求与诉讼请求类似，是申请人为维护己方的合法权益，向仲裁机构提出的、请求仲裁机构支持的权利主张。根据《仲裁法》的规定，当事人申请仲裁应当有具体的仲裁请求和事实、理由。申请人可以放弃和变更仲裁请求；被申请人可以承认或反驳仲裁请求，有权提出反请求。

仲裁请求的确定与诉讼请求的确定相同之处在于，申请人在提出仲裁请求时需按照纠纷所涉及的法律关系、已发生的法律事实、权利实现的可能性等合理确定，此部分内容将在本书随后诉讼法律风险防控的内容中详细介绍；本部分内容只对在仲裁程序中确定仲裁请求时与诉讼程序中确定诉讼请求需要考虑的不同问题进行介绍。在民事诉讼中，人民法院对民事案件的裁判除需依据民事实体法律法规外，更多的时候还会依照最高人民法院发布的相关司法解释、司法政策文件等确定当事人的诉求是否可以得到支持。但在仲裁程序中，仲裁庭判断权利人的请求能否得到支持，所依据的规则会包括民事法律法规、交易习惯、法理等。虽然司法解释、司法政策文件也是重要的裁决依据，但其在仲裁中的地位并不像民事诉讼中那么重要。故在司法解释对法律法规中权利救济的范围作出明显限缩或扩张解释时，相应的内容将可能不会被作为仲裁裁决的依据；当事人在仲裁程序中确定己方仲裁请求或反驳对方仲裁请求时，应加以特别关注。

此外，在民事诉讼中，除知识产权纠纷等少数类型的案件外，人民法院对权利人要求对方赔偿因实现权利而支出的费用，如交通差旅费、公证费、律师代理费等，一般并不支持。但在仲裁程序中，仲裁庭在裁决案件时，有权根据权利人的请求将此类费用作为权利人的合理支出予以相应的支持。故当事人提起仲裁申请时，可考虑将此类费用列入仲裁请求的范围。

2. 仲裁员的选定

根据《仲裁法》的规定，仲裁委员会受理仲裁申请后，应在规定的期间内将仲裁规则、仲裁员名册等文书送达当事人。当事人可以在仲裁规则规定的期间内就仲裁庭是由三名仲裁员还是一名仲裁员组成通过约定达成一致意见；约定由三名仲裁员组成仲裁庭的，当事人可以各自选定一名仲裁员或各自委托仲裁委员会主任指定一名仲裁员，第三名仲裁员由当事人共同选定或共同委托仲裁委员会主任指定，第三名仲裁员为首席仲裁员。约定由一名仲裁员组成仲裁庭的，仲裁员由当事人共同选定或共同委托仲裁委员会主任指定。当事人未在仲裁规则规定的期间内约定仲裁庭的组成方式或选定仲裁员的，由仲裁委员会主任确定仲裁庭的组成方式及指定仲裁员。

仲裁庭组成后，仲裁委员会应当将仲裁庭的组成情况书面通知当事人。仲裁员存在是本案当事人或当事人、代理人的近亲属，与本案有利害关系，与本案当事人、代理人有其他关系、可能影响公正仲裁，私自会见当事人、代理人或者接受当事人、代理人请客送礼等情形的，必须回避。此外，组成仲裁庭的仲裁员还应当签署保证公正、独立仲裁的声明书，并对可能使当事人对其公正、独立仲裁案件产生怀疑的情形作出信息披露。如仲裁员存在应披露而未披露的情形，当事人也可以申请其回避本案的仲裁。

3. 仲裁程序中实体规则适用的法律风险防控

与人民法院审理民事案件不同的是，仲裁庭在对纠纷作出实体处理时在规则的适用上具有相当程度的灵活性。人民法院在审理民事案件时，主要依据的是民事法律法规及最高人民法院颁布的司法解释和司法政策文件等规范性文件，这些规则的内容相对都较为明确。但仲裁庭裁断案件，除民事法律法规外，还可能将一般社会公众并不熟知的行业惯例、习惯甚至法律理论作为依据。仲裁程序在适用实体规则方面的灵活性可以有效缓解民事诉讼过程中可能存在的适用法律方面的僵化性、机械性，从而使纠纷在实体上得到更加公平的处理。但与此同时，也加大了纠纷处理的不确定性，增加了纠纷处理的法律风险。

因此，在通过仲裁方式解决合同纠纷时，当事人应事先充分认识仲裁适用规则的灵活性带来的风险。在确定仲裁申请或应对的策略、提出事实主张和法律适用意见时，应重点从现行法律法规中确定依据，在法律法规规定不明确、不能满足纠纷解决的具体需要时，可以在实践中接受程度高、争议少的司法解释中寻找适当的法律适用规则，或从纠纷所在行业或双方当事人间存在的交易惯例、行业习惯中，以及广为接受的法律理论中寻找有利于己方主张的纠纷解决规则。对于司法解释中争议较大、或解释内容对法律条文作出明显限缩、扩大解释的部分，则可以根据纠纷的具体情况、围绕己方主张提出是否可以作为案件裁断依据的意见。

4. 仲裁程序中的其他注意事项

仲裁程序具有当事人自主程度高、专业性强、灵活性大、便捷、非公开等特征。这些特征主要体现在仲裁庭的组成方式、仲裁员的选定、仲裁开庭的方式、裁决书的组成部分等均可根据当事人的共同意愿确定等方面。因此，当事人在仲裁程序中，应根据各自对纠纷处理方式及可能产生后果的需求，合理行使法律赋予的选择权，充分运用仲裁程序具有的这些特点，将纠纷可能带来的不利影响尽量予以化解。

此外，《仲裁法》对仲裁程序的进行只对申请条件、受理方式、仲裁方式、举证责任、裁决方式等最基本的内容作出了简要的规定；而对答辩期限、举证期限、举证方式等内容及其他程序性内容并未作出具体规定，而是规定按照仲裁机构制订的仲裁规则执行。实践中，不同仲裁机构的仲裁规则对这些事项的规定存在较大差异。因此,当事人在仲裁进行过程中,应按照受理案件仲裁机构的仲裁规则实施相关行为,而不应想当然地套用诉讼程序中的规则或其他仲裁机构的规则。

第三节 合同纠纷民事诉讼过程中的法律风险防控

当事人在通过民事诉讼的途径解决合同纠纷时,需根据纠纷的实际情况,依据民事实体法和程序法的规定,合理、合法地实施诉讼行为。如所实施的诉讼行为不符合法律规定,或不利于维护己方的利益,将需要承担相应的法律责任,或承受己方利益受损的不利后果。

一、民事诉讼法律制度概述

(一)民事诉讼的概念及特征

民事诉讼,是人民法院以国家司法机关的身份,作为中立的第三方,根据民事纠纷当事人的请求,在当事人及其他诉讼参与人的参与下,代表国家对当事人间的民事纠纷依法进行审理,对纠纷作出裁判以了结纷争的民事纠纷解决方式。民事诉讼具有以下特征:

一是官方性。人民法院作为行使国家审判职能的司法机关,代表国家对民事纠纷进行审判,所作出的判决、裁定、决定等均代表国家意志,对案件实体部分的处理意见体现了国家对民事活动的干预。

二是被动性。只有纠纷的当事人向人民法院提起诉讼,人民法院才可以对纠纷进行审判,人民法院不能在当事人未提起诉讼的情况下主动介入纠纷;且人民法院对案件进行审理的范围仅限于当事人提出诉讼请求的范围,而不能超出诉讼请求的范围进行审判,也不能在审理中遗漏诉讼请求。

三是强制性。人民法院对案件的管辖不以当事人自愿为前提。只要一方当事人提起诉讼,且起诉符合法定条件,人民法院就应当受理,而无须另一方当事人事前或事后的同意。人民法院对纠纷作出的生效裁判具有法律拘束力,当事人必须履行。一方不履行的,另一方可以申请强制执行。

四是程序的法定性。人民法院对案件的审理活动及当事人和其他诉讼参与人参与诉讼活动，均需按照《民事诉讼法》的规定实施相关行为。人民法院及其工作人员的审判活动不符合法律规定的，当事人或其他诉讼参与人可以依照法定程序要求纠正。当事人或其他诉讼参与人不按法律规定或人民法院的要求实施诉讼行为的，需承担相应的不利后果；实施了妨碍民事诉讼的违法行为的，人民法院可以予以训诫、责令退出法庭或予以罚款、拘留。情节严重，触犯刑法的，还会被追究刑事责任。

五是公开性。人民法院审理民事案件，除涉及国家秘密、个人隐私或法律规定的其他特殊情形外，案件的立案受理信息、开庭审理的过程、裁判文书的内容等均应当向社会公开。人民法院通过对案件的公开审理，主动接受社会监督，保证司法公平、公正；通过向社会公布对个案的叙事说理、法律评判意见，向公众展示法律规则、引导社会成员依法行为，实现向社会成员进行法治宣传和教育的目的。

（二）民事诉讼制度的基本内容

1. 民事诉讼的基本原则

根据《民事诉讼法》的规定，民事案件的审判权由人民法院行使，人民法院依照法律的规定对民事案件独立进行审判，不受行政机关、社会团体和个人的干涉。人民法院审理民事案件，必须以事实为根据，以法律为准绳。民事诉讼当事人有平等的诉讼权利，人民法院审理民事案件，应当保障和便利当事人行使诉讼权利，对当事人在适用法律上一律平等。人民法院审理民事案件，应当根据自愿和合法原则进行调解，调解不成的，应当及时判决。人民法院审理民事案件，依照法律规定实行合议、回避、公开审判和两审终审制度。人民法院审理民事案件，当事人有权进行辩论。民事诉讼应当遵循诚实守信原则。当事人有权在法律规定的范围内处分自己的民事权利和诉讼权利。人民检察院有权对民事诉讼实行法律监督。机关、社会团体、企事业单位对损害国家、集体或者个人民事权益的行为，可以支持受损害的单位或者个人向人民法院起诉。

2. 当事人在诉讼过程中的权利和义务

在民事诉讼过程中，公民、法人或其他组织可以作为案件当事人。法人由其法定代表人进行诉讼，其他组织由其主要负责人进行诉讼。人民法院受理案件后，在向当事人送达受理案件通知书或应诉通知书及对案件开庭审理时，应告知当事人在诉讼过程中所享有的诉讼权利和需要承担的诉讼义务。

根据《民事诉讼法》的规定，当事人在民事诉讼活动中主要享有以下权利：原告有向人民法院提起诉讼的权利，也有撤回起诉的权利，有增加、变更、放弃诉讼请求的权利，有申请保全的权利；被告针对原告的起诉和诉讼请求有应诉、提起反诉和答辩的权利。当事人有依法委托诉讼代理人代为参加诉讼的权利，有使用本民族语言文字进行诉讼的权利，对符合法定回避条件的审判人员、书记员、翻译人员、鉴定人、勘验人有申请回避的权利。当事人可以查阅案件有关材料，并可以复制有关材料和法律文书；有收集、提供证据的权利，有申请人民法院调查收集证据的权利，有申请证人出庭作证的权利，有申请鉴定、勘验的权利。当事人有陈述事实、进行辩论，请求调解、自行和解的权利；有提起上诉、申请再审的权利，有申请执行已发生法律效力的判决、裁定、调解书的权利。

同时，当事人在诉讼过程中需履行以下义务：依法行使诉讼权利，不得滥用；按规定缴纳诉讼费、保全费等费用；按规定期限提供证据；按时到庭参加诉讼；服从法庭指挥，遵守诉讼秩序；履行已经发生法律效力的判决、裁定、调解书；以及法律规定的其他义务。

3. 管辖制度

人民法院对案件的审理实行级别管辖和地域管辖制度。级别管辖是指根据民事案件的疑难复杂程度及影响力的大小，分别由不同级别的人民法院进行管辖的制度。具体为：除《民事诉讼法》有特别规定外，基层人民法院管辖第一审民事案件。中级人民法院管辖重大涉外、在本辖区有重大影响、最高人民法院确定由中级人民法院管辖的第一审案件。高级人民法院管辖在本辖区有重大影响的第一审民事案件。最高人民法院管辖在全国有重大影响或其认为应当由本院管辖的第一审民事案件。根据相关司法解释的规定，包括合同纠纷在内的普通一审民商事案件的审理按照不同地域、不同涉案金额的标准分别由基层、中级、高级人民法院审理。

地域管辖是根据民事案件所涉及争议与相关地域的联系，分别由不同地域人民法院对案件进行管辖的制度。具体为：除《民事诉讼法》有特别规定外，民事案件一般由被告住所地人民法院管辖，自然人被告住所地与经常居住地不一致的，由经常居住地人民法院管辖。同一诉讼的几个被告住所地、经常居住地在两个以上人民法院辖区的，各该人民法院都有管辖权。

此外，为便利人民法院审理案件、便利当事人参加诉讼，《民事诉讼法》根据不同纠纷与相关地域的关联性,对不同类型的纠纷赋予了相关人民法院对案件的管辖权;其中因合同纠纷提起的诉讼,由被告住所地或者合同履行地人民法院管辖。实践中,被告住所地的确定简单易行,一般不会发生争议,但合同履行地的确定则在司法实践中争议较大。2015 年 2 月 4 日开始实施的《民事诉讼法司法解释》,对合同履行地作出了与实体法中基本相同的确定规则,即不再按照不同的合同类型确定合同履行地,而是按照纠纷中的争议标的确定相应的合同履行地点。这就意味着因同一合同发生的纠纷,原告提出的不同诉讼请求,将对应着不同的合同履行地。具体规定内容为,合同约定履行地点的,以约定的履行地点为合同履行地。合同对履行地点没有约定或者约定不明确,争议标的为给付货币的,接收货币一方所在地为合同履行地;交付不动产的,不动产所在地为合同履行地;其他标的,履行义务一方所在地为合同履行地。即时结清的合同,交易行为地为合同履行地。合同没有实际履行,当事人双方住所地都不在合同约定的履行地的,由被告住所地人民法院管辖。

《民事诉讼法》还规定,合同或其他财产权益纠纷的当事人可以书面协议选择被告住所地、合同履行地、合同签订地、原告住所地、标的物所在地等与争议有实际联系的地点的人民法院管辖,但不得违背法律对级别管辖和专属管辖的规定。此外,《民事诉讼法》规定了关于移送管辖和指定管辖的制度。

4. 案件的受理及审理前的准备

原告向人民法院提起民事诉讼,符合以下条件的,人民法院必须受理:原告是与案件有直接利害关系的公民、法人和其他组织;有明确的被告;有具体的诉讼请求和事实、理由;属于人民法院受理民事诉讼的范围和受诉人民法院管辖。不符合起诉条件的,人民法院裁定不予受理,当事人对裁定不服的,可以提起上诉。

人民法院立案受理后,案件即进入审理前的准备阶段;人民法院应在五日内将起诉状副本发送被告,被告应当在收到之日起十五日内提出答辩状,人民法院应当在收到答辩状之日起五日内将答辩状发送原告。被告不提出答辩状的,不影响人民法院审理。人民法院还应在受理案件通知书和应诉通知书中向当事人告知有关的诉讼权利和义务,或者口头告知。

人民法院受理案件后,当事人对管辖权有异议的,应当在提交答辩状期间提出。人民法院对当事人提出的管辖权异议,应当审查。异议成立的,裁定将案件移送有管辖权的人民法院;异议不成立的,裁定驳回。当事人对人民法院就管辖权异议作出的裁定不服的,可以提起上诉。当事人未提出管辖异议,并应诉答辩的,视为受诉人民法院有管辖权,但违反级别管辖和专属管辖规定的除外。

人民法院审理第一审民事案件,由审判员、陪审员共同组成合议庭或者由审判员组成合议庭对案件进行审理。适用简易程序审理的案件,由审判员一人独任审理。审判人员确定后,应当在三日内告知当事人。

审判人员或书记员、翻译人员、鉴定人、勘验人有以下情形的,应当自行回避:是本案当事人或者当事人、诉讼代理人的近亲属;与本案有利害关系;与本案当事人、诉讼代理人有其他关系,可能影响对案件公正审理的。当事人也有权用口头或书面方式申请他们回避。前述人员接受当事人、诉讼代理人请客送礼,或者违反规定会见当事人、诉讼代理人的,当事人有权要求他们回避。

5. 证据的提供

当事人对自己提出的诉讼主张,有责任及时提供证据,反驳对方的主张,也应当及时提供证据。当事人及其诉讼代理人因客观原因不能自行收集的证据,或者人民法院认为审理案件需要的证据,人民法院应当调查收集。人民法院根据当事人的主张及案件审理情况,确定当事人应当提供的证据及期限。当事人在该期限内提供证据确有困难的,可以向人民法院申请延长期限,人民法院根据当事人的申请适当延长。当事人逾期提供证据的,人民法院应当责令其说明理由;拒不说明理由或理由不成立的,人民法院根据不同情形可以不予采纳该证据,或者采纳该证据但予以训诫、罚款。

6. 保全和先予执行

民事诉讼中的保全,是指对于可能因当事人一方的行为或者其他原因,将来作出的判决难以执行或造成当事人其他损害的情形,人民法院可以根据对方当事人的申请,裁定对其财产以查封、扣押、冻结等方式进行保全,或者责令其作出一定行为或禁止其作出一定行为;当事人没有提出申请的,人民法院在必要时也可以裁定采取保全措施。例如,为防止当事人可能通过转移财产逃避将要作出判决确定的义务,对方当事人可以申请人民法院对其财产采取查封、扣押、冻结等保全措施。当事人的侵权行为处于持续状态,造成对方当事人损失不断扩大的,对方当事人可以申请人民法院责令其通过作出一定行为或禁止一定行为的方式停止侵权行为。

根据保全对象的不同,保全可以区分为对财产的保全和对行为的保全两种类型。人民法院采取保全措施,可以责令申请人提供担保,申请人不提供的,裁定驳回申请。人民法院接受申请后,对情况紧急的,必须在四十八小时内作出裁定,裁定采取保全措施的,应当立即开始执行。此外,因情况紧急,不立即申请保全将会使利害关系人合法权益受到难以弥补的损害的,利害关系人可以在提起诉讼或申请仲裁以前向被保全财产所在地、被申请人住所地或者对案件有管辖权的人民法院申请采取保全措施;此种情形下的保全称为诉前保全。在诉前保全中,申请人应当提供担保,不提供担保的,人民法院裁定驳回申请。人民法院接受诉前保全申请后,必须在四十八小时内作出裁定,裁定采取保全措施的,应当立即开始执行。申请人在人民法院采取诉前保全措施后三十日不依法提起诉讼或者申请仲裁的,人民法院应当解除保全措施。在诉讼保全和诉前保全中,保全限于诉讼请求的范围,或者与本案有关的财物,不能进行超范围保全。财产纠纷案件,被申请人提供担保的,人民法院应当裁定解除保全。申请人的申请有错误,保全措施造成被申请人损失的,申请人应当赔偿被申请人损失。

先予执行,是指在追索赡养费、扶养费、抚恤金、医疗费,追索劳动报酬,其他因紧急情况需要执行的特定类型的案件中,人民法院可以根据当事人的请求,在作出生效判决以前,裁定义务人向权利人先行履行部分或全部义务的诉讼制度。根据《民事诉讼法》的规定,人民法院裁定先予执行的案件,应满足以下条件:当事人间的权利义务关系明确,不先予执行将严重影响申请人的生活或者生产经营;被申请人有履行能力。人民法院可以责令申请人提供担保,申请人不提供的,驳回申请。采取了先予执行措施的案件,申请人败诉的,应当赔偿被申请人因先予执行遭受的财产损失。

7.庭前会议及证据交换

人民法院审理民事案件,可以根据案件的具体情况,通过组织庭前会议、组织证据交换等方式,做好案件开庭审理前的准备工作。庭前会议或证据交换均非民事诉讼的必经程序,而是在一些疑难复杂或人民法院认为有必要的案件中,为了保障随后案件开庭审理的顺利进行,而在案件开庭审理之前进行的准备工作。庭前会议或证据交换均由案件审判人员组织进行。庭前会议的主要内容有：明确诉讼双方的诉辩意见，确定当事人的诉讼请求，确定是否需要人民法院收集调查证据、进行勘验、进行证据保全、委托鉴定等，组织证据交换，归纳双方在案件中的争议焦点以及对案件进行调解等。证据交换是指双方当事人在人民法院指定的举证期限届满后、案件开庭审理以前，在审判人员的组织下，分别就己方将要向法庭提交的证据进行展示，并简要说明证据的来源、内容、要证明的事实，并可就对方所展示的证据提出己方的意见。审判人员根据双方的证据交换意见，确定双方争议的问题。

（三）一审案件的审理程序

人民法院审理一审民事案件，除依法转为督促程序或庭前调解结案的以外，必须开庭审理。开庭审理除涉及国家秘密、个人隐私或者法律另有规定的以外，均应当公开进行。离婚案件、涉及商业秘密的案件，当事人申请不公开审理的，也可以不公开审理。此外，人民法院还可以根据便利当事人诉讼，利于化解纠纷，进行法治宣传教育等特定需要，对案件进行巡回审理、就地办案，即在案件事实发生地或当事人住所地、所居住的社区、单位等地点开庭审理案件。人民法院开庭审理民事案件由审判人员主持进行，当事人及其他诉讼参与人应当遵守法庭纪律及法庭的安排。

1. 开庭通知

人民法院审理民事案件，应当在开庭三日以前通知当事人和其他诉讼参与人。公开审理的案件，人民法院还应当公告当事人姓名、案由和开庭的时间、地点。人民法院通知当事人应当用传票传唤的方式进行，对诉讼代理人、证人、鉴定人、翻译人员应当用通知书通知其到庭。当事人或其他诉讼参与人在外地的，应当留有必要的在途时间。原告经传票传唤，无正当理由拒不到庭的，或者未经法庭许可中途退庭的，可以按撤诉处理；被告反诉的，可以缺席判决。被告经传票传唤，无正当理由拒不到庭的，或者未经法庭许可中途退庭的，人民法院应当按期开庭或者继续开庭，对到庭的当事人的诉讼请求、双方的诉辩理由以及已经提交的证据及其他诉讼材料进行审理后，可以依法缺席判决。必须到庭的当事人和其他诉讼参与人有正当理由没有到庭的，如由于健康问题、不可抗力事件的影响等非本人主观原因无法到庭，人民法院可以对案件延期审理。

2. 开庭审理前的准备

民事案件开庭审理前，书记员应当查明当事人和其他诉讼参与人是否到庭，并将到庭情况向审判长进行汇报；向到庭的当事人及其他诉讼参与人宣布法庭纪律及违反法庭纪律的法律责任。开庭审理时，由审判长核对当事人，宣布案由，宣布审判人员、法官助理、书记员等的名单，告知当事人有关的诉讼权利义务，询问当事人是否提出回避申请。当事人提出回避申请的，可以在就回避事项依法作出决定后对案件继续审理，也可以延期开庭审理。

3. 法庭调查

法庭调查是审判人员在诉讼参与人的参与下，依照法定程序调查核实案件事实和证据的诉讼活动，法庭调查的对象是当事人有争议的事实以及法庭认为应当调查的事实。法庭调查开始后，首先由原告按照法庭的要求简要陈述诉讼请求及依据的事实和理由，由被告针对原告的诉求作承认或否认的答辩，并简要陈述依据的事实和理由。法庭应根据双方的诉辩意见归纳总结案件争议焦点、当事人无争议的事实、有争议的事实，确定法庭调查的重点，并就总结的各项事实、争议焦点征求当事人的意见。

法庭调查围绕双方的争议焦点展开，分别或合并对法庭总结的调查重点进行调查。法庭调查按照以下顺序进行：当事人陈述；告知证人的权利义务，证人作证，宣读未到庭的证人证言；出示书证、物证、视听资料和电子数据；宣读鉴定意见；宣读勘验笔录。法庭也可以根据案件情况对各项证据的出示顺序进行调整。法庭调查主要以双方当事人各自陈述事实，当事人互相举证、质证，证人陈述证言并接受法庭及双方当事人的询问，法庭向双方当事人询问，鉴定人就鉴定意见进行说明等方式展开。当事人对案件事实的陈述应当真实、完整，故意作虚假陈述妨碍人民法院审理案件的，人民法院应根据情节依照《民事诉讼法》的规定予以训诫、罚款、拘留等处罚。人民法院认为必要的，可以要求当事人本人到场，就案件有关事实接受询问。当事人在法庭调查阶段向法庭出示书证、物证、视听资料的，一般应当出示原物，并应对证据的来源、内容、证明的事实作出说明。证人应当客观陈述其亲身感知的事实，作证时不得使用猜测、推断或者评论性语言，并应当就其作证的事项进行连续陈述。审判人员可以对证人进行询问，当事人及其诉讼代理人经审判人员许可后可以询问证人。鉴定人接到人民法院的出庭通知后应当按照通知的时间、地点出庭作证，拒不出庭作证的，鉴定意见不得作为认定案件事实的根据。鉴定人应当就鉴定事项如实答复当事人的异议和审判人员的询问。经法庭许可，当事人及其诉讼代理人可以询问鉴定人、勘验人。此外，当事人可以申请人民法院通知有专门知识的人出庭，就鉴定人所作的鉴定意见以及案件涉及的专业问题代表己方发表意见。在法庭调查阶段，当事人可以就对方的事实陈述、所举证据、证人证言等的真实性、合法性以及与待证事实的关联性提出己方的质证意见，并可就证据有无证明力及证明力的大小进行说明和辩论。

4. 法庭辩论

法庭辩论是当事人及其诉讼代理人在审判人员的组织下，就案件的证据采纳、事实认定、法律适用等阐述己方观点，反驳对方观点，并对案件的处理提出己方意见的诉讼活动。法庭辩论和法庭调查都是民事案件审理过程中的重要环节，法庭调查是通过双方当事人的举证、质证，由法庭查明案件的事实，解决的是案件的事实认定问题；法庭辩论是通过双方当事人各自陈述己方对案件的处理意见，为法庭对案件的裁判意见提供参考，解决的主要是案件的法律适用问题。此外，法庭对案件事实的认定，除涉及公共利益或案外人的利益外，以双方当事人的陈述及所举证据证明的事实为限，一般不能将双方当事人均未主张的事实认定为案件事实；但人民法院对案件的法律适用，则并不受双方辩论意见范围的限制。

法庭辩论应围绕案件的争议焦点及法庭调查的重点展开，就法庭调查阶段有争议的证据是否应当采信，有争议的事实如何认定，案件涉及法律关系的性质及如何适用法律等阐明观点、说明理由。根据《民事诉讼法》的规定，法庭辩论的顺序为首先由原告及其诉讼代理人发言，随后由被告及其诉讼代理人发言，再由第三人及其诉讼代理人发言（如果有的话），最后由各方当事人互相辩论。法庭辩论过程中应以理服人，不得对对方当事人或其诉讼代理人进行侮辱、谩骂、讽刺、挖苦或进行人身攻击。

5. 裁判的作出

法庭辩论终结后，人民法院应当依法作出判决。判决前能够调解的，还可以进行调解，调解不成的，应当及时判决。宣判前，原告申请撤诉的，是否准许，由人民法院裁定。人民法院裁定不准许撤诉的，原告经传票传唤，无正当理由拒不到庭的，可以缺席判决。人民法院对公开审理或不公开审理的案件，一律公开宣告判决。当庭宣判的，应当在十日内发送判决书，除当事人当庭要求邮寄发送裁判文书的外，人民法院应当告知当事人或诉讼代理人领取裁判文书的时间和地点以及逾期不领取的法律后果；定期宣判的，宣判后立即发给判决书。宣告判决时，必须告知当事人上诉的权利、上诉期限和上诉的法院。

人民法院适用普通程序审理的案件，应当在立案之日起六个月的审理期限内审结。有特殊情况需要延长的，由本院院长批准，可以延长六个月；还需要延长的，报请上级人民法院批准。审理期限是指从立案之日起到裁判宣告、调解书送达之日止的期间，但公告期间、鉴定期间、双方当事人和解期间、审理当事人提出的管辖异议以及处理人民法院之间的管辖争议的期间不应计算在内。

判决书应当写明判决结果和作出该判决的理由，判决书内容包括：案由、诉讼请求、争议的事实和理由；判决认定的事实和理由、适用的法律和理由；判决结果和诉讼费用的负担；上诉期间和上诉的法院。判决书由审判人员、书记员署名，加盖人民法院印章。人民法院审理案件，其中一部分事实已经清楚的，可以就该部分先行判决。社会公众可以查阅发生法律效力的判决书、裁定书，但涉及国家秘密、商业秘密和个人隐私的除外。

此外，人民法院在受理案件后或经开庭审理后发现存在原告主体不适格，被告不明确，起诉没有具体的诉讼请求、事实和理由，争议不属于人民法院受理民事诉讼的范围，纠纷应通过仲裁程序解决，重复起诉等不符合民事诉讼起诉法定条件的，应当在法定审理期限内裁定驳回起诉。驳回起诉的裁定是人民法院根据民事诉讼程序法的规定，发现已经受理的案件不符合受理条件时，对原告要求通过诉讼途径解决民事纠纷的起诉行为予以拒绝的司法行为。所要解决的是纠纷是否可以通过民事诉讼的途径进行解决的程序问题，而不涉及当事人的实体权利义务关系。

6. 简易程序

基层人民法院和其派出的法庭审理事实清楚、权利义务关系明确、争议不大的民事案件，可以适用简易程序。对前述规定以外的民事案件，当事人也可以约定适用简易程序。以简易程序审理的案件，由审判员一人独任审理，通知当事人和其他诉讼参与人开庭的时限，法庭调查和法庭辩论的顺序，可以根据案件审理的需要灵活安排。适用简易程序审理的案件可以用简便方式传唤当事人和证人、送达诉讼文书、审理案件，但应当保障当事人陈述意见的权利。人民法院适用简易程序审理案件，应当在立案之日起三个月内审结。在审理过程中发现案件不宜适用简易程序的，裁定转为普通程序。

（四）二审案件的审理程序

1. 上诉的提出

当事人不服地方人民法院第一审判决的，有权在判决书送达之日起十五日内向上一级人民法院提起上诉。当事人不服地方人民法院不予受理、驳回起诉、管辖权异议的一审裁定的，有权在裁定书送达之日起十日内向上一级人民法院提起上诉。双方当事人收到判决书、可以上诉的裁定书日期不一致的，上诉期从各自收到判决书、裁定书之日起算。双方当事人都提起上诉的，均列为上诉人。上诉应当递交上诉状，上诉状的内容应当包括当事人的姓名，法人的名称及其法定代表人的姓名或者其他组织的名称及其主要负责人的姓名，原审人民法院名称、案件的编号和案由，上诉人的请求和理由。上诉状应当通过原审人民法院提出，并按对方当事人或者代表人的人数提出副本。当事人直接向第二审人民法院上诉的，第二审人民法院应当在五日内将上诉状移交原审人民法院。

原审人民法院收到当事人递交或第二审人民法院移交的上诉状，应当在五日内将上诉状副本送达对方当事人，对方当事人在收到之日起十五日内提出答辩状。人民法院在收到答辩状之日起五日内将副本送达上诉人。对方当事人不提出答辩状的，不影响人民法院审理。原审人民法院收到上诉状、答辩状，应当在五日内连同全部案卷和证据，报送第二审人民法院。

2. 二审程序的进行及裁判的作出

第二审人民法院应当围绕当事人的上诉请求进行审理，对上诉请求的有关事实和适用法律进行审查。当事人没有提出请求的事项，不予审理；但一审判决违反法律禁止性规定，或者损害国家利益、社会公共利益、他人合法权益的除外。第二审人民法院对上诉案件，应当由审判员组成合议庭开庭审理。经过阅卷、调查和询问当事人，对没有提出新的事实、证据或者理由，合议庭认为不需要开庭审理的，可以不开庭审理。

开庭审理的上诉案件，可以参照一审程序中的相关规定进行审理前的准备。第二审人民法院审理上诉案件，可以在本院进行，也可以到案件发生地或者原审人民法院所在地进行。第二审人民法院对上诉案件，经过审理，按照下列情形，分别处理：（1）原判决、裁定认定事实清楚，适用法律正确的，以判决、裁定的方式驳回上诉，维持原判决、裁定；（2）原判决、裁定认定事实错误或者适用法律错误的,以判决、裁定的方式依法改判、撤销或者变更;(3)原判决认定基本事实不清的,裁定撤销原判决,发回原审人民法院重审,或者查清事实后改判;(4)原判决遗漏当事人或者违法缺席判决等严重违反法定程序的,裁定撤销原判决,发回原审人民法院重审。原审人民法院对发回重审的案件作出判决后,当事人提起上诉的,第二审人民法院不得再次发回重审。第二审人民法院审理上诉案件,可以进行调解。调解达成协议,应当制作调解书。调解书送达后,原审人民法院的判决即视为撤销。第二审人民法院判决宣告前,上诉人撤回上诉的,是否准许,由第二审人民法院裁定;第二审人民法院经审查认为一审判决确有错误,或者当事人之间恶意串通损害国家利益、社会公共利益、他人合法权益的,不应准许。

第二审人民法院审理上诉案件,除《民事诉讼法》对二审程序有专门规定的外,适用第一审普通程序的规定。第二审人民法院宣告判决可以自行宣判,也可以委托原审人民法院或者当事人所在地人民法院代行宣判。第二审人民法院的判决、裁定,是终审的判决、裁定。人民法院审理对判决的上诉案件,应当在第二审立案之日起三个月内审结;有特殊情况需要延长的,由本院院长批准。人民法院审理对裁定的上诉案件,应当在第二审立案之日起三十日内作出终审裁定。

(五)审判监督程序

审判监督程序,是指对于已经发生法律效力的判决、裁定、调解书,发现确有错误需要纠正的,由相关人民法院对案件再次审理的民事诉讼程序。审判监督程序可以由人民法院对案件依法决定再审而开始;也可以由当事人依法申请再审,经人民法院审查符合再审条件裁定再审而开始,还可以根据人民检察院的抗诉或检察建议而开始。根据《民事诉讼法》的规定,各级人民法院院长对本院已经发生法律效力的判决、裁定、调解书,发现确有错误,认为需要再审的,应当提交审判委员会讨论决定是否再审。最高人民法院对地方各级人民法院已经发生法律效力的判决、裁定、调解书,发现确有错误的,有权提审或者指令下级人民法院再审。

1. 再审申请的提出

根据《民事诉讼法》第 210 条的规定,当事人对已经发生法律效力的判决、裁定,认为有错误的,可以向上一级人民法院申请再审;当事人一方人数众多或者当事人双方为公民的案件,也可以向原审人民法院申请再审。适用特别程序、督促程序、公示催告程序、破产程序等非诉程序审理的案件,当事人不得申请再审。当事人认为发生法律效力的不予受理、驳回起诉的裁定错误的,可以申请再审。当事人申请再审的,不停止判决、裁定的执行。

《民事诉讼法》第211条规定,当事人的申请符合下列情形之一的,人民法院应当再审:(1)有新的证据,足以推翻原判决、裁定的;(2)原判决、裁定认定的基本事实缺乏证据证明的;(3)原判决、裁定认定事实的主要证据是伪造的;(4)原判决、裁定认定事实的主要证据未经质证的;(5)对审理案件需要的主要证据,当事人因客观原因不能自行收集,书面申请人民法院收集,人民法院未调查收集的;(6)原判决、裁定适用法律确有错误的;(7)审判组织的组成不合法或者依法应当回避的审判人员没有回避的;(8)无诉讼行为能力人未经法定代理人代为诉讼或者应当参加诉讼的当事人,因不能归责于本人或者其诉讼代理人的事由,未参加诉讼的;(9)违反法律规定,剥夺当事人辩论权利的;(10)未经传票传唤,缺席判决的;(11)原判决、裁定遗漏或者超出诉讼请求的;(12)据以作出原判决、裁定的法律文书被撤销或者变更的;(13)审判人员审理案件时有贪污受贿,徇私舞弊,枉法裁判行为的。

当事人对已经发生法律效力的调解书,提出证据证明调解违反自愿原则或者调解协议的内容违反法律的,可以申请再审。经人民法院审查属实的,应当再审。当事人申请再审,应当在判决、裁定、调解书发生法律效力后六个月内提出,并应当提交再审申请书等材料。

2. 再审申请的审查及处理

人民法院应当自收到再审申请书之日起五日内将再审申请书副本发送对方当事人。对方当事人应当自收到再审申请书副本之日起十五日内提交书面意见;不提交书面意见的,不影响人民法院审查。人民法院可以要求申请人和对方当事人补充有关材料,根据审查案件的需要决定是否就案件的有关事项询问当事人。新的证据可能推翻原判决、裁定的,人民法院应当询问当事人。审查再审申请期间,被申请人及原审其他当事人依法提出再审申请的,人民法院应当将其列为再审申请人,对其再审事由一并审查,审查期限重新计算。审查再审申请期间,再审申请人撤回再审申请的,是否准许,由人民法院裁定。人民法院应当自收到再审申请书之日起三个月内审查,符合法定再审条件的,应当裁定再审;不符合再审条件的,应当裁定驳回申请。有特殊情况需要延长的,由本院院长批准。

3. 再审案件的审理

按照审判监督程序决定再审的案件,裁定中止原判决、裁定、调解书的执行,但追索赡养费、扶养费、抚恤金、医疗费用、劳动报酬的案件,可以不中止执行。因当事人申请裁定再审的案件,由中级以上人民法院审理;但当事人依法向基层人民法院申请再审的除外。最高人民法院、高级人民法院裁定再审的案件,由本院再审或者交其他人民法院再审,也可以交原审人民法院再审。人民法院审理再审案件,应当另行组成合议庭。人民法院审理再审案件应当组成合议庭开庭审理,但按照第二审程序审理,有特殊情况或者双方当事人已经通过其他方式表达意见,且书面同意不开庭审理的除外;符合缺席判决条件的,可以缺席判决。人民法院审理再审案件应当围绕再审请求进行。当事人的再审请求超出原审诉讼请求的,不予审理;符合另案诉讼条件的,告知当事人可以另行起诉。

人民法院经再审审理认为,原判决、裁定认定事实清楚、适用法律正确的,应予维持;原判决、裁定认定事实、适用法律虽有瑕疵,但裁判结果正确的,应当在再审判决、裁定中纠正瑕疵后予以维持;原判决、裁定认定事实、适用法律错误,导致审判结果错误的,应当依法改判、撤销或者变更。人民法院对调解书裁定再审后,按照下列情形分别处理:(1)当事人提出的调解违反自愿原则的事由不成立,且调解书的内容不违反法律强制性规定的,裁定驳回再审申请;(2)人民检察院抗诉或者再审建议所主张的损害国家利益、社会公共利益的理由不成立的,裁定终结再审程序。人民法院按照审判监督程序再审的案件,发生法律效力的判决、裁定是由第一审法院作出的,按照第一审程序审理,所作出的判决、裁定,当事人可以上诉;发生法律效力的判决、裁定是由第二审法院作出的,按照第二审程序审理,所作出的判决、裁定是发生法律效力的判决、裁定。

4. 人民检察院抗诉或检察建议的提出

最高人民检察院对各级人民法院已经发生法律效力的判决、裁定,上级人民检察院对下级人民法院已经发生法律效力的判决、裁定,发现有《民事诉讼法》第211条规定情形之一的,或者发现调解书损害国家利益、社会公共利益的,应当提出抗诉。地方各级人民检察院对同级人民法院已经发生法律效力的判决、裁定,发现有《民事诉讼法》第 211 条规定情形之一的,或者发现调解书损害国家利益、社会公共利益的,可以向同级人民法院提出检察建议,并报上级人民检察院备案;也可以报请上级人民检察院向同级人民法院提出抗诉。

有下列情形之一的,当事人可以向人民检察院申请检察建议或者抗诉:(1)人民法院驳回再审申请的;(2)人民法院逾期未对再审申请作出裁定的;(3)再审判决、裁定有明显错误的。人民检察院对当事人的申请应当在三个月内审查,作出提出或者不予提出检察建议或者抗诉的决定。当事人不得再次向人民检察院申请检察建议或者抗诉。人民检察院因履行法律监督职责提出检察建议或者抗诉的需要,可以向当事人或者案外人调查核实有关情况。人民检察院提出抗诉的案件,接受抗诉的人民法院应当自收到抗诉书之日起三十日内作出再审的裁定;有《民事诉讼法》第 211 条第 1 项至第 5 项规定情形之一,即因与证据的采纳有关的问题决定再审的,可以交下一级人民法院再审,但已经经过该下一级人民法院再审的除外。人民检察院提出抗诉的案件,人民法院再审时,应当通知人民检察院派员出席法庭。

(六)执行程序

1. 执行的申请及移送

发生法律效力的民事判决、裁定,以及刑事判决、裁定中的财产部分,当事人必须履行。一方拒绝履行的,对方当事人可以向人民法院申请执行,也可以由审判员移送执行员执行。调解书、依法设立的仲裁机构作出的裁决书、公证机关依法赋予强制执行效力的债权文书等应当由人民法院执行的法律文书,当事人必须履行,一方拒绝履行的,对方当事人可以向人民法院申请执行。发生法律效力的民事判决、裁定,以及刑事判决、裁定中的财产部分,由第一审人民法院或者与第一审人民法院同级的被执行财产所在地人民法院执行。申请执行的期间为二年,申请执行时效的中止、中断,适用法律有关诉讼时效的中止、中断的规定。执行时效从法律文书规定的履行期间的最后一日起计算;法律文书规定分期履行的,从最后一期履行期间届满之日起计算;法律文书未规定履行期间的,从法律文书生效之日起计算。

2. 执行措施的采取

执行员接到申请执行书或者移交执行书,应当向被执行人发出执行通知,并可以立即采取强制执行措施。被执行人未按执行通知履行法律文书确定的义务,应当报告当前以及收到执行通知之日起前一年的财产情况。被执行人拒绝报告或者虚假报告的,人民法院可以根据情节轻重对被执行人或者其法定代理人、有关单位的主要负责人或者直接责任人员予以拘留、罚款。

被执行人未按执行通知履行法律文书确定的义务,人民法院有权查询被执行人的存款、债权、股票、基金份额等财产情况;有权根据不同情形扣押、冻结、划拨、变价被执行人的财产,人民法院扣押、冻结、划拨、变价的财产不得超出被执行人应当履行义务的范围;有权扣留、提取被执行人应当履行义务部分的收入,但应当保留被执行人及其所扶养家属的生活必需费用。人民法院决定扣押、冻结、划拨、变价财产,应当作出裁定,并发出协助执行通知,有关单位必须办理。对判决、裁定和其他法律文书指定的行为,被执行人未按执行通知履行的,人民法院可以强制执行或者委托有关单位或者其他人完成,费用由被执行人承担。被执行人未按判决、裁定和其他法律文书指定的期间履行给付金钱义务的,应当加倍支付迟延履行期间的债务利息;未按判决、裁定和其他法律文书指定的期间履行其他义务的,应当支付迟延履行金。人民法院采取前述执行措施后,被执行人仍不能偿还债务的,应当继续履行债务,债权人发现被执行人有其他的财产的,可以随时请求人民法院执行。被执行人不履行法律文书确定的义务的,人民法院可以对其采取或者通知有关单位协助采取限制出境,在征信系统记录、通过媒体公布不履行义务信息以及法律规定的其他措施。

3. 执行异议的提出

当事人、利害关系人认为执行行为违反法律规定的,可以向负责执行的人民法院提出书面异议。当事人、利害关系人提出书面异议的,人民法院应当自收到书面异议之日起十五日内审查,理由成立的,裁定撤销执行行为或者改正;理由不成立的,裁定驳回异议。当事人、利害关系人不服的,可以自裁定送达之日起十日内向上一级人民法院申请复议。

执行过程中,案外人对执行标的提出书面异议的,人民法院应当自收到书面异议之日起十五日内审查,理由成立的,裁定中止对该标的的执行;理由不成立的,裁定驳回。案外人、当事人对裁定不服,认为原判决、裁定错误的,依照审判监督程序办理;与原判决、裁定无关的,可以自裁定送达之日起十五日内向人民法院提起诉讼。

4. 执行的中止和终止

在案件执行过程中,有下列情形之一的,人民法院应当裁定中止执行:(1)申请人表示可以延期执行的;(2)案外人对执行标的提出确有理由的异议的;(3)作为一方当事人的公民死亡,需要等待继承人继承权利或者承担义务的;(4)作为一方当事人的法人或者其他组织终止,尚未确定权利义务承受人的;(5)人民法院认为应当中止执行的其他情形。中止的情形消除后,恢复执行。

有下列情形之一的,人民法院应当裁定终止执行:(1)申请人撤销申请的;(2)据以执行的法律文书被撤销的;(3)作为被执行人的公民死亡,无遗产可供执行,又无义务承担人的;(4)追索赡养费、扶养费案件的权利人死亡的;(5)作为被执行人的公民因生活困难无力偿还借款,无收入来源,又丧失劳动能力的;(6)人民法院认为应当终结执行的其他情形。经过财产调查未发现可供执行的财产,在申请执行人签字确认或者执行法院组成合议庭审查核实并经院长批准后,可以裁定终结本次执行程序。申请执行人发现被执行人有可供执行财产的,可以再次申请执行;再次申请执行不受申请执行时效期间的限制。中止和终结执行的裁定,送达当事人后立即生效。

(七)对妨碍民事诉讼的强制措施

对妨碍民事诉讼的强制措施,是指在民事诉讼过程中,当事人、其他诉讼参与人以及其他人发生妨碍民事诉讼的行为时,人民法院为保障诉讼程序的顺利进行,而依法可以对相关人员采取的强制措施。具体包括拘传、训诫、责令退出法庭、拘留、罚款等方式。

必须到庭的被告,经两次传票传唤仍拒不到庭的,人民法院可以通过拘传的方式强制其到庭。人民法院对违反法庭规则的人,可以予以训诫、责令退出法庭或者拘留、罚款。人民法院对哄闹、冲击法庭,侮辱、诽谤、威胁、殴打审判人员,严重扰乱法庭秩序的人,依法追究刑事责任;情节较轻的,予以拘留、罚款。

诉讼参与人或者其他人有下列行为之一的,人民法院可以根据情节轻重予以罚款、拘留;构成犯罪的,依法追究刑事责任:(1)伪造、毁灭重要证据,妨碍人民法院审理案件的;(2)以暴力、威胁、贿买方法阻止证人作证或者指示、贿买、胁迫他人作伪证的;(3)隐藏、转移、变卖、毁损已被查封、扣押的财产,或者已被清点并责令其保管的财产，转移已被冻结的财产的；(4)对司法工作人员、诉讼参加人、证人、翻译人员、鉴定人、勘验人、协助执行的人，进行侮辱、诽谤、诬陷、殴打或者打击报复的；(5)以暴力、威胁或者其他方法阻碍司法工作人员执行职务的；(6)拒不履行人民法院已经发生法律效力的判决、裁定的。人民法院对有前述规定的行为之一的单位，可以对其主要负责人或者直接责任人员予以罚款、拘留；构成犯罪的，依法追究刑事责任。

当事人之间恶意串通，企图通过诉讼、调解等方式侵害他人合法权益的，人民法院应当驳回其请求，并根据情节轻重予以罚款、拘留；构成犯罪的，依法追究刑事责任。被执行人与他人恶意串通，通过诉讼、仲裁、调解等方式逃避法律文书确定的义务的，人民法院应当根据情节轻重予以罚款、拘留；构成犯罪的，依法追究刑事责任。

有义务协助调查、执行的单位，有妨碍或拒绝人民法院调查取证，拒不协助执行查询、扣押、冻结、划拨、变价财产等拒绝协助行为的，人民法院除责令其履行协助义务外，并可以处以罚款；还可以对其主要负责人或者直接责任人员予以罚款，对仍不履行协助义务的，可以予以拘留，并可以向监察机关或者有关机关提出予以纪律处分的司法建议。

对个人的罚款金额，为人民币十万元以下；对单位的罚款金额，为人民币五万元以上一百万元以下。拘留的期限，为十五日以下。被拘留的人，由人民法院交公安机关看管；在拘留期间，被拘留人承认并改正错误的，人民法院可以决定提前解除拘留。

二、合同纠纷民事诉讼过程中的法律风险

民事诉讼的进行过程具有明显的阶段性；在不同的诉讼阶段，当事人需按照法律的规定实施不同的诉讼行为，行使不同诉讼权利、履行不同的诉讼义务。在不同的诉讼阶段中当事人所面临的法律风险也是不同的。本书对合同纠纷在民事诉讼过程中的主要法律风险归纳总结如下。

1. 诉讼策略选择不当的法律风险

本书中所称的诉讼策略，是指发生合同纠纷的当事人，就纠纷的解决是否提起诉讼、如何提起诉讼以及如何应对他人对己方提起的诉讼等事项，基于对案件事实、证据、法律规定的掌握，所设计、制订的有利于维护己方合法

权益的方针和方案。例如,证据无法收集齐全的争议或相关法律规定不明确的争议是否适合提起诉讼、提起诉讼后又有哪些特别的注意事项;对方当事人存在重大违约行为时,诉讼中应主张解除合同并要求对方赔偿损失还是应主张继续履行合同并要求对方承担违约责任;对于合同效力存在法律上的瑕疵、且对方存在重大违约行为的合同纠纷,是应当在诉讼中主张撤销合同并要求对方承担缔约过失责任、还是应主张解除合同并要求对方承担违约责任等。

诉讼策略的正确选择对案件的走向及己方诉讼目的的实现均有重要的影响。当事人对任何具体诉讼事项的策略性错误,都可能导致有机会胜诉的案件全部或部分败诉、纠纷丧失正常的处理途径、案件的处理时限严重拖延、蒙受额外的经济损失、被人民法院予以处罚等严重的不利后果。诉讼策略选择的错误是民事诉讼中对当事人利益影响最大、也最难以在诉讼过程中通过调整、变更进行消除的法律风险。实践中,当事人对诉讼策略的错误选择,主要是对与纠纷相关的法律规定掌握不全面、不准确,对案件事实的法律性质认识错误,或对诉讼案件重视程度不够等原因造成的。

2. 案件管辖法院选择不当的法律风险

当事人在确定通过民事诉讼的方式解决合同纠纷、并已完成必要的诉前准备工作后,就需要向具体的人民法院提起民事诉讼。对于合同纠纷而言,根据《民事诉讼法》的规定,当事人可以约定由与争议有实际联系的地点的人民法院对案件进行管辖;没有约定或约定无效的,则由被告所在地或合同履行地人民法院管辖。因此,在具体的合同纠纷案例中,对案件具有管辖权的人民法院可能不止一个,向哪个人民法院提起诉讼就会成为一审程序原告方当事人首先需要解决的问题;而对于一审程序中的被告方当事人来说,在收到受诉人民法院送达的应诉材料后,首先需要考虑的问题就是受诉人民法院是否对案件具有管辖权、是否需要提出管辖异议。

我国是单一制国家,除港澳台地区外,全国所有地区均实行完全相同的民事法律制度,全国所有法院均以相同的法律规范为诉讼案件的裁判依据。但我国地域辽阔,经济、社会发展不平衡的现象明显,导致不同地区的人民法院审判案件的司法理念也存在诸多差异。尤其是改革开放以来一直饱受诟病的司法案件审理过程中的地方保护主义,在一些地方仍然存在。此外,案件由不同地区的人民法院审理,在当事人参加诉讼的便利性、经济成本的负担等方面也有明显的差别。因此,选择便于己方参加诉讼、司法理念先进、尊重当事人诉讼权利、公正司法、对当事人的权利公平保护的人民法院作为案件的受理法院,对有效降低诉讼成本,有效维护当事人的利益等具有重要意义。当事人若对管辖法律制度了解不全面而错误地选择了管辖法院,将可能出现由于在异地参加诉讼而使各种诉讼成本明显升高、由于不了解受诉人民法院的工作习惯而使己方在诉讼过程中承担损失、由于不了解受诉人民法院审理类似案件的通常裁判观点而使案件纠纷处理的法律风险增加等结果;极端的情况下,还可能会受到地方保护主义的不利影响。

3. 证据的收集和提供不符合要求的法律风险

在民事诉讼过程中,当事人关于案件事实的争议需要由各方当事人通过举证证明的方式来解决。当事人未能提供证据或者提供的证据不足以证明其事实主张的,由负有举证证明责任的当事人承担不利后果。此外,为保证民事诉讼程序的顺利、有序进行,防止当事人在诉讼过程中随时提出证据可能造成的诉讼程序不当中断,《民事诉讼法》还规定了举证期限制度,即当事人应当在人民法院指定的举证期间内提供证据。因此,按照法律认可的证据形式、收集方法及举证时限收集、提供能够证明己方事实主张的各类证据材料,是当事人诉讼目的得以实现的基本条件,也是当事人在民事诉讼过程中必须完成的重要工作内容。在民事诉讼过程中,负有举证责任的当事人所提供的证据不全面、不充分的,该方当事人所主张的事实将得不到人民法院的认可,将会面临案件全部或部分败诉的后果;未按人民法院指定的期限举证的,所举证据将可能不被采纳或虽被采纳、但当事人可能会被人民法院处以训诫、罚款的处罚措施。司法实践中,由于所主张的事实没有足够的证据支持而案件全部或部分败诉的案例占有很高的比例。

当事人对证据的收集和提供不符合法律规定主要有以下一些原因:对关于证据的形式、取得方法、举证责任、证明效力、对事实的证明标准、举证期限等方面的法律规定掌握不全面或存在错误的认识;在合同的订立、履行等过程中未对相关事实的发生采用适当的方法收集、固定证据材料;未对不同形式的证据材料采取适当的收集、固定和保管方法;对诉讼过程中依法收集和提交证据的重要性认识不足、重视不够;等等。

4. 案件开庭审理前准备不充分、不恰当的法律风险

在民事案件被人民法院受理后、开庭审理前，当事人需围绕案件开庭审理时的实际需要进行大量的准备工作。例如明确己方的诉讼主张，对各方可能在法庭上出示的证据材料准备举证、质证意见，对与纠纷的处理相关的法律法规结合案件事实进行分析，对双方可能的争议焦点进行合理的预测，就己方诉讼主张的成立从事实的认定和法律的适用两方面详细预备需要向法庭陈述的意见等。当事人在案件开庭审理前进行充分、恰当、有针对性的准备工作，是案件开庭审理时己方能够提出有说服力的庭审意见的基本保障，对当事人诉讼目的的实现有重要的影响。当事人在案件开庭审理前未进行必要的准备工作或所作的准备工作不符合案件实际需求的，则在随后的开庭审理过程中将可能无法准确明确己方诉讼主张，或无法围绕己方诉讼主张有针对性地提出案件事实应如何认定、法律应如何适用等方面的有效、具体意见，从而导致己方的诉讼主张全部或部分得不到人民法院的支持。

在案件开庭审理前的准备工作不充分、不适当的原因主要有：当事人及其代理人在思想上对庭审准备工作重视程度不够，或将事实认定或法律适用较为复杂的案件误认为争议不大的简易案件而未对案件涉及的事实或法律进行细致的分析；对案件客观事实、各方当事人的事实主张、证据可以证实的事实、与案件的处理结果有关系的事实等掌握不全面或存在错误认识；对与案件的处理有关的法律法规掌握不全面或存在错误的理解；等等。

5. 案件开庭审理应对不当的法律风险

民事诉讼中的开庭审理，是指在审判人员的组织和主持下，各方当事人按照法律规定的程序和规则，陈述己方的诉讼主张，并为支持己方主张及反驳对方主张而陈述事实、举证、质证，以及陈述法律适用意见的诉讼过程。案件的开庭审理是民事诉讼过程的核心环节，是审判人员全面听取各方当事人关于案件事实认定和法律适用的意见，以及各自诉讼主张的过程；也是当事人全面、系统、完整地提出己方的诉讼请求或针对对方诉讼请求的抗辩意见等，以及己方的诉讼主张为什么能够成立、有哪些证据可以证明相关事实、有哪些法律法规能够提供依据等全部意见的过程。因此，对于当事人而言，案件的开庭审理过程实际就是通过有理有据地提出己方对于案件所涉事项的全部观点、尽力说服法庭形成对己方有利的裁判观点的过程。在此过程中，如当事人所采取的相关

应对措施不当,将会使得己方所提出的关于案件事实或法律适用的观点缺乏说服力,从而可能导致所提出的诉讼主张因缺乏事实或法律依据而无法得到人民法院的支持。

当事人在开庭审理过程中应对措施不当的常见原因有:开庭审理前的准备工作不充分、缺乏针对性;对开庭审理的程序和规则不了解或存在错误的理解;对与案件的处理有关系的事实或法律法规等掌握不全面或存在错误认识;诉讼经验不足,对开庭审理过程中出现的预先未预料到的问题无力积极应对;等等。

6. 未依法行使诉讼权利、履行诉讼义务的法律风险

当事人在参加民事诉讼的过程中,享有法律规定的诉讼权利,同时也需承担相应的诉讼义务。当事人享有的诉讼权利涉及诉讼过程的方方面面,既有体现当事人对民事实体权利的行使和处分的权利,如提出、增加、变更、放弃诉讼请求的权利,承认或反驳对方诉讼请求及提起反诉的权利,申请执行生效法律文书的权利等;也有为保障实体权利而享有的程序权利,如起诉权、撤回起诉的权利、应诉答辩的权利、举证质证权、辩论权、申请保全的权利等;还有为保障案件审理过程的公正性而赋予当事人对诉讼程序进行监督的权利,如申请管辖异议的权利、申请回避的权利、上诉权等。当事人在诉讼过程中应依法、及时行使相关权利,未行使或未依法、及时行使诉讼权利的,将可能造成其民事实体权利受到损害。例如超出法定诉讼时效期间提起诉讼的,对方当事人可以诉讼时效届满为由对债权进行抗辩;当事人未在人民法院指定的举证期间内提供证据的,人民法院可以对该证据不予采纳,或虽采纳证据但可对当事人予以训诫、罚款等。当事人在不符合法定条件的情形下行使权利的,其提出的权利主张将得不到人民法院的支持,恶意行使诉讼权利的还可能构成滥用权利的违法行为。例如,在纠纷中不存在法律认可的利益而提起诉讼的,其起诉或诉讼请求将会被人民法院依法驳回;编造虚假事由提起诉讼,损害他人合法权益的,将可能构成妨碍诉讼的行为而受到人民法院的处罚。

当事人在诉讼过程中应当履行的义务,有些是对当事人行使诉讼权利的时限和方式的要求,如不得滥用诉讼权利的义务,提起诉讼或鉴定申请后交纳诉讼费、鉴定费的义务,按照人民法院指定期限提供证据的义务等;有些是为保障对方当事人实体权利的实现而设置的,如履行生效判决、裁定、民事调解书的义务;还有一些则是为保障诉讼程序的顺利进行而设置的程序性义务,如按时到

庭参加诉讼的义务,服从法庭指挥的义务,遵守诉讼秩序的义务等。当事人在诉讼活动中需按照法律规定和人民法院的指定履行各项诉讼义务;不履行或履行不符合要求的,将需要承担相应的不利后果。例如,当事人不履行交纳各项费用义务的,其所提出的起诉或各种申请将不被人民法院受理或按撤回处理;当事人不履行生效法律文书的,对方当事人有权申请强制执行;当事人不遵守法庭规则,不服从法庭指挥的,将会被法庭训诫、警告;扰乱法庭秩序的,还会被处以拘留、罚款等强制措施,情节严重的,还会被按照扰乱法庭秩序罪追究刑事责任。

7. 与民事诉讼相关的刑事法律风险

在市场经济的条件下,企业或个人与他人发生包括合同纠纷在内的各类民事纠纷后,通过提起或参加民事诉讼的方式解决纷争是当事人维护己方合法权益的常见途径。当事人在诉讼过程中实施的相关行为都是为了争取人民法院作出对己方有利的裁判意见,实现己方利益的最大化。实践中,部分当事人会出于追求不法利益的目的而采取损害对方当事人合法利益、妨碍民事诉讼程序正常进行的手段。因此,《民事诉讼法》规定当事人滥用诉讼权利或不依法履行诉讼义务的,需要承当相应的法律责任。此外,为保护诉讼当事人的合法权利,维护诉讼秩序,保障人民法院诉讼活动的正常进行,我国《刑法》已将当事人或其他诉讼参与人在诉讼过程中实施的严重危害司法秩序的行为规定为犯罪行为,相关人员如在诉讼活动中实施相应行为的,将会被司法机关依法追究刑事责任。例如,以捏造的事实提起民事诉讼,妨害司法秩序或者严重侵害他人合法权益的,相关行为将构成虚假诉讼罪;对人民法院的判决、裁定有能力执行而拒不执行,情节严重的,相关行为将构成拒不执行判决、裁定罪,会被司法机关追究相应的刑事责任。

对于企业而言,由于民事诉讼过程中的不当行为而被追究刑事责任,将会导致企业被处以罚金、直接负责的主管人员和其他直接责任人员被处以有期徒刑、拘役等刑罚的后果;还可能被相关机构列入信用惩戒名单,对企业的经营活动及社会形象造成无法弥补的损失。刑事责任风险是民事诉讼过程中可能给当事人带来最大利益损失的法律风险,企业作为当事人在诉讼活动中实施相关行为时,应充分识别行为的性质及可能的后果,尽最大的可能避免实施可能被追究刑事责任的行为。

三、合同纠纷民事诉讼过程中的法律风险防控

民事诉讼本身程序较多，每项程序涉及的法律、司法解释的规定又较为复杂，使得合同纠纷在民事诉讼过程中面临的法律风险也纷繁复杂。本部分内容仅对前文中归纳总结过的几类常见、主要法律风险的防控方法作出介绍。

（一）诉讼策略的正确选择

企业在面临合同纠纷时，应综合权衡纠纷本身的解决以及所涉及的其他相关事项，审慎作出是否通过民事诉讼解决纠纷的决定。作为一审原告方提起诉讼时，应选择最有利于实现己方交易目的的方案确定诉讼请求；作为一审被告方应对他人已经提起的诉讼时，应根据双方对事实、责任承担等方面的意见分歧情况，合理确定应诉方案。

1. 对是否通过民事诉讼的途径解决纠纷的抉择

民事诉讼本身就是充满风险的活动，并不是所有当事人的诉求都能通过民事诉讼的途径得到实现。实践中，民事诉讼的当事人诉讼目的最终未能实现的原因多种多样，大体可以归纳为以下几种类型：一是当事人认为受到的损害或其自认为应享有的权利无法得到法律上的认可。例如买卖合同中的买受方，在订立合同甚至收到货物后，发现其他的购买渠道价格更低或购买条件更优惠，自认为原合同的履行造成其损失，而要求出卖方补偿差价或要求退款退货等。二是当事人所主张的权利及要求他人承担责任的主张虽然有法律依据，但其所举证据无法证明其主张。例如，买卖合同中的买受人主张对方交付的标的物质量不合格，却无法提供证明产品质量问题的证据或提供的证据不足以证明标的物存在质量问题。三是当事人未在法律规定期间内行使权利，导致其丧失相应权利或对方提出的抗辩权得到人民法院的支持。前者如买卖合同中的买受人发现收到的标的物质量或数量不符合合同约定，但未在法定或约定的异议期内向对方提出，导致其提出异议的权利消灭；后者如买卖合同的出卖人交付标的物后未在法定诉讼期间内向对方主张合同价款，导致对方基于诉讼时效提出的对债权的抗辩得到了人民法院的支持。四是当事人的诉讼请求虽得到了人民法院的支持，但由于对方没有履行能力或其他原因而使判决结果无法得到实际执行。

因此，当事人在交易活动中遭遇交易障碍或因交易受到损失，难以通过其

他途径解决纷争时,应首先对纠纷涉及的事实和法律问题进行全面的分析和评估,然后根据评估结果审慎决定是否提起民事诉讼。在己方的诉求明显缺乏事实根据或法律依据时,提起民事诉讼应当特别谨慎。否则,不仅己方的诉求难以得到人民法院的支持,还会在漫长的诉讼过程中因支付诉讼费、鉴定费、律师代理费等费用而造成己方的损失继续扩大;还可能长期陷入纠纷之中而无法及时另行安排交易,导致己方蒙受其他经济损失。在己方的诉求客观上具有事实根据和明确的法律依据、但缺乏足够的证据支持时,应根据相关证据补充收集的可能性、对方当事人对纠纷所涉及的基本事实是否认可、欠缺证据支持的事实对纠纷处理结果影响程度的大小等因素,分别采取继续与对方协商解决、补充收集证据后提起诉讼、提起诉讼后申请人民法院调取证据等方法解决争议。在己方诉求的法律依据较为模糊,司法实践中对类似案例的处理没有形成明确的裁判意见时,通过诉讼解决争议应慎重,相关纠纷的处理应优先通过继续与对方当事人协商等方式解决;确实无法协商解决的,也应在综合考虑诉讼所需投入的成本及案件全部或部分胜诉的可能性后,审慎决定是否提起诉讼。

此外,通过协商解决纠纷可以实现的利益与通过民事诉讼所可能实现的利益、需要付出的诉讼成本等的对比情况,对方当事人是否具有足够的履行能力,双方间的交易合作关系是否具有继续维持的必要,周期漫长的诉讼程序是否会对纠纷所涉及交易的进行及企业自身的其他经营活动等形成明显不利的影响,纠纷所涉及的相关事项是否会由于在民事诉讼程序中被人民法院依法向社会公开而对企业的经营造成不利影响等事项,也是企业选择是否通过民事诉讼解决合同纠纷时需要考虑的重要内容。

2. 一审原告方当事人诉讼策略的选择

在同一合同纠纷中,当事人基于相同的事实可以根据不同的法律规定提出不同的诉讼主张;而不同诉讼主张的成立所对应的法律上的构成条件是不同的。例如,在约定有所有权保留的买卖合同纠纷中,出卖人因买受人未依约支付价款提起民事诉讼时,既可以要求对方继续履行合同支付剩余价款,也可以要求对方根据所有权保留的约定返还已收取的合同标的物;而具体应选择何种诉讼请求,则需要出卖方根据自身的利益诉求、对方的履行能力、合同的实际履行情况等进行选择。当事人在交易活动中与他人发生合同纠纷并选择通过民事诉讼的途径解决争议时,需详细了解与争议相关联的法律法规、司法实践中与纠纷有关的裁判规则以及案件的具体情况，合理选择诉讼策略，并据此在诉讼中提出合理、适当的诉讼请求及所依据的事实、理由。如诉讼策略选择不当，所提出的诉讼请求将可能因缺乏证据支持、没有法律依据、无法实际履行、不符合己方真实需求等原因而无法得到人民法院的支持，或虽可得到支持却因无法实际履行而使己方的诉讼目的落空。

具体而言，合同一方当事人在发现对方存在违约行为致使己方利益受损，或发现合同存在不成立、可撤销、无效等情形，继续履行将不符合己方利益，且纠纷无法通过协商解决而不得不通过民事诉讼解决时，首先，应详细分析、研究与该纠纷有关的法律规范及实践中广为接受的司法裁判规则，根据案件的具体事实确定己方有哪些可以选择的诉讼主张。其次，根据法律规范及裁判规则关于各种不同的诉讼主张构成要件的规定，审查双方在合同订立和履行过程中形成的证据可以证实的事实是否符合规范的要求；再对不同诉讼主张可以得到支持的可能性大小，诉讼结果可以得到实际履行的可能性大小，与己方利益相符合程度的高低等作出综合、全面的评估后，选择最有利于实现己方利益的诉讼主张。例如，对方当事人存在严重的违约行为导致己方合同目的不能实现时，己方既可以选择要求对方继续履行合同并赔偿违约行为已经造成的损失，也可以选择要求解除与对方的合同关系并要求对方赔偿己方所受的损失。此时己方究竟应作出何种选择就需要根据己方继续交易的意愿、对方的履行意愿和能力等进行综合的分析、权衡；如己方无意与对方继续交易，或对方缺乏履行意愿和能力，继续交易将可能再次出现违约行为，则可以考虑与对方解除合同；反之，则可以考虑选择继续履行合同。

3. 一审被告方当事人诉讼策略的选择

对于在诉讼程序中处于被要求承担责任的一方即一审被告方来说，虽然是否就纠纷的解决向人民法院提起诉讼及以何种理由提出何种诉讼请求，均是对方当事人即原告方决定的。但在被人民法院通知应诉时，人民法院会同时将对方向人民法院提交的民事起诉状副本发送被告。此时，被告方当事人即需针对对方的诉讼请求及所依据的事实和理由确定己方的诉讼策略。

在民事诉讼中，人民法院对案件的审理对象是原告的起诉是否符合法律规定的条件及提出的诉讼请求能否成立。被告方当事人在收到应诉通知后，就需要根据案件的事实及相关的法律规定，以及己方对纠纷处理的意见，确定己方的诉讼策略。对于权利义务关系明确,己方确实存在违约行为,对方诉讼请求合法合理的纠纷,如常见的各种欠付合同价款的纠纷,可以在认可对方基本诉讼请求的基础上尽量争取对方在违约责任的追究方面作出让步,尽可能减少己方因承担违约责任而遭受的损失,以及纠纷可能给己方的信用、商誉造成的不良影响。对于对起诉的事实没有异议,但认为对方的诉讼请求缺乏法律上的理由即法律依据欠缺的案件,则应详细研究、分析相关的法律规定及人民法院处理类似案件的裁判规则,并根据案件事实找到能够支持己方主张的法律依据,在随后的应诉、答辩、辩论中向法庭提出对方诉讼请求不能成立的理由,争取法庭驳回对方的诉讼请求。对于对对方起诉的事实有异议、或对起诉的事实和理由均有异议,不认可对方诉讼请求的案件,则应从事实和法律两方面展开应诉工作。其中,事实部分主要应通过己方收集、提供证据等积极举证的方式提出己方的事实主张、并反驳对方的事实主张;法律方面则需要在己方充分举证的基础上,提出有利于己方诉讼目的实现的法律适用意见。对于认为不仅对方的诉讼请求不能成立,而且对方因存在违约行为还需向己方承担民事责任的案件,则应在法律规定或人民法院指定的期限内适时提出反诉,以抵消或吞并对方的诉讼请求,更全面、积极地维护己方的合法权益。

(二)案件管辖法院的依法确定

根据我国《宪法》和《人民法院组织法》等法律的规定,人民法院主要是按照行政区划设立的。在级别上设置有国家级的最高人民法院、省高级人民法院、地市级的中级人民法院及县区级的基层人民法院。地域上,一般在每一相应的县区级以上行政区划内均设置有相应级别的人民法院。此外,在一些地区还设置有知识产权、金融、互联网、海事等专门人民法院。对于合同纠纷的案件,当事人需要根据双方是否就案件的管辖作出了约定,分别适用相应的法律规范确定案件的管辖法院。

1. 有管辖协议时案件管辖法院的确定

根据《民事诉讼法》的规定,合同纠纷或者其他财产权益纠纷的当事人,可以书面协议选择被告住所地、合同履行地、合同签订地、原告住所地、标的物所在地等与争议有实际联系地点的人民法院管辖,但不得违反法律关于级别管辖和专属管辖的规定。因此当事人在订立管辖协议时,只能就案件的地域管辖进行约定、而不能对级别管辖进行约定,且地域管辖的约定不得选择与争议没有联系地点的人民法院,也不得违背《民事诉讼法》关于对不动产纠纷、港口作业纠纷、继承遗产纠纷进行专属管辖的规定。此外,管辖协议的内容应当明确,应当能够根据对约定内容的合理理解确定双方所选择的管辖法院。管辖协议约定的内容不符合前述法律规定,或内容不明确无法确定案件管辖法院的,则管辖协议无效,相关争议需按照法定管辖制度确定管辖法院。

(1)管辖协议或条款的效力判断

实践中,当事人对管辖协议的约定五花八门、形形色色。常见的如"甲方或乙方所在地人民法院""合同履行地或合同签订地人民法院""守约方所在地人民法院""某省或某市人民法院"等;此外还有"由甲方或乙方确定管辖法院""由某经济纠纷人民法院管辖"等。在这些约定中,符合前述法定要求且实践中基本对效力不存在争议的,只有根据当事人交易地位或名称确定管辖法院的约定,即约定"甲方或乙方所在地人民法院管辖""某某公司所在地人民法院管辖"的约定。

除此以外的其他约定中,根据当事人在诉讼中的地位即"原告或被告所在地人民法院"的约定,尽管也存在诉讼开始以前双方诉讼地位不确定故无法确定管辖法院的观点,但实践中人民法院一般认可此类约定,认为应按诉讼发生时当事人的实际诉讼地位确定案件管辖法院,故也可以认为此类约定为有效约定。约定当事人可向"各自所在地人民法院"起诉的,虽然也有内容是否明确的争议,但一般认为此类约定应按诉讼实际发生时原告方所在地确定管辖法院,故也属有效约定。约定由"合同履行地或合同签订地人民法院"管辖的,如合同内容中约定了合同履行地或合同签订地,则此类管辖约定内容也是明确的,如无其他不符合法定要求的情形,是可以作为确定管辖法院依据的;但如合同中未约定合同履行地或合同签订地,则往往会由于双方当事人对合同履行地或合同签订地的主张不同,而在当事人间产生案件管辖的争议。约定由"守约方所在地人民法院"管辖或类似内容的,由于纠纷发生后当事人往往互相指责对方违约,而是否存在违约是人民法院通过对案件进行实体审理才能确定的事实,故此类约定一般不能作为确定案件管辖法院的依据。

管辖协议直接约定争议由某具体名称的人民法院管辖的,如该法院真实存在、所在地与争议所涉及的合同具有实际联系,且符合法律关于级别管辖的规定,则此类约定当属有效;如所约定法院实际不存在,或所约定法院的所在地与争议没有实际联系，则管辖协议无效。但如所约定的法院不符合级别管辖规定，如将本应由下级人民法院管辖的案件约定为由上级人民法院管辖，或将本应由上级人民法院管辖的案件约定为由下级人民法院管辖，此类约定因不符合法律关于级别管辖的规定，故所约定的法院自然不会对案件进行管辖。但此种情形下是否应由同一地域内相应级别的人民法院管辖，则是在实践中存在较大争议的问题。例如约定争议由武汉市江岸区人民法院管辖，但根据法律关于级别管辖的规定，诉讼标的额超过了江岸区人民法院的管辖标准，则此案是否应由武汉市中级人民法院管辖，在实践中就存在较大的争议。

(2)案件管辖法院的确定

作为一审原告方的当事人在向人民法院提起诉讼时，应首先审查合同中是否有关于争议管辖法院的约定，以及约定是否符合法律规定，内容是否明确具体、可以准确识别管辖法院。如所约定内容符合法律规定的要求，且能够准确识别争议管辖法院，则一般应向双方协议中选择的人民法院提起诉讼；而不应一味追求有利于己方的原则而置约定内容于不顾向便利己方诉讼的其他人民法院起诉。否则案件极有可能被所选择的人民法院不予受理，或即使勉强受理，在对方提出管辖异议后案件也大概率会被移送至约定的人民法院管辖。这导致不仅己方期望便利诉讼的目的无法实现，而且还会由于管辖争议的解决致使争议处理周期大为延长，纠纷不能得到及时解决并额外增加诉讼成本。

如所约定的管辖协议效力存在争议，内容不够明确、管辖法院的确定存在不同理解，则可以结合约定的具体内容及《民事诉讼法》关于法定管辖的规定，并根据对方的诚信情况等，合理选择管辖法院。如对方经济实力雄厚、诚信状况良好、争议案件的事实清楚、对方所处地域经济社会发展水平较高、司法活动中地方保护主义色彩较淡等，则可以选择便利对方诉讼即对方所在地的人民法院管辖，以避免可能的管辖异议争议给纠纷处理带来的波折；反之，则可以根据约定或法律规定中有利于己方的理解，争取在便利己方诉讼的人民法院处理纠纷，但需作好对方提出管辖异议后的应对方案，并需承担对方提出的管辖异议被支持后案件被移送的诉讼风险。

如所约定的管辖协议明显属于无效约定，或内容不明确、无法确定管辖法院，则管辖协议不能作为确定管辖法院的依据，当事人应按照《民事诉讼法》及相关司法解释关于合同纠纷管辖的规定，即法定管辖的规则确定管辖法院。

2. 没有管辖协议时案件管辖法院的确定

如当事人未订立管辖协议(包括合同争议解决条款中关于管辖法院的约定及事后达成的管辖协议),或订立的管辖协议内容不符合《民事诉讼法》规定、内容不明确无法确定案件管辖法院的,则相关争议需按照《民事诉讼法》及相关司法解释关于管辖的规定确定管辖法院,即法定管辖。

(1)《民事诉讼法》关于合同纠纷管辖的规定

《民事诉讼法》第 24 条规定,因合同纠纷提起的诉讼,由被告住所地或者合同履行地人民法院管辖。此外,《民事诉讼法》还规定,因保险合同纠纷提起的诉讼,由被告住所地或者保险标的物所在地人民法院管辖;因票据纠纷提起的诉讼,由票据支付地或者被告住所地人民法院管辖;因铁路、公路、水上、航空运输和联合运输合同纠纷提起的诉讼,由运输始发地、目的地或者被告住所地人民法院管辖。除前述保险合同纠纷、票据有关的纠纷、运输合同纠纷外,对其他的各种合同纠纷具有管辖权的均为被告住所地和合同履行地的人民法院。

实践中,如提起诉讼的一方当事人即诉讼中的原告向对方即被告住所地人民法院提起诉讼,则一般不会引发双方间的管辖争议;但如原告以向合同履行地人民法院起诉为由,向被告住所地以外的其他人民法院提起诉讼,则容易在当事人之间形成管辖异议的争议。

(2)合同纠纷诉讼中关于“合同履行地”的争议

民事诉讼法律制度中合同履行地的确定,是目前我国民事诉讼法律规范和司法实践中均较为复杂的一个问题。在《民事诉讼法司法解释》出台以前,当时的规定采用了根据合同类型确定合同履行地的规则,常见的如买卖合同以交货地为合同履行地,承揽合同以加工行为地为合同履行地等。在此种规则下,合同履行地的确定只与合同类型有关,而与当事人所提的诉讼请求无关。虽然该规则实际上已被《民事诉讼法司法解释》废止,但由于以前的数十年里均执行该规则,在很多地方的人民法院办案人员心目中已形成思维定式,现在仍有不少人民法院在适用该规则处理案件的管辖争议。

《民事诉讼法司法解释》(2015 年)第 18 条则规定,合同约定履行地点的,以约定的履行地点为合同履行地。合同对履行地点没有约定或者约定不明确,争议标的为给付货币的,接受货币一方所在地为合同履行地;交付不动产的,不动产所在地为合同履行地;其他标的,履行义务一方所在地为合同履行地。即时结清的合同,交易行为地为合同履行地。合同没有实际履行,当事人双方住所地都不在合同约定的履行地的,由被告住所地人民法院管辖。该规定对合同履行地的确定采用了与以往规则完全不同的思维模式,概括起来说就是如合同约定了合同履行地则按约定确定,无论何方当事人以何种理由提出了何种诉讼请求,均无例外;但如合同中未约定履行地,则合同履行地的确定需按照当事人间争议标的的不同而分别确定,也就是说,由同一合同发生的争议,当事人在诉讼中争议的内容不一样的,合同的履行地也不一样,对案件享有管辖权的人民法院也将发生变化。

该新的确定合同履行地的规则实施后几年来在实践中的理解和运用并不一致,相关争议主要集中在“争议标的”如何确定的问题上。具体而言,主要是指争议标的是指诉讼请求本身还是诉讼请求所指向的合同义务。前者是指直接将诉讼请求内容确定为争议标的本身,如只要是起诉要求对方当事人支付款项的,就认为争议标的为给付货币,并将接受货币一方即提起诉讼的原告方所在地确定为合同履行地;至于所要求支付的货币是由于未履行合同付款义务所承担的继续履行合同的义务,还是对方履行其他义务不完全、有瑕疵应承担的赔偿或退款义务,均在所不问。而后者则认为,争议标的并不是指诉讼请求本身,而是指诉讼请求所对应的合同义务。例如,同样是起诉要求对方支付货币,如提出该诉讼请求是因对方未履行合同中的付款义务,则争议标的是给付货币,原告作为接受货币的一方,其所在地为合同履行地;但如提出要求对方支付货币的诉讼请求的原因是对方向己方提供的标的物质量不合格而要求对方承担赔偿损失责任,则此时要求对方支付货币的诉讼请求对应的合同义务是对方提供的标的物不符合约定质量要求,争议标的为对方履行交货的合同义务是否符合约定,应按“其他标的,履行义务一方所在地为合同履行地”的规定,确认对方所在地为合同履行地,原告所在地法院将对案件没有管辖权。此项争议至今在各类合同案件管辖争议中仍广泛存在,谁是谁非尚无定论。但从合理性上分析,后一种观点显然更符合法理和立法本意,最高人民法院在已公布的部分个案裁判意见中也支持了该观点。

(3)无有效约定时案件管辖法院的选择

合同纠纷的当事人作为诉讼中一审原告方起诉时,如双方间没有订立管辖协议,或管辖协议因无效、不明确等不能作为确定案件管辖法院的依据,即需按照法律规定的管辖制度选择被告住所地或合同履行地人民法院。此时，根据《民事诉讼法司法解释》规定的合同履行地确定规则，己方所在地为合同履行地的，则可以向己方所在地人民法院提起诉讼，诉讼过程中处理各项事务时的便利程度会大为提高，也可以避免对方所在地人民法院可能存在的地方保护主义对己方利益的不利影响；己方所在地确定不属于合同履行地的，则一般应按照法律规定到被告所在地人民法院或其他有管辖权的人民法院起诉。如对于己方所在地是否属于合同履行地存在争议，则可以根据对方的诚信情况、纠纷的争议大小和复杂程度、可选择人民法院的司法理念先进程度等，合理选择管辖法院。

3. 管辖异议的解决

根据《民事诉讼法》的规定，人民法院受理案件后，当事人对管辖权有异议的，应当在提交答辩状期间提出。人民法院对当事人提出的异议，应当审查。异议成立的，裁定将案件移送有管辖权的人民法院；异议不成立的，裁定驳回。当事人对裁定不服的，可以向上一级人民法院上诉。当事人因不服一审裁定提出上诉后，上一级人民法院经审理认为一审裁定正确的，裁定驳回上诉，维持原裁定；认为一审裁定确有错误，上诉理由成立的，裁定撤销一审裁定，指令一审人民法院继续审理或指令一审人民法院将案件移送有管辖权的人民法院审理。

（1）管辖异议的提出和处理

原告提起诉讼时一般会优先选择便利本方参加诉讼的人民法院。被告方当事人在接到人民法院发送的应诉通知书、起诉状副本等诉讼材料后，如发现原告向被告所在地以外的人民法院起诉，则首先应根据《民事诉讼法》及相关司法解释关于案件管辖的规定进行分析，判断原告选择的管辖法院是否对案件具有管辖权。如认为受理案件的人民法院没有管辖权，则可以在应诉通知书指定的答辩期内提出管辖异议申请。管辖异议申请中应当有将案件移送至哪个人民法院审理的具体申请事项，并说明相应的事实根据和法律适用理由。已受理案件的一审人民法院就被告提出的管辖异议作出裁定后，如裁定支持了被告的异议，原告可以上诉要求撤销一审裁定、并指令一审人民法院继续审理；如裁定驳回了被告的异议申请，则被告也可以上诉请求撤销一审裁定、支持其提出的管辖异议。二审人民法院经审理后作出的裁定为发生法律效力的终审裁定，当事人不能再上诉。

实践中,有一些当事人在被对方当事人起诉后,为达到拖延诉讼的目的,而在明知受理案件的人民法院对案件有管辖权的情形下仍然提出管辖异议申请;所提申请被受诉人民法院一审裁定驳回后,还会提起上诉。此种行为不符合诚实信用原则,且存在被人民法院以妨碍诉讼追究责任的可能,故不应采用。

(2)应诉管辖制度的应用

《民事诉讼法》第37条规定,人民法院在立案后发现本院对案件没有管辖权的,应当将案件移送有管辖权的人民法院审理。《民事诉讼法》第130条第2款规定,当事人未提出管辖异议,并应诉答辩或者提出反诉的,视为受诉人民法院有管辖权,但违反级别管辖和专属管辖规定的除外。由此可见,当事人未在法定期间内提出管辖异议申请,也未应诉答辩的,对案件没有管辖权的人民法院无法取得对该案的管辖权,应当主动将案件移送有管辖权的人民法院。

因此,被告方当事人在超出管辖异议期间后发现受诉人民法院对案件没有管辖权且不愿在该院参加诉讼的,在应诉答辩前也可以向受诉人民法院书面提出该院对案件没有管辖权的意见以及所依据的事实和理由,争取由人民法院主动将案件移送至便利己方参加诉讼的人民法院。

(三)民事诉讼过程中证据的收集和提供

按照法律规定或人民法院指定的形式、期限、格式等要求向人民法院提供能够证明己方主张及反驳对方主张的证据材料,是当事人在民事诉讼过程中的重要工作内容。该项工作内容的完成包括三方面的具体工作,即证据的准备、收集和提交。

1. 证据的准备

证据的准备,是指民事诉讼中的当事人通过对案件事实和相关法律的分析,就己方诉讼主张的成立需要提供哪些证据提前进行准备的工作过程。证据的准备一般可按下列顺序展开:第一步是落实有哪些证据需要准备。首先应根据己方拟在诉讼中提出的诉讼请求或答辩意见所依据的事实进行逐项核实,落实己方拟提出的事实主张需要提供哪些证据加以支持;其次还应根据纠纷发生、发展过程中双方的利益关注点,以及双方就纠纷的解决进行协商时曾提出的主张,有预见性地分析、判断对方针对己方诉求可能提出的抗辩意见,确定对于对方可能提出的事实主张需要通过提供哪些证据进行反驳。第二步是排查己方已掌握的所有与纠纷有关的材料,包括各种书面材料、实物、视听资料、电子数据等，根据这些材料的内容，分析确定各自可以证明的案件事实；并对所有材料根据不同的表现形式、可以证明的不同事实等进行分类，并以可对外展示的方式加以固定。第三步是分析评估前面两步工作内容的成果，查找还有哪些需要用证据证明的事实没有证据支持或已有证据的证明力不足，并根据纠纷形成和变迁过程中的实际情况，以及《民事诉讼法》关于证据的相关规定，确定相应的证据收集途径，并做好相应的证据收集准备工作及采取相应的预防措施。

2. 证据的收集

证据的收集包括收集方法和收集途径两方面的内容；其中，对各种形式证据的收集方法本书第三章第五节的内容中已作了详细的介绍，不再赘述。而证据的收集途径，根据《民事诉讼法》及相关司法解释的规定，包括以下类型：

一是当事人自行收集，即对能够证明纠纷形成和发展过程中所发生事实的各种材料，当事人自己或委托的诉讼代理人依法进行收集的活动。例如向银行申请打印己方已付款的银行交易流水，向运输货物的承运人调取发货、收货票据，对已交付对方的货物的实际运行情况进行拍照、录像等。必要时，也可以在与对方协商解决纠纷的过程中，通过与对方签署对账单以确认债权、或请对方补充出具收货凭证、收款凭证、质量检验凭证等方法收集证据。

二是向人民法院提出调取证据的申请。如果所需证据由于客观原因己方无法自行收集，如他人或对方的银行账户信息，由政府相关部门保管的档案材料、权属登记信息，或涉及国家秘密、商业秘密或者个人隐私的证据材料等，则应在提起诉讼以前尽量了解清楚此类证据的保管主体、内容、可以证明的事项等内容，在提起诉讼后及时向人民法院提出调取证据申请，由人民法院进行调取。

三是申请通知证人作证。根据《民事诉讼法》的规定，凡是知道案件情况的单位或个人，都有义务出庭作证。除具有法定的特殊情形外，证人提供证言应当以出庭作证的方式进行。因此，当事人以提供证人证言的方式支持其所提出事实主张的，应当及早与证人取得联系，了解其实际掌握的案件事实是否可以支持己方的主张，并据此判断是否需要向人民法院提供该证人证言；如决定提供的，应在提起诉讼后及时向人民法院提出通知证人出庭的申请。

四是申请鉴定。对于案件事实所涉及的专门性问题，当事人可以向人民法院申请鉴定。诉讼中的专门性问题，一般是指无法通过众所周知的事实、自然规律和定理、日常生活经验法则或一般的调查方法解决,而需要由掌握专门知识或技能的专业人员通过专门的程序、采用特定的科学技术手段加以解决的问题。例如合同文件上签名、手印、印章的真伪,标的物的质量是否符合国家法定标准等。因此,当事人在诉讼中所主张的事实涉及需要通过鉴定解决的专门性问题时,应在起诉以前就鉴定所涉及的相关事项进行准备,如确定鉴定范围、了解鉴定规范、准备检材样本等材料,并在提起诉讼后及时向人民法院提出鉴定申请。

五是证据保全。根据《民事诉讼法》的规定,在证据可能灭失或者以后难以取得的情况下,当事人可以在诉讼过程中向人民法院申请证据保全;情况紧急的,也可以在提起诉讼或者申请仲裁前向证据所在地、被申请人住所地的人民法院或者对案件有管辖权的人民法院申请保全证据。因此,如存在证明己方主张的证据由他人或由对方当事人保管,且可能由于保管人的不当行为或证据的自然属性灭失的情形,当事人应在起诉前准备好申请证据保全的资料,以便在提起诉讼后及时向人民法院申请证据保全。情况紧急,不尽快采取保全措施可能导致证据灭失的,也可以在提起诉讼前向人民法院提出诉前证据保全申请。

3. 证据的提交

证据的提交,是指对案件事实负有举证责任的当事人,将己方收集、掌握的能够证明案件事实的证据材料,依照法律规定或人民法院指定的形式、格式、期限等要求,提交给人民法院的诉讼行为。根据《民事诉讼法》及相关司法解释的规定,当事人向人民法院提交证据,应当提供原件或者原物;如需自己保存证据原件、原物或者提供原件、原物确有困难的,可以提供经人民法院核对无异的复制品、影像资料或者其他替代品。书证应当提交原件;提交原件确有困难的,可以提交复制件、照片、副本、节录本;提交外文书证,必须附有中文译文。以动产作为证据的,应当将原物提交人民法院;原物不宜搬移或不宜保存的,当事人可以提供复制品、影像资料或者替代品。以不动产作为证据的,应当向人民法院提供该不动产的影像资料。以证人证言作为证据的,除具有法定不便出庭作证的情形外,应申请人民法院通知证人出庭作证。单位向人民法院提供的证明材料,应当由单位负责人及制作证明材料的人员签名或者盖章,并加盖单位印章。以视听资料作为证据的,应当提供该视听资料的原始载体。以电子数据作为证据的,应当提供原件;电子数据的制作者制作的与原件一致的副本,或者直接来源于电子数据的打印件或其他可以显示、识别的输出介质,视为电子数据的原件。当事人应当对其提交的证明材料逐一分类编号,对证据材料的来源、证明对象和内容作简要说明,签名盖章,注明提交日期,并依照对方当事人人数提供副本。

当事人应当在人民法院指定的举证期限内提交证据;在该期限内提交证据确有困难的,可以向人民法院申请延长。当事人提供反驳证据或者对已经提供的证据的来源、形式等方面的瑕疵进行补正的,可以由人民法院再次确定举证期限。当事人申请人民法院调查收集证据,或申请人民法院证据保全,或申请证人出庭作证,或申请通知有专门知识的人出庭的,均应当在举证期限届满前提交书面申请。当事人申请鉴定,应当在人民法院指定的期间内提出,并预交鉴定费用。

(四)民事诉讼案件开庭审理前的准备

在受理案件后,人民法院需要进行向当事人送达案件受理通知书、应诉通知书、起诉状副本、举证通知书等文书,确定案件审判人员并告知当事人,向当事人告知诉讼权利和义务,应当事人申请或依职权通知证人出庭、调取证据或勘验现场,确定开庭日期并通知当事人及其他诉讼参与人等审理前的准备工作。在案件被受理至开庭审理以前的期间内,当事人为争取己方的诉讼主张能够得到人民法院的支持,更应当围绕案件开庭审理的需要进行充分的准备工作。

1. 管辖异议及回避事项的处理

根据《民事诉讼法》的规定,当事人认为受诉人民法院对案件没有管辖权的,有权在答辩期内提出管辖异议申请;认为审判人员存在需回避情形的,有权以口头或书面方式申请他们回避。

关于管辖异议的提出。民事诉讼中的被告方当事人在收到人民法院送达的应诉材料后,如认为受诉人民法院没有管辖权的,应在法定期间内提出管辖异议申请,逾期提出的人民法院可不予审查。如前文所述,人民法院对案件管辖权的确定规则在实践中存在诸多方面的争议,如经分析认为受诉人民法院确实不对案件享有管辖权,且己方不愿在该院参加诉讼的,则可依法提出管辖异议申请;如受诉人民法院是否对案件享有管辖权在适用法律上存在较大争议的,也可以根据需要通过提出管辖异议申请的方式争取将案件移送到便于己方参加诉讼的人民法院审理;但如受诉人民法院对案件的管辖权清楚、明确,则提出管辖异议的行为可能会被认定为滥用权利的行为而需承担相应的法律责任,此种情形下,不应为实现拖延诉讼等不当目的而提出管辖异议申请。

关于回避申请的提出。人民法院在确定案件审判人员及书记员后,一般均会以书面形式告知双方当事人,并会同时告知当事人申请回避的条件、方式等。当事人认为存在回避事由的,可及时向人民法院提出回避申请。对审判人员提出回避申请的,由院长作出是否需要回避的决定;对书记员提出回避申请的,由审判长作出决定;决定可以书面或口头形式作出。申请人对决定不服的,可申请复议一次。复议期间,被申请回避的人不停止参与本案工作。在行使申请回避的权利时,当事人不应以拖延诉讼等不当目的对明显不具有回避事由的审判人员或书记员申请回避。

2. 争议焦点的预判

人民法院在民事诉讼中的审理对象是当事人间所存在的争议,即当事人间互相对立的诉讼主张中哪一方应得到支持;而诉讼主张本身一般并不存在对错,无法从其本身的内容中确定其是否可以成立,而是需要通过审查各方的诉讼主张是否有事实和法律依据来加以确定。

(1)诉讼主张、事实根据与法律依据

民事诉讼中双方当事人间的争议首先体现为双方所提出诉讼主张的对立。例如,买卖合同的当事人因买受方未足额支付价款而发生纠纷,出卖方在诉讼中提出要求买受方支付剩余价款的诉讼请求,该诉讼请求即为出卖方的诉讼主张;买受方则提出其不应支付剩余价款的答辩意见,该答辩意见即为买受方的诉讼主张。双方在纠纷中所提出诉讼主张的内容是对立的,但只从双方诉讼主张的内容上看,并无法确定哪一方的主张能够成立,而需要根据各方诉讼主张所依据的事实和理由来判断。出卖方要求对方支付剩余价款所依据的事实和理由,是其已保质保量完成了交货义务,对方应当承担支付全部价款的义务;而买受方则提出,出卖方虽然已全部交付标的物,但所交付的标的物不符合合同约定的质量标准,无权要求支付剩余价款。在此案例中,出卖方提出要求支付剩余价款的主张所依据的事实是其已按照约定的数量和质量履行了合同义务,所依据的法律是《民法典》关于买卖合同中买受人付款义务的规定;而买受方提出拒付剩余价款的主张所依据的事实是出卖方提供的标的物质量不符合约定,所依据的法律是《民法典》关于出卖人应按照约定的质量标准交付标的物、未依约交付的应承担相应违约责任的规定。在该买卖合同纠纷中，双方的争议焦点就是出卖方提供的标的物质量是否符合约定，买受方是否应当支付剩余价款。前者是事实问题，该问题的解决需要通过双方举证来确认是否存在相关事实；而后者则是法律适用问题，由人民法院在查明案件事实的基础上，判断买受方是否应当支付剩余价款。

当事人在民事诉讼过程中，主要的工作内容就是围绕己方诉讼主张的成立及为反驳对方的诉讼主张而举证、质证和提出辩论意见，前者是为了证明己方所主张事实的存在，后者则是为了论证己方诉讼主张的合法、合理性，也就是日常生活中所说的“摆事实、讲道理”。并且，“摆事实、讲道理”应围绕双方间的争议焦点展开，即陈述事实和举证、质证应围绕双方间存在争议的事实进行，而发表辩论意见则应当通过陈述己方诉讼主张成立的理由及反驳对方诉讼主张的模式展开论证。

(2)争议事实和理由的判断

当事人在民事诉讼过程中不仅需要根据己方的诉讼目的、案件的事实及相关的法律规定合理确定诉讼策略，并据此提出己方的诉讼主张及所依据的事实和理由，还应尽可能了解对方的诉讼主张及所依据的事实和理由。只有了解了对方的诉讼主张，才能根据双方诉讼主张的差异分析判断双方间的争议焦点，并有针对性地进行证据材料及辩论意见的准备。了解对方诉讼主张不仅需要通过总结归纳双方在纠纷形成、发展过程中对方曾经提出的意见来进行，还需要根据双方争议的事实及相关的法律规定、司法实践的经验等判断处于对方的诉讼地位时可能会提出哪些方面的诉讼主张及所依据的事实和理由；并根据双方间诉讼主张的差别，分析确定争议焦点，进行相应的诉讼准备工作。

诉讼中处于原告方地位的当事人，在确定诉讼策略及编写民事起诉状前，就需要进行该项工作，而不能仅凭己方的主观感觉起诉。同时，原告在起诉状中不应过多纠缠争议的细节部分，以为随后可能的诉讼策略调整留下必要的空间。在起诉被人民法院受理并答辩期满后，如收到了人民法院送达的答辩状副本，应详细分析对方提出的答辩意见及所依据的事实与理由，找出双方间在事实和法律两方面的争议焦点。

诉讼中处于被告方地位的当事人，在收到人民法院送达的起诉状副本后，应详细研究、分析原告方在起诉状中所提出的诉讼请求及所依据的事实与理由，并根据己方掌握的证据能证明的事实及相关法律规定，确定合理的诉讼策略，明确己方的答辩意见及所依据的事实与理由，并通过与对方起诉内容的对比，找出双方间在事实和法律两方面的争议焦点。

3. 相关申请事项的提出

人民法院受理案件后，当事人如需人民法院开展与证据有关的活动，或认为案件存在诉讼主体不全，需要追加当事人，或需要增加、变更诉讼请求，提起反诉，或需要人民法院采取诉讼保全或先予执行措施的，以及案件存在需要中止审理的事由等情形的，一般均应在案件开庭审理前向人民法院提出申请，以便人民法院及时采取相关措施或对诉讼程序作出安排。

(1)与证据有关的申请

与证据有关的申请，主要包括以下几种情形：一是当事人由于客观原因无法自行收集证据的，可向人民法院提出调查收集的申请，由人民法院依职权进行收集；二是当事人的事实主张需要通过提供证人证言的方式证明的，当事人可向人民法院申请通知证人出庭，由人民法院通知证人出庭作证；三是当事人的事实主张涉及专门性问题需通过司法鉴定解决的，可向人民法院提出鉴定申请，由人民法院按照法定程序确定鉴定机构进行鉴定；四是可以证明当事人所主张事实的证据可能灭失或者以后难以取得的，当事人可以向人民法院申请证据保全，由人民法院对相关证据进行保全。以上与证据的提供有关的申请事项均属于当事人举证手段的运用，根据《民事诉讼法》及相关司法解释的规定，一般均需在开庭以前人民法院指定的举证期限内提出。

(2)追加当事人的申请

追加案件当事人的申请，主要包括以下几种情形：一是根据《民事诉讼法》的规定，必须共同进行诉讼的当事人没有参加诉讼的，由人民法院通知其参加诉讼；当事人也可以向人民法院申请追加。此处所指“必须共同进行诉讼的当事人”，是指与案件中的当事人具有共同的权利或需共同承担义务的当事人。二是在案件一审审理过程中，原告认为有未参加诉讼的案外人需要对己方的诉求承担责任的，可以向人民法院申请追加其为被告。被告认为有案外人需与其共同或单独向原告承担责任时，由于被告是否有权申请追加当事人在实践中存在争议，当事人在具体的个案中需结合受诉人民法院的意见确定相应的诉讼策略。三是对当事人双方的诉讼标的有独立请求权的第三人,有权提起诉讼;对当事人双方的诉讼标的虽然没有独立请求权,但案件的处理结果与其有法律上的利害关系的第三人,可以申请参加诉讼,或者由人民法院通知他参加诉讼。

当事人作为一审案件中的原告或被告参加诉讼时,如发现有与案件相关联的上述几种案外人时,应分析评估他们参加到诉讼中是否有助于己方诉讼目的的实现、是否有利于相关纠纷的解决及减少诉累,认为需要他们参加的,应在案件开庭审理以前向人民法院及时提出追加当事人的申请。当事人作为案外人,发现他人间已经开始的民事诉讼程序,存在己方可以作为当事人或第三人参加诉讼时,也应对参加诉讼可能产生的利弊得失进行分析评估,认为需要参加的,一般也应在案件开庭审理以前向人民法院提出参加诉讼的申请。

(3)增加、变更诉讼请求,提起反诉的申请

一审原告方发现起诉时提出的诉讼请求有误,或起诉后发生了新的事实或者己方的诉讼策略发生变更等,需增加、变更诉讼请求的,其可以向人民法院提出增加、变更诉讼请求的申请,由人民法院对增加、变更后的诉讼请求在本案中一并审理。一审被告方当事人认为需要通过反诉维护己方权利的,可以提出反诉。反诉的当事人应当限于本诉当事人的范围;反诉与本诉的诉讼请求应基于相同的法律关系、且相互间应具有因果关系,或者反诉与本诉的诉讼请求应基于相同的事实。

根据相关司法解释的规定,在案件受理后、法庭辩论结束前,原告申请增加、变更诉讼请求,被告提出反诉,第三人提出与本案有关的诉讼请求,可以合并审理的,人民法院应当合并合理。但为尽量减少对案件审理进程的干扰、避免案件审理程序的不当中断或重复,当事人或第三人在案件开庭审理前发现需要提出、增加、变更诉讼请求或反诉的,应尽量在案件开庭审理以前的准备阶段进行。

(4)保全、先予执行的申请

根据保全对象的不同,民事诉讼中的保全可以分为对财产的保全和对行为的保全两种类型;根据实施保全措施时间节点的不同,可分为诉讼过程中进行的诉讼保全,以及因情况紧急而在提起诉讼或申请仲裁前实施的诉前保全。

作为民事诉讼原告的当事人在准备就纠纷的解决提起诉讼时,应根据纠纷的胜诉可能性、己方提供担保的能力和成本、对方当事人的经济实力和诚信状

况、申请后能够实际保全到财产的可能性大小等因素，分析评估是否需要申请采取财产保全措施及在何时申请。一般来说，对方当事人经济实力雄厚、信用状况良好、经营状态稳定的情形下，对其采取保全措施的必要性并不高；其他经营状况的则需要全面考虑前面列举的情形综合确定是否需要提出申请。确有必要采取保全措施的，应尽量在起诉以前做好关于可提供的担保措施、对方当事人可供保全的财产线索等的准备工作，以便在提起诉讼后及时向人民法院提出财产保全申请。情况紧急需要立即采取财产保全措施的，也可以按照法律规定提出诉前财产保全申请。对于对方实施了特定行为或拒不实施特定行为，造成己方损失不断扩大的案件，如技术合同中的被许可人超出约定范围或期限使用标的技术的，可以按照事件的紧急程度，适时向人民法院提出诉讼中或诉前的行为保全申请，由人民法院责令其实施或不得实施相关行为，以减轻己方所受到的损失。

此外，虽然先予执行制度在司法实践中的运用并不广泛，但当事人经分析评估认为己方的诉求或部分诉求符合先予执行法定条件的，也可以向人民法院依法提出先予执行的申请，以尽量降低纠纷对己方造成的不利影响。

(5)中止案件审理的申请

根据《民事诉讼法》第153条的规定，案件审理过程中存在当事人死亡，需要等待继承人表明是否参加诉讼的；当事人丧失诉讼行为能力，尚未确定法定代理人的；作为当事人的法人或其他组织终止，尚未确定权利义务承受人的；一方当事人因不可抗拒的事由，不能参加诉讼的；本案必须以另一案的审理结果为依据，而另一案尚未审结的；以及其他导致案件无法继续审理的情形的，应中止诉讼，待中止诉讼的原因消除后，恢复诉讼。因此，在诉讼过程中出现此类情形，案件的继续审理难以进行或将可能导致己方遭受不利后果时，当事人可及时向人民法院提出中止审理的申请。

4. 证据交换和庭前会议的参加

组织证据交换和召集庭前会议，是人民法院根据案件的具体情况，为保障案件审理程序的顺利开展而进行的审理前的准备工作。其中，证据交换只是围绕证据问题展开；而庭前会议则可能包括双方争议焦点的确认、证据交换、相关申请事项的处理等影响诉讼程序进行的问题的解决及案件的调解等。当事人在接到人民法院通知参加人民法院组织的审理前的准备工作时，应了解清楚是要进行证据交换还是召集庭前会议。

当事人参加证据交换以前,应将己方准备向法庭提供的所有证据根据所证明事项的不同进行分类,并对所有证据的来源、内容、证明的事项等举证意见进行充分的准备。在证据交换进行过程中,可简要就己方的举证意见进行陈述;对于对方向人民法院提供的证据,应围绕证据的形式和来源是否合法、内容是否真实、与案件事实是否有关联性、证据有无证明力及证明力的大小等简要发表意见。对对方提供的证据进行质证时,发现己方需提供证据进行反驳的,或对方对己方所提供证据的形式、来源等质疑,需要提供补充证据的,应向人民法院提出补充提交证据的请求,并在证据交换完毕后及时向人民法院提供。

当事人参加庭前会议,应对己方的诉讼主张即原告方的诉讼请求及所依据的事实和理由或被告方的答辩意见进行明确,使得人民法院可以根据双方的诉辩意见确定案件的争议焦点。是否向人民法院提出与证据有关的申请或其他申请,对已有证据的举证、质证意见,是否需提供反驳证据,是否对法庭组成人员提出回避申请,以及其他可能影响诉讼程序进行的事项等,当事人也应在参加庭前会议时提出意见。此外,还应对是否同意对纠纷调解处理及己方能接受的调解方案等进行提前准备。

5. 法庭调查的准备

法庭调查是审判人员在当事人和证人、鉴定人等诉讼参与人的参加下,依照法定的程序对案件事实和各种证据进行调查核实的诉讼活动。法庭调查的目的是查明案件事实,法庭调查是案件开庭审理的中心环节。法庭调查的对象是当事人有争议的事实和人民法院认为需要查明的其他事实。除具有可能损害案外人或社会公共利益等特别情形外,只有法庭调查阶段查明的事实才可以作为人民法院裁判案件的依据。当事人提出的诉讼主张只有得到法庭调查时所出示的相关证据的充分证明才可能得到人民法院的支持。法庭调查主要是通过由当事人陈述事实,出示相关证据等方式进行举证、质证,由法庭对相关事实和证据进行认证的方式完成的。在法庭调查的过程中,当事人的主要工作内容是就其诉讼主张进行陈述事实、提供证据,并对对方当事人所陈述的事实及提供的证据提出质证意见;在必要的情况下,还可以向对方当事人、证人、鉴定人等诉讼参与人进行发问。

当事人在案件开庭审理前应当对法庭调查的进行予以足够的重视，并应进行充分的准备工作。具体的准备工作可参照以下顺序展开：一是在前文所述的争议焦点预判、证据准备等相关事项的基础上，通过在开庭审理前向人民法院了解、查阅对方的答辩意见以及已提交的证据材料等方式，就对方提出的诉讼主张、所提供的证据等进行分析判断，结合己方的诉讼主张及所掌握的证据材料，对当事人存在争议的事实及其他对案件的处理有影响的事实，即在法庭调查过程中可能需要查明的事实进行归纳总结。二是对己方拟向法庭出示的证据进行全面的分析，对每一份、每一组证据材料的来源、形式、制作人身份、内容、可以证明的事实等进行归纳、整理，将整理结果预备为法庭调查过程中出示这些证据材料时的举证意见。三是根据双方在纠纷形成过程中意见交流的情况，对对方可能针对己方所提交证据提出的质证意见进行合理的预测，并预备相应的反驳、说明意见。四是对所了解到的对方拟向法庭提交的证据材料预备质证意见，对对方当事人可能提出的举证意见预备反驳、说明意见。五是对拟出庭的证人可能陈述的证言内容，根据证人对案件事实的了解情况、与双方当事人的利益关系等进行合理的预测，并预备拟向证人发问的问题以及支持或反驳证人证言的质证意见；对拟出庭鉴定人可能陈述的说明或意见，根据鉴定意见的内容、鉴定意见中记载的鉴定过程和分析说明、鉴定人的资质和工作经历等进行合理的预测，并预备拟向鉴定人发问的问题以及支持或反驳其所陈述内容的质证意见。六是根据全案的争议情况以及双方提供证据的情况，对没有证据证明的与案件的处理相关的事实、相关证据存在矛盾的情况以及法庭可能向当事人询问的内容，预备己方的陈述内容。

6. 法庭辩论意见的准备

辩论意见是在案件审理过程中的法庭辩论阶段，当事人就全案的证据采信、事实认定、法律适用向人民法院提出的意见。辩论意见应围绕案件的争议焦点，以法庭调查时双方陈述的事实及举证、质证意见为根据，以相关的法律规定为依据进行陈述。其中，证据如何采信、事实如何认定主要是根据法律规定的证据规则、逻辑推理、日常生活经验法则等对己方主张的事实为什么能够成立、对方主张的事实为何不能成立进行论证；法律适用的意见则是根据对现行法律规范的合理解读，通过与案件事实的结合，对己方诉讼主张的成立进行论证。

(1)关于事实认定的辩论意见准备

辩论意见的准备需要紧密围绕己方诉讼主张展开,而诉讼主张的成立涉及事实认定和法律适用两大部分。其中,事实认定的辩论意见是指论证己方主张的事实成立的理由,以及为反驳对方事实主张所提出的理由。由于事实主张的成立与否是以是否有充分的证据证明为判断依据的,而法庭调查阶段的举证、质证意见一般主要是围绕某项或某组具体的证据提出的意见,一般并不对己方提出的事实主张成立的理由及对方事实主张不成立的理由进行详细论证。在案件审理前准备此部分辩论意见时,就需要对双方可能有争议的事实进行合理的预判,通过对全案证据的合理分析,全面运用《民事诉讼法》及相关司法解释规定的证据规则,准备符合逻辑推理及日常生活经验法则的论证理由。

(2)关于法律适用的辩论意见准备

关于案件争议应如何适用法律的辩论意见,即己方提出的诉讼主张为什么能够成立的法律上的理由,是法庭辩论意见的主要部分。当事人发表此部分辩论意见,应紧密围绕双方在案件中的争议焦点,就己方诉讼主张的成立进行全面、系统的论述,而不仅是反驳对方的主张;对于双方诉辩意见没有形成对立、但与己方诉讼主张紧密相关的事项也应适当陈述己方意见。例如,买卖合同中出卖人因买受人未足额支付价款而提起催要价款的诉讼时,即使对方未就合同的成立、效力等提出异议,出卖方在陈述辩论意见时,也应简要陈述合同成立、有效的意见;如案件存在实践中可能会被确认合同不成立、无效等情形的,还应重点陈述。

因此,当事人在审理前的准备阶段,应当对照己方每一项诉讼主张,详细检索与之相关联的法律法规、司法解释、地方性法规、权威的案件裁判观点等各类法定、酌定裁判依据或可参考意见,结合争议的具体情况,全面系统地整理出支持己方诉讼主张的法律适用理由;并应根据所预判的对方诉讼主张,准备有针对性、有说服力的反驳理由。

(五)民事诉讼案件的开庭审理

民事诉讼案件的开庭审理,是人民法院在确定的时间和地点,在当事人及其他诉讼参与人的参与下,依照法定的程序听取各方当事人对案件涉及的证据采信、事实认定及法律适用等方面的意见并对案件作出裁判的诉讼活动。案件开庭审理是民事诉讼程序的核心环节,也是当事人向人民法院就案件的处理陈述意见的主要阶段。当事人能否充分运用开庭审理的机会,就案件的事实认定和法律适用向人民法院提出有理有据、有说服力的意见,对案件的处理结果有极其重要的影响。案件开庭审理的过程可分为开庭前准备、法庭调查、法庭辩论、评议并宣判等几个阶段。其中,开庭前准备及案件的评议、宣判工作主要是由人民法院进行的,当事人及其他诉讼参与人一般只需要被动配合人民法院的相关工作。法庭调查是双方当事人在人民法院的组织和指挥下,通过陈述事实、出示己方提供的证据,对对方陈述的事实和提供的证据进行质证等方式证明己方事实主张的过程。法庭辩论则是双方当事人在人民法院的组织和指挥下,从事实和法律两方面就己方诉讼主张的成立及反驳对方诉讼主张陈述意见的过程。

1. 法庭调查的进行

法庭调查的对象是案件的事实,方式是通过双方当事人各自陈述事实,对各方提供的证据陈述举证、质证意见,最后由人民法院对所举证据进行审核认定并对案件事实作出认定。

(1)法庭调查的顺序

根据《民事诉讼法》的规定,法庭调查按照下列顺序进行:一是当事人陈述;二是告知证人的权利义务,证人作证,宣读未到庭的证人证言;三是出示书证、物证、视听资料和电子数据;四是宣读鉴定意见;五是宣读勘验笔录。但在司法实践中,不同的审判人员由于审理思路、工作习惯等方面的差异,对不同类型证据的举证、质证顺序会提出不同要求,如有的对调查顺序不作要求,由当事人自主确定;有的要求先陈述事实,再举客观证据,最后由证人作证;有的要求当事人先举客观证据、后陈述事实及由证人作证;还有的则要求当事人在陈述事实的同时提供相关证据。在具体案件的法庭调查中,当事人及诉讼代理人应在法庭的组织下按照法庭安排的顺序进行相关活动。

(2)案件事实的陈述

当事人陈述是《民事诉讼法》明文规定的证据形式之一,在法庭调查过程中,当事人可以就其所了解和掌握的案件事实向法庭进行陈述。当事人在法庭调查过程中对事实的陈述,既有经法庭同意主动进行的陈述,也有应法庭或对方当事人的发问而作出的被动陈述。当事人陈述是由作为案件事发过程亲历者的当事人对所经历事实以口头方式进行的还原,具有显著的直观性;但由于案件的处理结果与当事人具有直接的利害关系,当事人出于趋利避害的考量,所作的陈述往往会存在主观、片面等方面的问题。根据《民事诉讼法》及相关司法解释的规定,当事人应如实陈述案件事实;故意虚假陈述的,将可能被人民法院处以训诫、罚款或拘留等强制措施。当事人陈述的于己不利的事实,对方当事人无须举证证明;当事人陈述的于己有利的事实,对方不认可的,一般不能单独作为认定案件事实的依据。

虽然与书证、物证等证据相比较,当事人陈述对案件事实的证明力较低,但对于案发背景的说明、其他证据的形成过程、其他证据内容的解释,以及双方均没有提供其他证据但案件的处理又需要查明的事实等事项的认定,却具有重要的意义。司法实践中,有些当事人由于对当事人陈述的证明力缺乏理性的认识,期望通过进行大量的事实陈述来说服法庭支持其主张,而忽视了其他证据的收集、提供以及举证意见的陈述;还有些当事人则过分强调书证、物证等材料的证明效力,认为"口说无凭"的陈述没有意义,而忽视或省略了对事实的陈述,这两种做法都是不可取的。当事人在法庭调查过程中对相关事实进行适当、合理的陈述和说明,有助于法庭更全面地了解案情,可以有效提升当事人所举其他证据及相应举证意见的说服力、增强被采信的可能性,从而有利于维护己方的事实主张和反驳对方的事实主张。

当事人在合同纠纷案件的法庭调查中需要通过陈述的方式来揭示的案件事实,主要包括以下几个方面的内容:一是客观上没有其他证据证明、但对案件的处理有影响的事实,如交易背景、交易目的、合同的订立过程、合同的履行过程、发生违约的原因、违约行为造成的影响、发生争议后各方当事人进行协商沟通的情况等。二是对己方所提供的证据中内容的理解、存在矛盾的说明等,如合同条款中行业专有名词的解释,供货单上记载的交货日期与合同约定日期不符时的解释说明等。三是对对方所陈述的事实或举证意见进行的反驳。当事人在向法庭陈述事实时应注意以下事项:一是不应进行虚假陈述。当事人在法庭调查中进行与客观事实不符的虚假陈述,不仅无法得到人民法院的支持,还可能激化双方间的矛盾、导致纠纷的处理难度增加,以及被人民法院认为该方当事人缺乏诚信、降低所陈述的其他事实或所举其他证据的可信性及被人民法院采纳的可能性等后果,情节严重的虚假陈述还可能被人民法院处以罚款等处罚。二是陈述事实应围绕案件的争议焦点及案件处理所需的事实进行。对于纠纷的处理没有法律上意义的事实不应过多阐述，如对无争议的事实、诉前自行协商的过程、猜测性的事实、推断的事实等一般不需要过于详细的陈述。三是对构成自认的事实陈述应谨慎进行。对于己方主动陈述的于己方不利的事实、或对对方陈述的于己方不利事实的认可，应在事实的发生情况清楚明确、陈述不存在歧义、也不会引起误解的情况下进行，以避免本来不存在的、对己方不利的事实由于己方的错误陈述而被法庭错误地认定为案件事实。四是对于存在关联关系的事实，如对方对不利于其自身的事实不予认可的，己方对相应事实的陈述应结合全案的证据情况进行。五是对于己方陈述的对对方不利的事实，对方如既不承认、也不否认的，可以申请法庭向对方进行询问。

(3)举证、质证的进行

举证是指当事人就己方提出的事实主张提供证据，并对证据的来源、内容、证明的事项进行说明；质证是当事人对他方所提供证据的真实性、合法性、与案件的关联性以及对案件事实是否有证明力、证明力的大小等进行的说明和辩驳。法庭调查主要就是由双方当事人分别举证并就对方提供的证据提出质证意见，由法庭对双方提供的证据能否作为认定案件事实的依据、能否证明当事人主张的事实进行认证，并根据双方举证情况对案件事实作出认定的过程。

根据《民事诉讼法》的规定，民事诉讼中的证据包括当事人陈述、书证、物证、视听资料、电子数据、证人证言、鉴定意见、勘验笔录等八种类型。《民事诉讼法》及相关司法解释对各种类型证据的形式、对案件事实的证明方式、收集和提交时的要求、证明效力、审核认定的规则等均作出了详细的规定，相关内容在本书前面章节的内容中已进行了阐述，当事人在法庭调查过程中陈述举证和质证意见时应严格按照这些规定的要求进行。当事人在举证、质证的过程中，应以证明己方事实主张的成立为中心，紧密围绕各项证据的形式、形成过程、收集过程的合法性，证据内容的真实性、可靠性，证据内容与案件事实的关联性，就各项证据是否对案件事实具有证明力及证明力的大小全面、系统地提出相关的举证、质证意见。

当事人在向法庭提供己方证据即举证时，首先应就每项证据的形式、来源、形成过程作出说明；其次，应就证据材料记载的或体现出来的与案件有关的内容，尤其是要证明己方事实主张的内容进行陈述；最后，就证据内容与案件事实的关联性及可以证明的事项作出说明。在己方所有证据出示完毕后，还应就双方由于事实主张的不同而产生的事实争议进行小结,并综合分析、评价己方提供的所有证据,通过建立各项证据材料之间的相互印证关系提出己方事实主张能够成立的理由。

当事人在就对方提供的证据进行质证时,首先,应就证据的形式、来源、形成过程及收集过程是否符合法律规定即证据的合法性进行详细的核实,发现证据具有不合法情形时应作为重要的质证理由首先提出、重点提出,争取将不合法的证据材料排除出有效证据以外。其次,应就证据材料记载的内容或体现出的内容进行详细核实、比对,审查其内容的真实性,对内容不真实的证据,应从其内容是否符合逻辑规则、是否符合经验法则、是否有其他证据佐证及是否与其他证据材料的内容存在冲突等方面充分论述其内容不真实的理由。再次,还应对证据材料记载或体现的内容与案件争议事实是否具有关联及关联关系的大小进行审查;对于虽然是纠纷产生或发展过程中形成的证据材料,但其内容与争议缺乏关联性的,应具体提出争议涉及的事实构成与证据材料内容之间存在的区别来说明证据与待证事实缺乏关联性的理由。最后,在就对方证据材料的合法性、客观性、真实性提出己方质证意见的基础上,还应围绕证据材料的形式,来源的可靠性,内容的稳定性、可靠性,提供或制作人员与案件的利害关系,是否有其他证据与之形成印证关系或存在矛盾等,是否对待证事实具有证明力及证明力的大小提出意见。在就对方提供的全部证据逐项发表完质证意见后,还应就对方提供的全部证据是否存在互相印证关系或是否存在明显的、无法作出合理解释的矛盾,是否形成了完整的证据链条,是否能够证明对方的事实主张等提出己方的综合质证意见。

(4)法庭调查中的发问

法庭调查中的发问,是指当事人在法庭调查过程中就案件的事实问题向他人提出疑问,要求他人对相关事实进行陈述,或对与事实认定有关的问题进行说明的活动。根据《民事诉讼法》及相关司法解释的规定,在法庭调查过程中,经审判人员准许,当事人及其诉讼代理人可以向对方当事人、证人、鉴定人、勘验人、有专门知识的人就案件的事实问题进行发问。当事人在法庭调查过程中通过有效地向相关人员进行发问并由这些人员作出回答,对于提升己方所陈述事实及所提交证据的证明效力、反驳对方陈述的事实及提交的证据,帮助人民法院查明案件事实,争取法庭支持己方提出的事实主张具有独特的价值。

当事人在法庭调查中进行发问,可按照以下规则确定发问内容:一是对对方当事人的发问,应围绕纠纷的争议焦点就与案件的处理有关联的问题进行,主要应从强化己方提供证据的证明力、争取对方对己方陈述事实的认可、突出对方所陈述的事实及所提供证据间的矛盾等方面确定发问内容。发问方式一般应以封闭式为主,即所发问的尽量是可供对方选择的答复内容范围有限的问题,如只能选择“有”或“没有”,“是”或“不是”的问题等,以防止对方借机混淆事实,使发问失去效果,或对方在答复中提出新的问题,使己方失去发问主动权。二是对证人的发问,应按照使证人所提供证言有利于佐证己方的事实主张及反驳对方的事实主张的原则确定内容。对于证人证言中有利于支持己方的事实,发问时可采用开放式和封闭式相结合的方式,争取使证人作出的答复能够与案件中于己方有利的其他证据形成印证;对于证人证言中不利于己方的事实,发问时应尽量采用封闭式方式,争取使证人证言中存在的破绽充分显现。三是对鉴定人的发问,应围绕在鉴定意见中发现的疑点从鉴定人的专业工作经历、鉴定过程的合理性、鉴定标准的准确性、分析说明的适当性、鉴定意见的准确性和明确性等方面确定发问内容。对于己方认可的鉴定意见,可以用开放式和封闭式相结合的方式进行发问,由鉴定人对作出鉴定意见的依据和理由进行充分说明;对于己方不认可的鉴定意见,应尽量采用封闭式方式进行发问,以便对鉴定意见中存在的问题进行聚焦。

当事人在法庭调查中进行发问需要注意以下事项:一是对任何人的发问都不能进行威胁、侮辱或不适当引导。二是发问应在法庭提示或经申请许可后进行,不应未经法庭许可发问,也不应在他人正进行的法庭陈述中插入发问。三是发问只能就与被发问的人有关的事实问题进行,不能就案件的法律适用问题进行发问,也不能与被发问的人进行辩论。四是不应提出要求被发问人对事实问题进行推断、猜测的问题。五是如对被发问人的答复有异议,一般不应在发问过程中与被发问人争辩,相关异议应在质证或法庭辩论中提出。六是如被发问的人拒绝回答所提问题,可申请法庭由审判人员就相关问题对其进行询问。

2. 法庭辩论意见的陈述

法庭辩论,是诉讼双方在审判人员的主持下,就案件涉及的证据采信、事实认定及法律适用的相关问题提出己方的意见、并由法庭听取意见的过程。对当事人而言,发表法庭辩论意见的目的是说服法庭支持己方的诉讼主张,作出对己方有利的裁判。辩论的依据既包括可以作为民事裁判依据的各类法律、司法解释、行政法规、地方性法规及程序法规范,也包括可以作为裁判理由的司法政策、指导性案例或公报案例的裁判规则、审判业务文件、行政规章等。辩论的方式是陈述己方诉讼主张成立的观点和理由,并反驳对方的诉讼主张及辩论意见。民事诉讼中的法庭辩论,是法庭充分听取双方当事人关于案件处理意见的过程;但法庭在听取诉讼双方的意见后对案件作出裁判时,需根据案件事实所涉及的法律关系确定相应的法律适用依据,裁判理由并不受双方当事人辩论意见范围的局限。实践中,当事人在具体案件中的诉讼主张得不到法庭支持即败诉的理由,很多时候并不是因为法庭采纳了对方当事人提出的理由,而可能是法庭认为案件事实对应的法律关系与双方当事人的主张均不相同,并以法庭关于案件适用法律的观点进行了裁判。因此,当事人在法庭辩论中切忌将发表辩论意见理解为与对方当事人的辩论赛而将辩论的范围局限于反驳对方的观点;而应围绕己方诉讼主张的成立全面完整地提出有说服力的辩论意见,争取所提出的诉讼主张得到法庭的支持。法庭辩论中陈述的辩论意见包括案件证据的采信、事实的认定、法律的适用等三方面的内容,特定情形下,还有针对案件审理程序的辩论;其中,证据采信方面的辩论意见是直接服务于案件事实认定的,陈述该两方面的辩论意见时,应相互结合进行。在具体的个案中,在陈述辩论意见前当事人需根据纠纷中的争议情况分析确定案件的争议焦点,再根据争议焦点逐项陈述辩论意见,并在每项辩论意见中合理确定辩论意见的侧重面。

(1)关于事实认定的辩论意见陈述

当事人在法庭辩论过程中对于每项争议焦点首先需要就案件事实应如何认定提出己方的意见,即首先应就案件中存在哪些可以用证据证实的、与该争议焦点有关的事实提出己方的意见。当事人在辩论意见中陈述事实,并不需要对在案证据可以证明的所有事实都加以说明,而是需要根据己方诉讼主张的成立及反驳对方诉讼主张所依据的法律规范中规定的要件事实,确定需要陈述的内容。对于陈述的顺序,一般应按照相关法律规范中关于事实构成的规定顺序、结合相关事实实际发生的自然顺序进行陈述。如所陈述的事实双方不存在争议,则简要说明即可;如所陈述的事实是对方不认可的,则需要在法庭调查阶段已陈述的举证、质证意见的基础上,通过分析全案相关联的证据互相之间形成的联系,提出支持己方事实主张的证据应该采纳、支持对方主张的证据不应采纳的具体理由。并需要根据《民事诉讼法》及相关司法解释关于各类证据的审查和采信规则及案件事实认定的规则,运用逻辑推理和日常生活经验规则全面论证己方事实主张能够成立的理由。

当事人在法庭辩论过程中陈述关于事实认定的辩论意见时,只能在法庭调查阶段各方当事人已经陈述过的事实和已经出示过的证据的基础上进行,不能超出法庭调查的事实范围。如在法庭辩论阶段发现需要陈述新的事实或向法庭提交新证据的,应向法庭提出恢复法庭调查的申请,在征得法庭同意后再陈述新事实或提供新证据。

(2)关于法律适用辩论意见的陈述

对于案件中每项争议焦点的辩论,都包括事实如何认定及法律如何适用两个方面的内容。当事人在法庭辩论中,在清楚明确地向法庭陈述了对于案件事实认定的意见后,还需要就该争议焦点如何适用法律提出辩论意见。在就争议焦点的法律适用提出辩论意见时,首先需要根据法庭调查阶段各方当事人提交全部证据的情况以及己方所提出的事实认定的意见,根据有利于实现己方诉讼目的的需求,合理选择相应的法律依据,所选择的法律依据一般应具体到法律或司法解释中的具体条文。在确定法律依据时,如发现案件开庭审理前根据预判而准备的法律依据已经与开庭审理的情况不相符合,则应根据实际情况及时调整案件的法律适用意见,而不应无视案情已经发生的变化仍然照本宣科地宣读开庭前准备好的意见。

确定了争议焦点所适用的法律依据后,应就该法律规范的适用条件、该规范中规定的行为模式、法律后果等内容进行合理的解释,并结合纠纷的具体事实分析论证己方诉讼主张能够成立的具体理由。如对方主张的法律依据与己方的相同,而对规范内容的解释、或结合案件事实进行论证后得出的结论等与己方的不同,己方陈述辩论意见时应就对方对法律规范的解释存在的错误、或论证过程中存在的逻辑错误进行分析,并提出明确的反驳意见;如对方主张的法律依据与己方的不同,则应从不同法律规范的适用范围和条件以及案件事实与法律规范规定的要件事实之间的对应关系等方面进行分析论证,根据分析结果提出对方在法律适用方面存在哪些方面的错误的反驳意见。对于对方虽然没有提出,但司法实践中可能被人民法院作为类似案件裁判依据、且可能不利于己方诉讼主张成立的相关法律或司法解释的规定,在陈述辩论意见时也可以根据具体情况主动就这些法律规范不应在本案中予以适用的理由作出陈述。

(3)案件事实认定与法律适用辩论意见的结合和协调

在民事诉讼过程中,无论是当事人提出诉讼主张,还是人民法院对纠纷作出裁判,基本的思维过程都是先确定案件事实,再根据所确定的事实选择可以适用的法律依据。然后分析案件事实与所选择法律规范的调整对象是否相符。如符合,则按照所选用的法律规范对案件作出处理;如不符合,则需要重新选择案件应适用的法律规范。如此不断地循环往复。简单地说,就是从事实到法律、再从法律到事实的思维循环。因此,在事实争议大、涉及的法律关系复杂的案件中,当事人应从案件事实可能涉及的所有相关法律规范中,检索到最能体现案件事实法律性质、最有利于己方诉讼主张实现的规范,并通过对规范内容的合理解读论述己方诉讼主张成立的理由。在存在多项可能被适用于案件的法律规范的情况下,则在论证己方认为应适用规范的同时,对于其他可能会被适用的规范也应从事实与法律的对应性上分别陈述可以适用或不可以适用的理由。对对方提出的案件事实认定或法律适用方面辩论意见的反驳,应在已充分论证己方相应意见的基础上进行。反驳的过程一般应融合在陈述己方意见的过程当中;反驳的内容应以论证对方诉讼主张不能成立的事实和理由来展开,切忌对对方的陈述进行逐句反驳,否则,将可能形成法庭辩论的过程被对方完全掌控、己方疲于应付对方提出的各种观点而无法充分论证己方主张的不利局面。

(4)对程序合法性问题的辩论意见陈述

除事实辩论和法律辩论外,实践中还存在程序辩论方式的运用。所谓程序辩论,是指当事人对人民法院在案件审理过程中行为的合法性提出疑问或反驳的辩论意见。与事实辩论和法律辩论的不同之处在于,事实辩论和法律辩论都是论证己方诉讼主张成立的理由及反驳对方的诉讼主张;而程序辩论的对象则是人民法院审判行为的合法性,常见的如认为人民法院出于地方保护等不当目的争夺对案件的管辖权、偏袒一方当事人,认为人民法院对己方提出的回避、追加当事人、申请调取证据、要求案件中止审理等申请不予支持或人民法院对对方提出的不当申请予以支持等违反法定程序、损害当事人利益等,认为人民法院不让己方充分阐述意见不当剥夺了己方辩论权等。

实践中,当事人在法庭辩论阶段对人民法院的审判行为的合法性提出异议的案例并不少见,提出的原因也很复杂,既有当事人自己不理解审判行为的性质、意义等而随意提出的,也有法庭的审判行为可能存在部分瑕疵被当事人放大理解后提出的,当然也有审判行为确实存在合法性的问题而被当事人提出的。在具体的个案诉讼中,如当事人发现人民法院的审判行为存在不合法情形的,可以在法庭辩论意见中明确提出。提出此类辩论意见的意义在于,一方面可以争取人民法院对可能存在合法性问题的司法行为进行调整改变,有效维护己方的合法权益;另一方面,也可以为案件以后可能的二审、再审等程序奠定好基础。

(六)民事诉讼过程中诉讼权利和诉讼义务的依法行使及履行

当事人在行使诉讼权利和履行诉讼义务时,应严格按照法律规定和人民法院指定的条件、方式进行;否则将可能导致己方的实体权利受到损害、程序权利丧失,滥用权利妨碍诉讼程序进行的,还可能被人民法院处以拘留、罚款等强制措施,甚至会被追究刑事责任。

1. 各项诉讼权利应积极行使

司法实践中,在部分纠纷争议大、当事人间矛盾激烈的案件中,有些被告方当事人因对原告方提起的诉讼持完全排斥的态度,而采用不应诉答辩、不提供任何证据、不参与法庭庭审、不配合鉴定程序的进行等消极手段向人民法院及对方当事人表明己方的立场;此种应诉策略对于己方权利的维护毫无益处。民事诉讼的本质是人民法院代表国家对双方间的民事纠纷进行审理和判决,而提起诉讼则是所有个人或组织的基本权利,只要原告方提起的诉讼符合法定条件,人民法院即应对案件进行受理并进行审理。被告方拒不参加诉讼的,并不能阻止人民法院对案件的审理;其不参加诉讼或不行使相关诉讼权利的行为将会被视为放弃了相关权利,使其丧失通过答辩向人民法院陈述己方诉讼主张、通过陈述事实和提供己方证据以供法院查明案件真相、通过辩论陈述己方理由等机会,使得因己方没有参与案件而导致人民法院无法就案件的事实认定和法律适用进行全面的判断,尤其是对案件是否存在有利于己方的事实和理由无法进行调查核实,从而可能导致案件处理结果对己方不利的后果。

2. 不得滥用诉讼权利

当事人在诉讼过程中不应以行使诉讼权利的名义追求不法利益,损害他人合法权益,恶意妨害诉讼活动的进行。首先,对于诉讼权利明显不具备行使条件的，不应以行使权利为名追求不法利益或妨碍诉讼活动的进行。例如虚构事实和理由起诉他人，对明显具有管辖权的人民法院提出管辖异议，无任何合理、合法的理由申请审判人员回避等。其次，提出的权利主张应当适当、适度。在诉讼过程中过度扩张己方权利内容、无视他人基本权利的行为不仅将需承担额外的诉讼费用等诉讼成本，也会对己方的信用评价、社会信誉、商业形象等造成严重的负面影响。例如，原告方当事人提出赔偿损失的诉讼请求远远高于法律规定的赔偿范围，或提出毫无事实和法律依据、且明显不合常理的诉讼请求；被告方当事人对他人事实清楚明确、理由充分的诉讼主张拒绝同意承担责任或提出明显与事实不符、与法律相悖的抗辩意见等。

3. 行使权利的期限和方式需符合法律规定和人民法院的指定

当事人在民事诉讼过程中行使各项程序性诉讼权利时，应严格按照法律规定的期限和方式进行，法律未作出明文规定的，应按照人民法院指定的期限和方式进行。当事人未按法律规定或人民法院的指定行使权利的，将可能导致权利失效、被视为放弃权利、或被人民法院采取训诫、罚款等强制措施。例如未在法定期间内对案件提出管辖异议的，将失去提出申请的权利；未在指定的举证期间内提供证据的，将导致逾期提供的证据不被采纳，或虽采纳但当事人被采取训诫、罚款的强制措施等。

4. 诉讼义务的积极履行

当事人在民事诉讼活动中享有相关诉讼权利的同时，还需履行相应的诉讼义务；不履行或不适当履行的将会导致所提出的主张或申请不被采纳或被视为撤回，损害对方权利或妨碍民事诉讼活动正常进行的还会被人民法院依法追究相应的责任。在当事人应当履行的各项诉讼义务中，不服从法庭指挥的行为导致的诉讼风险最具有典型性。实践中，部分当事人尤其是被告方当事人，因对对方当事人提出的诉讼主张不满，而仅凭己方的感觉或主观臆断怀疑人民法院的公正性，通过对人民法院在诉讼过程中作出的安排采取抵制的方式逃避甚至对抗诉讼，并据此企图得到对己方有利的诉讼结果。例如，拒不参加法庭安排的证据交换、庭前会议、司法鉴定等诉讼活动或在参加的过程中不接受法庭的安排而自行其是，拒不按法庭要求提供证据材料、配合鉴定活动，在案件开庭审理过程中不按法庭安排的程序和要求实施相关行为等。此种诉讼策略及相关的行为，在绝大多数的案件中对己方利益的实现毫无补益。民事诉讼活动过程的主导者是依法代表国家行使审判权的人民法院,当事人的不配合行为无法对抗人民法院对案件依法作出的安排,而只会导致其自身利益的损失。

因此,当事人在诉讼过程中应按照法律规定和人民法院指定履行各项诉讼义务。在诉讼过程中发现人民法院的相关决定或安排不符合法律规定或存在不公平对待各方当事人等不当情形的,可以按照法律规定提出申请、请求法律监督等法定程序要求纠正,也可以通过合法的信访、举报等渠道反映己方的诉求,而不能通过拒不服从法庭安排的方式逃避、抵制诉讼活动的进行。

(七)民事诉讼过程中刑事法律风险的防控

为保护诉讼当事人的合法权利,维护诉讼秩序,保障人民法院民事审判活动的正常进行,我国《刑法》将当事人或其他诉讼参与人在诉讼过程中实施的一些严重危害司法秩序的行为规定为犯罪行为。当事人在参与诉讼活动时,应充分识别所实施行为的性质及可能的后果,不应为片面追求利益的最大化而实施可能被追究刑事责任的行为。本部分内容对司法实践中较为常见的与民事诉讼有关的犯罪行为的构成要件作出以下简要介绍,合同当事人在参加民事诉讼活动时,可对照相应内容防范相关的刑事法律风险。

1. 拒不执行判决、裁定罪

《刑法》第313条规定,对人民法院的判决、裁定有能力执行而拒不执行,情节严重的,处三年以下有期徒刑、拘役或者罚金;情节特别严重的,处三年以上七年以下有期徒刑,并处罚金。单位犯前款罪的,对单位判处罚金,并对其直接负责的主管人员和其他直接责任人员,依照前款的规定处罚。根据相关的立法解释和司法解释,该条规定的"人民法院的判决、裁定",是指人民法院依法作出的具有执行内容并已发生法律效力的判决、裁定;人民法院为依法执行支付令、生效的调解书、仲裁裁决、公证债权文书等所作的裁定属于该条规定的裁定。该条规定的"有能力执行而拒不执行,情节严重"的情形,是指被执行人隐藏、转移、故意毁损或者无偿转让财产、以明显不合理的低价转让财产,致使判决、裁定无法执行的;担保人或者被执行人隐藏、转移、故意毁损或者无偿转让已向人民法院提供担保的财产,致使判决、裁定无法执行的;协助执行义务人接到人民法院协助执行通知后,拒不协助执行,致使判决、裁定无法执行的;被执行人、担保人、协助执行义务人与国家机关工作人员通谋,利用国家机关工作人员的职权妨害执行,致使判决、裁定无法执行的;其他有能力执行而拒不执行,情节严重的行为。

拒不执行判决、裁定罪是司法实践中与民事诉讼活动有关的犯罪行为中高发、常见的罪名。在民事纠纷中被确认需向对方承担民事责任的一方,在人民法院的判决、裁定生效后,出于追求己方不当利益、逃避执行生效法律文书确定义务的考虑,可能会采取一些手段逃避执行。常见的如拒不如实向人民法院报告财产情况,违反人民法院作出的限制消费令,恶意转移财产等。在此过程中,如其行为符合前述关于拒不执行判决、裁定罪的法定构成要件,则将面临被司法机关追究相应刑事责任的风险。

2. 虚假诉讼罪

《刑法》第 307 条之一规定,以捏造的事实提起民事诉讼,妨害司法秩序或者严重侵害他人合法权益的,处三年以下有期徒刑、拘役或者管制,并处或者单处罚金;情节严重的,处三年以上七年以下有期徒刑,并处罚金。有前述行为,非法占有他人财产或者逃避合法债务,又构成其他犯罪的,依照处罚较重的规定定罪处罚。根据最高人民检察院、最高人民法院于 2018 年 9 月 26 日联合发布的《关于办理虚假诉讼刑事案件适用法律若干问题的解释》,采取伪造证据、虚假陈述等手段,实施下列行为之一的,应认定为《刑法》规定的“以捏造的事实提起民事诉讼”:与夫妻一方恶意串通,捏造夫妻共同债务的;与他人恶意串通,捏造债权债务关系和以物抵债协议的;与公司、企业的法定代表人、董事、监事、经理或者其他管理人员恶意串通,捏造公司、企业债务或者担保义务的;捏造知识产权侵权关系或者不正当竞争关系;在破产案件审理过程中申报捏造的债权的;与被执行人恶意串通,捏造债权或者对查封、扣押、冻结财产的优先权、担保物权的;单方或者与他人恶意串通,捏造身份、合同、侵权、继承等民事法律关系的其他行为。隐瞒债务已经全部清偿的事实,向人民法院提起民事诉讼,要求他人履行债务的,以“以捏造的事实提起民事诉讼”论。向人民法院申请执行基于捏造的事实作出的仲裁裁决、公证债权文书,或者在民事执行过程中以捏造的事实对执行标的提出异议、申请参与执行财产分配的,属于“以捏造的事实提起民事诉讼”。以捏造的事实提起民事诉讼,有下列情形之一的,应当认定为《刑法》第 307 条之一规定的“妨害司法秩序或者严重侵害他人合法权益”:致使人民法院基于捏造的事实采取财产保全或者行为保全措施的;致使人民法院开庭审理,干扰正常司法活动的;致使人民法院基于捏造的事实作出裁判文书、制作财产分配方案,或者立案执行基于捏造的事实作出的仲裁裁决、公证债权文书的;多次以捏造的事实提起民事诉讼的;曾因以捏造的事实提起民事诉讼被采取民事诉讼强制措施或者受过刑事追究的;其他妨害司法秩序或者严重侵害他人合法权益的情形。以捏造的事实提起民事诉讼,有下列情形之一的,应当认定为《刑法》第307条之一规定的"情节严重":有前述第一项情形,造成他人经济损失一百万元以上的;有前述第二项至第四项情形之一,严重干扰正常司法活动或者严重损害司法公信力的;致使义务人自动履行生效裁判文书确定的财产给付义务或者人民法院强制执行财产权益,数额达到一百万元以上;致使他人债权无法实现,数额达到一百万元以上;非法占有他人财产,数额达到十万元以上的;致使他人因为不执行人民法院基于捏造的事实作出的判决、裁定,被采取刑事拘留、逮捕措施或者受到刑事追究的;其他情节严重的情形。

随着全社会法治意识和法治观念的不断增强,自然人、法人或其他组织等民事主体在民事活动中发生纠纷后,为维护己方民事权利、解决双方间的民事纠纷而向人民法院提起民事诉讼的越来越多,民事诉讼日益成为民事主体维护权利、解决纷争的重要途径。与此同时,少数个人或组织为达到逃避合法债务、规避国家法律政策、损害他人合法利益、非法确认驰名商标等不法目的,通过捏造的事实提起民事诉讼,骗取人民法院生效法律文书的手段,实现通过人民法院的司法行为将其不法利益固定下来的不法企图。尤其是在离婚纠纷,以物抵债纠纷,民间借贷纠纷,房屋买卖合同纠纷,公司分立、合并、破产纠纷,参与财产分配纠纷,知识产权侵权纠纷等类型的案件中呈现多发、易发态势。此类行为严重侵害他人合法权益,扰乱了正常的诉讼秩序,损害了司法权威。为打击此类违法犯罪活动,维护人民法院的正常民事诉讼秩序,维护司法权威,全国人大常委会于2015年8月29日颁布的《刑法修正案(九)》作出了前述虚假诉讼犯罪的惩治规定,正式将符合法定条件的虚假诉讼行为规定为犯罪行为进行打击。

3. 非法处置查封、扣押、冻结的财产罪

《刑法》第314条规定,隐藏、转移、变卖、故意毁损已被司法机关查封、扣押、冻结的财产,情节严重的,处三年以下有期徒刑、拘役或者罚金。其中,财产被司法机关查封、扣押、冻结,既包括民事诉讼案件审理过程中的保全措施,也包括执行程序中的执行措施;情节严重,则主要是指隐藏、转移、变卖、故意毁损已被司法机关查封、扣押、冻结的财产，严重妨害了诉讼活动的正常进行或者使国家、集体、个人的利益受到了重大损失。本条规定的非法处置查封、扣押、冻结的财产的行为，包括民事诉讼、行政诉讼、刑事诉讼中的行为。

在民事案件审理过程中，为防止一方当事人的行为使判决难以执行，人民法院可以依据对方当事人的申请或依职权裁定对其财产进行保全。根据标的物性质的不同，保全措施会分别采用查封、扣押、冻结的方式。在以财产为对象的案件执行阶段，人民法院可以对被执行人的相应财产采取查封、扣押、冻结等执行措施。实践中，有些当事人为继续使用被查封、扣押、冻结的财产，或为逃避履行生效法律文书确定的义务，无视人民法院对财产的查封、扣押、冻结措施，对财产进行了隐藏、转移、变卖、故意毁损等行为。这些行为属严重的违法行为，情节较轻，没有造成严重后果的，会被人民法院采取拘留、罚款等民事诉讼强制措施；情节严重的，则会构成非法处置查封、扣押、冻结的财产犯罪，会被司法机关依法追究刑事责任。

4. 与民事诉讼有关的其他罪名

与民事诉讼程序有关的犯罪行为，除上述拒不执行判决、裁定罪，虚假诉讼罪，非法处置查封、扣押、冻结的财产罪三项罪名外，还有妨害作证罪，帮助毁灭、伪造证据罪，打击报复证人罪，泄露不应公开的案件信息罪，泄露国家秘密罪，扰乱法庭秩序罪等犯罪行为。由于实践中实施这些罪名的犯罪行为不常见，本书不对相关罪名的犯罪构成要件进行详述。但民事主体以当事人或其他诉讼参与人的身份参与民事诉讼时，也应对这些方面的法律规定有所了解，防范可能的刑事法律风险。

除上述介绍的当事人或其他诉讼参与人在诉讼过程中实施的行为可能构成的犯罪外，实践中还存在将诉讼活动作为实施其他犯罪活动手段的犯罪行为。例如当事人在实施诈骗犯罪活动时，通过欺骗手段获取了受害人出具的债务文书，随后以该文书为证据向人民法院提起要求被害人清偿虚假债务的民事诉讼。在此种情形下，当事人提起民事诉讼的行为只是其所实施诈骗犯罪活动的组成部分，根据《刑法》关于处理牵连犯按一重罪断的规定及最高人民法院的相关司法解释，这些情形下对犯罪行为的处理按照处罚较重的罪名定罪量刑。因此，民事主体在从事相关民事活动时，应严格遵守法律规定，切勿企图通过民事诉讼的手段将违法犯罪行为合法化。

下　篇

装备制造企业常用合同的法律风险防控

装备制造业又称装备工业,是为国民经济各行业提供技术装备的制造业,是制造业的核心组成部分。装备制造行业向全社会提供各类机械、电气、电子信息等行业、领域通用、专用设备的制造及相关的服务。装备制造行业是技术密集型行业,装备制造企业在生产经营过程中需要通过交易的方式与他人进行技术合作;同时,装备制造企业自身生产活动所需的设备、机电零部件等工业品,以及作为生产经营活动成果的产品设备等工业品也需要通过买卖、承揽、融资租赁等方式与他人进行交易。因此,技术合同、工业品买卖或承揽合同、设备融资租赁合同就成为装备制造企业经营活动中应用的主要合同类型。本篇内容将就该四类合同法律风险的防控进行详细的阐述。装备制造企业生产经营活动中涉及的其他类型交易中合同法律风险的防控,可按照本书上篇的相关内容进行。

第五章　技术合同的法律风险防控

装备制造业是技术密集型行业,装备制造企业在生产经营活动中会有大量的技术问题需要解决。这些技术问题的解决既可以通过企业自身的技术攻关来进行,也可以通过与具有相关技术资源的组织或个人进行技术合作的方式来进行。在社会化分工日趋细致的当代社会,企业如果仅依靠自身的技术力量解决生产经营中所要面对的各种技术问题,将会极大地束缚企业生产能力的发挥,甚至可能无力解决而导致所经营项目的失败。因此,与具有相应技术开发或应用能力的科研院所或人员进行有效的技术合作,对于提升企业自身的技术水平及生产经营能力都能起到重要的推动作用。此外,装备制造企业在经营活动中所积累的各种技术资源,也可以通过适当的方式提供给他人使用;如此既可以为企业自身增加经济收益,也可以使技术资源更大限度地发挥价值,从而有利于全社会生产水平的提高。

在市场经济的条件下,装备制造企业与他人进行的技术合作,本质上是一种以技术这一特定的无形资产为标的的交易。在交易过程中,双方当事人之间的关系体现在法律上就是以技术为合同标的的法律关系,即技术合同法律关系。为调整当事人在技术交易过程中的权利义务关系,《民法典》合同编典型合同分编第二十章专门对技术合同作出了规定。此外,由于已经获得专利授权或可以申请专利授权的技术方案,也属于技术合同的标的,故《专利法》关于专利权或专利申请权的相关规定,也是技术合同订立和履行过程中需要遵循的法律规范。

第一节　技术合同法律风险防控综述

一、技术合同概述

（一）技术合同的概念及类型

根据世界知识产权组织的定义，技术是指关于制造产品、实施工业流程、提供服务的系统知识，而无论该知识是否体现为发明、外观设计、实用新型、植物新品种，或者是否反映在技术信息或技能技巧中，以及是否反映在为设计、安装、建立、维持或管理工商企业所提供的服务或协助中。由此可见，技术是关于产品制造和服务提供的系统知识，是一种可以为社会组织或个人带来经济利益的无形财产。

1. 技术合同的概念

技术合同，是当事人为进行以技术成果为标的的交易，而订立的确定相互间在交易进行过程中权利义务关系的合同。其中，技术合同的当事人应当符合《民法典》规定的民事主体资格条件，并至少有一方应具备技术开发或应用的能力；用于交易的技术成果应当具有实用性，即能够在产品制造或服务提供的过程中进行实际应用，并能产生积极效果；技术成果的交易可以采用开发、转让、许可、咨询、服务等方式。

2. 技术合同的特征

以技术这一特殊的无形财产为交易标的的技术合同，具有以下不同于其他民事合同的特征。

（1）技术合同的订立和履行应当有利于科学技术的进步

科学技术是第一生产力，技术创新是经济社会发展的原动力；而在市场经济的条件下，保护权利人的知识产权是促进科学技术进步的重要手段。因此，当事人通过订立和履行技术合同进行技术成果的交易时，不得非法垄断技术妨害科学技术的发展，也不得侵害他人的专利技术、技术秘密等知识产权；否则所订立的合同将得不到法律的认可。

（2）技术合同具有很强的专业性

技术合同中的技术成果一般都是某行业或领域中处于领先地位的先进技

术、或完成某项产品的制造或服务的提供所需要的全面完整技术方案。当事人订立技术合同确定合同内容及履行技术合同时，需要详细了解标的技术成果所属行业或领域的相关专业知识、标的技术的应用方式，并综合考虑相关行业或领域的整体技术发展水平、技术提供方的技术开发或应用能力、技术需求方的接受能力等因素。当事人进行技术合同的法律风险防控，也不仅需要掌握相关的法律规范，还需要对相关行业、领域的专业技术知识有必要的了解。

(3)技术合同的履行风险高

技术合同的标的技术成果能否实现及在实际生产经营中能否取得预期的使用效果，不仅与合同当事人的合同履行行为有关，还会受制于相关行业或领域中整体技术水平的发展情况及技术方案的具体应用环境、条件等各种主客观因素。因此，技术合同的履行结果具有更多的不确定性，合同当事人尤其是技术成果的需求方交易目的的实现会面临更多的履行风险，如委托他人开发的技术成果最终无法实现，从他人处受让、获得许可的技术的运用无法产生期望的技术效果等。

3. 技术合同的法律适用

技术合同的法律适用具有多元性。技术合同体现的是各方当事人之间在技术成果交易过程中的权利义务关系，属于民事合同的一种，受《民法典》关于合同的相关规定的调整。同时，作为技术合同标的的各类技术方案，是人类智力活动的成果，根据不同的形式和特征，在权利的归属、获得方式，权利的内容、行使方式，侵权责任的承担等方面，则分别或同时受到《著作权法》《商标法》《专利法》《反不正当竞争法》等知识产权法律规范的调整。

此外，技术合同是对所有以技术成果为交易标的合同的总称，但技术成果在实践中具有多种交易方式，不同交易方式反映了不同的交易特征，分别对应着《民法典》或其他法律规定的不同类型的典型合同。例如委托开发技术合同、技术服务合同、技术咨询合同等，交易方式都是一方受对方委托、为对方处理具体技术事务的合同，该特征符合法律关于委托合同的规定，属于以技术成果为标的的委托合同，在《民法典》合同编技术合同一章未作出明确规定的情形下，可以参照适用《民法典》关于委托合同的规定。同理，在法律没有作出特别规定的情形下，技术转让合同可以参照适用买卖合同的相关法律规定，技术出资合同可以适用《公司法》关于出资协议的法律规定等。

4. 技术合同的类型

技术合同是所有以技术成果为交易标的合同的总称。根据不同类型的技术方案及与之相对应的不同交易形式，技术合同可以分为以下几种类型：

一是技术开发合同，即当事人之间就新技术、新产品、新工艺、新品种或者新材料及其系统的研究开发所订立的合同。当事人订立技术开发合同的目的是研究开发尚不存在的、新的技术方案，已经存在的公开技术不能成为技术开发合同的标的。技术开发合同包括两种类型，一种是一方委托另一方进行新技术方案的开发，即委托开发合同；另一种是双方合作开发新的技术方案，即合作开发合同。

二是技术转让合同和技术许可合同，即合法拥有技术成果的权利人，将现有的特定技术方案的相关权利让与他人或许可他人实施、使用所订立的合同。其中，可用于转让的技术方案包括专利、专利申请权、技术秘密；可用于许可的技术方案包括专利、技术秘密。技术转让合同或技术许可合同的标的都是一方合法拥有的现有技术，尚不存在的技术或不属于任何一方当事人所有的公有技术不能成为该两类合同的标的。

三是技术咨询合同和技术服务合同，即当事人一方以技术知识为对方就特定技术项目提供咨询意见或为对方解决特定技术问题提供技术服务的合同。技术咨询合同的标的是掌握相关技术知识的人接受对方委托向对方就特定技术项目提供的技术咨询意见；技术服务合同的标的是掌握相关技术知识的人接受对方委托向对方就特定技术问题提供的技术服务。在该两种合同的履行过程中，受托人提出咨询意见或服务方案所使用的技术知识，以及在咨询意见或服务方案中所提出的技术方案，都既可能是新的技术也可能是已有的技术；并且，都既可以是公有技术，还可能已经是或者可以构成专利技术或技术秘密。

（二）技术合同的主体

技术合同的主体，是指技术合同的当事人，即相互间进行以技术成果为标的的交易，依据技术合同的约定和法律规定享有合同权利、承担合同义务的民事主体。

1. 技术合同主体的特定性

根据《民法典》及与技术交易相关的知识产权法律的规定，对于技术合同的主体在法律上并没有进行特别限制，符合《民法典》关于民事主体资格要求的自然人、法人、非法人组织等均可以作为技术合同的当事人，进行与技术交易有关的民事活动。但是，由于技术合同交易的是技术成果这一特殊标的，故技术合同中至少一方当事人应当是具有以自己的技术力量进行技术开发、转让、许可、咨询、服务等工作的组织或个人；如合同双方当事人均不掌握所涉领域的专业技术，则所订立的技术合同虽然在法律上可能仍然属于有效合同，但会由于当事人不具备合同履行能力而无法履行。因此，技术合同的主体虽然在法律上没有资格限制，但事实上至少一方当事人的身份具有特定性。

2. 职务技术成果及非职务技术成果的权利人

职务技术成果是指执行法人或者非法人组织的工作任务，或者主要利用法人或者非法人组织的物质技术条件所完成的技术成果。其中，根据《技术合同司法解释》的规定，执行法人或者非法人组织的工作任务包括：(1)履行法人或者非法人组织的岗位职责或者承担其交付的其他技术开发任务；(2)离职后一年内继续从事与原所在法人或者非法人组织的岗位职责或者交付的任务有关的技术开发工作，但法律、行政法规另有规定的除外。主要利用法人或者非法人组织的物质技术条件，包括职工在技术成果的研究开发过程中，全部或者大部分利用了法人或者非法人组织的资金、设备、器材或者原材料等物质条件，并且这些物质条件对形成该技术成果具有实质性的影响；还包括该技术成果实质性内容是在法人或者非法人组织尚未公开的技术成果、阶段性技术成果基础上完成的情形。但下列情况除外：(1)对利用法人或者非法人组织提供的物质技术条件，约定返还资金或者交纳使用费的；(2)在技术成果完成后利用法人或者非法人组织的物质技术条件对技术方案进行验证、测试的。

法人或者非法人组织与其职工就职工在职期间或者离职以后所完成的技术成果的权益有约定的，双方间的权利义务可以按照约定确定。如当事人间未作约定，职务技术成果的使用权、转让权属于法人或者非法人组织所有，法人或者非法人组织可以就该项技术成果订立技术合同。法人或者非法人组织订立技术合同转让职务技术成果的，职务技术成果的完成人享有以同等条件优先受让的权利。职务技术成果的完成人，包括对技术成果单独或者共同作出创造性贡献的人，也即技术成果的发明人或者设计人；作出创造性贡献的人，是指提出实质性技术构成并由此实现技术方案的人。提供资金、设备、材料、试验条件，进行组织管理，协助绘制图纸、整理资料、翻译文献等人员，不属于职务技术成果的完成人、完成技术成果的个人。

非职务技术成果的使用权、转让权属于完成技术成果的个人,完成技术成果的个人可以就该项非职务技术成果订立技术合同。无论是职务技术成果,还是非职务技术成果,完成技术成果的个人均享有在有关技术成果文件上写明自己是技术成果完成者的权利和取得荣誉证书、奖励的权利。

3. 不具有民事主体资格的组织所订立技术合同中责任的承担

实践中,从事技术方案的研发、实施等活动的组织,不仅有具备民事主体资格的各类科研院所、公司企业等,还有法人或非法人组织内设、下属的各类部门、分支机构等。这些未依法进行法人或非法人组织登记的内设部门或分支机构,不属于符合法律规定的民事主体,在对外进行民事活动时,应当在取得具有民事主体资格的开办单位授权后,以开办单位的名义进行。但实践中,由这些不具有民事主体资格的组织订立的技术合同并不鲜见。这些合同在订立后如获得了开办单位的授权或认可,则合同主体应当确定为开办单位;如无其他无效情形,则合同为有效合同,合同权利和义务应由具有民事主体资格的开办单位享有和承担。

但如所订立合同未能获得开办单位的授权或认可,则该合同将会由于合同主体不适格而应确定为无效合同。但考虑到技术合同的特殊情况,在合同关系中承担技术开发任务或对外转让技术的不具备民事主体资格的科研组织,往往在法人或非法人组织内部有较强的独立性,且组成成员之间对于技术合同的履行具有密切的利益关系。因此,《技术合同司法解释》规定,不具有民事主体资格的科研组织订立的技术合同,未经设立该组织的法人或非法人组织授权或认可的,应由该科研组织成员共同承担责任;但法人或非法人组织因该合同受益的,应当在受益范围内承担相应的责任。

(三)技术合同的标的

技术合同的标的,是用于解决各行业、各领域的生产经营活动中、产品制造或服务提供过程中各种专业问题的技术方案。与其他各种实物或劳务形式的合同标的相比,技术方案具有无形性、智慧性、传承性、共享性、易传播性等特征。

为促进科学技术的进步和社会经济的发展,国家大力鼓励掌握科学技术知识的人积极进行技术创新,并对技术创新所取得的成果建立了较为完善的法律保护制度。根据法律规定的保护条件和方式的不同,技术成果可以分为专利技术、技术秘密和公有技术三种类型。

专利技术,是指具有新颖性、创造性和实用性,并经申请由国务院专利行政部门依法授予专利权的技术方案。专利权人在专利权保护期限内对专利技术具有独占的实施权,他人未经专利权人同意不得实施专利技术。专利权的保护范围,以发明或实用新型的权利要求内容及外观设计图片或照片中的技术特征为准。发明或实用新型的权利要求内容及外观设计图片或照片中的技术特征,由权利人在提起专利申请时提出,并经国务院专利行政部门审查确定后向全社会公告。专利制度的实质是国家以专利权人向社会公开其技术方案并支付专利年费为条件,授予其在一定年限内对所完成的专利技术独占实施的权利,即"以公开换保护"。因此,专利技术是由专利权人专有的公开技术。

技术秘密,是指不为公众所知悉、具有商业价值并经权利人采取了相应保密措施的技术信息。根据《反不正当竞争法》的规定,技术秘密是商业秘密的重要组成部分,违反法律规定侵犯他人技术秘密的,需承担相应的民事责任,行政监督检查部门还应当责令其停止违法行为,并处以相应的行政处罚;造成权利人重大损失的,还会被依法追究刑事责任。在我国现行法律制度中,技术秘密是作为商业秘密来进行保护的;权利人要想使其掌握的专利技术以外的技术方案获得法律保护,就必须采取相应的保密措施;且权利人对技术秘密不享有专用权,无权禁止他人对与技术秘密相同的技术方案进行开发、研究。他人通过合法的公开渠道获取技术方案,或通过对产品或服务合理的反向工程、技术研发获取与技术秘密相同的技术方案并应用于生产经营活动的,均不构成对技术秘密的侵犯。因此,技术秘密是权利人不享有专用权的非公开技术。

公有技术,是指内容公开、任何人均不享有专有、专用权,而由全社会公有的技术方案。公有技术是社会的公共财富,任何人都有权利实施。公有技术是实践中最常见的技术类型,各种组织或个人在经营活动中为常规产品的生产或服务的提供所使用的行业通用技术,或开发的虽具有创造性但未申请专利或不符合专利授权条件、也未采取保密措施的技术方案,或被驳回专利申请、被宣告专利无效、超出专利保护期限的技术方案,或已向社会公开的技术秘密等,均属于公有技术的范畴。公有技术的完成人或原权利人,无权禁止他人对公有技术的实施。公有技术属社会公有、没有具体的权利人,故不能作为技术开发、技术转让、技术许可合同的标的。但特定领域的、复杂的公有技术方案，虽然本身不是法律保护的权利客体，但也并非任何人均可通过简单的学习即可掌握；掌握公有技术的民事主体，仍可以运用公有技术知识为他人提供技术咨询或技术服务。因此，公有技术可以作为技术咨询或技术服务合同的标的。

二、技术合同订立过程中的法律风险防控

技术合同是以技术成果为交易标的的民事合同。企业在订立技术合同时，需要按照本书第二章关于合同订立过程中法律风险防控的内容对相关法律风险进行防控，即需要从主体的适格性、形式的合理性、意思表示的真实性、交易事项的合法性、条款的实用性、内容的明确性等方面进行相关法律风险的防控。此外，《民法典》合同编技术合同章及《专利法》等知识产权保护法律对技术成果的交易作出了专门的规定，企业在订立技术合同时，还需要根据技术成果标的本身在交易过程中的特征，按照这些特别法律的规定，就技术合同的特有法律风险进行专门的防控。

1. 技术合同主体法律风险的防控

实践中，技术合同主体不适格主要表现为技术标的的提供方不具有充分的合同履行能力或责任承担能力，以及不具有民事主体资格的科研组织作为技术标的的提供方订立技术合同等现象。

(1)技术提供方合同履行能力法律风险的防范

技术合同的交易标的一般都是处于行业领先地位的技术成果，合同的正常履行需要技术提供方具有相关行业或领域扎实、全面的科学技术知识及实际应用的工作经验，并对行业前沿技术及技术发展方向等有充分的了解。技术提供方的综合技术实力是否满足合同履行的实际需要是技术需求方的交易目的能否实现的关键所在。因此，当事人作为技术需求方选择交易对象时，应当对对方的履行能力，即技术实力进行比其他民事合同更加严格的重点审查。一般可从对方在行业内的地位及影响力，拟履行合同工作人员的资历、技术能力、工作经验等，以往类似技术项目的工作业绩等方面进行详细的调查了解，确保己方的技术需求能通过合同的订立和履行得到实现。

(2)技术提供方责任承担能力法律风险的防范

由于技术研发、转化、应用等工作主要是通过脑力劳动完成的，实践中很多

向他人提供技术成果的合同当事人是经济实力极为有限的个人或小型组织。这些当事人在由于违约或其他原因需要向他人承担民事责任时,往往会由于责任财产不足而缺乏责任承担能力。当事人在作为技术需求方选择交易对象时,需要根据使用技术成果的经营项目的规模、交易标的技术含量的高低、完成的难度、重要程度等,合理选择具有与技术项目相匹配经济实力的交易对象,防止由于对方经济能力有限、无法维持技术提供过程中的经济成本或无法承担应承担的民事责任,而使己方受到不应有的损失。

(3)与不具有民事主体资格的科研组织订立合同时的法律风险防范

由科研院所、各类企业等法人或非法人组织内部设立的科研组织,如各类研究所、工作室、课题组、项目组等,并不具备《民法典》规定的民事主体资格,不能对外独立订立及履行合同。当事人与该类组织订立技术合同时,应要求对方以具有民事主体资格的开办单位作为合同当事人;或要求对方在取得开办单位的书面授权或认可后,再就合同进行具体内容的磋商及订立。

如果既无法由开办单位签署合同,也无法取得开办单位授权或认可,而交易对象又别无选择或另行选择交易对象交易成本过高的,则此种情形下合同订立后,己方将会面临对方合同义务的履行或违约等责任的承担,将需要由该科研组织的组成人员个人共同负担的法律风险。企业如愿意承担此类法律风险,也应在订立合同时对该科研组织的人员组成详细情况、相关人员的责任承担能力、信用状况等事项进行必要的调查了解,并通过在合同中合理设置当事人组成及责任承担条款、交易信息保证条款、履约担保条款等方式,尽量降低该项风险因素可能对交易造成的不利影响。

2. 技术合同形式的合理采用

根据《民法典》及《专利法》的相关规定,技术开发合同和技术转让合同、技术许可合同,应当采用书面形式;技术咨询合同和技术服务合同,法律未对合同形式提出要求。当事人在订立技术开发、转让、许可合同时,应根据法律的规定采用书面形式。对于技术咨询和服务合同,则可以根据交易的具体情况选择能够满足交易需求的合同形式。其中,交易金额小、内容简单、可以即时履行的合同,可以采用口头形式;除此以外的其他情形,应优先考虑书面形式,以利于双方间权利义务的明确。

3. 技术合同内容的确定

根据《民法典》合同编典型合同分编技术合同章的规定，技术合同的内容一般包括项目的名称，标的的内容、范围和要求，履行的计划、地点和方式，技术信息和资料的保密，技术成果的归属和收益的分配办法，验收标准和方法，名词和术语的解释等条款。此外，与履行合同有关的技术背景资料、可行性论证和技术评价报告、项目任务书和计划书、技术标准、技术规范、原始设计和工艺文件，以及其他技术文档，按照当事人的约定可以作为合同的组成部分。技术合同涉及专利的，应当注明发明创造的名称、专利申请人和专利权人、申请日期、申请号、专利号以及专利权的有效期限。

技术合同价款、报酬或者使用费的支付由当事人约定，可以采取一次总算、一次总付或者一次总算、分期支付，也可以采取提成支付或者提成支付附加预付入门费的方式。约定提成支付的，可以按照产品价格、实施专利和使用技术秘密后新增的产值、利润或者产品销售额的一定比例提成，也可以按照约定的其他方式计算。提成支付的比例可以采取固定比例、逐年递增比例或者逐年递减比例。约定提成支付的，当事人可以约定查阅有关会计账目的办法。

当事人在订立技术合同中的条款时，应详细分析合同标的的具体特点及合同履行过程中可能出现的具体情况，订立能够满足交易需求及合同履行实际需要的实用性内容。

4. 技术合同效力法律风险的防控

技术合同属于民事合同的一种，其生效需满足法律规定的合同生效条件，即合同主体适格，当事人意思表示真实，内容不违反法律和行政法规的强制性规定、不违背公序良俗等三方面的法定生效要件。此外，根据《民法典》的规定，技术合同的订立应当有利于知识产权的保护和科学技术的进步，能够促进科学技术成果的研发、转化、应用和推广；非法垄断技术或者侵害他人技术成果的技术合同无效。因此，当事人在订立技术合同时，不得在合同中约定具有该两项无效情形的内容；否则，所订立的技术合同将根据具体情形分别属于全部或部分无效。

（1）非法垄断技术的合同

技术合同订立或履行中的非法垄断技术，是指在技术成果的交易过程中，一方当事人利用其在交易中的优势地位，要求对方接受非实施技术必不可少的附带条件的行为。根据《技术合同司法解释》的规定,非法垄断技术是指以下情形:一是限制当事人一方在合同标的技术基础上进行新的研究开发或者限制其使用改进的技术,或者双方交换改进技术的条件不对等,包括要求一方将其自行改进的技术无偿提供给对方、非互惠性转让给对方、无偿独占或者共享该改进技术的知识产权;二是限制当事人一方从其他来源获得与技术提供方类似的技术或者与其竞争的技术;三是阻碍当事人一方根据市场需求,按照合理方式充分实施合同标的技术,包括明显不合理地限制技术接受方实施合同标的技术生产产品或者提供服务的数量、品种、价格、销售渠道和出口市场;四是要求技术接受方接受并非实施技术必不可少的附带条件,包括购买非必需的技术、原材料、产品、设备、服务以及接收非必需的人员等;五是不合理地限制技术接受方购买原材料、零部件、产品或者设备等的渠道或者来源;六是禁止技术接受方对合同标的技术知识产权的有效性提出异议或者对提出异议附加条件。

非法垄断技术的行为不当限制了对方当事人的交易选择权,严重损害其合法权利;其中限制技术接受方在标的技术基础上进行新的研究开发的行为,则不仅损害了接受方进行技术开发的权利,客观上还妨害了科学技术的进步,损害了社会公共利益。因此,《民法典》将非法垄断技术的技术合同规定为无效合同。但技术合同中存在非法垄断技术的条款时,该条款虽必然无效,但并不必然导致该合同全部无效;而只有该无效条款是合同的核心或主要条款、该条款约定的内容不履行将直接导致当事人的合同目的无法实现时,才可以发生合同全部无效的法律后果。

(2)侵害他人技术成果的技术合同

技术合同的订立或履行侵害他人技术成果,是指当事人所订立技术合同的履行,会导致他人对技术成果享有的合法权利受到损害。他人享有合法权利的技术成果,一般是指专利技术和技术秘密。其中,对专利技术的侵害,主要是指未经专利权人许可而对专利技术的实施,如在未取得专利授权的情形下,订立的将专利技术应用于具体生产经营或服务提供项目的实施方案开发合同或技术服务合同等。对技术秘密的侵害,主要是指采用盗窃等不正当手段获取他人的技术秘密;披露、使用或者允许他人使用以不正当手段获取的技术秘密;违反约定或者法定的保密要求,披露、使用或者允许他人使用其所掌握的技术秘密的行为。

需要特别注意的是,并非所有运用他人专利技术、获取他人技术秘密的行为都属于违法行为。对于专利技术,只有未经授权、将专利技术在生产经营或服务提供的营业性活动中实施的行为才构成专利侵权;而在他人专利技术的基础上进行新的技术方案的开发,并不构成侵犯他人专利权。对于技术秘密,通过公开渠道获取的技术信息,以及通过合法的技术开发、反向工程等对技术秘密的破解等,均不构成对技术秘密的侵害。

(3)行政审批或许可项目中技术合同的效力确定

国家为保护社会公共秩序和社会公共利益的需要,对特定行业或领域的商品生产或服务提供等经营活动规定了行政审批或行政许可制度,即经营这些产品或服务的民事主体只有在获得政府机关对这些项目的审批或行政许可后,才可以从事相关的产品生产或服务提供等经营活动。民事主体为进行这些行业或领域的经营活动,在获得政府机关的审批或行政许可以前,可能需要为以后将要进行的经营活动进行各种准备工作。其中,对于未来生产经营过程中可能面临的技术问题通过与他人进行技术合作解决,也就成为诸多准备工作的重要组成部分。在此背景下,当事人之间订立及履行技术合同的工作都是为未来的经营活动所作的准备,而并不是生产经营活动本身。因此,这种情形下订立技术合同的行为并不违反法律关于相关项目需审批或行政许可的法律规定,所订立的合同也不能因项目本身未经审批或未获行政许可而无效。

5. 技术合同的审批、登记、备案

根据我国有关知识产权保护的法律、法规的规定,一些特定类型的技术合同在订立后,需在相关政府机关办理审批或许可、登记、备案等手续。其中,法律规定应办理审批或许可手续而未办理的,当事人所订立的合同依法不产生法律效力;应办理登记手续而未办理的,虽对合同效力并无影响,但可能会影响合同的履行效果;应办理备案手续而未办理的,虽既不会影响合同效力,也不影响合同的履行后果,但可能会被行政机关处以相应的行政处罚。因此,当事人订立这些类型的技术合同后,应及时向相关政府机关办理相应的手续。

(1)技术进出口合同的审批、登记、备案

根据《对外贸易法》《技术进出口管理条例》等法律法规的规定,经营者就限制进口或出口的技术订立进口或出口合同后,应当向国务院外经贸主管部门提交技术进口或出口合同副本及有关文件,申请技术进口或出口许可证,所订立的技术进口或出口合同在取得许可证后生效。经营者就自由进口或出口的技术订立进口或出口合同后,应当向国务院外经贸主管部门进行备案登记。

(2)专利申请权、专利权转让及出质合同的登记,专利实施许可合同的备案

根据《专利法》的规定,当事人转让专利申请权或专利权的,应当订立书面合同,并向国务院专利行政部门登记,由国务院专利行政部门予以公告;专利申请权或专利权的转让自登记之日起生效。该规定中的生效对象,指的是合同标的权属变动的生效,即产生专利权或专利申请权权利主体变动的法律效果,而不是指合同本身自登记之日生效。

根据《专利法实施细则》的规定,专利权人与他人订立的专利实施许可合同,应当自合同生效之日起三个月内向国务院专利行政部门备案。以专利权出质的,由出质人和质权人共同向国务院专利行政部门办理出质登记。根据《民法典》的规定,以专利权出质的,质权自办理出质登记时设立。

6. 技术合同的认定登记

国家为鼓励技术创新和科技成果的转化,促进和保障技术市场的繁荣发展,建立了技术合同的认定登记制度。根据科学技术部、财政部、国家税务总局联合发布的《技术合同认定登记管理办法》的规定,法人、自然人及其他组织依法订立的技术开发合同、技术转让合同、技术咨询合同和技术服务合同等,当事人可以向技术合同登记机构申请认定登记。经登记机构认定登记的技术合同,当事人可以持认定登记证明,向主管税务机关提出申请,经审核批准后,享受国家规定的税收优惠政策;当事人还可以依据相关政策,享受信贷、奖励等方面的优惠政策。

技术合同的认定登记,是国家为鼓励科技创新而设立的制度。当事人向技术合同认定登记机构申请并获得认定登记后,可按照国家及地方政府制定的促进科技进步、科技成果转化等方面的政策,享受税收、信贷和奖励等方面的优惠政策。此种登记是技术合同当事人享受国家相关优惠政策的途径和条件,对技术合同的效力、履行以及当事人间的权利义务关系等并不产生直接的影响。

三、技术合同履行过程中的法律风险防控

当事人在履行技术合同时,除需要遵循法律关于合同履行的一般原则和规范外,还需要按照技术合同在履行过程中的特殊性,合法、合理地实施履行

行为。

1. 技术合同的履行原则

当事人在履行技术合同时,应按照《民法典》规定的合同履行原则即全面履行、诚信履行及绿色履行的法律要求,依照合同约定和法律规定的内容履行各自的合同义务。此外,由于作为技术合同标的的技术成果的特殊性,以及由此产生的技术合同履行方式的特殊性,当事人在履行技术合同的过程中,还应遵循亲自履行、保密履行及风险负担的原则。

(1)亲自履行原则

技术合同的履行,主要是由掌握专门技术知识的一方或双方当事人运用其所掌握的科学技术知识、通过抽象的智力活动来完成的。因此,技术合同具有较强的人身属性,技术需求方对提供方技术能力的信任,是双方建立合同关系的基础。如允许技术提供方随意将应由其进行的技术工作交由他人代为履行,将可能导致技术需求方订立合同的目的落空,对技术需求方甚为不公。因此,除法律另有规定或当事人另有约定外,技术提供方一般应亲自完成所承担的合同义务,不得随意交由他人代替履行。

(2)保密履行的原则

当事人在履行技术合同的过程中所形成的新的技术成果或所运用的现有技术成果,都是可以为当事人带来经济利益的无形财产。如不采取保密措施任意向社会扩散,势必会导致当事人已享有或未来可以享有专用权的技术成果转变为社会公有技术,损害当事人基于对技术成果的专有权而享有的利益。同时,为履行技术合同的需要当事人会互相向对方提供有关的生产经营信息,所提供的这些信息中,有些可能是已被提供方采取了保密措施的商业秘密,还有一些可能是未采取保密措施的一般信息。无论这些信息是否属于商业秘密,不当的扩散行为都会为当事人的生产经营带来不利的影响。因此,当事人在履行技术合同过程中,对于技术合同的履行情况及在履行过程中获取到的对方经营信息,都应严格加以保密。除法律另有规定外,不应向合同关系以外的任何第三人披露。

(3)风险负担的原则

作为技术开发合同标的的技术成果是否能够实现、技术成果在实际生产经营中产生的效益能否满足当事人订立合同时的预期,不仅与技术提供方的技术能力、履行合同的积极程度等有关,往往还与相关行业、领域科学技术水平的发展状况,技术接受方所在地的产业发展外围环境,技术接受方的技术消化和运用能力、管理水平等密切相关。因此,技术合同的履行结果能否满足技术接受方的交易需求具有很大的不确定性。技术合同的各方当事人,尤其是技术成果的需求方,需要承担比一般以商品或服务为标的的合同更高的合同履行风险。在合同的履行结果未达预期时,当事人应按合同约定或法律规定承担该项风险带来的相应后果;合同未作出约定的,应按照公平原则合理承担。

2. 技术合同的补充和完善

根据《民法典》及相关司法解释的规定,能够确定合同当事人名称或姓名、标的、数量的,合同关系即为成立,但法律另有规定或当事人另有约定的除外。履行合同所需的其他内容,如质量、价款或者报酬、履行地点、履行期限、履行方式、履行费用的负担等,可以由当事人协议补充;不能达成补充协议的,按照合同相关条款或者交易习惯确定;仍不能确定的,按照《民法典》第 511 条规定的合同内容补充规则确定。在技术合同关系中,由于作为合同标的的技术成果具有的无形性、智慧性、传承性、共享性、易传播性等特性,合同标的与其数量的确定通常也较为复杂,并且与技术成果的具体交易方式紧密相关。原则上应以双方当事人已就技术成果所属的行业领域、所要解决的技术问题等达成一致方能认为合同的标的可以确定。标的范围的确定则应根据双方已经达成的一致意见及技术合同的具体类型加以判断,例如,技术开发、转让合同应能分辨出当事人所约定开发或转让的技术项目范围;技术许可、服务、咨询等合同,则不仅需要确定一方向另一方提供技术成果的项目范围,还应确定合同的履行期间等内容。

在合同当事人、标的、数量能够确定的情形下,当事人未就合同履行需要的其他内容作出约定或约定不明确,导致合同不能顺利履行,且当事人无法达成补充协议时,就需要按照合同中的已有条款或双方间的交易习惯对合同内容进行补充和完善,以作为双方履行合同义务的依据。根据合同中其他条款无法确定,且当事人间不存在交易习惯的,应按照《民法典》合同编技术合同章及其他相关法律的规定确定合同内容,仍无法确定的,则应按照《民法典》第 511 条的规定确定。

实践中,作为技术合同标的的技术成果的所属专业领域、所要解决的技术问题、实施方式、法律保护方式、当事人的交易需求等具有很大的差别，导致合同的价款或报酬的确定、技术成果的使用效果、履行方式、履行地点、履行期限、履行费用的负担等内容也会有明显的区别。如当事人未在合同中就这些内容作出明确约定，合同将会因缺乏履行依据而无法继续履行。此种情形下，就需要按照前面介绍的方法对合同内容进行补充和完善。其中，根据《技术合同司法解释》的规定，对技术合同的价款、报酬和使用费，当事人没有约定或者约定不明确的，可以按照以下原则确定：(1)对于技术开发合同和技术转让合同、技术许可合同，根据有关技术成果的研究开发成本、先进性、实施转化和应用的程度，当事人享有的权益和承担的责任，以及技术成果的经济效益等合理确定；(2)对于技术咨询合同和技术服务合同，根据有关咨询服务工作的技术含量、质量和数量，以及已经产生的经济效益等合理确定。

3. 已履行或部分履行的技术合同被撤销、确认无效后的处理

技术合同属于民事合同的一种，如存在法律关于合同可撤销的情形，撤销权人可通过行使撤销权的方式撤销合同的法律效力；如存在合同无效的情形，当事人可通过协商解决与合同的无效有关的后续事宜，无法就合同效力达成一致意见的，可以请求人民法院或者仲裁机构进行确认。根据《民法典》的规定，合同被依法撤销或确认无效后，当事人因合同取得的财产应当返还对方，并应根据各自的过错情况分别就对方所受到损失承担责任。在技术合同关系中，技术成果的提供方向对方提供的合同标的是无形的技术成果或技术服务、咨询，在合同被撤销或被确认无效后，这些已提供的无形标的将无法被返还；同时，技术合同的履行过程中还可能产生新的技术成果，这些新的技术成果的权属在合同被撤销或确认无效后也需要按照一定的规则进行确定。

(1)技术提供方损失的弥补及新的技术成果权属的确定

技术合同被撤销或被确认无效后，对技术提供方由于履行合同所受到损失的处理及如何确定新的技术成果的权属，是技术合同不同于其他类型合同的特别问题。根据《技术合同司法解释》的规定，技术合同无效或被撤销后，技术开发合同研究开发人、技术转让合同让与人、技术许可合同许可人、技术咨询合同和技术服务合同的受托人已经履行或部分履行了约定的义务，并且造成合同无效或者被撤销的过错在对方的，对其已履行部分应当收取的研究开发经费、技术使用费、提供技术咨询的报酬，人民法院可以认定为因对方原因导致合同无

效或者被撤销给其造成的损失。技术合同无效或者被撤销后，因履行合同所完成的新的技术成果或者在他人技术成果基础上完成后续改进技术成果的权利归属和利益分享，当事人不能重新协议确定的，人民法院可以判决由完成技术成果的一方享有。

(2)侵害他人技术成果的技术合同被确认无效后的处理

根据《民法典》的规定，侵害他人技术成果的技术合同无效。根据我国《专利法》及《反不正当竞争法》的规定，可以作为民事主体权利对象的技术成果包括两种类型，一种为专利技术，另一种为技术秘密。当事人订立的侵犯他人专利权的技术合同，可能是一方在对方不知情的情况下，将他人的专利技术冒充为自己享有转让权利的专利技术，而与对方订立的技术转让合同；还可能是一方为对方未经许可实施他人专利技术的行为提供帮助而订立的技术服务或技术咨询合同。由于专利权人对专利技术所享有的专利权是由国务院专利行政管理部门向全社会公告的公开信息，故无论前述合同中的各方当事人是否对侵权的事实明知，均应被认定为共同侵权行为；合同关系中的双方当事人需共同向专利权人承担侵权责任，而双方内部互相之间的责任分担，应按照各自过错的大小进行确定。

当事人订立的侵犯他人技术秘密的合同，一般是一方当事人通过盗窃、贿赂、欺诈、胁迫等不正当手段获取他人的技术秘密后，以技术秘密权利人的身份将技术转让或许可对方当事人使用而订立的技术转让或许可合同；还有一种可能的情况就是，通过不正当手段获取他人技术秘密的一方当事人由于不具备独立实施技术秘密的能力，而与相关行业或领域内的专业人员订立技术咨询或服务合同，由对方为其实施技术秘密的行为提供技术支持。在这些情况下，通过不正当手段获取他人技术秘密的不正当获取行为、获取后的转让行为或实施行为，均属对技术秘密合法权利人权利的侵犯，应承担相应的侵权责任。但由于技术秘密属于商业秘密，并非向社会公开的信息，与侵权人订立技术合同的对方当事人并不一定知晓侵权人所实施的侵权行为。如其在对侵权事实不知情的情形下，已作为技术成果的受让人知晓了技术秘密的内容，并已对技术秘密的实施进行了建设场地、购置设备等工作，则要求其停止使用技术秘密必将造成其受到事前无法预期的经济损失，对其有失公平。

为公平保护各方当事人的利益，鼓励民事主体积极参与技术交易活动，《技术合同司法解释》规定,侵害他人技术秘密的技术合同被确认无效后,除法律、行政法规另有规定外,善意取得该技术秘密的一方当事人可以在其取得的范围内继续使用该技术秘密,但应当向权利人支付合理的使用费并承担保密义务。当事人双方恶意串通或者一方知道或者应当知道另一方侵权仍与其订立或者履行合同的,属于共同侵权。人民法院应当判令侵权人承担连带赔偿责任和保密义务,因此取得技术秘密的当事人不得继续使用该技术秘密。依照前述规定可以继续使用技术秘密的人与权利人就使用费支付发生纠纷的,当事人任何一方都可以请求人民法院予以处理。继续使用技术秘密但又拒不支付使用费的,人民法院可以根据权利人的请求判令使用人停止使用。人民法院在确定使用费时,可以根据权利人通常对外许可该技术秘密的使用费或者使用人取得该技术秘密所支付的使用费,并考虑该技术秘密的研究开发成本、成果转化和应用程度以及使用人的使用规模、经济效益等因素合理确定。不论使用人是否继续使用技术秘密,人民法院均应当判令其向权利人支付已使用期间的使用费。使用人已向无效合同的让与人或者许可人支付的使用费,应当由让与人或者许可人负责返还。

四、技术合同争议解决过程中的法律风险防控

当事人由于技术合同发生的争议,可通过民事纠纷的各种解决方式即和解、调解、仲裁、诉讼等方式解决。其中,仲裁方式需要当事人就纠纷通过仲裁解决达成书面协议,否则,仲裁机构对纠纷不予受理。由于作为技术合同标的的技术成果的无形性,以及技术合同履行中的高风险性等特点,技术合同争议的解决也呈现出不同于其他合同争议的特点。

(一)技术合同争议的特点

由于技术交易过程中当事人间权利义务关系的复杂性,当事人在合同订立阶段很难将双方对标的的要求及履行过程中可能会遇到的问题都在合同内容中作出明确的约定。合同进入履行阶段后,在技术提供方提供的技术成果或技术服务无法满足技术需求方的实际需要或技术需求方对技术成果进行运用所取得的经济效益未达预期时,双方往往就会因技术提供方提供的技术成果是否符合约定、技术提供方是否已全面履行了义务等发生争议,从而形成技术合同纠纷。与其他合同纠纷相比,技术合同纠纷具有以下特点。

1. 引发纠纷的原因复杂

在技术合同关系中，技术成果具有无形性的特征，其所能给当事人带来的经济利益及本身具有的经济价值都具有高度的抽象性。并且，能够作为技术交易标的的技术成果多数是某一行业或领域内前沿性的或专业性强、应用复杂的技术方案，双方在订立合同时，往往难以对合同履行过程中可能会出现的影响合同履行的因素作出全面、准确的预测，也就难以对履行过程中可能出现的履行障碍全部作出有预见性的处理方案。合同订立过程中存在的这些难以完全避免的缺陷，都可能成为后续在当事人间发生纠纷的隐患。技术合同的履行过程也会受到比其他合同更多的不确定性因素的影响，履行利益的实现具有更高的风险。例如，由于技术成果先进性有限而无法满足需求方要求，技术成果运用后取得的经济效益不达预期，所属行业或领域的整体技术水平的提高、经营模式发生变化，与技术成果配套使用的设备发生质量争议等，均可能导致技术提供方和技术需求方之间的利益失衡，从而引发争议形成纠纷。

2. 当事人在纠纷中的争议大

在技术合同关系中，技术需求方为将技术成果运用到实际生产经营活动中，往往需要投入大量人力、物力及其他资源，如为项目的实施进行建造场地、购置专用设备、培训工作人员等准备工作。技术提供方则为交付符合合同要求的技术成果，一般也需要投入大量资源进行技术成果的开发、转化及在具体生产经营过程中的应用。技术需求方在订立技术合同时，往往对合同的履行结果抱有很高的期望；在技术提供方无法完全按照合同提供技术成果，或虽已提供但无法达到预期的应用效果时，就会将其为技术成果的应用所作的投资，以及技术成果在计划的使用期限内的实际收益与其预期收益间的巨大差额，作为自身所受的损失要求对方赔偿。在此情形下，技术提供方则更多考虑的是技术提供过程中各种客观条件的影响，会认为对方主张的损失是技术合同的固有风险或技术需求方应承担的市场经营风险造成的，不应由其承担责任。在技术成果的应用收益达到或超出预期时，技术提供方可能会以其对技术成果作出的贡献为依据要求进行利益分成，而技术需求方则往往会以各种理由予以拒绝。这些情形都会导致双方当事人为追求己方利益的最大化，而在技术成果的运用未达预期时，互相推诿风险的承担；在技术成果投产达效时，则会争抢所获利益，从而产生难以化解的争议。

3. 技术纠纷的争议事实不易确定

技术合同的标的即技术成果本身是无形的,技术提供方履行义务是通过提供相关技术资料、对技术接受方工作人员进行知识教育或技术培训、运用专业知识解决对方生产经营中的技术问题等方式进行的。在技术提供方履行义务的过程中,技术接受方也需要就项目背景、己方的现有技术能力、交易技术标的的应用环境等进行说明,并需要履行协助、通知、保密等附随义务。各方的合同履行行为大多体现为无形的服务提供过程,难以通过有形的方式加以固定。加之技术合同本身的高度专业性,技术成果所属行业或领域外的人员很难对双方的履行行为与合同约定是否相符作出准确判断。在发生争议后,技术提供方是否已依约提供合同标的、提供的合同标的是否符合合同要求、无法提供约定标的的原因是什么等对于争议解决至关重要的问题,作为业外人员的法官、仲裁员、律师等往往难以作出符合实际情况的判断,导致处理争议所需要的案件事实无法准确确定。

4. 纠纷的解决难度大

技术合同纠纷形成的原因多元、复杂,给纠纷中一方或双方当事人所受到损失的确定及责任的划分带来困难。同时,由于纠纷对双方当事人的利益影响大,纠纷中的技术事实又难以通过常规的举证、质证途径查明,各方在纠纷处理过程中为追求己方利益的实现而对发生的事实及纠纷的处理各持己见,使纠纷处理机构或人员难以查清案件事实。此外,技术合同纠纷还可能会与技术成果权属纠纷、技术成果权利的法律效力纠纷及其他的相关纠纷交织在一起,更加增加了技术合同纠纷处理过程的复杂性。因此,技术合同纠纷在处理过程中,可能会因为涉及的法律关系复杂、技术争议事实认定困难、因果关系不易确定、法律适用争议较多等原因而导致纠纷难以解决。

(二)技术合同争议的和解、调解解决

和解、调解具有争议解决效率高、成本低、灵活性大、处理结果可掌握、不会扩大当事人间矛盾等特点,是实践中解决各类民事纠纷的重要途径。

1. 技术合同纠纷的解决应优先选择和解、调解的方式

如上文所述,技术合同纠纷具有引发的原因复杂、当事人争议大、争议事实不易确定、纠纷解决难度大等特征。这些特征使得技术合同纠纷在通过仲裁或诉讼解决时,会出现处理结果不确定性大、处理程序漫长或需要经过多种法律

程序才能最终解决纠纷等现象或后果。这些现象或后果的出现,对于纠纷中双方当事人的利益实现都有明显不利的影响。纠纷处理结果不确定性的增大,意味着当事人在诉讼或仲裁过程中需要承担更多的风险,使得当事人无法对与交易纠纷有关的经营活动进行合理的预期和判断,进而造成生产经营活动无法顺利进行。纠纷处理时间漫长、程序繁杂则会将当事人拖入长期的诉讼、仲裁等法律程序中,使得争议解决的成本大为提高;并且,合同纠纷长久得不到解决,也会导致当事人无法摆脱已形成的交易障碍、无法重新安排交易,使得所从事的经营活动无法顺利开展而使损失不断扩大。因此,企业在面对技术合同纠纷时,为有效降低法律风险,降低纠纷处理成本,减少诉累,尽快摆脱纠纷的不利影响、恢复正常的生产经营状态,应优先选择通过和解或调解的方式解决纷争。

2. 技术合同纠纷和解、调解解决时的特别注意事项

由于技术合同的订立和履行等产生的纠纷,往往会与技术成果的权属纠纷及权利效力纠纷交织在一起,如专利权是否有效、技术成果是否属于技术秘密等。当事人在通过和解、调解的途径解决纠纷时,应明确所要解决纠纷的范围,即应当明确只解决部分纠纷,还是要将双方与标的技术成果有关的所有纠纷一并解决。例如专利实施许可合同纠纷中,被许可人因使用专利技术后未取得预期的经营收益而不同意按原约定支付专利使用费用;许可人要求其依约承担支付使用费及延期支付费用违约金的违约责任,而被许可人则认为合同标的专利技术不具有足够的创造性,应当宣告无效并据此不同意承担合同违约责任。在此案例中,双方当事人间实质上存在两项相互关联的纠纷,即专利实施许可合同纠纷和专利权效力纠纷。如通过诉讼、仲裁的方式解决合同纠纷,则专利效力纠纷将需要通过行政审查及行政诉讼的法律程序另行解决。

当事人在确定纠纷和解、调解的范围时,如无特别理由,应在处理合同争议的同时,尽量将技术成果权属纠纷、权利效力纠纷等所有与技术标的有关的纠纷一并解决,并应在所达成的和解、调解协议里面作出明确的约定,以免由于纠纷处理不彻底,一方或双方当事人在和解、调解完成后又以其他事由主张权利,形成新的纠纷。当然,如经过双方协商,只能就部分争议达成一致处理意见,其他纠纷需要通过另行协商或通过其他途径解决的,也可以将该部分纠纷先行协商解决,以减少纠纷的争议范围及为后续纠纷的解决奠定好的基础。但此种情形下,双方应在随后订立的和解、调解协议中对已解决的纠纷及未解决的纠纷

均作出明确的记载;否则,和解、调解协议将可能被认为已对双方间的所有纠纷进行了处理,导致在剩余的未解决纠纷中主张权利的一方当事人丧失继续主张权利的机会。

(三)技术合同争议的诉讼解决

当事人间发生技术合同纠纷后,无法或不愿通过和解、调解解决纷争,且未约定仲裁条款时,双方间的争议就只能通过向人民法院提起诉讼的方式来解决。由于技术合同等知识产权案件的处理具有较强的专业技术性,相关知识产权保护法律及最高人民法院发布的相关司法解释,均对技术合同等知识产权案件的审理在程序和实体两方面作出了特别规定。当事人在通过诉讼解决技术合同争议时,应按照这些特别规定实施相应的诉讼行为。

1. 案件性质和案由的确定

技术合同纠纷案件与其他类型的合同纠纷案件,以及与技术成果的权属或侵权纠纷案件,可能在事实上存在牵连关系。根据《技术合同司法解释》的规定,当事人将技术合同和其他合同内容或者将不同类型的技术合同内容订立在一个合同中,应当根据当事人争议的权利义务内容,确定案件的性质和案由。技术合同名称与约定的权利义务关系不一致的,应当按照约定的权利义务内容确定合同的类型和案由。技术转让合同或者技术许可合同中约定让与人或者许可人负责包销或者回购受让人、被许可人实施合同标的技术制造的产品,仅因让与人或者许可人不履行或者不能全部履行包销或者回购义务引起纠纷,不涉及技术问题的,应当按照包销或者回购条款约定的权利义务内容确定案由。

由此可见,技术合同纠纷案件,特指以技术成果为交易标的的合同当事人之间产生的、与技术标的有关的纠纷。由于合同中其他标的产生的纠纷案件,由于当事人对技术成果享有的权利被侵害产生的侵权纠纷案件,以及不存在合同关系的当事人之间产生的技术成果权属纠纷案件均不属于技术合同纠纷案件,不适用技术合同纠纷的处理程序,更不适用技术合同的实体法律规范。

2. 案件管辖法院的确定

由于技术合同纠纷的较高专业性,民事诉讼法律对此类纠纷的解决规定了专门的管辖制度。同时,技术合同的标的既有属于知识产权范畴的专利技术、技术秘密,也有当事人不具有专用权的公有技术;民事诉讼法律、司法解释根据不同类型的知识产权纠纷的特点,规定了不同的管辖制度。当事人在就具体的技术合同纠纷提起诉讼时,需按照该技术合同纠纷的诉讼标的依法确定管辖法院。此外,合同中既有技术合同内容,又有其他合同内容,当事人就技术合同内容和其他内容均发生争议的,也应向具有技术合同纠纷案件管辖权的人民法院提起诉讼。

(1)技术合同纠纷的地域管辖

根据《民事诉讼法》的规定,因合同纠纷提起的诉讼,由被告住所地或者合同履行地人民法院管辖。此外,合同或者其他财产权益纠纷的当事人可以书面协议选择被告住所地、合同履行地、合同签订地、原告住所地、标的物所在地等与争议有实际联系的地点的人民法院管辖,但不得违反《民事诉讼法》关于级别管辖和专属管辖的规定。技术合同属于民事合同的一种,技术合同纠纷案件管辖法院的确定适用法律关于合同纠纷地域管辖的规定。

(2)技术合同纠纷的级别管辖

根据《技术合同司法解释》的规定,技术合同纠纷案件一般由中级以上人民法院管辖。各高级人民法院根据本辖区的实际情况并报经最高人民法院批准,可以指定若干基层人民法院管辖第一审技术合同纠纷案件;其他司法解释对技术合同纠纷案件管辖另有规定的,从其规定。此处的"其他司法解释",是指最高人民法院发布的关于专利、技术秘密等知识产权纠纷案件管辖制度的司法解释。其中,《民事诉讼法司法解释》规定,专利纠纷案件由知识产权法院、最高人民法院确定的中级人民法院和基层人民法院管辖;《最高人民法院关于第一审知识产权民事、行政案件管辖的若干规定》规定,发明专利、实用新型专利、植物新品种、集成电路布图设计、技术秘密、计算机软件的权属、侵权纠纷以及垄断纠纷第一审民事、行政案件由知识产权法院,省、自治区、直辖市人民政府所在地的中级人民法院和最高人民法院确定的中级人民法院管辖。

由以上法律及司法解释的规定可知,除最高人民法院已作出指定的少部分经济发达地区外,技术合同纠纷第一审民事案件一般均由中级以上人民法院管辖。其中,专利纠纷的第一审民事案件,一般由各省、自治区、直辖市人民政府所在地的中级人民法院管辖。因此,当事人在就技术合同纠纷提起诉讼时,应详细了解受诉地不同级别人民法院对知识产权案件的管辖权限。其中,在设立了知识产权专门法院的北京、上海两直辖市,以专利、技术秘密为标的的技术合同纠纷,由知识产权法院管辖,其他技术合同纠纷则由相应的中级人民法院或最高人民法院指定的基层人民法院管辖。在广州市设立的知识产权专门法院,则对广东省内的专利、技术秘密为标的的技术合同纠纷具有管辖权,其他技术合同纠纷则由广东省内的其他中级人民法院或最高人民法院指定的基层人民法院管辖。其他各省、自治区、直辖市人民政府所在地的中级人民法院管辖本省、自治区、直辖市内的以专利技术为标的的技术合同纠纷案件,其他技术合同纠纷案件由省内各中级人民法院或最高人民法院指定的基层人民法院管辖。

3. 诉讼策略的正确选择

当事人在通过诉讼方式解决技术合同纠纷时,需综合考虑争议形成的原因、双方当事人在纠纷中的争议焦点、争议形成过程中发生的事实、与争议相关联的法律规范、司法实践中对于类似争议的主要裁判观点,以及技术成果在形成、实际应用过程中特有的技术风险、市场风险等因素,审慎、严谨地确定诉讼目标,并选择最有利于实现目标的诉讼路径。其中,在存在技术成果性质与合同交易方式不符、对技术成果的法律效力有争议、争议合同可能侵害他人技术成果等技术合同纠纷特有的争议时,合同当事人尤其是受不利影响的当事人,应详细了解与此类争议有关的法律或司法解释的专门规定,并根据法律规范的具体要求选择正确的诉讼策略。

(1)技术成果性质与合同交易方式不符的处理

如前文所述,技术成果根据法律保护方式的不同,可以分为专利技术、技术秘密、公有技术三种类型;根据形成时间的不同,还可以区分为现有技术和新技术。技术成果的交易方式则包括技术开发,技术转让或许可,技术咨询或技术服务等。但并非所有的技术成果都可以通过前面列举的所有交易方式进行交易。其中,技术开发合同是双方当事人就新的技术方案进行研究开发而订立的合同,故合同标的只能是尚不存在的新的技术方案或他人已掌握但未公开的技术方案,而不能是已公开的公有技术或专利技术。技术转让、许可合同是技术成果的拥有人将自身合法拥有的技术成果转让他人或许可他人使用而订立的合同,故合同标的只能是技术成果提供人享有转让权利或许可权利的专利技术或技术秘密,而不能是公有技术或其不享有合法权利的专有技术。技术咨询、服务合同,则在不侵害他人技术成果的前提下,可以以前述各种类型的技术成果为合同标的。

当事人在订立技术开发合同时,将已公开的现有技术约定为合同标的的,应按照具体情况分别处理。一是双方当事人均对标的技术方案为公开技术成果的事实不知情。由于此种情形下合同的履行不产生实际价值、没有意义,且实际履行还会浪费社会资源,故此类合同应属无效。由于合同的订立或已履行而造成的损失应由双方根据过错大小合理分担。如合同订立或履行行为侵害他人专利权的,当事人还需要共同承担侵权责任。二是技术成果提供方明知标的技术方案为公开技术成果,而隐瞒事实与他人订立开发合同收取技术研究开发费用。此种情形下合同的继续履行同样没有实际价值、且浪费社会资源,也应属于无效合同。由于技术方案提供方在订立合同时具有欺诈行为,由于合同的订立或已履行而造成的损失应主要由该方当事人承担。三是技术成果提供方将自有的、尚未公开的技术成果作为研究开发标的与他人订立技术开发合同收取研究开发费用,或就同一项研究开发课题与两方或两方以上对方当事人订立技术合同重复收取研究开发费用。此种情形下订立的合同不符合技术需求方的真实意思,属欺诈行为,对方当事人可以依照《民法典》的规定要求撤销合同,并可以要求技术提供方赔偿损失。需要特别注意的是,双方当事人订立的以反向工程等合法手段对他人已有的技术秘密进行破解的技术开发合同,不具有违法性,且合同的履行具有实际价值,如无其他影响合同效力的事由,当属有效合同。

当事人订立技术转让或许可合同,将提供方不具有合法权利的技术成果或公有技术作为合同标的的,应按以下原则进行处理。一是技术提供方将其不享有权利的他人的专利技术、技术秘密进行转让、许可的。此类合同侵害他人技术成果,属法定的无效合同。因合同的订立或履行而造成的损失,应主要由技术提供方承担;技术接受方有过错的,也应适当承担责任。因侵害他人技术成果应承担的责任,也应根据接受方是否有过错而由双方共同承担或由提供方承担。二是技术提供方将公有技术作为合同标的进行转让或许可的。此种合同不属于技术转让或技术许可合同,合同的效力及当事人间的权利、义务关系应根据不同情况分别处理。如双方当事人在订立合同时均对标的技术方案为公有技术成果不知情,或技术接受方一方不知情的,因合同标的本身不具有可交易性,合同应属无效合同。所造成的损失应根据技术提供方在订立合同时是否具有恶意而由双方合理分担或由技术提供方承担。如双方当事人在订立合同时均对标的技术方案为公有技术的事实知情,则双方订立合同的目的一般是技术接受方需要就技术方案的实施接受提供方的技术服务或咨询。此种情形下合同的性质应当根据当事人在合同中约定的实际内容,确定为技术服务或技术咨询合同,并根据相应的法律规范确定当事人间的权利和义务。

(2)技术成果法律效力有争议时的处理

技术成果的法律效力,是指技术成果符合法律关于专利技术、技术秘密的规定条件,法律对权利人依法享有的权利予以保护,他人未经权利人同意不得实施专利技术或通过非法手段获取、使用技术秘密的效力。公有技术属于社会公共财富,任何人对其不享有专有权利,法律不将其作为任何组织或个人的无形财产加以保护。在技术合同关系中,如以公有技术作为合同标的,则当事人一般不会对公有技术的法律效力产生争议。但在以专利技术、技术秘密为标的的技术合同中,技术成果接受方在合同订立后,由于在合同履行过程中详细了解到技术成果的具体信息或由于其他事由,可能会对技术成果是否满足专利授权条件或法定的技术秘密构成条件而对技术成果的法律效力提出异议,从而形成当事人关于技术成果法律效力的争议。在此类争议中,由于法律对专利技术和技术秘密的保护条件和方式不同,当事人可能的争议内容以及相应的处理方法也不相同。

在当事人对专利效力提出异议的争议中,由于权利人对技术成果享有的专利权是由国务院专利行政部门经法定程序授予的,故专利是否有效不属于人民法院受理民事诉讼的范围。当事人否认专利法律效力的,应向国务院专利行政部门提出宣告专利无效的申请。国务院专利行政部门作出维持专利有效或宣告专利无效的决定后,申请人或专利权人不服的,可以向人民法院提起行政诉讼,请求人民法院对国务院专利行政部门作出行政决定的合法性进行审理,以最终决定专利的法律效力。在技术合同纠纷民事诉讼的过程中,当事人通过行政审查或行政诉讼程序解决专利效力的,如被申请宣告无效的是发明专利,人民法院一般应继续审理民事案件;如被申请宣告无效的是实用新型或外观设计专利,人民法院一般应中止民事案件的审理。专利权被宣告无效的,视为自始不存在。宣告专利无效的决定,对在宣告专利权无效前人民法院作出并已执行的专利侵权的判决、调解书,已经履行或者强制执行的专利侵权纠纷处理决定,以及已经履行的专利实施许可合同和专利权转让合同,不具有追溯力。但是因专利权人的恶意给他人造成的损失,应当予以赔偿。依照前述规定不返还专利侵权赔偿金、专利使用费、专利权转让费，明显违反公平原则的，应当全部或者部分返还。因此，当事人因作为合同标的的专利技术的有效性发生的争议，需要通过另行提起的宣告专利无效的行政审查及后续可能的行政诉讼程序解决。在行政审查或行政诉讼过程中，当事人需要围绕涉案专利技术是否具有法律规定的可宣告无效的情形，进行证据的提供及理由的阐述。例如，标的专利技术是否属于专利授权的客体，与申请日以前的现有技术相比是否具有新颖性、创造性、实用性，专利说明书是否充分公开了专利保护的主题，权利要求书是否以说明书为依据、是否清楚地限定了要求专利保护的范围等。

在当事人对技术秘密的法律效力提出异议的技术合同纠纷中，作为合同标的的技术成果是否属于技术秘密，属于人民法院在民事案件审理过程中需要查明的重要事实，该项事实是否成立对案件的处理结果具有直接的影响。人民法院审查技术成果是否属于技术秘密，应从该技术成果是否为公众所知悉，是否具有商业价值，权利人是否采取了相应的保密措施等三方面进行评判；只要有其中一方面不符合法定条件，技术成果就不能被认定为技术秘密。因此，在此类争议中，当事人应围绕前述技术秘密的三项法定条件是否具备，进行提供证据、论证事实、提出法律适用意见等诉讼活动。

（3）争议技术合同侵害他人技术成果时的处理

在技术合同纠纷通过民事诉讼程序处理的过程中，一方当事人以技术合同侵害他人技术成果主张合同无效，或人民法院经审理认为可能存在该事由时，合同纠纷的双方或一方当事人订立及履行合同的行为将可能构成侵害技术成果权利人合法权益的侵权行为。在此情形下，为查明案件事实及维护权利人合法利益的需要，应允许技术成果的权利人以第三人的身份参加技术合同纠纷的诉讼。因此，《技术合同司法解释》规定，人民法院应当依法通知技术成果的利害关系人，其可以作为有独立请求权的第三人参加诉讼或者依法向有管辖权的人民法院另行起诉。利害关系人在接到通知后十五日内不提起诉讼的，不影响人民法院对案件的审理。技术成果的权利人向受理技术合同纠纷案件的人民法院就合同标的技术提出确认权利的权属请求或要求停止侵权行为、赔偿损失等请求时，受诉人民法院对这些请求有管辖权的，可以将权属或者侵权纠纷与合同纠纷合并审理；受诉人民法院对此没有管辖权的，应当告知其向有管辖权的人民法院另行起诉或者将已经受理的权属或侵权纠纷案件移送有管辖权的人民法院。权属或者侵权纠纷案件另案受理后，正在审理的技术合同纠纷案件应当中止诉讼。

企业在作为技术合同纠纷的当事人参加民事诉讼的过程中，发现争议合同可能存在侵害案外人技术成果的情形的，如认为案外人参加诉讼有利于查清案件事实、有利于人民法院对案件作出公正裁判的，可根据案件的具体情况申请人民法院通知案外人参加诉讼。如发现他人发生争议的技术合同存在侵害己方技术成果情形的，可根据纠纷处理的具体情况申请参加诉讼，或向有管辖权的其他人民法院提起诉讼，请求确认己方对技术成果所享有的权利，并要求侵权人停止侵权行为、赔偿损失。

4. 技术事实的依法确定

技术合同纠纷中争议的事实具有高度的专业性，在诉讼过程中，对事实争议焦点及法庭调查范围的确定、证据材料的审查判断等均可能需要运用争议技术成果所属行业或领域的专业知识；而作为法律职业人员的法官、律师，一般情况下并不具备法律专业以外的专业知识，难以对这些诉讼过程中需要解决的技术问题进行专业的判断。因此，有必要在技术合同纠纷诉讼解决的过程中，引入对争议的技术成果具有专业知识的人员参与诉讼，以查明技术争议事实，为案件的法律适用提供清楚的事实根据。

(1)技术调查官对知识产权案件的辅助审理

根据《最高人民法院关于技术调查官参与知识产权案件诉讼活动若干问题的规定》的规定，人民法院在审理专利、植物新品种、集成电路布图设计、技术秘密、垄断等专业技术性较强的知识产权案件时，可以指派技术调查官参与诉讼活动。技术调查官属于审判辅助人员，就案件所涉技术问题履行下列职责：对技术事实的争议焦点以及调查范围、顺序、方法等提出建议，参与调查取证、勘验、保全，参与询问、听证、庭前会议、开庭审理，提出技术调查意见，协助法官组织鉴定人、相关技术领域的专业人员提出意见，列席合议庭评议等有关会议，完成其他工作。技术调查官参与询问、听证、庭前会议、开庭审理活动时，经法官同意，可以就案件所涉技术问题向当事人及其他诉讼参与人发问。技术调查官应当在案件评议前就案件所涉技术问题提出技术调查意见，技术调查意见可以作为合议庭认定技术事实的参考。作为对争议所属技术领域具有专业知识的人，技术调查官辅助合议庭对知识产权案件进行审理，可以弥补审判人员在纠纷处理过程中所需专业知识上的不足，极大地提升了人民法院认定技术事实的能力，有利于案件事实的查明。

在技术合同纠纷通过民事诉讼程序解决的过程中，当事人如认为由技术调查官辅助审理、有利于涉及复杂技术问题的案件争议事实的查明，而人民法院没有指派技术调查官参与案件审理的，可以向法庭提出由技术调查官参与审理的建议，或提出相应的书面申请。

（2）证据保全公证的运用

证据保全公证是指公证机构根据自然人、法人或者其他组织的申请，依法对与申请人权益有关的、有法律意义的证据、行为过程加以提取、收存、固定、描述，或者对申请人的取证行为的真实性予以证明的活动。根据《民事诉讼法司法解释》的规定，已被有效公证文书证明的事实，可作为人民法院裁判民事案件的根据，当事人无须举证证明。因此，经公证机构通过依法保全公证取得的证据材料，具有比其他证据更可靠的证明效力。

技术合同争议通过民事诉讼途径进行解决时，对于当事人自己难以直接收集，或者虽然可以直接收集、但自行收集的证据难以证明真实性或与所争议事项间的关联性时，当事人就可以向依法设立的公证机构提出证据保全公证的申请，由公证机构对能够证明相关事实的证据或行为过程加以提取、收集、固定、描述；或者对当事人取证行为的真实性、合法性予以证明，以提高证据的证明效力。如在技术合同订立或履行的过程中，当事人为履行己方的合同义务或催告对方及时行使权利、履行义务，通过电子数据交换、电子邮件、网络通信工具等方式向对方发送技术资料或其他与合同有关的信息，而形成的电子数据形式的证据材料，就可以通过保全公证的方式进行收集和固定；对技术接受方实际应用标的技术成果的情况、所取得的技术效果等进行取证时，也可以通过申请证据保全公证，由公证机构对现场取证过程及现场记录形成的文书、视听资料等证据的真实性、关联性进行现场公证。

（3）专家辅助人的参与

专家辅助人又称“有专门知识的人”，是指在其专业领域内具有一定的专门知识和经验，可以对纠纷涉及的专门问题提出专业意见的人。根据《民事诉讼法》及相关司法解释的规定，当事人可以申请人民法院通知一至二名具有专门知识的人出庭，代表当事人对鉴定意见进行质证，或者对案件事实所涉及的专业问题提出意见。人民法院准许当事人申请的,应当通知双方当事人。有专门知识的人参与法庭审理,审判人员可以对其进行询问。经法庭准许,当事人可以对有专门知识的人进行询问,当事人各自申请的有专门知识的人可以就案件中的有关专业问题进行对质。有专门知识的人不得参与对鉴定意见质证或者就专业问题发表意见以外的法庭审理活动。有专门知识的人在法庭上对鉴定意见提出的质证意见,或者就专业问题提出的意见,视为当事人的陈述。

技术合同纠纷民事诉讼过程中,如当事人及其委托代理人对案件所涉及的技术问题不具备相应的专业知识,无法就鉴定意见发表专业的质证意见,或无法就案件中的技术问题提出专业的意见,就可以通过选择适当的技术专家并申请人民法院通知其出庭的方式,由其代表己方对鉴定意见进行质证或者就专业问题发表意见,或与对方及对方申请出庭的技术专家进行对质,以对争议事实中涉及的专门问题提出更有说服力的专业意见。

(4)司法鉴定的运用

司法鉴定,是指在诉讼活动中,对案件中的专门性问题,由司法机关委托具有鉴定资质的机构或个人,运用专业知识和技术,依照法定程序作出鉴别和判断的活动。根据《民事诉讼法》及相关司法解释的规定,当事人可以就查明事实的专门性问题向人民法院申请鉴定。人民法院在审理案件过程中认为待证事实需要通过鉴定意见证明的,应当向当事人释明,并指定提出鉴定申请的期间。当事人未申请鉴定,人民法院对专门性问题认为需要鉴定,且符合依职权调查收集证据条件的,应当委托具备资格的鉴定人进行鉴定。鉴定人出具的司法鉴定意见书,经双方当事人质证及人民法院审查符合法定条件的,可以作为证明案件事实的证据。

在技术合同民事诉讼的过程中,对于当事人有争议的专业技术问题,无法通过其他证据证明相关事实,也无法通过专业技术人员的解释说明查明相关事实,而是需要借助一定的仪器设备或者搭建一定的环境进行分析、检测、鉴别的,就需要通过选择具备鉴定资质、具有鉴定能力的鉴定人进行司法鉴定的方法解决。例如,技术提供方提供的技术成果是否满足合同约定的条件,技术接受方使用的技术方案是否与合同标的技术成果一致,运用标的技术方案生产的产品是否满足合同约定或国家规定的质量要求,技术成果的应用效果达不到预期的原因,产品质量不合格的原因等专门性问题。

第二节　技术开发合同的法律风险防控

一、技术开发合同概述

根据《民法典》的规定，技术开发合同是指当事人之间就新技术、新产品、新工艺、新品种或者新材料及其系统的研究开发所订立的合同。当事人订立技术开发合同，应当采用书面形式。

1. 技术开发合同的标的

技术开发中的“新技术、新产品、新工艺、新品种或者新材料及其系统”，包括当事人在订立合同时尚未掌握的产品、工艺、材料及其系统的技术方案，但对技术上没有创新的现有产品的改型、工艺变更、材料配方调整以及对技术成果的验证、测试和使用除外。因此，技术开发合同的标的是研究开发尚不存在的新技术方案，订立合同时已公开的技术成果或当事人自己已经掌握的非公开技术成果不能作为技术开发合同的标的。

此外，根据《民法典》技术合同章的规定，当事人之间就具有实用价值的科技成果实施转化所订立的技术转化合同，参照适用法律关于技术开发合同的有关规定。该规定中的技术转化合同，是指当事人就能够在产业上制造和应用并能产生积极效果，但尚未实现工业化应用的科技成果（包括阶段性技术成果），以实现该科技成果的工业化应用为目标而约定的后续试验、开发和应用等内容的合同。技术转化过程的进行也需要解决技术成果应用过程中出现的各种技术问题，本身也是创造性的智力活动，也具有研究开发的性质，其所形成的技术应用方案本质上也属于一种新的技术成果。因此，技术转化合同本质上是一种以技术成果的应用方案为研究开发标的的、特殊的技术开发合同。

此外，实践中还存在为了将已实现工业化应用的技术成果应用于一方当事人的生产过程中而订立的技术转化合同。此种情形下合同的履行，实际是将技术成果的应用方案进行工艺变更、调整，以满足技术需求方当事人生产经营活动的具体要求。此种技术转化不需要进行创造性的智力活动，合同的履行行为不具有研究开发性质；所订立的技术合同不属于法律规定的技术转化合同，不能适用或参照技术开发合同的相关法律规定,而应根据当事人在合同中约定的权利义务的性质,将合同确定为技术服务合同或技术咨询合同。

2. 技术开发合同的特征

技术开发合同是当事人为通过协作的形式进行技术创新活动而订立的。由于新技术方案研究开发活动所具有的特定性、专业性、风险性等属性,技术开发合同在法律适用上具有以下特征:一是主体的特定性。技术开发合同中,至少有一方当事人需掌握合同所涉行业或领域的前沿专业知识、并具有技术创新的研究开发能力。二是技术开发合同标的的特殊性。技术开发合同的标的只能是具有创新性的、合同订立时尚不存在的技术方案。当事人以不具有创新性的、现有技术成果的应用订立的合同,无论合同名称是不是技术开发合同,均不适用技术开发合同的相关法律规定。三是合同履行结果的不确定性。新的技术方案的研究开发,是开发人员运用已有科学技术知识,根据产品生产或服务提供过程中技术升级的具体需要而进行的探索性的活动,具有试验的性质。在开发过程中遭遇难以克服的技术难题或其他客观障碍时,开发工作将难以避免地要面临失败的风险。四是技术成果保护的特别性。技术开发合同成功履行后获得的技术成果,根据所具有的创造性及当事人采取的保护措施,可能最终将形成专利或可申请专利的技术、技术秘密、公有技术三种形态。当事人未根据法律规定的要求采取适当的保护措施的,将可能失去对技术成果专有或专用的权利。

3. 技术开发合同的分类

技术开发合同包括委托开发合同和合作开发合同两种类型,两种合同虽然都以新技术方案的开发为目的,但在双方当事人的权利义务关系及合同的法律适用等方面都有明显差别。

(1)委托开发合同

一方当事人为解决己方面临的技术问题而向他人提出研究开发要求,委托他人进行新技术方案研究开发的,为委托开发合同。委托他人研究开发技术方案的当事人为委托人,接受他人委托从事研究开发工作的当事人为研究开发人。

委托开发合同关系中,研究开发人是接受委托人的委托从事研究开发工作的。此种合同关系符合《民法典》关于委托合同的规定,属于以技术方案的开发为委托事项的委托合同。在技术合同及相关知识产权法律没有作出专门规定时，委托开发合同可以参照适用法律关于委托合同的有关规定。

(2)合作开发合同

双方当事人按约定进行投资，分工参与、协作配合进行技术方案的研究开发工作的，为合作开发合同；双方当事人均为技术方案的研究开发人。其中，分工参与研究开发工作，包括当事人按照约定的计划和分工，共同或分别承担设计、工艺、试验、试制等对技术成果的形成具有创造性贡献的工作。当事人一方仅提供资金、设备、材料等物质条件或者承担辅助协作事项，另一方进行研究开发工作的，无论合同名称是委托开发合同还是合作开发合同，均属于委托开发合同。

合作开发合同，是均具有技术开发能力的双方当事人，为了解决特定的技术问题而订立的共同进行研究开发工作、共享技术成果带来的利益、共担技术开发风险的合同。此种合同关系符合《民法典》关于合伙合同的规定，属于以技术开发为事业目的的合伙合同。在技术合同及相关知识产权的法律没有作出专门规定时，法律关于合伙合同的规定可以参照适用于合作开发合同。

二、技术开发合同订立过程中的法律风险防控

企业在订立技术开发合同时，除需遵循本章第一节的相关内容外，还需要根据技术开发合同不同于其他技术合同的特征以及相关法律对于技术开发合同的专门规定，对技术开发合同的特有法律风险进行防控。

1. 不得以已有的公开技术、或一方已经掌握的技术成果为合同标的

无论是委托开发合同还是合作开发合同，合同标的均只能是合同订立时当事人尚未掌握，也无法通过公开渠道获悉且具有技术创新的新技术方案。订立合同时已公开的技术成果，如已公开的专利申请文件、专利文件中记载的技术方案，公开发行的技术文献中已记载的或以其他方式已向社会公开的技术方案，相关行业或技术领域中已经公开使用的现有技术等，均不能作为技术开发合同的标的。已经订立的技术开发合同以这些技术方案为标的的，将没有履行价值，受不利影响的当事人可根据具体情形主张合同无效或要求撤销合同。订立合同时当事人已经掌握的非公开技术成果也不能作为技术开发合同的标的。一方当事人采取欺诈手段，就其现有技术成果作为研究开发标的与他人订立技术开发合同收取研究开发费用的，或者就同一研究开发课题先后与两个或两个

以上委托人分别订立委托开发合同重复收取研究开发费用,使对方在违背真实意思的情况下订立合同的,对方当事人可根据法律关于受欺诈实施的民事法律行为可撤销的规定,向人民法院或仲裁机构请求撤销合同。

当事人在与他人订立技术开发合同时,应综合运用专利信息检索、技术文献查阅、行业技术信息调查等手段,就与拟解决技术问题相关的技术方案进行全面的技术信息查询,以避免将他人已经公开的技术或公有技术约定为合同标的。对于技术需求方当事人,如在技术查询中发现己方需要解决的技术问题可以由他人的专利技术解决时,可综合考虑获取专利授权的可能性及经济成本、重新开发新的技术方案的技术难度及成本等因素,审慎选择通过获得专利授权或重新开发新的技术方案来解决己方面临的技术问题;通过与他人订立及履行技术合同开发新的技术方案的,应在合同中明确研究开发的技术方案应采用与已有专利技术不同的技术特征,以避免侵犯他人的专利权。发现他人专利技术存在不符合专利法规定的专利授权条件的,可通过申请宣告专利无效等法律程序解决。技术需求方当事人如发现己方需要解决的技术问题可通过公有技术解决、但己方没有技术应用能力的,可通过与有技术应用能力的个人或组织订立技术咨询或服务合同解决己方的技术问题,而不应订立技术开发合同。对于技术提供方当事人,如发现交易对象所需的技术方案是己方已经掌握的技术成果,可根据技术成果的权利类型及对方的实际需求,通过与对方订立技术转让、许可、咨询、服务等合同的方式进行技术交易,而不应为收取研究开发费用而隐瞒事实与对方订立技术开发合同。

2. 合同中对当事人权利义务的约定应与所选择的合同类型相一致

如前文所述,技术开发合同包括委托开发合同和合作开发合同两种类型。在这两种不同的合同关系中,双方当事人在以技术方案的开发为目的的交易中,交易方式并不相同,导致双方在合同关系中的权利、义务构成及所适用的法律依据也不相同。因此,当事人在具体的合同中约定各自的权利、义务时,所约定的内容应当与所选择的合同类型相一致,即委托开发合同的内容应按照委托关系的交易模式确定,合作开发合同的内容应按照合作关系的交易模式确定,切忌混淆。

在委托开发合同关系中,委托人一方在合同履行过程中应承担的义务,包括按照约定支付研究开发经费和研究开发人的工作报酬,提供研究开发工作所需的基础技术资料，提出对所研究开发技术方案的技术要求，应研究开发工作的需要协助研究开发人的工作，接受研究开发人完成的符合约定要求的技术成果。研究开发人应承担的合同义务，包括根据约定制订和实施符合技术开发工作需要的研究开发计划，按照经济、合理的原则使用研究开发经费，按照约定的期限完成研究开发工作，向委托人交付所完成的研究开发技术成果，向委托人提供了解、掌握技术方案所需要的技术资料，提供必要的技术指导，帮助委托人掌握研究开发成果。在合作开发合同关系中，双方当事人均为研究开发人，研究开发工作所需的资金或物质保障，包括资金、设备、其他实物、基础技术成果等均需要按照合同约定由当事人进行投资；各方当事人还应按照约定完成各自应承担的设计、工艺、试验、试制等研究开发工作，并应研究开发工作的需要协助对方当事人的工作等。

当事人在订立技术开发合同时，应根据合同类型、所研究开发技术成果的特征、当事人的交易需求、当事人提供技术开发资源的能力等，在合同中对当事人的权利义务作出具体明确、实用、可操作的约定。例如在委托开发合同中，研究开发经费是由委托人提供、研究开发人实际使用的，当事人应在合同中对该费用数额的确定、款项的结算方法等作出明确、具体的约定；否则，在合同履行过程中当事人间将可能因研究开发费用发生争议，导致合同的履行出现障碍。此外，委托开发合同中的研究开发人在完成研究开发工作并交付技术成果后，是否需要承担将技术成果应用到委托人生产经营中，以及是否需要在委托人运用技术成果进行生产经营的过程中提供技术保障、如何提供保障等，一般也应在合同中作出明确约定。在合作开发合同中，研究开发工作所需的各种实物、资金及技术投资，各方当事人在研究开发过程中如何分工等均需要根据合同的约定进行具体的落实，合同如未作约定或作出的约定不明确、当事人间也不存在交易习惯的，将会导致合同无法履行，当事人的交易目的也将无法实现。当事人在订立合作开发合同时，应将这些事项明确、具体地约定在合同中。

3. 合同内容应就技术成果的保护方式作出约定

技术开发合同的标的是进行技术方案的研究开发，合同顺利履行、研究开发工作获得成功后，就可以得到当事人期望的技术成果。根据技术成果创造性的高低及当事人约定采用的保护方式的不同，技术成果最终会成为专利技术、技术秘密或公有技术三种类型中的一种或几种的组合。技术成果满足法定专利授权的条件，当事人根据约定就技术成果申请专利或当事人虽未约定但法律规定有申请权的当事人提出专利申请，并获得专利授权的，履行技术开发合同所获得的技术成果就会成为专利技术。当事人约定无论获得的技术成果是否满足法定的专利授权条件，当事人都不申请专利、也不以任何方式向社会公开，而是通过采取保密措施将该技术成果作为一方或双方当事人的专有技术，且技术方案的内容未为公众所知悉、确实具有商业价值、当事人实际采取了相应的保密措施的，技术成果就会成为受《反不正当竞争法》保护的技术秘密。如当事人对技术开发合同履行形成的技术成果既未依法申请专利、也未采取必要的保密措施，或者虽已提出专利申请但未获得专利授权，或者获得专利权后被依法宣告无效，或者专利权因期满、未按规定交纳年费、专利权人书面声明放弃等终止的，或者作为技术秘密的技术成果被泄露后为公众所知悉的，技术成果都将成为公有技术，任何人都可以根据需要进行使用。技术开发合同的当事人对已成为公有技术的技术成果不具有专有、专用的权利，无权干涉他人的使用行为。

因此，当事人在订立技术开发合同的过程中，应根据所开发技术方案与现有技术相比创造性的高低，应用的广泛性，将技术成果应用到工业实际的难易程度，研究开发投资的大小，潜在的市场价值，是否容易被仿制、破解等技术及经济方面的因素，选择适当的技术成果保护方式，并在合同中作出明确约定。对于拟申请专利或拟作为技术秘密的技术成果，还应在合同中就技术开发的过程及可能获得的技术成果的保密事项作出约定，以免技术成果由于被不当公开而丧失新颖性无法获得专利授权，或不再符合技术秘密的构成条件而成为公有技术。一般而言，创造性符合专利授权条件、有较高商业价值、容易被他人通过研究开发获得或容易被通过反向工程破解的技术成果可考虑通过申请专利的方式进行保护；有较高商业价值、不容易被他人通过研究开发获得、也不容易被通过反向工程破解的技术成果可考虑通过采取适当的保密措施作为技术秘密进行保护；实践中应用范围小、应用难度大、创造性低、商业价值有限的技术成果，则一般没有申请专利或作为技术秘密进行保护的必要。

4. 合同内容应就技术成果的归属作出约定

技术开发合同顺利履行后得到的技术成果，如由于当事人既不申请专利或未获得专利授权，也没有采取保密措施等而成为公有技术，则该技术成果属于全社会公有,没有特定的权利人,也就不存在权属确定的问题。但技术成果可以通过申请专利、或作为技术秘密为当事人带来商业利益时,应由哪一方当事人拥有、不拥有技术成果的当事人享有何种权利,就需要根据法律规定和当事人的约定进行确定。

根据《民法典》、《专利法》及相关司法解释的规定,委托开发完成的发明创造,除法律另有规定或者当事人另有约定外,申请专利的权利属于研究开发人。研究开发人取得专利权的,委托人可以依法实施该专利。研究开发人转让专利申请权的,委托人享有以同等条件优先受让的权利。合作开发完成的发明创造,除当事人另有约定外,申请专利的权利属于合作开发的当事人共有,各当事人为专利申请权的共有人;申请的专利获得授权的,申请专利的当事人即成为专利权共有人。专利申请权或者专利权的共有人对权利的行使有约定的,从其约定;没有约定的,共有人可以单独实施或者以普通许可方式许可他人实施该专利,许可他人实施该专利的,收取的使用费应当在共有人之间分配。当事人一方转让其共有的专利申请权的,其他各方当事人享有以同等条件优先受让的权利。合作开发的当事人一方声明放弃共有的专利申请权的,除当事人另有约定外,可以由另一方单独申请或者由其他各方共同申请。申请人取得专利权的,放弃专利申请权的一方可以免费实施该专利。合作开发的当事人一方不同意申请专利的,另一方或者其他各方不得申请专利。

委托开发或者合作开发完成的技术秘密成果的使用权、转让权以及收益的分配办法,由当事人约定;没有约定或约定不明确,依照《民法典》关于合同约定不明时的补充、完善规则仍不能确定的,在技术方案没有被授予专利权前,当事人均有使用和转让的权利。但是,委托开发的研究开发人不得在向委托人交付研究开发成果以前,将研究开发成果转让给第三人。其中,当事人均有使用和转让的权利,包括当事人均有不经对方同意而自己使用或者以普通使用许可的方式许可他人使用技术秘密,并独占由此所获利益的权利。当事人一方将技术秘密成果的转让权让与他人,或者以独占或排他使用许可的方式许可他人使用技术秘密,未经对方当事人同意或者追认的,应当认定该让与或者许可行为无效。技术开发合同的当事人依照《民法典》的规定或者合同约定自行实施专利或者使用技术秘密,但因其不具备独立实施专利或者使用技术秘密的条件,以一个普通许可方式许可他人实施或者使用的,可以准许。

根据上述法律及司法解释的规定，当事人在订立技术开发合同时，可以根据交易的实际需要在合同中就技术成果的归属及与技术成果相关权利的行使进行自主约定；只有在合同未约定的情形下，才需要根据这些规定的内容确定各方当事人对技术成果所享有的权利内容。因此，当事人在订立技术开发合同时，应根据对技术成果权属及应用方面的实际需求，以及技术成果开发过程中投入资源、所作贡献的大小等因素，对技术成果的权利归属作出符合当事人交易需求的约定，并应对未取得权属的一方当事人对技术成果的应用方式和范围作出明确、具体的约定。在委托开发合同中得到可用于申请专利的发明创造的情形下，委托人一方应特别注意，如当事人未对专利申请权的归属作出约定，则根据法律规定，虽然委托人承担了全部的技术研发费用并支付了研究开发人工作报酬，但所完成技术成果的专利申请权属于研究开发人。所申请的专利获得授权后，委托人只能获得自己实施该专利的权利，而研究开发人则不仅可以自己实施专利技术，还可以通过许可他人实施进行获利。此种法律规定的权利分配模式是否符合己方的交易目的，委托方当事人应进行详细分析和评估；如不符合的，则应考虑通过在合同中另行约定相关内容的方法加以变更或调整。在合作开发完成发明创造的情况下，虽然法律规定专利申请权由当事人共有，但共有的份额及共有权利的行使范围、方式等仍有赖于当事人根据各方在技术研究开发中的贡献大小等因素作出约定，以避免共有技术成果在实际应用过程中在当事人间可能发生的争议。

5. 合同内容应就技术开发风险的承担作出约定

技术方案的研究开发是运用已知的科学技术知识解决未知的技术问题的活动，具有科学探索的性质，是一项高风险的科学研究活动。在研究开发的过程中，出现无法克服的技术难题时，研究开发工作就会全部或部分无法继续进行，当事人期望通过研究开发工作的进行获得的技术成果也就无法获得或部分无法获得，从而导致研究开发工作的失败或部分失败。此外，当事人进行技术研究开发的目的是获得新的技术方案，但如在研究开发的过程中发现合同关系以外的他人已经完成了相同技术方案的开发并已将获得的技术成果通过申请专利或作为公有技术向社会进行了公开，则当事人准备进行或正在进行的研究开发工作在经济上将丧失实际意义，没有继续进行的必要。在这些由于技术原因或经济原因研究开发活动无法继续进行的情况下，当事人期望通过研究开发工作获得技术成果的交易目的就无法实现。此时,双方当事人为技术开发合同的订立和履行而付出的资金、人力、物力等投入就会转化为需要由当事人负担的损失,这些损失需要根据双方事先的约定或法律的规定由当事人进行承担。

根据《民法典》的规定,作为技术开发合同标的的技术已经由他人公开,致使技术开发合同的履行没有意义的,当事人可以解除合同。技术开发合同履行过程中,因出现无法克服的技术困难,致使研究开发失败或者部分失败的,该风险由当事人约定;没有约定或者约定不明确的,可以由当事人协议补充,不能达成补充协议的,按照合同相关条款或者交易习惯确定;仍不能确定的,风险由当事人合理分担。当事人一方发现可能致使研究开发失败或者部分失败的情形时,应当及时通知另一方并采取适当措施减少损失;没有及时通知并采取适当措施致使损失扩大的,应当就扩大的损失承担责任。这些法律规定的内容虽然对技术研究开发工作由于出现技术困难无法继续履行、由于技术已被公开而没有必要履行时,当事人应如何处理后续事宜作出了规定,但所作出的只是原则性、方向性的规定,难以满足合同履行过程中可能出现的具体问题的解决需求。

当事人在订立技术开发合同时,应根据技术研究开发投资金额的大小、研究开发工作的难易程度、各方为技术开发工作所作的贡献、研究开发工作取得成功时各方可能的收益大小等因素,公平合理地对风险的承担作出明确、具体、可行的约定。其中,对于由于技术标的被公开而合同履行失去意义的情形,当事人应当对解除合同的方式、合同解除后损失数额的计算方法、各方当事人对损失如何分担等作出具体约定。对于由于出现技术困难合同无法继续履行的情形,当事人应在合同中对足以导致合同无法继续履行或合同部分内容无法继续履行的技术困难确定方法、确定标准作出约定。避免在合同履行过程中出现未解决的技术问题时,一方认为属于无法克服的技术困难,而另一方则认为属于负责该技术问题的研究开发方未积极履行合同的违约,从而造成难以解决的争议。此外,合同中还应对技术开发合同确定无法履行后前期投入损失如何确定及当事人对损失如何分担等作出明确的约定。

三、技术开发合同履行过程中的法律风险防控

在技术开发合同履行过程中，当事人除需按照本书第三章、本章第一节中的相关内容对相关风险进行防控外，还应根据技术开发合同的履行特征，对以下事项予以重视。

1. 当事人需要持续关注相关行业或领域的技术发展情况

在装备制造行业，各专业技术领域的技术发展已较为充分，实践中企业通过技术合作进行新技术方案研究开发的项目，绝大多数都是对现有技术进行的改造、升级、完善，开创性的技术创新已很少见。因此，在具体的技术开发合同履行的过程中，合同关系以外的同行业其他从业人员可能也在进行相同或类似技术项目的开发。当事人在合同订立后及履行的过程中，应持续关注与合同标的相关的行业或领域新技术的公开和应用情况。如发现与合同标的技术相同或主要技术特征相类似的技术方案，已由他人通过申请专利、公开使用等方式向社会公开的，则合同履行将不再具有实际意义；此种情形下，根据《民法典》的规定，任何一方当事人均可以解除合同。合同解除后，合同订立和履行所造成的损失，应由双方合理分担。

如发现已由他人公开的技术方案所能解决的技术问题与合同标的技术所要解决的技术问题相同，但解决该技术问题的技术方案并不具有唯一性的，则合同双方当事人可就继续研究开发虽与已公开技术所能解决的技术问题相同但主要技术特征不同的新技术方案，或比已公开技术具有更高创新性的新技术方案的可行性等进行论证。经分析论证认为可行的，双方可在对原合同内容进行适当变更后继续合同的履行，进行技术特征不同于已公开技术的新技术方案的研究开发。

2. 双方当事人应积极配合进行技术成果的开发

技术开发合同尤其是合作开发合同，需要当事人在合同履行过程中进行紧密的协作和积极的配合，技术方案的研究开发工作才可能顺利进行。例如，现有技术信息的收集和共享、拟开发技术的应用场景及需要达到的技术效果、技术开发过程中需要投入及如何投入资源、阶段性技术成果的验证等事项，均需要双方当事人共同在合同履行过程中根据项目开展的具体情况进行详细的试验、分析、研讨后才能确定。因此，当事人在履行技术开发合同的过程中，除应

积极履行己方的合同义务外,还应根据研发工作的实际状况通过与对方当事人信息共享、共同研讨、对对方的意见积极反馈等方式进行积极的合作和协助。

3. 合同的履行应遵循保密原则,谨防技术信息的泄露

技术合同履行所形成的技术成果,当事人一般都希望通过申请专利或作为技术秘密由己方或双方当事人享有,而不希望作为公有技术向社会公开。但技术成果如果在提出专利申请以前发生泄露或公开,则将可能由于新颖性的丧失而无法获得专利授权,也无法作为技术秘密得到法律的保护。因此,在技术合同履行的过程中,双方当事人均应采取足够的保密措施,防止技术成果或阶段性技术成果中所要解决的技术问题、解决技术问题的技术特征、技术特征与现有技术的对比、各种技术特征的组合方式等技术信息的泄露或被公开。

4. 出现技术难题时应及时通知对方当事人

技术开发是具有科学探索性质的实践活动,如果承担研究开发任务的当事人在技术开发过程中遇到无法克服的技术难题,则研究开发工作可能失败或者部分失败。出现此种情形时,技术需求方的合同目的将会全部或部分无法实现,当事人为研发工作所投入的各种成本也就会成为需要当事人承担的损失。根据《民法典》的相关规定,在技术开发合同履行过程中,一方当事人发现可能致使研究开发失败或者部分失败的情形时,应及时将该情形通知对方并应采取措施减少损失。因此,在技术开发合同关系中承担研究开发任务的当事人,应当对技术开发过程中每一阶段需要解决的技术问题及时进行技术分析和评估,发现难以解决的技术难题时应尽早通知对方,与对方积极协商确定该情形是否足以导致研究开发工作的失败或者部分失败,并应当通过暂缓为研究开发工作继续投入成本等措施减少损失。未及时通知对方致使对方当事人在不知情的情况下继续为研究开发工作投入资金、人力、物力,或未采取适当措施减少损失、导致损失扩大的,该方当事人将需要对扩大的损失承担责任。

第三节　技术转让合同和技术许可合同的法律风险防控

一、技术转让、许可合同概述

根据《民法典》的规定，技术转让合同是合法拥有技术的权利人，将现有特定的专利、专利申请、技术秘密的相关权利让与他人所订立的合同。技术许可合同是合法拥有技术的权利人，将现有特定的专利、技术秘密的相关权利许可他人实施、使用所订立的合同。技术转让合同和技术许可合同的订立应当采用书面形式。

此外，实践中存在的技术成果的拥有人将技术以让与或许可使用的方式向企业或基于合同关系建立的联营体出资而订立的技术出资合同，根据具体交易特征的不同，应分别属于技术转让合同或技术许可合同的特殊形式，本节内容将一并予以介绍。

1. 技术转让合同与技术许可合同的联系与区别

从技术转让合同和技术许可合同的概念可以看出，在这两种合同关系中，都是技术成果的拥有方将其对技术成果所享有的权利让渡给了对方当事人，只是让渡权利的范围有所不同。在《民法典》制定以前施行的《合同法》中，技术许可合同被规定为技术转让合同的一种具体类型。《民法典》虽对二者进行了分离并分别进行了规定，但这两种合同关系中当事人的权利、义务存在大量相同或相似之处，故将这两种合同的规范内容规定在了同一章节中。

在技术转让合同关系中，将己方拥有的技术让与他人的当事人为让与人，接受让与的当事人为受让人。技术拥有方所让渡的权利是其对技术成果所享有的使用权、转让权、收益权等所有权利。转让完成后，受让人取代让与人成为技术成果的拥有人，取得对技术成果的所有权利；除另有约定外，让与人丧失对技术成果享有的全部权利。在技术许可合同关系中，将己方拥有的技术许可他人实施、使用的当事人为许可人，接收他人的技术进行实施、使用的当事人为被许可人。技术拥有方所让渡的权利是约定范围内的技术成果实施、使用权。许可完成后，被许可人只取得约定范围内的技术成果实施、使用权，许可人仍是技术成果的拥有人。

2. 技术转让合同和技术许可合同的标的

技术转让合同和技术许可合同的交易内容都是技术成果的拥有人将其对标的技术的权利全部或部分让渡给对方当事人，故合同的标的只能是权利人拥有的、现有的、特定的技术成果。公有技术及合同当事人不拥有权利的他人技术成果不能作为合同标的；尚待研究开发的、当事人还未掌握的技术构思，内容不完整、不特定、没有实用性的技术方案等也不能成为技术转让合同和技术许可合同的标的。当事人以这些不适当的技术方案作为合同标的的，所订立的合同将不能被认定为《民法典》规定的技术转让合同或技术许可合同；除具有侵害他人技术成果的内容而可能被确认无效的外，合同的性质应根据当事人在合同关系中权利、义务的性质，确定为技术咨询合同、技术服务合同等类型。

技术转让合同中关于提供实施技术的专用设备、原材料或者提供有关的技术咨询、技术服务的约定，虽然从交易的性质上判断应分别属于买卖合同或承揽合同、技术咨询合同、技术服务合同的内容；但这些约定内容的履行，都是为了保障技术转让合同中技术成果的交易而设置的。故根据《技术合同司法解释》的规定，此类约定内容属于技术转让合同的组成部分，当事人间产生相关纠纷的，应按照技术转让合同的法律规定处理。此外，技术许可合同中约定有此类内容的，也可以参照适用该项规定进行处理。

可用于转让或许可的技术标的只能是权利人合法拥有的技术成果，故专利技术和技术秘密均可以成为这两种合同的标的；但可以作为技术转让合同标的的专利申请权，是权利人就拟申请或正申请专利的技术成果所享有的一种期望获得专利授权的期待权，该权利本身不具有可实施、可使用性，故专利申请权不能成为技术许可合同的标的。但将要申请或正在申请专利的技术成果本身是可以实施和使用的技术方案，可以通过技术许可的方式进行交易。根据《技术合同司法解释》的规定，当事人之间就申请专利的技术成果所订立的许可使用合同，专利申请公开以前，适用技术秘密使用许可合同的有关规定；发明专利申请公开以后、授权以前，参照适用专利实施许可合同的有关规定；授权以后，适用专利实施许可合同的有关规定。人民法院不以当事人就已经申请专利但尚未授权的技术订立专利实施许可合同为由，认定合同无效。

3. 技术让与人及许可人的基本义务

根据《民法典》的规定，技术让与人和许可人作为技术转让合同和技术许可合同中向对方当事人提供标的技术的当事人，主要应承担以下义务：一是应保证自己是所提供技术的合法拥有者，并保证所提供的技术完整、无误、有效，能够达到约定的目标。技术让与人和许可人将自身不具有转让权或许可权的专利技术或技术秘密转让或许可他人使用，致使对方当事人实施或使用技术标的侵害他人合法权益的，由让与人或许可人承担责任，但当事人另有约定的除外。二是应按合同的约定交付技术成果，提供技术资料并进行技术指导；提供技术秘密的让与人和许可人还需要保证技术的实用性、可靠性，并承担保密义务。技术让与人和许可人未按约定提供技术成果的，应当返还全部或部分转让费或使用费，并承担违约责任；所提供的技术成果内容不完整、有技术错误，无法实现约定的使用效果的，应通过赔偿损失等方式承担违约责任；违反约定实施专利或者使用技术秘密，擅自许可第三人实施标的专利或使用标的技术秘密的，应当停止违约行为、承担违约责任；违反约定的保密义务的，应当承担违约责任。

4. 技术受让人与被许可人的基本义务

根据《民法典》的规定，技术受让人和被许可人作为技术转让合同和技术许可合同中技术成果的接受人，主要应承担以下义务：一是在获得对方当事人转让或许可使用的技术成果后，应按照合同约定的期限、地域、方式实施专利或者使用技术秘密，并对标的技术成果中尚未公开的部分承担保密义务。技术受让人和被许可人超越约定范围使用专利或技术秘密，未经许可人同意擅自许可第三人实施该专利或者使用该技术秘密的，应当停止违约行为、承担违约责任；违反约定保密义务的，应当承担违约责任。二是应当按照约定支付转让费或使用费，未支付的，应当补交费用并按照约定支付违约金；不补交费用或者支付违约金的，应当停止实施专利或者使用技术秘密，交还技术资料，并承担违约责任。

5. 后续改进技术成果的权属确定

技术转让合同和技术许可合同履行过程中，各方当事人作为标的技术成果的原所有人、所有人、使用人，一般都是标的技术所属行业或技术领域中从事经营活动的组织或个人，具有程度不等的技术研发能力及研发需求。并且，根据相关知识产权保护法律的规定，各方当事人都有在合同标的技术成果的基础上进行后续研究开发，对标的技术进行升级、改进的权利。合同内容限制一方或双方当事人在标的技术的基础上进行新的研究开发的，相关约定无效。当事人可以在技术转让或许可合同中就后续改进技术成果的归属作出约定；当事人未作约定或约定不明确的，依照《民法典》第510条关于合同内容补充完善的规定仍不能确定的，后续改进的技术成果属于完成人享有，其他各方无权分享。

在合同未作约定的情形下，后续改进技术成果的拥有人行使权利时，需按照《专利法》《反不正当竞争法》等知识产权保护法律的规定进行。其中，对专利技术后续改进的技术成果如不再由对原专利技术享有专利权的原专利权人，或对原专利享有许可权的许可人所有，且实施或使用后续改进技术成果以实施原专利技术为前提，则后续改进技术成果的拥有人行使对后续改进技术成果的权利时，不得超出合同约定的范围实施原专利技术，也不得将包括原专利技术的后续技术成果作为交易标的转让或许可他人使用，即使后续改进技术成果已取得专利授权也不例外。对技术秘密后续改进技术成果的运用也应参照适用该规则；并且，技术秘密后续改进技术成果的拥有人，不得实施或使用后续技术成果而导致原技术秘密的内容泄露，包括为将改进技术成果申请为专利而导致的技术公开，除非其对于原技术秘密已享有全部权利，否则需对技术秘密的拥有人承担违约责任或侵权责任。

二、技术转让、许可合同共有法律风险的防控

技术转让合同和技术许可合同都是一方当事人将其对所拥有技术成果的权利全部或部分让渡给对方，二者的交易方式较为相似。合同订立及履行过程中所存在的法律风险在以下几方面也基本相同。

1. 订立合同前应进行详细的技术检索，避免所转让、许可的技术侵害他人专利权等合法权益

实践中，当事人对相关技术发展现状了解有限，记载技术信息的资料太过繁杂而难以全面查询，专利行政部门在专利授权审查过程中没有进行实质审查或实质审查工作不够全面等，均会导致技术转让、许可交易中的技术提供方自认为由其拥有的技术成果客观上与他人的专利权等在先权利存在权利冲突，即使已经获得专利授权的技术方案也存在较多此类问题。在此情形下，双方当事人订立及履行技术转让、许可合同的行为将可能构成侵害他人合法权益的侵权行

为。因此,当事人在订立合同以前,应通过专利检索、技术调查等方法就标的技术成果进行详细的技术检索,确保技术提供方对所提供技术享有权利的有效性,尽量避免此类侵权事件。

2. 实际应用不成熟的技术成果的转让、许可应谨慎进行

一般情况下,转让方或许可方向对方提供的技术方案应内容全面,能解决对方面临的技术问题,可以在工业应用中稳定、可靠地使用,并能获得良好的使用效果。实践中,一些应用条件要求较高、成品率不高、应用不稳定的技术方案虽然也可能符合法律关于技术方案应具有实用性的要求,但使用后的技术效果及经济效果往往并不能令技术接受方满意,从而容易在合同双方之间形成难以解决的交易纠纷。因此,此类技术成果的转让、许可交易应谨慎进行;确有交易需要的,也应就相关风险由谁承担、如何承担等事先在合同内容中作出约定。

3. 合同中不能约定限制技术竞争和技术发展的内容

根据《民法典》的规定,技术转让合同和技术许可合同,可以约定实施专利或者使用技术秘密的范围,但是不得限制技术竞争和技术发展。其中,实施专利或者使用技术秘密的范围,包括实施专利或者使用技术秘密的期限、地域、方式以及接触技术秘密的人员等。当事人对实施专利或者使用技术秘密的期限没有约定或者约定不明确的,受让人、被许可人实施专利或者使用技术秘密不受期限限制。不得限制技术竞争和技术发展,是指合同不得约定以下内容:限制当事人在标的技术的基础上进行新的研究开发,限制当事人从其他来源获得技术,限制技术接受方产品或服务的数量、品种、价格、销售渠道、出口市场等,以及其他限制技术竞争和技术发展的内容;否则,所作的约定将因违反法律强制性规定而无效,其内容将不具有法律约束力。

当事人在与他人订立技术转让、许可合同时,应特别注意不能将类似内容约定在合同中。如认为对方可能会利用从己方提供的技术方案中得到的技术启发开发新的技术方案,并导致己方权益受损的,应通过合理确定技术标的的交易范围和交易方式等方法维护己方的权益;如将技术秘密的转让或许可变更为己方运用技术秘密为对方提供技术服务;将对方运用所转让、许可的技术生产全部产品,变更为只转让部分技术,对方运用该部分技术生产部分产品,己方运用未转让、许可的技术生产其他产品,再以买卖的方式提供给对方配套使用等。

4. 合同中应根据需要对后续改进技术成果的权属作出约定

当事人在订立技术转让合同或技术许可合同时，应当根据各方的技术研究开发能力、知识产权管理能力、对新的研究开发成果的需求，及新的技术成果可能具有的创新性、商业价值等因素，按照互惠互利的原则，对标的技术方案后续改进所形成的技术成果的权属或使用权，作出既有利于合同履行效果更充分发挥，也有利于双方当事人利益得到平衡保护的约定。具体而言，对于后续改进形成的技术成果的权属，应从两方面进行约定。首先，应对技术成果由哪一方享有作出约定，如约定为双方共有、转让方享有、许可方享有、受让方享有、完成方享有等；但约定非完成方单独享有时，应同时约定需要向对方支付的研发费用等交易对价，否则所约定内容在发生争议时可能被认定为技术垄断而被确认无效。其次，在将技术成果约定为一方拥有的情形下，还应对另一方是否享有使用的权利以及使用的条件、范围、期限、方式、保密义务等作出明确的约定。

三、技术转让合同订立及履行过程中的法律风险防控

根据所转让技术标的的不同，技术转让合同分为专利权转让合同、专利申请权转让合同、技术秘密转让合同等类型。其中，专利权转让合同、技术秘密转让合同所转让的标的是技术成果本身；而专利申请权转让合同所转让的标的，是就特定技术成果提出专利申请并期望获得专利授权的权利。

1. 专利申请权及专利权转让合同的订立和履行

根据《专利法》、《民法典》及《技术合同司法解释》等法律及司法解释的规定，专利申请权、专利权共有的，转让应取得全体共有人的同意或按照共有人间的约定进行。专利申请权、专利权转让合同均应当以书面形式订立，并依法办理登记手续，否则不产生权利变动的效力。在专利申请权转让合同关系中，除当事人另有约定外，专利申请因不符合《专利法》关于新颖性的规定而被驳回的，按照让与人违约导致受让人无法实现合同目的处理；因其他原因被驳回的，以被驳回的事实发生在专利申请权转让登记的前后为界，分别由让与人和受让人承担相应的风险。专利权转让合同已经履行，受让人取得专利权后专利被宣告无效的，一般情形下受让人不能要求让与人返还专利权转让费。但让与人具有恶意或不返还明显违反公平原则的，应当全部或者部分返还。除当事人另有约定外，专利权、专利申请权转让合同生效后，让与人即丧失对发明创造的所有

权利,不得再实施或使用发明创造;但在专利权、专利申请权转让合同订立以前,让与人与他人所订立的以相同的发明创造为标的技术的实施许可合同的效力不受影响,他人仍有在原合同约定的范围内使用标的技术的权利。

当事人在订立专利权、专利申请权转让合同时,应将己方在技术交易中的需求与上述法律及司法解释规定的内容进行比对。如法律规定的处理方式不能满足己方的交易需求,则应通过与对方协商的方式在合同中作出符合需求的约定。如一方当事人愿意承担专利申请被驳回的所有风险而另一方不愿意承担,双方在合同中可以就此项风险的承担在合同中作出不同于前述规定的约定。再如,转让方希望专利权、专利申请权转让后己方仍需要在一定范围内继续使用技术方案,也可以通过与对方协商在合同中作出相应的约定。

专利权、专利申请权转让合同的成立和生效并不会影响到以前已订立的以同一技术方案为标的的技术实施许可合同的效力;在此种情形下,受让方实际得到的专利权、专利申请权其实是受限、不完全的。因此,订立存在此种情形的专利权、专利申请权转让合同时,让与人应将该项事实告知受让人;未告知的,根据在先合同的履行对专利权、专利申请权转让合同的影响程度,受让人可以受到欺诈为由要求撤销合同,或以提供的合同标的有瑕疵等为由要求减少技术转让费用,并可以要求让与人承担赔偿损失等合同责任。专利权、专利申请权转让合同履行完成后,依照合同约定和法律规定让与人丧失对发明创造的所有权利,让与人既不得再自行实施发明创造,也不得再次向他人转让或许可他人实施,否则需承担相应的侵权责任或合同违约责任。

此外,专利权转让合同履行完成、受让人获得专利权成为新的专利权人后,如专利被依法宣告无效,当事人可按前述法律规定内容,根据让与人在订立合同时是否具有恶意、不返还受让人已支付的专利转让费是否明显违反公平原则,解决专利转让费是否需要返还而可能发生的争议。其中,让与人是否有恶意可以从订立合同时是否有欺诈行为、被宣告无效的专利是否具有明显不符合专利授权的情形等方面进行判断;让与人不返还受让人已支付的专利转让费是否明显违反公平原则,可以从让与人不返还专利转让费是否造成双方间利益明显失衡、专利完成转让至被宣告无效之间的时间长短、专利转让费用的数额、受让人在使用技术方案期间的收益情况等方面进行判断。

2. 技术秘密转让合同的订立和履行

根据《民法典》的规定，技术秘密转让合同的让与人和技术秘密使用许可合同的许可人应当按照约定提供技术资料，进行技术指导，保证技术的实用性、可靠性，承担保密义务。前述保密义务，不限制许可人申请专利，但是当事人另有约定的除外。技术秘密转让合同的受让人和技术秘密使用许可合同的被许可人应当按照约定使用技术，支付转让费，承担保密义务。

在技术秘密的交易中，作为技术成果提供方的让与人或许可人，应承担保证技术的实用性、可靠性及对技术方案保密的义务。虽然在专利技术的交易中，技术提供方也需要负担类似的义务，但专利毕竟是公开技术，技术接受方在订立合同时可以通过公开渠道查询专利技术的具体内容，并在此基础上对技术方案的实用性、可靠性作出自主判断。但在技术秘密交易的过程中，技术接受方无法从其他途径获得技术秘密的信息，其在合同订立过程中对技术方案实用性、可靠性的判断，只能依据技术提供方的陈述及在合同订立过程中提供的有限技术资料来进行。因此，技术秘密的提供方比专利技术的提供方在交易过程中对技术方案的实用性、可靠性承担着更高要求的保证义务。

技术秘密与专利技术都是无形的技术方案，交易过程中当事人间相关权利义务的确定，在不与技术秘密的性质相冲突的情形下，专利技术交易的法律规范可以参照适用于技术秘密。企业在订立技术秘密转让合同时，相关注意事项可参照订立专利转让合同时应注意的内容进行确定。此外，当事人还应对技术秘密的使用效果达不到合同约定的实用性、可靠性时的处理方案作出约定；就受让人因使用技术秘密而侵害他人合法权益时责任的承担作出约定。

四、技术许可合同订立及履行过程中的法律风险防控

技术许可合同是合法拥有技术的权利人，将其所拥有的技术成果许可他人实施、使用而订立的合同。在技术许可合同中，将己方技术许可他人实施、使用的当事人为许可人；接收他人的技术进行实施、使用的当事人为被许可人。根据许可标的技术的不同，技术许可合同包括专利实施许可合同和技术秘密使用许可合同两种类型。在《民法典》施行以前，当时用于调整合同关系的《合同法》（已废止）中，并未对技术秘密使用许可合同作出专门规定，但并非实践中不存在以技术秘密为标的、以许可使用为交易方式的技术交易。《民法典》根据技

术交易领域的实际需求，对技术秘密使用许可合同作出了规定。

1. 专利实施许可合同的订立与履行

专利实施许可合同，是专利权人或经授权获得许可权的其他权利人，将专利技术许可他人实施的合同。根据《民法典》的规定，专利许可合同仅在该专利权的存续期限内有效；专利权有效期限届满或者专利被宣告无效的，专利权人不得就该专利与他人订立许可合同。专利实施许可合同的许可人应当按照约定许可被许可人实施专利，交付实施专利有关的技术资料，提供必要的技术指导。专利实施许可合同的被许可人应当按照约定实施专利，不得许可约定以外的第三人实施该专利，并按照约定支付使用费。根据《技术合同司法解释》的规定，专利实施许可包括以下方式：(1)独占实施许可，是指许可人在约定许可实施专利的范围内，将该专利仅许可一个被许可人实施，许可人依约定不得实施该专利；(2)排他实施许可，是指许可人在约定许可实施专利的范围内，将该专利仅许可一个被许可人实施，但许可人依约定可以自行实施该专利；(3)普通实施许可，是指许可人在约定许可实施专利的范围内许可他人实施该专利，并且可以自行实施该专利。当事人对专利实施许可方式没有约定或者约定不明确的，认定为普通实施许可。专利实施许可合同约定被许可人可以再许可他人实施专利的，认定该再许可为普通实施许可，但当事人另有约定的除外。专利实施许可合同许可人负有在合同有效期内维持专利权有效的义务，包括依法缴纳专利年费和积极应对他人提出的宣告专利无效的请求，但当事人另有约定的除外。排他实施许可合同许可人不具备独立实施其专利的条件，以一个普通许可的方式许可他人实施专利的，人民法院可以认定为许可人自己实施专利，但当事人另有约定的除外。《专利法》规定，宣告无效的专利权视为自始不存在；宣告专利权无效的决定，对在宣告专利权无效前已经履行的专利实施许可合同，不具有追溯力。但是因专利权人的恶意给他人造成的损失，应当予以赔偿。依照前款规定不返还专利使用费明显违反公平原则的，应当全部返还或者部分返还。

根据以上法律及司法解释的规定，许可人只能将有效的专利许可他人实施，并应为被许可人实施专利技术提供技术支持。专利许可方式分为独占实施许可、排他实施许可、普通实施许可三种方式。除另有约定外，许可人负有在专利许可合同有效期内维持专利权有效的义务。专利许可合同有效期内，专利被宣告无效的，一般情形下被许可人不能要求许可人返还已支付的专利使用费；

但许可人具有恶意或不返还明显违反公平原则的,应当全部返还或者部分返还。

当事人在订立专利许可合同时,应按照双方的交易需求对专利的许可实施方式作出明确的约定,未作约定或约定不明确的,发生争议时将会被认定为普通实施许可;双方还应就合同有效期间承担维护专利权法律效力的义务承担方作出约定,未作约定的,该义务将由许可人承担。合同履行过程中,在专利许可合同有效期内专利被宣告无效的,合同因失去履行基础而不应再继续履行,被许可人尚未支付的专利使用费无须再向许可人支付,包括无效宣告前应付而欠付的部分。一般情形下被许可人不能要求许可人返还已支付的专利使用费,但许可人具有恶意或不返还明显违反公平原则的除外;许可人是否具有恶意及不返还是否明显违反公平原则,可参照前文已介绍的内容确定。

此外,在专利实施许可合同履行期间,发生第三人侵害专利权事件的,作为专利权人的许可人应当采取积极的措施制止侵权行为,必要时可以采取提起民事诉讼、请求管理专利工作的行政机关处理、刑事报案等手段,以最大限度地维护自己及被许可人通过应用专利技术取得经济收益及竞争优势的权利。对于被许可人是否可以根据专利许可实施方式的不同,而单独或与专利权人共同提起民事诉讼追究侵权方民事法律责任的问题,现行有效的法律法规及司法解释均未作出明确规定。但最高人民法院制订的《商标司法解释》《商业秘密司法解释》中,均对商标权的被许可人及技术秘密被许可人作出了可以根据许可方式的不同,单独或与商标权人、技术秘密所有人共同提起民事诉讼的规定;司法实践中,也有不少人民法院在专利侵权诉讼中参照执行了该规定,允许专利权被许可人单独或与专利权人共同提起民事诉讼。因此,在具体的个案中,专利权被许可人可以根据侵权纠纷的实际情况及受诉人民法院对于此类案件的司法观点,通过与许可人积极协商,确定是否需要以单独或与许可人共同提起诉讼的方式参加诉讼。

2. 技术秘密使用许可合同的订立和履行

技术秘密使用许可合同是《民法典》增加规定的新的典型合同类型。在技术秘密以许可方式进行的交易中,当事人承担的基本义务与技术秘密转让合同中的义务有类似之处;在技术秘密使用许可使用的方式上,与专利许可实施的方式也基本相同。因此,《民法典》及《技术合同司法解释》没有针对技术秘密使用许可合同作出专门规定,而是在规定技术转让许可合同当事人的基本义务时,规定技术秘密使用许可合同当事人需承担内容基本相同的义务。同时,根据许可交易不同于转让交易的特征,增加了技术秘密使用许可人承担的保密义务、但不限制许可人申请专利,当事人另有约定的除外的规定。对于技术秘密的许可使用方式,《技术合同司法解释》规定应参照适用专利实施许可方式确定。此外,《商业秘密司法解释》规定,对于侵犯商业秘密的行为,商业秘密的独占使用许可合同的被许可人提起诉讼的,人民法院应当依法受理;排他使用许可合同的被许可人和权利人共同提起诉讼,或者在权利人不起诉的情况下自行提起诉讼的,人民法院应当依法受理;普通使用许可合同的被许可人和权利人共同提起诉讼,或者经权利人书面授权,被许可人单独提起诉讼的,人民法院应当依法受理。

根据关于技术秘密的法律和司法解释的规定,在技术秘密使用许可合同中,技术秘密的许可方需承担与技术秘密转让合同中让与人相同的保证义务,即需要比专利技术的许可方对技术方案的实用性、可靠性承担更高要求的保证义务;技术秘密使用许可合同成立后,许可人有权就技术秘密申请专利,但当事人另有约定的除外;在不同的许可使用方式中当事人权利义务的确定,及当事人未约定许可使用方式或约定不明确时,均应参照《技术合同司法解释》关于专利许可合同的相关规定处理。在技术秘密使用许可合同履行过程中,技术秘密由于泄露成为公有技术等失去法律专门保护后,当事人间的权利义务关系应按照合同约定处理;合同未作约定的,可参照专利被宣告无效后的处理原则及公平、合理的法律基本原则进行处理。技术秘密是商业秘密的一种,在技术秘密使用许可合同履行过程中,他人侵犯技术秘密的,许可人和被许可人可按司法解释规定的条件单独或共同提起民事诉讼,追究侵权人的侵权责任。

当事人在订立技术秘密使用许可合同时,应对技术秘密的使用效果达不到合同约定的实用性、可靠性时的处理方案作出约定;应根据交易需要在合同中对技术秘密的使用许可方式作出明确约定;还应对合同成立后许可方是否有权就技术秘密申请专利作出约定,如约定有权申请权利,还应对专利被授权后技术秘密使用许可合同如何继续履行,专利授权被驳回或获得授权后又被宣告无效造成技术秘密被公开而失去法律特别保护后,双方当事人间的权利义务关系如何确定等内容作出约定。此外,合同履行过程中技术秘密因泄露而成为公有技术造成合同无法继续履行时，应根据事件发生原因约定当事人间不同的权利义务关系；还应就被许可人因使用技术秘密侵害他人合法权益时责任的承担作出约定。

在技术秘密使用许可合同履行过程中，如确实发生了技术秘密被泄露而成为公有技术，造成技术秘密合同无法继续履行的情形，应按照合同约定的内容确定双方间的权利义务关系；合同未作约定或约定不明确的，应根据事件发生的原因确定。如技术秘密是由许可人泄露，则许可人应向被许可人承担赔偿损失等违约责任；如技术秘密是由被许可人泄露，则被许可人应向许可人承担赔偿损失等违约责任；如是被第三人泄露，双方间的权利义务应根据实际情况通过向第三人主张赔偿后合理分割赔偿款、适当退还部分技术秘密使用费等方式公平、合理地解决。

在技术秘密使用许可合同履行过程中，他人侵犯技术秘密的，许可人和被许可人可以根据技术秘密的不同许可使用方式，单独或共同提起民事诉讼，追究侵权人的侵权责任。通过追究侵权人的侵权责任获得赔偿的，赔偿利益可根据约定，或由双方当事人协商，或根据当事人由于侵权行为所受损失的大小合理、公平分配。

五、技术出资（投资、入股等）合同订立及履行过程中的法律风险防控

1. 技术出资合同的概念、特征和类型

技术出资合同，又称技术投资合同，是指技术成果的拥有人为获取经营收益，将技术成果作为投资性财产投入特定经济组织或特定的经营活动中，而与相关当事人订立的合同。但根据《技术合同司法解释》及其他相关法律及司法解释的规定，技术成果拥有人将技术成果投入经济组织或经营活动中，以保底条款等形式收取固定的技术转让费或使用费，不承担投资风险的，当事人间的合同关系应确定为技术转让或许可合同。因此，在我国的法律体系及司法实践中，技术出资合同特指技术成果的拥有人将技术成果作为投资标的，与其他投资方共同投资、共享收益、共担风险的合同，而不包括通过提供技术成果收取固定经济回报、不承担投资风险的合同。

技术出资合同与技术转让或许可合同，都是技术成果的拥有人为获得收益，将技术成果的全部权利或实施、使用权利让渡给他人而与相对方订立的合

同；二者的区别仅在于技术成果的拥有人是否需要承担相应的投资风险，两种合同关系所对应的技术交易模式基本是相同的，当事人的权利、义务也大部分是相同的。因此，一般认为技术出资合同属于技术转让合同或技术许可合同的特殊形式，在当事人未作约定或约定不明而需要依照法律规定确定当事人的权利义务时，可参照适用技术转让合同或技术许可合同的相关规定。此外，国家为鼓励技术创新、促进科技成果转化而制定的技术合同认定登记管理制度中，也是将技术入股等技术投资类合同认定为技术转让或许可合同。

实践中，民事主体订立的符合技术出资合同特征的合同，所使用的名称极为复杂，常见的如技术入股合同、技术投资合同等；此外，还有很多以技术合作合同、技术联营合同等名称订立的性质属于技术出资的合同。因此，确定名称中包含“技术合同”字样合同的性质时，不应拘泥于合同文本中所采用的合同名称，而应根据合同中当事人间权利义务关系的性质判定。凡是专利技术、技术秘密等非公有技术的拥有人将所拥有的技术成果以出资形式提供给公司、合伙企业等法人或非法人组织所有或使用，或者提供给基于合伙关系等产生的经营活动，并与其他投资人共同投资、共享收益、共担风险的，均可以确定为技术出资合同。

根据接受技术成果一方当事人组织形式的不同，技术出资合同可以分为向公司出资的技术出资合同、向合伙企业出资的技术出资合同、向协议型联营体出资的技术出资合同三种类型。三种技术出资合同的法律适用除均需参照《民法典》技术合同章、《专利法》等知识产权法律法规外，还需分别适用《公司法》、《合伙企业法》及《民法典》合伙合同章等法律规定。

2. 向公司出资的技术出资合同的法律适用及订立与履行

向公司出资的技术出资合同，是指有限责任公司或股份有限公司的股东，将其拥有的专利技术、技术秘密等特定技术作为出资财产，根据《公司法》的规定向公司出资而与其他股东或发起人订立的合同。实践中，向公司出资的技术出资合同可以是所有股东专门订立的技术出资合同，还可以是所有股东订立的出资合同中的技术出资条款；在股东没有订立出资合同时，可以根据股东共同订立的公司章程中关于技术出资的内容确定当事人间的权利义务关系。

（1）法律及相关司法解释关于股东以非货币财产向公司出资的相关规定

根据《公司法》及相关司法解释的规定，股东可以用货币出资，也可以用实物、知识产权、土地使用权等可以用货币估价并可以依法转让的非货币财产作价出资；但是，法律、行政法规规定不得作为出资的财产除外。对作为出资的非货币财产应当评估作价，核实财产，不得高估或者低估作价，法律、行政法规对评估作价有规定的，从其规定。股东以非货币财产出资，未依法评估作价，公司、其他股东或者公司的债权人请求认定出资人未履行出资义务的，人民法院应当委托具有合法资格的评估机构对该财产评估作价；评估确定的价额显著低于公司章程所定价额的，人民法院应当认定出资股东未依法全面履行出资义务。股东应当按期足额缴纳公司章程中规定的各自所认缴的出资额；股东以非货币财产出资的，应当依法办理其财产权的转移手续。股东以房屋、土地使用权或者需要办理权属登记的知识产权等财产出资，已经交付公司使用但未办理权属变更登记手续，公司、其他股东或者公司的债权人请求认定出资人未履行出资义务的，人民法院应当责令当事人在指定的合理期间内办理权属变更登记手续；在前述期间内办理了权属变更手续的，人民法院应当认定其已经履行了出资义务；出资人主张自其实际交付财产给公司使用时享有相应股东权利的，人民法院应当支持。股东以前述规定的财产出资，已经办理权属变更手续但未交付给公司使用，公司或者其他股东主张其向公司交付、并在实际交付之前不享有相应股东权利的，人民法院应予支持。

股东不按规定缴纳出资的，除应当向公司足额缴纳外，还应当向已按期足额缴纳出资的股东承担违约责任。股东未履行或未全面履行出资义务，公司或者其他股东请求其向公司依法全面履行出资义务的，人民法院应予支持。公司债权人请求未履行或者未全面履行出资义务的股东在未出资本息范围内对公司债务不能清偿的部分承担补充赔偿责任的，人民法院应当予以支持；未履行或者未全面履行出资义务的股东已经承担上述责任，其他债权人提出相同请求的，人民法院不予支持。股东在公司设立时未履行或者未全面履行出资义务，依照前述规定提起诉讼的公司、股东或者公司债权人，请求公司的发起人与被告股东承担连带责任的，人民法院应予支持；公司的发起人承担责任后，可以向被告股东追偿。股东在向公司增资时未履行或者未全面履行出资义务，依照前述规定提起诉讼的公司、股东或者公司债权人，请求未尽《公司法》规定的忠实、勤勉义务而使出资未缴足的董事、监事、高级管理人员承担相应责任的，人民法院应予支持;董事、监事、高级管理人员承担责任后,可以向被告股东追偿。出资人以符合法定条件的非货币财产出资后,因市场变化或者其他客观因素导致出资财产贬值,公司、其他股东或者公司债权人请求该出资人承担补足出资责任的,人民法院不予支持;但是,当事人另有约定的除外。股东未履行或者未全面履行出资义务或者抽逃出资,公司根据公司章程或者股东会议对其利润分配请求权、新股优先认购权、剩余财产分配请求权等股东权利作出相应的合理限制,该股东请求认定该限制无效的,人民法院不予支持。此外,《技术合同司法解释》规定,当事人以技术成果向企业出资但未明确权属,接受出资的企业主张该技术成果归其享有的,人民法院一般应当予以支持,但是该技术成果价值与该技术成果所占出资额比例明显不合理损害出资人利益的除外。

(2)股东以技术成果向公司出资的相关法律适用问题

公司作为从事经营活动的主要经济组织,在经营过程中维持与其通过登记向外公开的注册资本相当的初始实际控制资本,对于公司自身开展经营活动、股东权利及公司债权人权利的维护,乃至公司承担法定的社会责任等,均具有重要的保障作用。法律对股东出资义务的承担及未出资或未全面出资时应承担的法律责任,均作出了严格、细致的规定。根据上述法律及司法解释的规定,股东虽然可以所拥有的知识产权等非货币财产向公司出资,并且除部分特定行业外,非货币财产的出资在注册资本中的比例不受限制,但用于出资的非货币财产,必须是可以用货币估价并可以依法转让的财产,并且必须进行评估作价,根据评估作价的价值确定出资人的实际出资额。在履行出资义务的过程中,出资人必须将所出资财产根据法定的权利变更方式转移给公司,需要变更权属登记的,应当办理变更手续,并将所出资财产实际交付公司占有、使用。股东未依法定要求出资的,需向公司、其他股东承担继续出资并赔偿利息损失的责任,并可能被限制行使股东权利。不仅如此,未依法出资或抽逃出资的股东还需要在未出资的范围内为公司债务承担责任,公司中协助抽逃出资的其他股东或董事、监事、高级管理人员等也需要与未出资股东对债务的清偿承担连带责任。

(3)向公司出资的技术出资合同的订立和履行

技术成果的权利人对专利技术、技术秘密所享有的专用权、使用权,根据现行知识产权保护的法律法规,可以依法转让、也可以用货币估价,符合法律规定的非货币财产的出资条件,可以作为向公司出资的财产。公司成立或增资扩股时，如有股东以其享有合法权利的技术成果向公司出资的，其他股东应当对技术成果的权属、类型、实用性、可靠性以及是否有助于公司生产经营水平的提高、是否符合公司经营需要等事项进行详细的调查。经调查认为符合需要，全体股东或符合法律规定条件的股东同意该股东以技术成果出资的，在订立技术出资合同，或在公司章程中订立关于技术出资的内容时，应当就作为出资的技术成果的类型，出资的权利类型，即是将技术成果转让给公司还是仅许可公司使用，技术许可的方式，对应的出资额，拟定出资额与技术成果实际价额不符时的处理，技术出资股东需要向公司提供的技术材料及技术指导服务等作出明确详细的约定。

在履行技术出资合同的约定、办理技术成果出资手续时，应严格按照法律规定及合同约定的内容进行。首先，应依法委托具有对技术成果评估作价资质的机构对拟出资的技术成果进行评估作价，并按照评估作价的价额确定技术成果的出资额。如评估作价的价额与技术出资合同约定的出资额不符的，应通过调整出资额、用其他方式补足出资额、调整出资的权利类型等方式使约定出资额与技术成果的实际价额相符。其次，技术出资的股东应按约定的时间节点通过提供充分的技术资料以及技术指导服务等方式，将技术成果交付公司使用、收益，并确保公司能够将技术成果应用到生产经营或对外投资中。最后，以专利技术出资的，应向国务院专利行政部门办理权属变更登记手续；以专利实施许可方式出资的，应办理备案手续。

此外，技术出资完成后，以该技术成果出资的股东还应根据法律规定或合同约定，根据所出资技术成果的类型、所出资的权利类型等，分别参照专利权转让、技术秘密转让合同中让与人应承担的义务，专利实施许可、技术秘密使用许可合同中许可人应承担的义务，向公司承担技术成果的权属、有效性、可靠性等保证义务；维持专利权有效性、技术秘密的保密性等；专利或技术秘密被他人侵害时，履行单独或与公司共同积极维权的义务；专利被宣告无效、技术秘密被泄露丧失法律保护时，根据自身是否有过错向公司承担相应责任等。其中，专利权被宣告无效的，如技术出资人有恶意，或技术出资人不重新出资对公司或其他股东明显不公平的，技术出资人应承担重新全部出资或补充部分出资的责任。另外，接收出资的公司作为技术成果的接收方，也应比照技术转让合同、技术许可合同中受让人、被许可人应承担的法定、约定义务，向技术出资的股东承担相应的义务。

3. 向合伙企业出资的技术出资合同的法律适用及订立与履行

向合伙企业出资的技术出资合同，是指合伙企业的合伙人，将其拥有的专利技术、技术秘密等技术成果作为出资财产，根据《合伙企业法》的规定向合伙企业出资而与其他合伙人订立的技术出资合同。实践中，向合伙企业出资的技术出资合同可以是所有合伙人专门订立的技术出资合同，也可以是所有合伙人订立的书面合伙协议中的技术出资条款。一般情况下，技术成果的拥有人将所拥有的技术成果作为出资财产出资到合伙企业中，与出资到公司中的目的是相同的，都是为获取经营收益而将技术成果作为投资成本加以运用；在技术交易的特征上，两种技术出资合同也基本是相同的。因此在两种合同关系中，出资人与被出资企业间的权利义务也是类似的。只是由于合伙企业与公司在组织形式及对外承担责任的方式上均存在较大区别，法律对两种合同的订立和履行作出了有区别的规定。

（1）向合伙企业出资的技术出资合同的法律适用

根据《合伙企业法》的规定，在普通合伙企业中，合伙人可以用货币、实物、土地使用权或者其他财产出资，也可以用劳务出资。合伙人以实物、知识产权、土地使用权或者其他财产权利出资，需要评估作价的，可以由全体合伙人协商确定，也可以由全体合伙人委托法定评估机构评估。合伙人以劳务出资的，其评估办法由全体合伙人协商确定，并在合伙协议中载明。合伙人应当按照合伙协议约定的出资方式、数额和交付期限，履行出资义务。以非货币财产出资，依照法律、行政法规的规定，需要办理财产权转移手续的，应当依法办理。在有限合伙企业中，有限合伙人可以用货币、实物、知识产权、土地使用权或者其他财产权利作价出资，但不得以劳务出资。有限合伙人应当按照合伙协议的约定按期足额缴纳出资；未按期缴纳的，应当承担补缴义务，并对其他合伙人承担违约责任。此外，《技术合同司法解释》规定，当事人以技术成果向企业出资但未明确权属，接受出资的企业主张该技术成果归其享有的，人民法院一般应当予以支持；但是该技术成果价值与该技术成果所占出资额比例明显不合理损害出资人利益的除外。该规定内容不仅适用前面已介绍的向公司出资的技术出资合同，也适用向合伙企业出资的情形。

在合伙企业中，普通合伙企业的合伙人，以及有限合伙企业的普通合伙人，均需要对合伙企业的对外债务承担无限连带责任。这两种合伙人无论是否及时、足额出资,都不能逃避其应对合伙企业承担的责任。因此,法律对合伙人向合伙企业的出资义务规定了相对于股东向公司出资义务宽松很多的制度规范,尤其是对于普通合伙企业的合伙人,以及有限合伙企业的普通合伙人。根据《合伙企业法》的规定,合伙人以知识产权向合伙企业出资的,是否需要评估作价及如何评估作价均可以由合伙人协商确定。合伙人未能依约定按期足额出资的,法律也没有规定普通合伙企业的合伙人和有限合伙企业的普通合伙人的法律责任;对于有限合伙人,也只是作出了应当补缴并应当对其他合伙人承担违约责任的原则规定。

(2)向合伙企业出资的技术出资合同的订立及履行

在合伙企业成立或合伙人追加出资时,有合伙人提出向合伙企业以技术出资的,其他合伙人应当根据合伙企业的具体情况,确定是否接受技术出资。全体合伙人同意接受技术出资,当事人在订立技术出资合同或合伙协议中的技术出资条款时,应当根据合伙企业的具体情况以及拟出资技术成果的类型、出资权利的类型、技术成果可能的价值、可能给合伙企业带来收益的大小等,确定是否需要对出资技术成果进行评估作价及如何进行评估作价,并约定在技术出资合同内容中。技术出资合同或合伙协议中的技术出资条款,应对出资技术成果的类型,出资的权利类型,即技术成果转让还是许可使用,许可方式及期限等内容作出明确约定;还应对技术出资人未履行或未全面履行出资义务时,如何承担违约责任作出明确约定,尤其是对于普通合伙企业的合伙人以及有限合伙企业的普通合伙人的违约情形。

在履行所订立的技术出资合同、办理技术成果出资手续时,技术出资人应参照向公司技术出资时的要求积极履行出资义务。此外,技术出资完成后,与股东向公司技术出资相类似的是,技术出资的合伙人及合伙企业,也需要分别参照技术转让合同或技术许可合同中让与人与受让人、许可人与被许可人间的权利义务关系各自履行应当履行的义务。如让与人与许可人应承担的对技术成果的保证义务,维护技术成果法律保护效力的义务,积极维护权利的义务等;受让人与被许可人应承担的按约定范围、期限和方式使用技术成果的义务,保密义务等。

4. 向协议型联营体出资的技术出资合同的法律风险防控

向协议型联营体出资的技术出资合同,是指联营或合伙协议的一方当事人,将其拥有的专利技术、技术秘密等技术成果作为出资财产,根据联营或合伙协议的约定向基于联营或合伙协议而形成的联营体出资而与其他当事人订立的技术出资合同。实践中,向协议型联营体出资的技术出资合同,就是联营或合伙协议中的技术出资条款。一般情况下,技术成果的拥有人将所拥有的技术成果作为出资财产出资到协议型联营体中,与出资到公司、合伙企业中的目的也是相同的,即都是为获取经营收益而将技术成果作为投资成本加以运用。但协议型的联营体并非独立的组织,而只是双方或多方当事人为进行特定的经营活动建立的松散型组合,故协议性的联营体本身不能作为合同订立或履行过程中的当事人或第三人。由于技术出资产生的权利义务均体现在联营或合伙协议的当事人之间,本质上就是技术出资当事人与其他合同当事人相互之间的权利义务关系。此外,根据《技术合同司法解释》的规定,当事人以技术入股方式订立联营合同,但技术入股人不参与联营体的经营管理,并且以保底条款形式约定联营体或者联营对方支付其技术价款或者使用费的,视为技术转让合同或者技术许可合同,故此种情形下当事人间的关系不属于技术出资合同关系。

向联营体出资的技术出资合同内容是由合同当事人根据合法、自愿的原则自主订立的,目前没有专门的法律规定对其进行特别的规范。联营或合伙关系中的各方当事人在订立合同中的技术出资条款时,应共同根据联营或合伙所从事经营活动的需要,确定是否接受技术出资,是否需要对出资技术进行评估作价及如何进行评估作价,而且需要对出资技术成果的类型,出资的权利类型即技术成果转让还是许可使用,许可方式及期限,技术出资人未履行或未全面履行出资义务时的违约责任承担等作出明确约定。在履行技术出资合同的过程中,技术出资人应按照合同约定,并应参照向公司、合伙企业技术出资时的要求积极履行出资义务。技术出资完成后,与向公司、合伙企业技术出资相类似,技术出资人及其他合同当事人,也需要分别参照技术转让合同或技术许可合同中让与人与受让人、许可人与被许可人间的权利义务关系各自履行相应的义务。

第四节 技术咨询合同的法律风险防控

一、技术咨询合同的概念与特征

技术咨询合同,是当事人一方以技术知识为对方就特定项目提供可行性论证、技术预测、专题技术调查、分析评价报告等所订立的合同。其中,接受技术咨询的一方为委托人;向他人提供技术咨询的一方为受托人。

1. 技术咨询合同的范围确定

实践中,存在大量一方当事人运用特定行业或领域的专业知识为对方提供专业咨询意见的合同。这些合同中,哪些属于技术类咨询合同需要根据法律及相关司法解释、法规的规定进行确定。根据《民法典》及《技术合同司法解释》的规定,技术咨询合同,是当事人一方以技术知识为对方就特定项目提供咨询意见的合同。其中,技术咨询所运用的技术知识,既可以是特定行业的公有学科知识及公有技术,也可以是特定民事主体享有专有权的专利技术或技术秘密。特定技术项目,除包括常规的工农业生产或服务中特定的、需要用一定的技术手段实施的项目外;还包括有关科学技术与经济社会协调发展的软科学研究项目,以及促进科技进步和管理现代化、提高经济效益和社会效益等运用科学知识和技术手段进行调查、分析、论证、评价、预测等特定的专业性技术项目。咨询的方式,包括通过可行性论证、技术预测、专题技术调查、分析评价等方法得出的咨询报告,还包括受托人对委托人提出的技术问题作出的解答。不符合这些条件的其他咨询合同,则不应被确定为技术咨询合同;如应用技术知识以外的法律、企业管理等其他专业知识进行的咨询活动;不针对具体的技术项目,以某一行业或领域生产或服务过程中存在的某类普遍性问题提供咨询意见的活动等。

根据《技术合同认定规则》的规定,下列符合技术合同构成特征的合同可以被确定为技术咨询合同:科学发展战略和规划的研究;技术政策和技术路线选择的研究;重大工程项目、研究开发项目、科技成果转化项目、重要技术改造和科技成果推广项目等的可行性分析;技术成果、重大工程和特定技术系统的技术评估;特定技术领域、行业、专业技术发展的技术预测;就区域产业科技开发与创新及特定技术项目进行的技术调查、分析与论证;技术产品、服务、工艺分析和技术方案的比较与选择;专用设施、设备、仪器、装置及技术系统的技术性能分析;科技评估和技术查新项目;为大、中型建设工程项目进行的前期技术分析论证,但属于建设工程承包合同一部分、不能独立成立的除外。下列合同不属于技术咨询合同:就解决特定技术项目提出实施方案,进行技术服务和实施指导所订立的合同;就经济分析、法律咨询、社会发展项目的论证、评价和调查所订立的合同;就购买设备、仪器、原材料、配套产品等提供商业信息所订立的合同。

2. 技术咨询合同的特征

技术咨询合同是当事人为确立技术咨询活动过程中的权利义务关系而订立的,在法律适用上具有以下特征:

一是主体的特殊性。技术咨询合同中提供技术咨询的一方当事人,必须是掌握相关专业技术知识并具有从事咨询活动能力的组织或个人。其中,提供与技术应用有关的软科学研究项目技术咨询的,还应当了解相关行业的发展趋势、相关的国家法律政策、市场环境等与技术应用有关的其他专业知识。

二是领域的广泛性。技术开发、转让、服务等类型的技术合同中,合同的标的都是技术成果本身,一般不会涉及其他类型的标的。但技术咨询合同不仅包括运用技术知识对特定技术项目进行的咨询,还包括综合运用技术知识及相关联的其他专业知识对软科学研究项目进行咨询的活动。

三是项目的特定性。技术咨询合同中的咨询仅指针对特定的、与技术应用有关的项目。对于没有应用到具体经营项目中的技术方案本身提出建议、意见等的活动,不属于技术咨询。

四是结果运用的风险性。在技术咨询活动中,受托人根据委托人提供的技术背景材料及其他材料,运用己方掌握的技术知识,对委托人提出的问题作出的咨询意见,性质上属于受托人对所咨询问题的主观认识。咨询意见中对于项目未来发展趋势的判断与项目的实际发展方向是否一致,不仅与受托人的技术水平有关,也与影响项目顺利实施的其他各种主客观条件有关。因此,咨询意见中提出的对项目的判断不一定是项目运行后必然会发生的实际结果。

3. 技术咨询合同当事人的权利和义务

根据《民法典》及《技术合同司法解释》的规定，技术咨询合同的委托人应当按照约定阐明技术问题，提供背景材料及有关技术资料，接受受托人的工作成果，支付报酬；委托人未按照约定提供必要的资料，影响工作进度和质量，不接受或者逾期接受工作成果的，支付的报酬不得追回，未支付的报酬应当支付。技术咨询合同受托人发现委托人提供的资料、数据等有明显错误或者缺陷，未在合理期限内通知委托人的，视为其对委托人提供的技术资料、数据等予以认可。委托人在接到受托人的补正通知后未在合理期限内答复并予以补正的，发生的损失由委托人承担。技术咨询合同的受托人应当按照约定的期限完成咨询报告或者解答问题，提出的咨询报告应当达到约定的要求；受托人未按期提出咨询报告或者提出的咨询报告不符合约定的，应当承担减收或者免收报酬等违约责任。

技术咨询合同的委托人按照受托人符合约定要求的咨询报告和意见作出决策所造成的损失，由委托人承担，但是当事人另有约定的除外。当事人对技术咨询合同委托人提供的技术资料和数据或者受托人提出的咨询报告和意见未约定保密义务，当事人一方引用、发表，或者向第三人提供的，不认定为违约行为，但侵害对方当事人对此享有的合法权益的，应当依法承担民事责任。

技术咨询合同履行过程中，受托人利用委托人的技术资料完成的新的技术成果，属于受托人；委托人利用受托人的工作成果完成的新的技术成果，属于委托人；当事人另有约定的，按照其约定。技术咨询合同对受托人正常开展工作所需费用的负担没有约定或者约定不明确的，由受托人负担。

二、技术咨询合同的订立和履行

1. 技术咨询合同的订立

当事人在订立技术咨询合同时，应根据需提供咨询意见的技术项目的具体情况及己方的交易需求，合理、审慎地选择交易对象及确定合同内容。其中，对于技术咨询合同委托方当事人来说，交易对象的选择尤为重要；由于受托方所具备的技术能力以及诚信状况对于合同的履行质量具有重要影响，委托方在选择受托方时，除应按一般合同中当事人的资格条件审核对方是否具有缔约能力外，还应着重审查对方的技术水平是否满足技术项目的要求，即是否具备足够的合同履行能力。

在确定合同内容时,当事人应就技术咨询活动进行过程中各方当事人分别需履行的义务及履行顺序等内容作出清楚、明确的约定,尤其是对于需要提出咨询意见的技术问题的范围、具体的类目构成、存在的技术疑问、需要解决的决策障碍等,受托方完成的咨询报告所应达到的技术水平、需要解答的技术疑问,意见的明确程度,以及其他对于当事人交易目的的实现具有重要影响的内容,均应当作出明确具体、可操作、可量化的约定,以利于后期合同的顺利履行及可能发生的纠纷的解决。技术咨询合同还应根据需要,就合同履行过程中当事人是否需要对委托方提供的技术资料及其他材料、受托方提供的咨询报告及意见进行保密、如何保密等内容作出约定;就受托方利用委托方提供的技术资料、委托方利用受托方提供的咨询报告及意见完成的新的技术成果的权属确定、使用权分享等内容作出约定;就受托人开展咨询活动的过程中所产生费用如何承担、费用的数额如何确定等内容作出约定;就受托人是否对咨询报告和意见的可靠性承担保证义务、在多大范围内及如何承担保证义务等作出约定。

此外,《民法典》关于技术咨询合同的违约责任承担,仅规定了一方违约时,另一方需要在合同价款的范围内承担相应责任。故当事人如需就违约行为可能造成超出合同价款的损失追究违约责任的,就需要在合同中对相关违约行为的界定、损失的确定、违约责任的承担方式等内容作出约定。

2. 技术咨询合同的履行

根据技术咨询合同的一般履行顺序,在合同进入履行阶段后,委托人应按约定的期限向受托人阐明咨询的技术问题,提供项目实施的技术背景及与所咨询的技术问题有关的技术资料。委托人未依约阐明问题、提供资料的,将需要承担由此导致的工作进度延误、咨询意见达不到约定质量标准的后果。受托人听取委托人对问题的阐明,接受委托人提供的资料、数据等材料后,应及时对需提出咨询意见的问题及委托人提交的所有材料进行详细审查,发现委托人咨询的问题、提供的材料内部或互相之间存在矛盾,或委托人提供的材料或数据存在不符合本行业或领域技术规范、标准的明显错误,以及可能影响技术问题分析评估的其他问题的,应及时通知委托人并要求委托人作出说明或进行补正。委托人收到通知后,应当在合理的期限内对受托人提出的问题予以答复,并对所咨询事项本身及所提交材料存在的问题予以补正。受托人或委托人未在合理期限内就存在的问题通知对方或对提出的问题未予以答复并补正的，将需要对由此造成的损失承担责任。

受托人在对委托人所咨询的问题进行论证、推断、调查、分析、评价时，应遵循勤勉、审慎、尽责的工作原则，综合运用各项技术知识及其他相关的专业知识，对所咨询的技术问题作出满足合同约定的要求、与技术项目所属行业或领域的技术发展水平相适应的专业咨询意见；并将咨询报告或对具体问题的解答意见，按照合同约定的期限和方式提交委托人。对于受托人完成的符合合同约定的工作成果，委托人应当接受，并按约定支付报酬；委托人以项目不再实施或不再需要根据咨询意见进行项目决策等理由，拒收咨询报告或其他形式的咨询意见的，仍需承担支付报酬的合同义务。委托人收到咨询意见后，应根据技术项目实施的具体情况对咨询意见的内容进行详细的分析，审慎决定是否采纳咨询意见。除合同另有约定外，委托人按照受托人符合约定要求的咨询报告和意见作出决策，因项目的实施未获得预期效果而造成的损失，由委托人自行承担。

此外，技术咨询合同的当事人还应按照合同约定或法律规定的保密要求，对于合同订立或履行过程中获得的对方经营信息或技术信息，以及技术咨询合同本身订立和履行过程中形成的技术成果、技术资料、商业信息等履行保密义务；合同中没有约定保密义务时，当事人公开使用、向他人提供对方提交的技术信息、数据、资料时也应谨慎进行，避免损害对方当事人的合法权益。合同当事人还应根据合同约定或法律规定负担开展咨询活动所需的费用，以及其他合同义务。

第五节　技术服务合同的法律风险防控

一、技术服务合同的概念与特征

技术服务合同是当事人一方以技术知识为对方解决特定技术问题所订立的合同，不包括承揽合同和建设工程合同。其中，接受技术服务的一方为委托人；向他人提供技术服务的一方为受托人。

1. 技术服务合同的范围确定

根据《民法典》及《技术合同司法解释》的规定，技术服务合同，是受托人一方以技术知识为对方解决特定技术问题的合同，但不包括承揽合同和建设工程合同。其中，技术服务所运用的技术知识，既可以是特定行业的公有学科知识及公有技术，也可以是特定民事主体享有专有权的专利技术或技术秘密。技术服务所要解决的特定技术问题，包括需要运用专业技术知识、经验和信息解决的有关改进产品结构、改良工艺流程、提高产品质量、降低产品成本、节约资源能耗、保护资源环境、实现安全操作、提高经济效益和社会效益等专业技术问题。技术服务的方式，包括产品、工艺的设计，测试分析，技术推广、应用、指导，设备的调试及技术指导，技术项目的信息加工、分析和检索，产品技术标准的制订，对重大事故进行定性、定量技术分析，对重大科技成果进行定性、定量技术鉴定或者评价等服务方式。

因此，只有符合上述法律规定要求的且一方当事人在特定的技术项目中以专业技术知识为他人解决提高产品质量、提升生产效率、节约资源有利环保、增强生产安全性等提高经济效益和社会效益、有利于对方生产经营水平的升级换代所涉及的专业技术问题的服务合同，才属于法律规定的技术服务合同。其他的虽然在服务过程中运用了专业技术，但并不能帮助对方实现生产经营水平的升级换代，也不是解决对方面临的疑难、复杂的技术问题的合同，不属于技术服务合同。如一方当事人为对方日常生产经营业务的需要，按照行业规范和标准，运用所掌握的技术知识所进行的常规产品设计、工艺编制、产品性能检测、技术应用服务等订立的合同，应按照合同内容及所属行业、领域，分别确定为承揽合同、委托合同、劳务合同或建设工程合同等合同类型，并按照相应的法律规范确定当事人在合同关系中的权利、义务，而不能确定为技术服务合同。

此外，根据《技术合同司法解释》的规定，当事人一方以技术转让或者技术许可的名义提供已进入公有领域的技术，或者在技术转让合同、技术许可合同履行过程中合同标的技术进入公有领域，但是技术提供方进行技术指导、传授技术知识，为对方解决特定技术问题等符合约定条件的，按照技术服务合同处理，约定的技术转让费、使用费可以视为提供技术服务的报酬和费用，但是法律、行政法规另有规定的除外。依照前述规定，技术转让费或者使用费视为提供技术服务的报酬和费用明显不合理的，人民法院可以根据当事人的请求合理确定。

2. 技术服务合同的特征

技术服务合同是当事人为确立技术服务活动过程中的权利义务关系而订立的，在法律适用上具有以下特征：

一是主体的特殊性。技术服务合同中提供技术服务的一方当事人，必须是掌握相关专业技术知识并具有从事技术服务能力的组织或个人。

二是技术问题的特定性。技术服务合同中所要解决的技术问题，仅指当事人生产或服务经营活动中所面临的特定的、需要用专业技术知识克服的技术难题。当事人为解决没有应用到具体生产或服务经营项目中的技术方案本身所存在问题而订立的合同，以及因日常生产经营过程中常规产品的设计、生产、质量检验等活动中对专业技术知识的运用而订立的合同，均不属于技术服务合同，不能适用法律关于技术服务合同的相关规定。

三是履行方式的多样性。技术开发、转让、咨询等其他类型的技术合同中，合同的履行方式都是特定、单一的。但技术服务合同的履行方式则不同，技术服务合同的履行以解决特定的技术问题为目的，履行方式包括设计产品、编制或设计工艺、监测分析、技术指导等各种各样的方式，具有明显的多样性。

四是履行结果的确定性。如前所述，技术开发合同中的开发人无须保证开发工作一定能获得预期的技术成果，技术咨询合同中的受托人一般也无须保证咨询意见在实践应用中的准确性。但技术服务合同则不同，技术服务合同中的受托人应具有解决合同约定技术问题的能力，并且在履行合同的过程中有义务实际解决约定的技术问题。受托人未解决或无力解决约定的技术问题的，将会被确认为违约行为，需要承担相应的违约责任。

3. 技术服务合同当事人的权利和义务

根据《民法典》及《技术合同司法解释》的规定，技术服务合同的委托人应当按照约定提供工作条件，完成配合事项，接受工作成果并支付报酬。技术合同的受托人发现委托人提供的资料、数据、样品、材料、场地等工作条件不符合约定，未在合理期限内通知委托人的，视为其对委托人提供的工作条件予以认可。委托人在接到受托人的补正通知后未在合理期限内答复并予以补正的，发生的损失由委托人承担。委托人不履行合同义务或者履行合同义务不符合约定，影响工作进度和质量的，或不接受或者逾期接受工作成果的，支付的报酬不得追回,未支付的报酬应当支付。技术服务合同的受托人应当按照约定完成服务项目,解决技术问题,保证工作质量,并传授解决技术问题的知识;受托人未按照约定完成服务工作的,应当承担免收报酬等违约责任。

技术服务合同履行过程中,受托人利用委托人的技术资料完成的新的技术成果,属于受托人;委托人利用受托人的工作成果完成的新的技术成果,属于委托人;当事人另有约定的,按照其约定。技术服务合同对受托人正常开展工作所需费用的负担没有约定或者约定不明确的,由受托人负担。

二、技术服务合同的订立和履行

1. 技术服务合同的订立

当事人在订立技术服务合同时,应根据所要解决的技术问题具体情况,合理、审慎地选择交易对象及确定合同内容。其中,对于技术服务合同委托方当事人而言,所选择的受托方的技术能力对于合同的履行质量具有重要影响。委托方在选择受托方时,应着重审查对方是否具有解决技术问题的技术能力。对于受托方当事人而言,也应详细了解委托方提出的技术问题自己是否具备解决的能力,而不应为了承接业务而盲目接受超出己方技术能力的服务项目;否则,如在合同履行阶段无法为对方解决技术问题,将可能被认定为违约行为并承担远超出己方所得利益的违约责任。

在确定合同内容时,当事人应就技术服务过程中各方当事人分别需履行的义务及履行顺序等内容作出清楚、明确的约定,尤其是对于所要解决的技术问题的范围、具体构成、存在的技术疑问、需要解决的技术障碍等;解决技术问题的技术方案或成果所应具备的数量和质量方面的量化指标,以及验收方式、标准、程序等,均应当按照技术项目的实际情况作出明确具体、可操作、可量化的约定,以利于后期合同的顺利履行及可能发生的纠纷解决。同时,受托人在解决约定的技术问题时,往往需要利用委托人的工作场所、设备、工具甚至人员,了解委托人生产或服务的经营现状等内容,而这些工作的进行没有委托人一方的配合是无法进行的。因此,双方在订立技术服务合同时,应根据合同履行的实际需要,就委托方承担协作配合的事项、配合的方式、费用的承担等作出具体约定。此外,委托人要将受托人完成的解决技术问题的技术成果运用到实际经营活动中,还需要对解决技术问题的相关技术知识进行掌握后才能实现。故技术服务合同中还应就受托人向委托人传授解决技术问题知识的人员条件、传授方式、期限、标准等事项作出约定。

与技术咨询合同的订立相类似的是，当事人在订立技术服务合同时，也应根据需要就技术资料及技术方案、成果的保密事项，合同履行过程中产生的新的技术成果的权属确定、使用权分享，受托人开展服务活动的过程中所产生费用如何承担、数额如何确定，违约行为的界定、损失的确定、违约责任的承担等内容作出约定。

2. 技术服务合同的履行

根据技术服务合同的一般履行顺序，合同进入履行阶段后，委托人应按约定的期限向受托人阐明所需解决的技术问题，提供受托人了解、分析技术问题所需的资料、数据、样品、材料等物品，并应按照约定提供工作场所等工作条件。委托人未依约阐明问题、提供工作条件的，将需要承担由此导致的工作进度延误、工作成果达不到约定质量标准的责任。受托人听取委托人对问题的阐明、接受委托人提供的工作条件后，应及时对所需解决的技术问题及委托人提交的所有材料及工作条件进行详细审查。发现委托人需要解决的技术问题、提供的材料内部或互相之间存在矛盾，或委托人提供的材料或数据存在不符合本行业或领域技术规范、标准的错误，以及提供的工作场所等不符合合同约定、不能满足工作需要的，应及时通知委托人并要求委托人作出说明或进行补正。委托人收到通知后，应当在合理的期限内对受托人提出的问题予以答复，并对存在的问题予以补正。受托人或委托人未在合理期限内就存在的问题通知对方或对提出的问题未予以答复并补正的，将需要对由此造成的损失承担责任。

受托人应按照合同的约定，安排具有解决技术问题能力的人员积极开展工作，按照合同约定的时限和质量要求完成技术服务项目，解决约定的技术问题；并将完成的工作成果交付委托人，按照合同约定的方式向委托人传授解决技术问题的知识。委托人应按照合同约定履行通知、协作等配合义务，保证受托人工作的顺利开展。对于受托人完成的符合合同约定的工作成果，委托人应当接受，并按约定支付报酬；委托人以项目不再实施或项目延期等理由，拒绝接受工作成果的，仍需承担支付报酬的合同义务。此外，技术服务合同的当事人还应按照合同约定或法律规定履行保密义务，负担开展技术服务活动所需的费用，以及其他合同义务。

三、技术培训合同的法律风险防控

1. 技术培训合同简介

根据《民法典》及《技术合同司法解释》的规定，技术培训合同是指当事人一方委托另一方对指定的学员进行特定技术项目的专业技术训练和技术指导所订立的合同，不包括职业培训、文化学习和按照行业、法人或者非法人组织的计划进行的职工业余教育。由此可见，并不是所有为提高被培训人员技术水平而订立的合同都属于技术培训合同；技术培训合同特指为特定技术项目的实施而对相关工作人员专门进行的专业技术训练和技术指导而订立的合同。除此以外的其他技术培训类合同，如为提高职工不针对具体项目的一般工作能力而进行的技能培训，为销售技术产品而就有关产品性能、功能及使用、操作进行培训所订立的合同等，均不属于技术培训合同。技术培训合同符合技术服务合同的构成要求，具有技术服务合同的法律特征，属于技术服务合同的一种具体类型。

根据《技术合同司法解释》的规定，技术培训合同当事人对技术培训的场地、设施和试验条件等工作条件的提供和管理责任没有约定或者约定不明确的，由委托人负责提供和管理。技术培训合同委托人派出的学员不符合约定条件，影响培训质量的，由委托人按照约定支付报酬。受托人配备的教员不符合约定的条件，影响培训质量，或者受托人未按照计划和项目进行培训，导致不能实现培训目标的，应当减收或者免收报酬。受托人发现学员不符合约定条件或者委托人发现教员不符合约定条件，未在合理期限内通知对方，或者接到通知后未在合理期限内按约定改派的，应当由负有履行义务的当事人承担相应的民事责任。

2. 技术培训合同的订立和履行

实践中，技术培训合同的存在形式，既可以是当事人就特定技术项目的培训所订立的独立合同；还可以是技术开发合同、技术转让或许可合同以及大型设备的买卖、承揽合同中订立的技术培训条款。无论合同的订立采用了何种形式，只要合同内容符合前文介绍的技术培训合同的构成条件，合同的订立和履行就应按照法律、司法解释关于技术培训合同的规定来进行。

当事人因对特定技术项目的应用和实施，需要对工作人员进行技术培训的，可以选择具有技术培训能力的组织或个人开展培训活动；也可以由技术成果的提供方或技术设备的提供方提供技术培训。在订立技术培训合同以前，作为技术培训服务需求方的当事人即委托人一方，应当就对方的技术培训能力进行考查，确认能够满足培训要求后再订立合同。在订立技术培训合同时，当事人应根据实际情况，至少就以下与技术培训有关的事项作出约定：一是技术培训的内容及培训方式。前者如培训项目、大纲、进度安排等；后者如培训采用面授还是远程教学或两者的结合，或讲授、实训还是工作过程中的指导，或其中几种方法相互结合等。二是培训工作条件的提供及管理责任的承担。前者如培训场地、设施、试验条件等的提供；后者如培训管理制度的制订和执行，培训期间管理人员、后勤保障人员的配备等。三是受托人所配备教员的人数及应具备的条件。如对教员的学历、职称、教育经历、工作经历、工作成果、培训经历等方面的要求。四是委托人派出参加培训的学员应具备的条件。如最低学历要求、工作经历等。五是培训的期限、质量、考核标准、考核方法等内容。六是受托人报酬的计算方式及支付方式，以及培训活动中产生的费用的承担等内容。

技术培训合同生效后，各方当事人应按照合同约定和法律规定的义务全面、诚信履行各自的合同义务。双方应按照合同约定为技术培训的实施提供工作条件，实施管理措施，派出符合约定条件的教员及学员。一方当事人发现对方派出的教员或学员不符合约定条件的，应在合理的期限内通知对方，未通知或接到通知后未在合理期限内进行改派的，将可能需要承担相应的不利后果。在培训合同履行过程中，委托人不仅应就对方提供的培训服务进行实时监督，还应对己方派出的学员的学习情况进行督促，以保障培训质量。受托人一方在履行培训义务时，应根据培训进行的实际情况，对培训义务的履行情况进行记录并采用适当的方式加以固定。

四、技术中介合同的法律风险防控

1. 技术中介合同简介

根据《民法典》及《技术合同司法解释》的规定，技术中介合同是指当事人一方以知识、技术、经验和信息为另一方与第三人订立技术合同进行联系、介绍以及对履行合同提供专门服务的合同。在技术中介合同关系中，为对方提供中介服务的一方当事人为中介人，接受中介服务的当事人为委托人。其他类型的技术合同都需以特定的技术项目或技术成果为标的,否则不能认定为技术合同,故技术中介合同也只能是中介人就特定技术项目或技术成果的交易提供中介服务的合同。其他情形的与技术交易有关的中介合同,如中介人为委托人日常经营活动中常规的产品设计、工艺编制、质量检验等与技术应用有关的活动提供中介服务的合同,以及其他为不符合技术合同构成条件的合同订立和履行提供中介服务的,均不属于技术中介合同。

技术中介合同的中介人以知识、技术、经验和信息向委托人提供的中介服务,属于技术服务的一种形式,故技术中介合同从交易标的上归类应属于技术服务合同的一种具体类型。同时,技术中介活动本身属于中介活动的特殊形式,故技术中介合同从交易方式上归类应属于《民法典》规定的中介合同的一种具体类型。因此,根据《民法典》规定的关于合同的法律适用规则,在法律、司法解释未对技术中介合同作出专门规定的情形下,法律关于技术服务合同和中介合同的规定,可以参照适用于技术中介合同。

根据《技术合同司法解释》的规定,当事人对中介人从事中介活动的费用负担没有约定或者约定不明确的,由中介人承担。当事人约定该费用由委托人承担但未约定具体数额或者计算方法的,由委托人支付中介人从事中介活动支出的必要费用。当事人对中介人的报酬没有约定或者约定不明确的,应当根据中介人所进行的劳务合理确定,并由委托人承担。仅在委托人与第三人订立的技术合同中约定中介条款,但未约定给付中介人报酬或者约定不明确的,应当支付的报酬由委托人和第三人平均承担。其中,中介人从事中介活动的费用,是指中介人在委托人和第三人订立技术合同前,进行联系、介绍活动所支出的通信、交通和必要的调查研究等费用。中介人的报酬,是指中介人为委托人与第三人订立技术合同以及对履行该合同提供中介服务应当得到的收益。中介人未促成委托人与第三人之间的技术合同成立的,其要求支付报酬的请求人民法院不予支持;其要求委托人支付其从事中介活动必要费用的请求,应当予以支持,但是当事人另有约定的除外。中介人隐瞒与订立技术合同有关的重要事实或者提供虚假情况,侵害委托人利益的,应当根据情况免收报酬并承担赔偿责任。中介人对造成委托人与第三人之间技术合同的无效或者被撤销没有过错,并且该技术合同的无效或者被撤销不影响中介条款或者技术中介合同继续有效,中介人要求按照约定或者司法解释的规定给付从事中介活动的费用和报酬的,人民法院应当予以支持。中介人收取从事中介活动的费用和报酬不应当被视为委托人与第三人之间的技术合同纠纷中一方当事人的损失。

2. 技术中介合同的订立和履行

技术成果本身具有高度的专业性,技术成果的应用所能解决的技术问题往往也难以为非专业人员所了解,技术成果应用后所能获得的商业价值一般也难以进行评估。同时,基于技术成果本身的无形性,以及对经济社会发展的重大作用,国家就技术成果的权利保护及交易制定了大量专门的法律法规及政策文件。这些情况的存在使技术成果的供需双方虽然客观上具有进行技术交易的强烈需求,但供需双方难以就技术成果是否符合需求方的需求进行判断,也难以对技术成果的市场交易价值进行合理的预判,并且双方往往也对技术交易相关的法律及政策规定缺乏了解,致使技术成果的供需双方难以通过直接协商的方式建立交易关系,从而严重影响了技术成果的市场化交易,也不利于技术成果在经济社会发展中发挥应有的作用。在此情形下,掌握有与技术成果有关的专业知识、市场知识及法律、政策知识的技术中介人所从事的技术中介活动,就可以帮助技术成果的供需双方了解技术成果的应用价值及市场价值,并可以帮助双方依法依规进行市场交易。因此,技术中介活动对于促成技术成果的市场交易、促进科技成果向实际生产力的转化等均具有重要的意义。

民事主体需要进行技术成果的交易时,既可以通过直接与交易对象订立和履行技术合同的方式来进行技术成果的交易,也可以通过委托技术中介人帮助自己选择确定交易标的,选择交易对象,进行交易磋商,以及订立和履行技术合同。在选择技术中介人时,虽然现行法律法规没有规定必须委托具有技术经纪人资质的组织或个人进行技术中介活动,但考虑到技术交易活动本身的复杂性,在条件允许的情况下委托人可优先选择获得技术经纪资质的组织或个人进行技术中介活动。委托人与中介人订立技术中介合同时,应根据委托人在将来订立的技术合同中的交易地位、交易方式、标的技术成果的类型等事项,确定技术中介合同的内容。一般情形下,技术中介合同至少应包括以下内容:一是中介活动所服务技术交易的基本信息。如交易方式,委托人的交易地位,技术标的类型,所要解决的技术问题等。二是中介人提供中介服务的范围。如联系、介绍交易对象,检索、评价标的技术成果的技术价值,协助委托人对技术标的的市场价值进行评估,协助委托人订立、履行技术合同等。三是中介人报酬的确定方法及支付方式。四是中介人从事中介活动费用的负担及数额确定、支付方式。五是关于违约责任的约定。

技术中介合同依法成立并生效后,当事人应按照约定或法律规定的内容履行各自的合同义务。技术中介合同的中介人应积极运用所掌握的知识、技术、经验和信息,诚信、勤勉地履行中介服务的各项职责,积极促成委托人与他人技术合同的订立和履行,尤其是具有技术经纪资质的专业中介人,应按照职业道德和执业规范的要求,积极履行中介职责。委托人应按照约定或法律规定协助中介人的中介工作,并应按约定或法定的标准支付中介人的工作报酬及从事中介活动的费用。

第六章　工业品买卖合同的法律风险防控

装备制造企业向社会提供的产品主要是各类通用或者专用设备，在市场经济的条件下，这些设备产品需要通过交易的方式提供给用户；同时，装备制造企业自身生产活动过程中所需的生产设备、在产品设备中配套使用的标准化的附属设备、机械电气零部件等，也需要通过交易的方式从市场上获取。因此，不断地通过交易采购己方所需的设备及其他生产要素，再通过交易将生产的设备产品不断地提供给用户，构成了装备制造企业经营活动的主要内容。

在市场经济条件下，交易主要是通过订立及履行合同的方式来完成的。装备制造企业所进行的以标准化的设备及配套零部件等工业品为标的的交易，需要通过订立及履行工业品买卖合同的方式来进行。工业品买卖合同也就成为绝大多数装备制造企业日常经营活动中最常见的合同类型。工业品本身具有的组成复杂、功能特定、技术性强、价格较高等特点，使工业品买卖过程中当事人订立和履行合同时所面临的法律风险也具有与其他买卖合同明显不同的特征。因此，企业需根据所属行业或领域工业品买卖交易的具体情况，采取适当的措施对合同订立、履行及纠纷解决过程中的法律风险进行防控。

第一节　工业品买卖合同概述

一、工业品买卖合同的概念

工业品买卖合同虽然不是法律、法规规定的典型合同，但在装备制造行业中有很广泛的应用，国家市场监督管理总局颁布的以标准化的工业品为买卖交易标的的合同示范文本也采用了该名称，本书结合装备制造行业工业品交易的实际状况而采用了该合同名称。在本书中，工业品买卖合同是指以工业品为交易标的的买卖合同，适用法律、法规关于买卖合同的相关规定。根据《民法典》的规定，买卖合同是出卖人转移标的物的所有权与买受人，买受人支付价款的合同。本书中所称的工业品买卖合同，就是指工业品的所有人作为出卖人，将其对工业品所享有的所有权转移给买受人，买受人向出卖人支付交易价款的合同。

实践中，当事人为进行工业品的买卖交易而订立的合同，除采用“工业品买卖合同”这一较为规范的名称外，还有“购销合同”“采购合同”“销售合同”“供应合同”等各种各样的名称也在大量使用，甚至还有一些明显不符合买卖交易特征的名称，如“承揽合同”“定作或定制合同”“委托合同”等也在使用。这些名称各异的合同，只要所交易的标的是标准化的工业品，所约定的内容中体现的当事人间权利义务关系符合买卖交易的法律特征，就属于上文所述的工业品买卖合同，可以按照本章介绍的内容进行相关法律风险的防控。

二、工业品买卖合同的范围

工业品买卖合同，是以工业品为标的的买卖合同。关于工业品的定义，实践中存在诸多不同的观点。如有观点认为工业品是指“经工业加工生产所形成的产品”“用于工业生产或企业经营的产品”等，不同的定义所对应的工业品的范围自然也是不同的。本章内容的编写是为装备制造企业进行合同风险管理服务的，所提出的工业品的概念仅指装备制造企业在经营活动中为进行产品的生产和销售而向供应商采购或向客户销售的整机设备、配套设备、部件、零件等机电行业的工业产品；其中，尤以交易内容和过程都较为复杂的各类机电设备为主要关注对象。除此之外的其他工业产品或工业用品，如经过工业加工生产所形成的各种消费品，或各种用于工业生产的金属或非金属原材料等，均不包含在本章内容所指的工业品中。

企业或个人进行的以工业品为标的的交易，除买卖外还有承揽、租赁等各种交易方式。在不同的交易方式中，当事人所订立及履行的合同以及在合同履行过程中的权利义务关系是不相同的。本章内容中的工业品买卖合同仅指出卖方将己方享有合法所有权的工业品出卖给买受人的合同，而不包括按照对方当事人的要求加工定作特定工业品的承揽合同或其他方式的工业品交易合同。一般来说,可以作为买卖合同标的的工业品主要是出卖人生产或销售的符合相关国家、行业或企业标准的标准化产品。实践中大量存在的工业品提供方按照对方要求加工制作特定产品的合同,一般应属于承揽合同关系,不属于本章内容中的工业品买卖合同,本书将在后续章节中对相关内容作出详细的讲解。

三、工业品买卖合同的特征

工业品买卖合同在交易内容、交易方式等方面具有以下特征。

1.合同内容技术性强

作为合同标的的各类机电零部件、通用或专用设备、仪器仪表等工业品,多数都是由相关行业的专业生产企业根据国家标准、行业标准或企业标准加工生产的,具有较高的技术含量。尤其是近年来随着各种新能源、新材料、新工艺在工业生产中的广泛应用,以及信息技术的蓬勃发展,各类工业品所能实现的功能及所具有的性能等都得到了很大的提升,自动化、智能化水平越来越高,所蕴含的技术因素也越来越丰富。为进行这些工业品的买卖交易所订立的工业品买卖合同,所约定的关于标的物的功能、性能、规格型号等内容,需要使用大量技术术语进行描述,且在合同整体内容中的占比也很高,经常需要通过订立专门的技术协议等合同附件来进行约定。因此,工业品买卖合同的内容具有较高的技术性,当事人在订立及履行合同时,均需要由对该交易工业品具有足够技术知识的专业人员参与进行。

2.合同内容组成较为复杂

随着科学技术水平的快速发展,各类工业品所能实现的功能越来越丰富,所能完成的工作越来越广泛,装置的组成也就越来越复杂。如实践中常见的工程机械等常规设备,也至少需要包括动力装置、控制装置、执行装置、支撑装置等各种组成部分;而工业生产中所使用的各种大型设备、自动化生产线设备等的组成则更加复杂。当事人在订立以这些工业品为标的的买卖合同时,就需要将组成这些工业产品的各个部分的名称、规格、数量、功能要求、性能参数等内容作出详尽的约定。并且,为了使买受人接受标的物后能有效掌握使用技术及保证产品的质量,合同经常还需要就标的物交付后出卖人是否需要提供后续的技术服务、如何提供技术服务,是否提供质量保证义务及质量保证的范围、期限等作出约定，从而使得工业品买卖合同中所约定的内容较为复杂。在合同进入履行阶段后，当事人所需要履行的合同义务也会极为繁多。

3. 交易所涉及的行业广泛

装备制造企业所生产的各种工具、设备等工业品，广泛应用于国民经济各行业的生产活动中，如农业生产、采矿、冶金、机械加工制造、海陆交通运输、土木工程施工等行业或领域。企业为销售产品而作为出卖人与他人订立工业品买卖合同时，就需要根据所要使用标的工业品的具体行业的特别要求，在合同中作出相应的能够满足这些要求的专门内容。如用于港口作业的工业品应具有良好的耐腐蚀性，用于为行走机械配套使用的工业品应结构紧凑、耐用，为机床类设备配套的工业品应加工精密、外形美观等。

第二节　工业品买卖合同适用的法律

工业品买卖合同是当事人为进行工业品的交易而订立的买卖合同，需要遵循《民法典》及相关司法解释关于买卖合同的规定。同时，本书中所指的工业品都是经加工、生产后形成并用于销售的产品，故工业品的生产、销售等活动还应遵守《产品质量法》的规定。其中，法律规定的特种设备的买卖还需遵守《特种设备安全法》的规定；其他法律、行政法规对特定设备的生产、销售、使用等活动所作的特别规定，也属于当事人订立或履行相关工业品买卖合同时应遵循的法律规范。根据《标准化法》的规定，企业应当按照标准组织生产经营活动，故《标准化法》的规定也是当事人订立或履行相关工业品买卖合同时应遵循的法律规范。

此外，实践中与工程建设有关的工业品买卖、通过政府采购途径进行的工业品买卖，均大量采用了招投标的方式进行；这些工业品买卖合同中当事人权利义务的确定，以及招投标程序的进行，还需要符合《招标投标法》《政府采购法》等法律、行政法规的规定。

一、《民法典》及相关司法解释关于买卖合同的规定

买卖交易是民事主体实施最频繁的交易活动，也是社会经济活动中最基

本、最常见的经济现象。因此,《民法典》合同编典型合同分编规定的第一种典型合同就是买卖合同;并对买卖合同规定了相比其他典型合同更加周全、详细的规范内容。

1. 买卖合同的成立

买卖合同的成立条件需要按照《民法典》总则编民事法律行为章及合同编通则分编分别规定的,关于民事法律行为的实施方式、成立条件,以及合同的订立方式、成立条件等内容确定。买卖合同的内容一般包括标的物的名称、数量、质量、价款、履行期限、履行地点和方式、包装方式、检验标准和方法、结算方式、合同使用的文字及其效力等条款。一般情况下,合同的成立以双方当事人就合同内容通过要约、承诺的方式达成一致意见为条件,但是法律另有规定或当事人另有约定的除外。当事人采用合同书形式订立合同的,自当事人均签名、盖章或者按指印时合同成立。在签名、盖章或者按指印之前,当事人一方已经履行主要义务,对方接受的,该合同成立。法律、行政法规规定或者当事人约定合同应当采用书面形式订立,当事人未采用书面形式但是一方已经履行主要义务,对方接受的,该合同成立。当事人采用信件、数据电文形式订立合同要求签订确认书的,签订确认书时合同成立。当事人一方通过互联网等信息网络发布的商品或者服务信息符合要约条件的,对方选择该商品或者服务并提交订单成功时合同成立,但是当事人另有约定的除外。

此外,根据《最高人民法院关于审理买卖合同纠纷案件适用法律问题的解释》(以下简称《买卖合同司法解释》)的规定,当事人之间没有书面合同,一方以送货单、收货单、结算单、发票等主张存在买卖合同关系的,人民法院应当结合当事人之间的交易方式、交易习惯以及其他相关证据,对买卖合同是否成立作出认定。对账确认函、债权确认书等函件、凭证没有记载债权人名称,买卖合同当事人一方以此证明存在买卖合同关系的,人民法院应予支持,但有相反证据足以推翻的除外。

2. 标的物的交付和所有权的转移

在买卖合同中,向买受人交付标的物并将标的物所有权转移给买受人,是体现买卖合同性质的特征义务,也是出卖人应当履行的基本义务;并且,该两项义务在履行过程中具有紧密的联系。根据《民法典》物权编的规定,除法律另有规定或当事人另有约定外,一般情形下动产完成交付即产生所有权发生变动的效力。因此,除合同中约定了保留所有权的情形外,出卖人将标的物交付买受人,标的物的所有权即依法转移给买受人所有。但出卖具有知识产权的标的物,除法律另有规定或当事人另有约定外,完成交付后该标的物的知识产权不属于买受人。

(1)交付标的物的范围

出卖人应当履行向买受人交付标的物或者交付提取标的物的单证,并转移标的物所有权的义务。出卖人还应当按照约定或者交易习惯,向买受人交付提取标的物单证以外的有关单证和资料,主要包括保险单、保修单、普通发票、增值税专用发票、产品合格证、质量保证书、质量鉴定书、品质检验证书、产品进出口检疫书、原产地证明书、使用说明书、装箱单等。

出卖人超出交付范围多交标的物的,买受人可以接受或者拒绝多交的部分。买受人接收多交部分的,按照约定的价格支付价款;买受人拒绝接收多交部分的,应当及时通知出卖人,买受人可以代为保管多交部分的标的物,并可要求出卖人负担代为保管期间的合理费用。买受人代为保管期间,标的物非因买受人的故意或者重大过失遭受损失的,买受人不承担赔偿责任。标的物在交付之前产生的孳息,归出卖人所有;交付之后产生的孳息,归买受人所有。但是,当事人另有约定的除外。依照法律、行政法规的规定或者按照当事人的约定,标的物在有效使用年限届满后应予回收的,出卖人负有自行或者委托第三人对标的物予以回收的义务。

(2)标的物交付的时间、地点和方式

出卖人应当按照约定的时间交付标的物。约定交付期限的,出卖人可以在该交付期限内的任何时间交付。当事人没有约定标的物的交付期限或者约定不明确的,可以协议补充;不能达成补充协议的,按照合同相关条款或者交易习惯确定;仍不能确定的,出卖人可以随时交付,买受人也可以随时请求交付,但是应当给对方必要的准备时间。

出卖人应当按照约定的地点交付标的物。当事人没有约定交付地点或者约定不明确的,可以协议补充;不能达成补充协议的,按照合同相关条款或者交易习惯确定。仍不能确定的,按照以下规定确定:①标的物需要运输的,出卖人应当将标的物交付给第一承运人以运交给买受人。②标的物不需要运输,出卖人和买受人订立合同时知道标的物在某一地点的,出卖人应当在该地点交付标的物;不知道标的物在某一地点的,应当在出卖人订立合同时的营业地交付标的物。

标的物为无须以有形载体交付的电子信息产品,当事人对交付方式约定不明确,不能达成补充协议,也不能通过合同相关条款或者交易习惯确定的,买受人收到约定的电子信息产品或者权利凭证即为交付。

出卖人应当按照约定的包装方式交付标的物,对包装方式没有约定或者约定不明确的,当事人可以协议补充;不能达成补充协议的,按照合同相关条款或者交易习惯确定;仍不能确定的,应当按照通用的方式包装;没有通用方式的,应当采取足以保护标的物且有利于节约资源、保护生态环境的包装方式。

(3)发生纠纷时交付事实的确定

当事人对出卖人是否已交付标的物发生争议,出卖人仅以增值税专用发票证明其已履行交付标的物义务,买受人不认可的,出卖人应当提供其他证据证明交付标的物的事实。

3. 标的物的风险负担

在买卖合同订立后履行完毕以前,标的物可能受到他人的侵害或各种意外事件的影响而毁损或灭失,由此造成的损失应由谁承担,对交易双方当事人的利益有重要的影响。

(1)风险负担的一般规则

标的物毁损、灭失的风险,在标的物交付之前由出卖人承担,交付之后由买受人承担,但是法律另有规定或者当事人另有约定的除外。因买受人致使标的物未按照约定的期限交付的,买受人应当自违反约定时起承担标的物毁损、灭失的风险。出卖人按照约定或者依据法律规定将标的物置于交付地点,买受人违反约定没有收取的,标的物毁损、灭失的风险自违反约定时起由买受人承担。

(2)需要运输的标的物的风险负担

出卖人出卖交由承运人运输的在途标的物,除当事人另有约定外,毁损、灭失的风险在合同成立时起由买受人承担;但在合同成立时,出卖人知道或者应当知道标的物已经毁损、灭失却未告知买受人的除外。出卖人按照约定将标的物运送至买受人指定地点并交付给承运人后,标的物毁损、灭失的风险由买受人承担,但当事人另有约定的除外。

当事人没有约定交付地点或者约定不明确，标的物需要运输的，出卖人依照法律规定将标的物交付给第一承运人运交给买受人的，标的物毁损、灭失的风险自标的物被交付给第一承运人后，由买受人承担。此处所指的“标的物需要运输”，是指标的物由出卖人负责办理托运，承运人是独立于买卖合同当事人之外的运输业者的情形。

当事人对风险负担没有约定，标的物是种类物，出卖人未以装运单、加盖标记、通知买受人等可识别的方式将标的物特定于买卖合同，买受人可以要求不承担标的物毁损、灭失的风险。

(3)违约交付时的标的物风险负担

出卖人未按照约定交付有关标的物的单证和资料的，不影响标的物毁损、灭失风险的转移。标的物毁损灭失的风险由买受人承担的，不影响出卖人履行义务不符合约定，买受人请求其承担违约责任的权利。因标的物质量不符合要求，致使不能实现合同目的的，买受人可以拒绝接受标的物或者解除合同；买受人拒绝接受标的物或者解除合同的，标的物毁损、灭失的风险由出卖人承担。

4. 出卖人对标的物的权利保证义务

出卖人应保证其向买受人交付标的物时，具有对标的物的处分权。因出卖人未取得处分权致使标的物所有权不能转移的，买受人可以解除合同并请求出卖人承担违约责任。法律、行政法规禁止或者限制转让的标的物，依照其规定。

出卖人就交付的标的物，负有保证第三人对该标的物不享有任何权利的义务，但是法律另有规定的除外。买受人订立合同时知道或者应当知道第三人对标的物享有权利的，出卖人不承担前述义务。买受人有确切证据证明第三人对标的物享有权利的，可以中止支付相应的价款，但是出卖人提供适当担保的除外。

5. 标的物的质量要求

出卖人应当按照约定的质量要求交付标的物；出卖人提供有关标的物质量说明的，交付的标的物应当符合该说明的质量要求。对标的物的质量要求没有约定或者约定不明确的，当事人可以协议补充；不能达成补充协议的，按照合同相关条款或者交易习惯确定。仍不能确定的，按照强制性国家标准履行；没有强制性国家标准的，按照推荐性国家标准履行；没有推荐性国家标准的，按照行业标准履行；没有国家标准、行业标准的，按照通常标准或者符合合同目的的特定标准履行。

出卖人交付的标的物不符合质量要求的,买受人可以依据法律规定及合同约定请求承担违约责任。当事人约定减轻或者免除出卖人对标的物瑕疵承担的责任,因出卖人故意或者重大过失不告知买受人标的物瑕疵的,出卖人无权主张减轻或者免除责任。

6. 标的物的检验

买受人收到标的物时应当在约定的检验期限内检验;没有约定检验期限的,应当及时检验。当事人约定检验期限的,买受人应当在检验期限内将标的物的数量或者质量不符合约定的情形通知出卖人;买受人怠于通知的,视为标的物的数量和质量符合约定。当事人没有约定检验期限的,买受人应当在发现或者应当发现标的物的数量或者质量不符合约定的合理期限内通知出卖人。买受人在合理期限内未通知或者自收到标的物之日起二年内未通知出卖人的,视为标的物的数量和质量符合约定;但是,对标的物有质量保证期的,适用质量保证期,不适用该二年的规定。出卖人知道或者应当知道提供的标的物不符合约定的,买受人就标的物的数量或质量提出异议,不受前述约定检验期限、合理期限、二年期限、质量保证期的限制。

合理期限的确定,应当综合当事人之间的交易性质、交易目的、交易方式、交易习惯,标的物的种类、数量、性质、安装和使用情况、瑕疵的性质,买受人应尽的合理注意义务,检验方法和难易程度,买受人或者检验人所处的具体环境、自身技能以及其他合理因素,依据诚实信用原则进行判断。法律规定的“二年”期限是最长的合理期限,该期限为不变期限,不适用诉讼时效中止、中断,或者延长的规定。买受人在合理期限内提出异议,出卖人以买受人已经支付价款、确认欠款数额、使用标的物为由,主张买受人放弃异议的,人民法院不予支持,但当事人另有约定的除外。前述检验期限、合理期限、二年期限经过后,买受人主张标的物的数量或者质量不符合约定的,人民法院不予支持;出卖人自愿承担违约责任后,又以上述期限经过为由反悔的,人民法院不予支持。

当事人约定的检验期限过短,根据标的物的性质和交易习惯,买受人在检验期限内难以完成全面检验的,该期限仅视为买受人对标的物的外观瑕疵提出异议的期限。约定的检验期限或者质量保证期短于法律、行政法规规定期限的,应当以法律、行政法规规定的期限为准。当事人对检验期限未作约定,买受人签收的送货单、确认单等载明标的物数量、型号、规格的,推定买受人已经对数量和外观瑕疵进行检验,但是有相关证据足以推翻的除外。出卖人依照买受人的指示向第三人交付标的物,出卖人和买受人约定的检验标准与买受人和第三人约定的检验标准不一致的,以出卖人和买受人约定的检验标准为准。

7. 价款的支付

支付合同价款是买卖合同中买受人的基本义务;买受人应当按照约定的数额、支付方式、地点、时间支付价款。没有约定或约定不明确的,可以协议补充;不能达成补充协议的,按照合同相关条款或者交易习惯确定;仍不能确定的,按照以下规定确定:(1)合同价款不明确的,按照订立合同时履行地的市场价格履行;依法应当执行政府定价或者政府指导价的,依照规定履行;(2)支付方式不明确的,按照有利于实现合同目的的方式履行;(3)支付地点不明确的,买受人应当在出卖人的营业地支付,但是,约定支付价款以交付标的物或者交付提取标的物单证为条件的,在交付标的物或者交付提取标的物单证的所在地支付;(4)支付时间不明确的,买受人应当在收到标的物或者提取标的物单证的同时支付。

《买卖合同司法解释》还规定,因买受人是否履行了价款支付义务发生的争议,合同约定或当事人之间习惯以普通发票作为付款凭证的,买受人以普通发票证明已经履行付款义务的,人民法院应予支持,但有相反证据足以推翻的除外。

8. 买卖合同的解除

因标的物不符合质量要求,致使不能实现合同目的的,买受人可以拒绝接受标的物或者解除合同。因标的物的主物不符合约定而解除合同的,解除合同的效力及于从物;因标的物的从物不符合约定被解除的,解除的效力不及于主物。标的物为数物,其中一物不符合约定的,买受人可以就该物解除合同;但是,该物与他物分离使标的物的价值显受损害的,买受人可以就数物解除合同。

出卖人分批交付标的物的,出卖人对其中一批标的物不交付或者交付不符合约定,致使该批标的物不能实现合同目的的,买受人可以就该批标的物解除。出卖人不交付其中一批标的物或者交付不符合约定,致使之后其他各批标的物的交付不能实现合同目的的,买受人可以就该批以及之后其他各批标的物解除。买受人如果就其中一批标的物解除,该批标的物与其他各批标的物相互依存的,可以就已经交付和未交付的各批标的物解除。

此外,根据《买卖合同司法解释》的规定,出卖人没有履行或者不当履行给付义务,致使买受人不能实现合同目的,买受人主张解除合同的,人民法院应当按照《民法典》第 563 条第 1 款第 4 项规定的"当事人一方迟延履行债务或者有其他违约行为致使不能实现合同目的"的内容,予以支持。

9. 违约责任

根据买卖交易的特征及买卖合同的履行特点,《民法典》及《买卖合同司法解释》对实践中买卖合同履行过程中常见违约行为的责任承担作出了相应的规定。主要内容如下:

(1)与质量争议有关的违约责任

出卖人交付的标的物不符合质量要求的,根据标的的性质以及损失的大小,买受人可以合理选择请求出卖人承担修理、重作、更换、退货、减少价款等违约责任;有其他损失的,还可以请求赔偿损失。买受人请求减少价款,主张以符合约定的标的物和实际交付的标的物按交付时的市场价值计算差价的,人民法院应予支持。因标的物不符合质量要求,致使不能实现合同目的的,买受人可以拒绝接受标的物或者解除合同。买受人依约保留部分价款作为质量保证金,出卖人在质量保证期未及时解决质量问题而影响标的物的价值或者使用效果,出卖人主张支付该部分价款的,人民法院不予支持。买受人在检验期限、质量保证期、合理期限内提出质量异议,出卖人未按要求予以修理或者因情况紧急,买受人自行或者通过第三人修理标的物后,主张出卖人负担因此发生的合理费用的,人民法院应予支持。

买受人在缔约时知道或者应当知道标的物质量存在瑕疵,主张出卖人承担瑕疵担保责任的,人民法院不予支持,但买受人在缔约时不知道该瑕疵会导致标的物的基本效用显著降低的除外。

(2)逾期付款的违约责任

对买卖合同约定的付款期限作出的变更,不影响当事人关于逾期付款违约金的约定,但该违约金的起算点应当随之变更。买卖合同约定逾期付款违约金,买受人以出卖人接受价款时未主张逾期付款违约金为由拒绝支付该违约金的,人民法院不予支持。买卖合同约定逾期付款违约金,但对账单、还款协议等未涉及逾期付款责任,出卖人根据对账单、付款协议等主张欠款时请求买受人依约支付逾期付款违约金的，人民法院应予支持；但对账单、还款协议等明确载有本金及逾期付款利息数额或者已经变更买卖合同中关于本金、利息等约定内容的除外。

买卖合同没有约定逾期付款违约金或者该违约金的计算方法，出卖人以买受人违约为由主张赔偿逾期付款损失，违约行为发生在2019年8月19日之前的，人民法院可以中国人民银行同期同类人民币贷款基准利率为基础，参照逾期罚息利率标准计算；违约行为发生在2019年8月20日之后的，人民法院可以违约行为发生时中国人民银行授权全国银行间同业拆借中心公布的一年期贷款市场报价利率（LPR）标准为基础，加计30%～50%逾期付款损失。

（3）违约金及损失赔偿额的确定

买卖合同因违约而解除后，守约方主张继续适用违约金条款的，人民法院应予支持；但约定的违约金过分高于造成的损失的，人民法院可以根据当事人的请求予以适当减少。买卖合同当事人一方以对方违约为由主张支付违约金，对方以合同不成立、合同未生效、合同无效或者不构成违约等为由进行免责抗辩而未主张调整过高的违约金，人民法院应当就法院若不支持免责抗辩，当事人是否需要主张调整违约金进行释明。一审法院认为免责抗辩成立且未予释明，二审法院认为应当判决支付违约金的，可以直接释明并改判。

买卖合同一方违约造成对方损失，对方主张赔偿可得利益损失的，人民法院在确定违约责任范围时，应当根据当事人的主张，依据《民法典》第584条规定的可预见性规则、第591条规定的减损规则、第592条规定的与有过失规则及《买卖合同司法解释》第23条规定的损益相抵规则等进行认定。

10. 所有权保留

根据《民法典》的规定，当事人可以在买卖合同中约定买受人未履行支付价款或者其他义务的，标的物的所有权属于出卖人。出卖人对标的物保留的所有权，未经登记，不得对抗善意第三人。当事人约定出卖人保留合同标的物的所有权，在标的物所有权转移前，买受人有下列情形之一，造成出卖人损害的，除当事人另有约定外，出卖人有权取回标的物：（1）未按照约定支付价款，经催告后在合理期限内仍未支付；（2）未按约定完成特定条件；（3）将标的物出卖、出质或者作出其他不当处分。出卖人可以与买受人协商取回标的物；协商不成的，可参照适用担保物权的实现程序。出卖人取回标的物后，买受人在双方约定或者出卖人指定的合理回赎期限内，消除出卖人取回标的物的事由的，可以请求回赎标的物。买受人在回赎期间内没有回赎标的物，出卖人可以合理价格将标的物出卖给第三人，出卖所得价款扣除买受人未支付的价款以及必要费用后仍有剩余的，应当返还买受人；不足部分由买受人清偿。

《买卖合同司法解释》规定，买卖合同当事人主张《民法典》第 641 条关于标的物所有权保留的规定适用于不动产的，人民法院不予支持。买受人已经支付标的物总价款的 75% 以上，出卖人主张取回标的物的，人民法院不予支持。买受人将保留所有权的标的物出卖、出质或者作出其他不当处分，第三人依据《民法典》第 311 条的规定主张已经善意取得标的物所有权或者其他物权，出卖人主张取回标的物的，人民法院不予支持。

11. 特种买卖

特种买卖是当事人在买卖合同中就付款方式、标的物质量确定、合同成立条件等约定了特殊要求的买卖方式。特种买卖合同属于买卖合同的特殊形式，除适用与合同中特殊约定相关的法律规范外，其他事项适用法律关于买卖合同的规定。特种买卖包括分期付款买卖、凭样品买卖、试用买卖等方式。

(1)分期付款买卖

根据《民法典》的规定，分期付款的买受人未支付到期价款的数额达到全部价款的 1/5，经催告后在合理期限内仍未支付到期价款的，出卖人可以请求买受人支付全部价款或者解除合同。出卖人解除合同的，可以向买受人请求支付该标的物的使用费。

根据《买卖合同司法解释》的规定，《民法典》第 634 条第 1 款规定的“分期付款”系指买受人将应付的总价款在一定期限内至少分三次向出卖人支付。分期付款买卖合同的约定违反《民法典》关于出卖人可以请求买受人支付全部价款或者解除合同的规定条件，买受人主张该约定无效的，人民法院应予支持。分期付款买卖合同约定出卖人在解除合同时可以扣留已受领价金，出卖人扣留的金额超过标的物使用费以及标的物受损赔偿额，买受人请求返还超过部分的，人民法院应予支持。当事人对标的物的使用费没有约定的，人民法院可以参照当地同类标的物的租金标准确定。

(2)凭样品买卖

根据《民法典》的规定，凭样品买卖的当事人应当封存样品，并可以对样品的质量予以说明。出卖人交付的标的物应当与样品及其说明的质量相同。凭样品买卖的买受人不知道样品有隐蔽瑕疵的,即使交付的标的物与样品相同,出卖人交付的标的物的质量仍然应当符合同种物的通常标准。《买卖合同司法解释》规定,合同约定的样品质量与文字说明不一致且发生纠纷时当事人不能达成合意,样品封存后外观和内在品质没有发生变化的,人民法院应当以样品为准;外观和内在品质发生变化,或者当事人对是否发生变化有争议而又无法查明的,人民法院应当以文字说明为准。

(3)试用买卖

根据《民法典》的规定,试用买卖的当事人可以约定标的物的试用期限,对试用期限没有约定或者约定不明确的,当事人可以协议补充;不能达成补充协议的,按照合同相关条款或者交易习惯确定;仍不能确定的,由出卖人确定。试用买卖的买受人在试用期内可以购买标的物,也可以拒绝购买;试用期限届满,买受人对是否购买标的物未作表示的,视为购买。试用买卖的买受人在试用期内已经支付部分价款或者对标的物实施出卖、出租、设立担保物权等行为的,视为同意购买。试用买卖的当事人对标的物使用费没有约定或者约定不明确的,出卖人无权要求买受人支付。标的物在试用期内毁损、灭失的风险由出卖人承担。《买卖合同司法解释》规定,买卖合同存在下列内容之一的,不属于试用买卖,买受人主张属于试用买卖的,人民法院不予支持:①约定标的物经过试用或者检验符合一定要求时,买受人应当购买标的物;②约定第三人经试验对标的物认可时,买受人应当购买标的物;③约定买受人在一定期限内可以调换标的物;④约定买受人在一定期限内可以退换标的物。

12. 买卖合同法律规定的适用范围

买卖交易是市场交易的基本方式,交易规则体现了所有有偿型交易的基本特征。根据《民法典》的规定,法律对其他有偿合同有规定的,依照其规定;没有规定的,参照适用买卖合同的有关规定。当事人约定易货交易,转移标的物的所有权的,参照适用买卖合同的有关规定。此外,《买卖合同司法解释》规定,法律或者行政法规对债权转让、股权转让等权利转让合同有规定的,依照其规定;没有规定的,人民法院可以根据《民法典》第 467 条和第 646 条的规定,参照适用买卖合同的有关规定。

招投标、拍卖当事人的权利义务以及招投标程序、拍卖程序的进行,依照

《民法典》关于买卖合同的规范,《招标投标法》、《拍卖法》以及相关的行政法规、民事特别法的规定确定。

13. 买卖合同纠纷民事诉讼中买受人的抗辩与反诉

《买卖合同司法解释》规定,出卖人履行交付义务后诉请买受人支付价款,买受人以出卖人违约在先为由提出异议的,人民法院应当按照下列情况分别处理:(1)买受人拒绝支付违约金、拒绝赔偿损失或者主张出卖人应当采取减少价款等补救措施的,属于提出抗辩;(2)买受人主张出卖人应支付违约金、赔偿损失或者要求解除合同的,应当提起反诉。

二、《产品质量法》《特种设备安全法》《标准化法》等法律的相关规定

作为工业品买卖合同标的物的各类机电零部件、通用或专用设备、仪器仪表等,都属于经过加工、制作,用于销售的产品。根据《产品质量法》的规定,从事这些产品的生产、销售活动,必须遵守该法的规定。如所经营的设备属于法律规定的特种设备,相应的生产、经营还需要遵守《特种设备安全法》的规定。此外,根据《标准化法》的规定,企业应当按照标准组织生产经营活动,生产的产品、提供的服务应当符合企业公开标准的技术要求。因此,装备制造企业履行工业品买卖合同、进行合同标的工业品的生产时还需要遵守《标准化法》的规定。

《产品质量法》《特种设备安全法》《标准化法》都是国家针对特定领域的专门立法,法律规范中的具体内容大部分是相关的国家行政机关对特定领域进行行政管理的法律依据,属于行政法的范畴。但这些法律规范中对从事各种经营活动的企业等组织所设定的义务,则不仅具有行政法上的法律意义,还是判断企业在民事活动中是否具有从事特定经营活动的资质、是否适当地履行了合同义务的法律依据。如不具有特种设备经营资质的企业作为出卖人所订立的特种设备买卖合同,将会由于主体不适格而无效;作为工业品提供方的企业向需求方交付不符合强制性国家标准产品的,则会因为交付的产品不符合质量要求而被认定为违约行为。本书仅从企业防控合同风险需要的角度,对这些特别法律中与合同的订立和履行有关的内容,即属于民事特别法的内容,进行整理和归类;对与当事人的民事权利义务关联不大的纯粹行政法律规范,本书不作专门介绍。

1.《产品质量法》的规定

《产品质量法》是国家制定的对产品质量进行监督管理的专门法律，民事主体在我国境内从事产品生产和销售的经营活动，必须遵守该法。

(1)产品的概念

《产品质量法》所指的产品，是指经过加工、制作，用于销售的产品。建设工程不适用《产品质量法》的规定；但是，建设工程使用的建筑材料、建筑构配件和设备，属于产品的范围，适用《产品质量法》的规定。

(2)产品质量监督

产品质量应当检验合格，任何人不得以不合格产品冒充合格产品。可能危及人体健康和人身、财产安全的工业产品，必须符合保障人体健康和人身、财产安全的国家标准、行业标准；未制订国家标准、行业标准的，必须符合保障人体健康和人身、财产安全的要求。禁止生产、销售不符合保障人体健康和人身、财产安全的标准和要求的工业产品。国家对产品质量实行以抽查为主要方式的监督检查制度，根据抽查的需要，可以对产品进行检验。产品质量检验机构必须具备相应的检测条件和能力，经省级以上人民政府市场监督管理部门或者其授权的部门考核合格后，方可承担产品质量检验工作。法律、行政法规对产品质量检验机构另有规定的，依照有关法律、行政法规的规定执行。产品质量检验机构可以接受仲裁机构或人民法院的委托，对产品质量纠纷中有关产品的质量进行检验。

(3)生产者、销售者的产品质量责任

生产者应当对其生产的产品质量负责。产品质量应当符合下列要求：①不存在危及人身、财产安全的不合理危险，有保障人体健康和人身、财产安全的国家标准、行业标准的，应当符合该标准；②具备产品应当具备的使用性能，但是，对产品存在使用性能的瑕疵作出说明的除外；③符合在产品或包装上注明采用的产品标准，符合以产品说明、实物样品等方式表明的质量状况。

产品或者其包装上的标识必须真实，并符合下列要求。①有产品质量检验合格证明。②有中文标明的产品名称、生产厂厂名、厂址。③根据产品的特点和使用要求，需要标明产品规格、等级、所含主要成分的名称和含量的，用中文相应予以标明；需要事先让消费者知晓的，应当在外包装上标明，或者预先向消费者提供有关资料。④限期使用的产品，应当在显著位置清晰地标明生产日期和安全使用日期或者失效日期。⑤使用不当,容易造成产品本身损坏或者可能危及人身、财产安全的产品,应当有警示标志或者中文警示说明。裸装的食品或者其他根据产品的特点难以附加标识的裸装产品,可以不附加产品标识。易碎、易燃、易爆、有毒、有腐蚀性、有放射性等危险物品以及储运中不能倒置和其他有特殊要求的产品,其包装质量必须符合相应要求,依照国家有关规定作出警示标志或者中文警示说明,标明储运注意事项。

生产者不得生产国家明令淘汰的产品;不得伪造产地,不得伪造或者冒用他人的厂名、厂址;不得伪造或者冒用认证标志等质量标志。生产者生产产品,不得掺杂、掺假、不得以假充真、以次充好,不得以不合格产品冒充合格产品。

产品销售者应当建立并执行进货检查验收制度,验明产品合格证明和其他标识;应当采取措施,保持销售产品的质量。销售者不得销售国家明令淘汰并停止销售的产品和失效、变质的产品;销售的产品的标识应当符合法律规定。销售者不得伪造产地,不得伪造或者冒用他人的厂名、厂址;不得伪造或者冒用认证标志等质量标志。销售者销售产品,不得掺杂、掺假,不得以假充真、以次充好,不得以不合格产品冒充合格产品。

(4)损害赔偿

售出的产品有下列情形,销售者应当负责修理、更换、退货;给购买产品的消费者造成损失的,销售者应当赔偿损失:①不具备产品应当具备的使用性能而事先未作说明的;②不符合在产品或者包装上注明采用的产品标准的;③不符合以产品说明、实物样品等方式表明的质量状况的。

因产品存在缺陷造成人身、缺陷产品以外的其他财产损害的,生产者应当承担赔偿责任。生产者能够证明下列情形之一的,不承担赔偿责任:①未将产品投入流通的;②产品投入流通时,引起损害的缺陷尚不存在的;③将产品投入流通时的科学技术水平尚不能发现缺陷的存在的。由于销售者的过错使产品存在缺陷,造成人身、他人财产损害的,销售者应当承担赔偿责任。缺陷产品,是指产品存在危及人身、他人财产安全的不合理的危险;产品有保障人体健康和人身、财产安全的国家标准、行业标准的,是指不符合该标准。

2.《特种设备安全法》的规定

国家规定的特种设备的生产(包括设计、制造、安装、改造、修理)、经营、使用、检验、检测和特种设备安全的监督管理,应遵守《特种设备安全法》的规定。

(1)特种设备的概念、范围、安全监督管理要求

法律规定的特种设备,是指对人身和财产安全有较大危险性的锅炉、压力容器(含气瓶)、压力管道、电梯、起重机械、客运索道、大型游乐设施、场(厂)内专用机动车辆,以及法律、行政法规规定适用《特种设备安全法》的其他设备。国家对特种设备实行目录管理,特种设备目录由国务院负责特种设备安全监督管理的部门制定,报国务院批准后执行。

国家对特种设备的生产、经营、使用,实施分类的、全过程的安全监督管理。特种设备生产、经营、使用单位应当遵守本法和其他有关法律、法规,建立、健全特种设备安全和节能责任制度,加强特种设备安全和节能管理,确保特种设备生产、经营、使用安全,符合节能要求。特种设备生产、经营、使用、检验、检测应当遵守有关特种设备安全技术规范及相关标准。特种设备安全技术规范由国务院负责特种设备安全监督管理的部门制定。

特种设备生产、经营、使用单位及其主要负责人对其生产、经营、使用的特种设备安全负责。特种设备安全管理人员、检测人员和作业人员应当按照国家有关规定取得相应资格,方可从事相关工作。特种设备安全管理人员、检测人员和作业人员应当严格执行安全技术规范和管理制度,保证特种设备安全。

(2)特种设备的生产

国家按照分类监督管理的原则对特种设备生产实行许可制度。特种设备生产单位应当具备下列条件,并经负责特种设备安全监督管理的部门许可,方可从事生产活动:①有与生产相适应的专业技术人员;②有与生产相适应的设备、设施和工作场所;③有健全的质量保证、安全管理和岗位责任等制度。特种设备生产单位应当保证特种设备生产符合安全技术规范及相关标准的要求,对其生产的特种设备的安全性能负责。不得生产不符合安全性能要求和能效指标以及国家明令淘汰的特种设备。锅炉、气瓶、氧舱、客运索道、大型游乐设施的设计文件,应当经负责特种设备安全监督管理的部门核准的检验机构鉴定,方可用于制造。特种设备产品、部件或者试制的特种设备新产品、新部件以及特种设备采用的新材料,按照安全技术规范的要求需要通过型式试验进行安全性验证的,应当经负责特种设备安全监督管理的部门核准的检验机构进行型式试验。特种设备出厂时,应当随附安全技术规范要求的设计文件、产品质量合格证明、安装及使用维护保养说明、监督检验证明等相关技术资料和文件,并在

特种设备显著位置设置产品铭牌、安全警示标志及其说明。

国家建立缺陷特种设备召回制度。因生产原因造成特种设备存在危及安全的同一性缺陷的,特种设备生产单位应当立即停止生产,主动召回。国务院负责特种设备安全监督管理的部门发现特种设备存在应当召回而未召回的情形时,应当责令特种设备生产单位召回。

(3)特种设备的安装、改造、修理

特种设备安装、改造、修理的施工单位应当在施工前将拟进行的特种设备安装、改造、修理情况书面告知直辖市或者设区的市级人民政府负责特种设备安全监督管理的部门。特种设备安装、改造、修理竣工后,安装、改造、修理的施工单位应当在验收后30日内将相关技术资料和文件移交特种设备使用单位。特种设备使用单位应当将其存入该特种设备的安全技术档案。锅炉、压力容器、压力管道元件等特种设备的制造过程和锅炉、压力容器、压力管道、电梯、起重机械、客运索道、大型游乐设施的安装、改造、重大修理过程,应当经特种设备检验机构按照安全技术规范的要求进行监督检验;未经监督检验或者监督检验不合格的,不得出厂或者交付使用。

除上述内容外,《特种设备安全法》还就特种设备的销售、出租、进口、使用、维护保养、检验、检测、监督管理、事故应急救援与调查处理、违反法律规定的责任等事项进行了全面的规范。

3.《标准化法》的规定

标准化,是指在经济、技术、科学和管理等社会实践中,对重复性的事物和概念,通过制定、发布和实施标准达到统一,以获得最佳秩序和社会效益。标准化工作的实施,对于提升产品和服务质量,促进科学技术进步,保障人身健康和生命财产安全,维护国家安全、生态环境安全,提高经济社会发展水平等都具有重要意义。根据《标准化法》的规定,企业开展生产经营活动,应当按照相关的标准进行。

(1)标准的概念、类型及标准化的任务

《标准化法》规定的标准(含标准样品),是指农业、工业、服务业以及社会事业等领域需要统一的技术要求。标准包括国家标准、行业标准、地方标准和团体标准、企业标准。国家标准分为强制性标准和推荐性标准,行业标准、地方标准都是推荐性标准。强制性标准必须执行,国家鼓励采用推荐性标准。标准化工作的任务是制定标准、组织实施标准以及对标准的制定、实施进行监督。县级以上人民政府应当将标准化工作纳入本级国民经济和社会发展规划，将标准化工作经费纳入本级预算。国家鼓励企业、社会团体和教育、科研机构等开展或者参与标准化工作。

（2）标准的制订

标准的制定应当在科学技术研究成果和社会实践经验的基础上，深入调查论证，广泛征求意见，保证标准的科学性、规范性、时效性，提高标准质量。对保障人身健康和生命财产安全、国家安全、生态环境安全以及满足经济社会管理基本需要的技术要求，应当制定强制性国家标准。对满足基础通用、与强制性国家标准配套、对各有关行业起引领作用等需要的技术要求，可以制定推荐性国家标准。对没有推荐性国家标准，需要在全国某个行业范围内统一的技术要求，可以制定行业标准。为满足地方自然条件、风俗习惯等特殊技术要求，可以制定地方标准。国家鼓励学会、协会、商会、联合会、产业技术联盟等社会团体协调相关市场主体共同制定满足市场和创新需要的团体标准，由本团体成员约定采用或者按照本团体的规定供社会自愿采用。企业可以根据需要自行制定企业标准，或者与其他企业联合制定企业标准。国家支持在重要行业、战略性新兴产业、关键共性技术等领域利用自主创新技术制定团体标准、企业标准。

推荐性国家标准、行业标准、地方标准、团体标准、企业标准的技术要求不得低于强制性国家标准的相关技术要求。国家鼓励社会团体、企业制定高于推荐性标准相关技术要求的团体标准、企业标准。制定标准应当有利于科学合理利用资源，推广科学技术成果，增强产品的安全性、通用性、可替换性，提高经济效益、社会效益、生态效益，做到技术上先进、经济上合理。禁止利用标准实施妨碍商品、服务自由流通等排除、限制市场竞争的行为。

（3）标准的实施

不符合强制性标准的产品、服务，不得生产、销售、进口或者提供。出口产品、服务的技术要求，按照合同的约定执行。国家实行团体标准、企业标准自我声明公开和监督制度。企业应当公开其执行的强制性标准、推荐性标准、团体标准或者企业标准的编号和名称；企业执行自行制定的企业标准的，还应当公开产品、服务的功能指标和产品的性能指标。国家鼓励团体标准、企业标准通过标准信息公共服务平台向社会公开。企业应当按照标准组织生产经营活动，其生产的产品、提供的服务应当符合企业公开标准的技术要求。企业研制新产品、改进产品,进行技术改造,应当符合《标准化法》规定的标准化要求。生产、销售、进口产品或者提供服务不符合强制性标准,或者企业生产的产品、提供的服务不符合其公开标准的技术要求的,依法承担民事责任。此外,《标准化法》还就标准化监督检查、单位或个人违反规定应承担的法律责任等进行了规定。

第三节 工业品买卖合同订立过程中的法律风险防控

装备制造企业在生产经营活动中进行的工业品买卖,既有作为出卖人出售己方产品的交易,也有作为买受人采购己方所需的生产设备或为己方产品配套所用工业品的交易。企业订立以工业品为标的的买卖交易合同,除应按照本书第二章介绍的内容,对合同订立过程中的一般风险进行防控外,还需要根据工业品买卖交易的特征,对工业品买卖合同特有的法律风险进行防控。

一、合同主体的确定

1. 工业品买卖合同的当事人

工业品买卖交易是在工业品需求方和供应方之间进行的以转移工业品所有权为目的的民事活动,工业品买卖合同的主体包括出卖人和买受人双方当事人;少数情况下,还可能有标的产品的设计方、最终使用方、安装方、监理方、担保方等其他主体作为合同当事人参与合同的订立和履行;但合同内容的主要部分还是关于买卖双方权利义务关系的约定。工业品买卖合同的双方当事人,出卖方一般是标的产品的生产商或销售商;买受人的交易身份则较为复杂,标的产品的销售方、配套主机厂(将购买的标的产品作为自己生产的主机产品的配套部分,并在配套完成后与主机一起再向市场销售的购买方)、最终用户、工程项目总包方等各种交易主体均可能作为合同的买受人。工业品一般都被用于各种生产经营活动,故工业品买卖合同的双方当事人主要是以公司为主的各类企业以及设计院、研究所、高等院校等科研院所,偶尔也会有从事经营活动的个人。

装备制造企业参与工业品买卖活动,一般是以出卖人的身份出售己方的产品，以买受人的身份购买己方所需的生产设备、为己方生产的主机产品购买配套工业品等。装备制造企业订立工业品买卖合同，应根据己方在交易中的地位、交易目的等事项确定己方的实际交易需求，围绕交易需求的实现条件审慎选择交易对象、确定交易内容。

2. 合同当事人的确定

工业品买卖合同当事人的确定需要从以下三方面进行法律风险的防控。

一是合同当事人需具备缔约资格，一般只有法律规定可以独立实施民事法律行为的主体才可以订立合同。具体到工业品买卖合同的当事人，应当是进行了工商登记，领取了营业执照的公司、合伙企业、个人独资企业、公司分支机构等企业组织，以及具备事业单位法人资格的科研院所等。此外，个人、个体工商户、各类社团法人也具备法定缔约资格。实践中需要注意的是，公司等企业内设的各种未在市场监管部门登记的分厂、车间、办事处、项目部、采购中心、技术中心、销售中心及各种内部职能部门，科研院所内设的没有独立法人资格的院系、实验室、研究所、办公室等组织均不具备独立缔约资格。从事交易活动时，应避免以这些组织的身份与他人订立合同；选择交易对象时，也不应选择这些组织，而应由开办这些组织的、具有民事主体资格的单位作为合同当事人。

二是国家实施经营许可制的特定行业，只有取得相应经营许可才可以从事经营活动。具体到工业品买卖合同的订立，根据相关规定，从事压力容器、压力管道、行走机械、起重机械、游乐设施等特种设备生产的，应取得特种设备制造许可证。企业进行特种设备的生产活动的，应取得政府部门的许可；购买特种设备的，应核实设备生产厂的经营资质，避免无证生产或购买无证生产的特种设备产品。

三是应考察交易对象的合同履行能力，避免与履行能力不足的组织或个人进行交易。企业作为工业品买卖的买受人时，应重点关注对方是否对标的工业品具有完全的处分权或是否可以取得完全处分权，以及生产经营过程中的信用状况是否良好等；作为出卖人时，则应重点关注对方的支付能力。了解的途径包括现场考察、信用信息查询等，重要、标的金额大的工业品买卖，应考虑通过专业的尽职调查获取相关信息。发现对方存在信用状况与交易标的不匹配、治理结构明显不合理、受到过严重行政处罚、大额债务无法清偿等明显影响履行能力的情形的，应当慎重进行交易，或要求对方提供适当的履约担保等措施。

二、合同性质的确定

1. 合同性质的概念

合同的性质,是指由于交易方式的不同,不同合同所具有的可相互区别的特征;这些特征主要体现为不同合同中当事人间权利义务关系的不同。如买卖合同的出卖人应当将标的物的所有权转移给买受人,除当事人另有约定或法律另有规定外,所有权转移完成后出卖人即丧失对标的物享有的全部权利;作为出让标的物所有权的对价,出卖人有权要求买受人支付相当于标的物交换价值的价款。而在租赁合同中,作为标的物所有人的出租人应将租赁物交付承租人使用、收益,但仍然保持对标的物的所有权;其所获得的交易对价也与标的物的交换价值并不相当,而是相当于与租赁期限相对应的标的物使用权的价值。这些在不同性质合同中体现当事人在交易中基本权利义务关系的合同属性,准确地揭示了不同类型合同在交易过程中的不同法律特征,是实践中区分合同类型,并对不同类型的合同进行相应法律适用的基本依据,具有重要的实践意义。

根据《民法典》的规定,当事人在法律允许的范围内可以自由选择交易标的及交易方式。因此,根据合同的性质对合同进行的分类是无法全部概括出来的。但是,为全面有效地调整合同关系,以及为当事人在交易活动中的行为提供指引,《民法典》及相关民事特别法律对一些典型的、常见的、在实践中约定俗成的合同作出了具体规定;这些规定的内容多数为任意性规范,除特别情形外,当事人可以在合同中作出与法律规定不同的约定。这些已由相关法律对当事人在交易过程中的权利义务作出具体规定的合同称为典型合同或有名合同,如买卖合同、借款合同、承揽合同、委托合同等;其中,《民法典》规定了共计 19 大类的典型合同。

这些有法律明文规定的典型合同基本涵盖了实践中常见的各种交易方式,能够满足大多数情况下的交易需求,且对实践中当事人订立的各种非典型合同也有重要的参照价值。故无论是当事人订立各种法律没有规定的非典型合同,还是司法实践中处理相关纠纷,当事人或司法机关都会参照法律关于典型合同的规定,尤其是人民法院审理相关案件时,如认为当事人订立的合同中的标的和交易方式符合法律关于某种典型合同的规定,则无论该合同的名称为何,都可能会将争议合同认定为该典型合同,并将法律关于该典型合同的规定作为审理案件的依据。

当事人在订立合同时,如所采用的交易方式符合法律规定的典型合同的交易特征,则应采用该典型合同的名称,并按照法律关于该典型合同的规定在合同中安排双方当事人的权利义务;如交易方式确实与任何一种典型合同都不相同,则不应随意借用典型合同的名称,并应在合同中就双方在交易中所享有的权利义务作出实用、明确、满足交易需要的约定。

2. 工业品买卖合同的性质及适用范围

在装备制造企业进行的工业品交易中,标的提供方向需求方交付的工业品,既有提供方按照国家、行业或者企业的产品标准加工生产的标准产品,也有提供方按照需求方的要求、为满足需求方个性化需求而加工定作的与国家、行业或者企业的产品标准均不相同的非标产品。在这些不同的交易情形中,虽然标的提供方都需要向需求方交付产品,但其在合同履行过程中需要履行的主要合同义务及履行方式则是不同的。在标的物是标准产品情况下,提供方所要承担的合同义务就是将标的物的所有权转移给需求方。提供方在合同订立后按照相关产品标准加工、生产标的产品,不需要接收需求方的指示或配合,属于为履行合同而进行的准备行为,而不是合同履行行为本身。此种情形下双方间进行的交易符合买卖合同的特征,属于买卖合同关系。但在标的工业品是需要按照需求方的要求加工定作的情况下,标的提供方需要以自己拥有的技术、设备、人力等资源,按照需求方的要求进行加工、制作工作,在此过程中提供方需要接受需求方的指示和监督,并需要将工作完成后形成的工作成果,也就是符合需求方特定要求的标的工业品交付给需求方。在此情形下,作为工作成果的标的产品虽然也是由提供方制作完成的,但提供方加工、制作产品过程中的具体工作内容并不是自己可以决定的,而是根据需求方提出的要求确定的,标的产品所体现的是需求方提出的工作要求,是一种特定化的产品。提供方所要履行的合同义务,是按照需求方的要求进行标的产品的加工、制作等工作,并将完成的工作成果交付需求方。双方间围绕标的工业品的交易形成的法律关系不符合买卖关系的特征,不属于买卖合同关系,而属于《民法典》规定的承揽合同关系。

因此,工业品买卖合同中的标的物只能是出卖人无须按照买受人的专门要求进行加工、制作工作,而是按照国家、行业或己方的企业标准生产制造的标准化产品，或虽是非标产品，但买卖合同订立时已存在、无须按照买受方要求定作的产品。当事人在订立工业品买卖合同时，不应将根据需求方的要求加工制作特定产品的交易合同订立为买卖合同。

3. 工业品买卖合同的名称及与合同性质有关内容的确定

工业品买卖合同中的标的物是出卖人按照国家、行业或己方的企业标准生产制造的标准化产品，或买卖合同订立时已存在的其他产品。当事人在订立工业品买卖合同时，应采用体现买卖合同交易特征的合同名称，并按买卖合同的交易规则确定当事人在交易中的权利义务、安排交易流程。其中，合同名称应采用买卖合同、购销合同、转让合同等体现买卖关系特征的名称，而不应采用定作合同、承揽合同、委托合同等与合同性质不符的名称，以免在合同履行中或纠纷解决中产生对合同性质的误认。实践中，也有采用采购合同、销售合同、供货合同、订货合同等名称的，此类合同名称是从交易中某一方当事人的单方交易角度考虑而确定的，没有体现双方在交易中的利益互换关系，虽然不会引起对合同性质的误认，但一般情形下也不宜采用。

工业品买卖合同的内容也应按照法律关于买卖合同的交易规则确定，出卖人在买卖合同关系中承担的义务是向买受人交付符合约定要求的标的物，而不是按照买受人的个性化要求进行特定产品的生产加工行为；工业品买卖合同的内容应围绕这一交易特征进行约定。如买卖合同的交易规则不能满足双方的交易需求，则双方应订立承揽合同或者依据其他的交易规则确定与当事人交易需求相一致的合同类型，而不能通过订立买卖合同实现其他的交易需求。

三、合同标的的确定

由于工业品本身具有的技术性强、组成复杂、功能特定等特点，当事人在订立工业品买卖合同时，应根据买受人的交易需求，在合同中就工业品的组成和功能、所需备件、技术服务等内容作出实用、明确的约定。

1. 合同标的的组成和功能的确定

除结构简单的机电零部件或常规机床、工程机械等组成内容较为明确、具体的机电设备外，现代工业设备的组成通常都较为复杂，包括动力部分、执行部分、控制部分、辅助部分等各种组件。在订立工业品买卖合同前，买受人首先应根据己方已有的生产经营条件、购买工业品所要解决的问题等，准确确定己方对标的的需求范围;再根据出卖人可提供的产品,确定合同标的组成的范围,防止出现合同订立后才发现所购买产品不符合需求或超出要求的情况。例如,订立输送机械买卖合同时,买受方应根据所输送的物料是否需要专用装置进行装、卸作业,以及己方是否已经拥有可以配套的装、卸装置等实际情况,确定标的设备是否需要包括装、卸料装置。

工业品的功能,是指工业品正常工作所能够满足的使用者的需求。如所有的起重机械都能对重物进行起吊作业,但不同结构起重机械的适用场合并不相同;在具体的工作条件下,只有选择适当类型的起重机械才能实现期望的功能。如桥式起重机可用于厂房、库房等建筑物内使用,门式起重机可用于货场、矿山等室外环境中使用。当事人在订立工业品买卖合同时,合同标的能否满足买受人的需求,就需要根据标的物所能实现的功能来确定。买受人在订立工业品买卖合同以前,应当对拟采购标的的使用工况、需要完成的工作内容、需要达到的工作水平等进行详细的分析、研究,对标的投入使用后所需要达到的工作效果提出明确、可行的要求;并根据要求逐项核对出卖人所提供产品的功能是否能够满足使用要求。

2. 备件的确定

多数现代工业品,尤其是各种通用或专用机电设备的组成都极为复杂,既有可以长期使用、在整个寿命周期内无须更换的组件,也有需要定期检查、维修、更换的组件,还有在工作过程中随时可能损坏而需要维修、更换的易损、易耗件。工业品在使用过程中发生组件损坏时,有的可能不会立即影响整机的工作状态,只需在整机正常的检修期间进行维修、更换即可;有的则会导致整机的工作性能下降,需要尽快处理;有些重要零部件的损坏,则会导致整机立即无法正常工作,必须尽快处理,否则可能造成生产活动无法正常进行,从而造成重大的经济损失。因此,当事人在订立工业品买卖合同时,应根据组成设备的各项组件在设备工作过程中的重要程度,发生损坏的可能性大小,买受方对设备维护、保养、检修能力的强弱,相关零部件在市场上是否容易购得等因素,合理确定是否需要在合同标的中配置备用零部件及需要配置的数量,以满足标的工业品使用过程中的实际需求,保证生产活动的正常进行。

3. 技术服务内容的确定

现代工业品都具有较高的专业技术性,尤其是各类组成部件繁多、功能复杂、技术先进的生产线、大型成套设备等,买受方往往难以在接受标的物后凭借自身的技术力量进行产品的安装、调试、使用等工作。在这些情形下,就需要出卖人对买受人提供相关的技术服务。工程实践中,需要由出卖人提供的技术服务主要包括以下几个方面:

一是设备类工业品的安装或对安装工作提供技术指导。大型、复杂的工业设备一般都是由不同的功能组件组成的,这些组件对安装基础和空间有哪些技术上的要求,需要与哪些动力源或工作介质相对接,安装过程中有哪些特别的注意事项、如何在使用现场与其他组件进行组装,不同的设备如何进行对接,设备对使用环境有何特别要求等,均需要根据设备自身的相应属性加以确定。买受人或安装单位对于设备安装过程中这些方面的具体要求及出现安装障碍时的处理方法一般并不掌握,需要由出卖人进行安装或对安装过程提供技术指导。

二是标的工业品的调试。买受人接收机电设备等工业品后,在投入正式使用以前,一般还需要根据现场使用要求进行工作参数的设置、工作状态的调整等调试工作,以使所购置工业品与现场的使用要求相匹配。从事这些调试工作的操作人员都需要掌握与标的工业品有关的专业技术知识并对产品出厂时的设置状态有全面的了解,否则调试工作将无法进行。买受人的工作人员一般难以胜任标的工业品的调试工作,大型、复杂的设备类工业品的调试一般都需要出卖人派出的技术人员进行调试或对调试工作进行技术指导。

三是标的工业品使用中的技术支持。标的工业品调试完成投入使用后,买受方工作人员对于使用过程中出现的技术问题,一般还需要逐步进行掌握,在完全掌握相关的操作、使用、故障处理要领前,处理相应的技术问题需要在出卖人的技术支持下进行。

四是对使用方工作人员进行的技术培训。大型、复杂、技术性强的设备类工业品,使用、操作、维护的工作人员只有掌握了设备所属领域的系统专业知识,并对设备的组成、结构、性能、使用和维护方法等有了全面系统的认识,才可能胜任相应的工作岗位要求,这些知识的掌握仅靠工作过程中经验的累积是远远不够的。在此情形下,就需要出卖人对买受人的相关工作人员进行专业、系统的技术培训。

因此,在订立工业品买卖合同时,买受人应当根据己方工作人员对设备所属领域专业知识的掌握情况、对设备本身的了解程度、设备的复杂程度和在生产活动中的重要性等因素，在合同中就出卖人需要提供的技术服务项目、范围、提供方式、工作量大小等内容，以及服务费用的计算、结算方式等作出符合己方需求的、内容明确的约定。

四、标的工业品质量要求的确定

根据国际标准化组织的定义，产品质量是指产品能够满足明确和隐含需要的能力和特性的总称。由此可见，对产品质量的评价是一种主观性的活动，只有根据一定的标准进行比对，才能得出产品质量是否满足要求的结论。在具体的工业品买卖合同关系中，标的工业品的质量就是指标的工业品能够满足买受人需要的能力和特性。

1. 工业品质量要求的含义

在装备制造企业的工业品买卖实践中，所交易的各种工业品主要是各类机械和电子产品，这些产品的质量一般体现在产品内在质量和外观质量两个方面。产品的内在质量包括性能、寿命、可靠性、安全性、经济性 5 项内容。其中，产品性能是指产品具有的能够实现用户需求功能的程度，对于具体的产品，其性能主要体现为各项性能参数，如工作功率、生产能力、工作精度等；产品寿命是指正常使用情况下的使用期限；产品的可靠性是指产品在规定的时间和条件下使用不发生故障的能力，如不允许发生的故障类型、严重程度、频率等；产品的安全性是指产品在使用过程中对人身及环境的安全保障程度，如使用过程中不允许发生燃烧、爆炸、重物脱落等类型的意外事件等；产品的经济性是指产品寿命周期内正常使用过程中产生的总费用的高低，如产品的耗电量、能效比、维修保养的便利性等。产品的外观质量是指产品的外部属性，主要是指产品在外观、造型、色泽等方面的美观性。

2. 合同中对标的工业品质量要求的约定

当事人在约定工业品买卖合同中的质量要求前，应当对与所交易标的工业品有关的相关国家标准及行业标准进行详细的检索和了解，并对标准内容中对于产品的质量要求进行准确的掌握。实践中，当事人在对是否存在相关标准并不了解、对所交易的标的物质量状况是否与实际存在的标准中的质量要求相符合更加不了解的情形下，就随意在合同中约定标的物质量“按国家或行业标准执行”等内容的现象广泛存在。这种对标的物质量随意进行约定的做法存在极大的交易风险,容易在合同履行过程中发生难以解决的产品质量纠纷,当事人在实际订立工业品买卖合同时,应杜绝此种情形。

为有效降低交易成本、提升交易效率,当事人在合同中具体约定对于标的的质量要求时,应优先选择相关的国家或行业标准,并明确所执行的标准文号。只有在国家或行业标准规定的质量要求无法满足交易的实际需求,或另行合法约定的质量标准可以明显节约交易成本时,才可以考虑另行约定的质量要求。在确定与相关标准不相同的质量要求的内容时,应当根据交易的实际需求对各影响产品质量的项目作出内容明确具体、可量化、可评价的约定;具体需要从哪些方面、对哪些项目或条目作出质量要求,可参照相关国家标准或行业标准中关于产品质量的规定内容来确定。其中,对于有强制性国家标准的标的,当事人约定的质量标准不得低于强制性国家标准的规定,否则所作的约定将会因违反法律强制性规定而无效。如当事人需要对相关标准中没有就质量要求作出规定的项目提出质量要求的,则应当在合同内容中就相关项目专门约定符合交易需求的质量要求,以作为后续合同实际履行时的依据。

五、质量保证期与质量保证金的约定

为保证产品在合理期限内能够正常发挥使用性能,保障买受人的利益,工业品买卖合同一般都约定了质量保证期和质量保证金。《民法典》及《买卖合同司法解释》,对质量保证期和质量保证金的规范作出了一些规定,但规定内容并不全面。实践中,当事人对交易标的的质量是否合格发生争议时,质量保证期和质量保证金的性质如何确定、对当事人权利义务有何影响等往往是争议的主要问题。当事人在订立工业品买卖合同时,应按照法律规定的原则,结合在实际交易中的需求,合理确定与质量保证期、质量保证金有关的权利、义务关系,并在合同中作出实用、明确的约定。

1. 与质量保证相关的法律规定

根据《民法典》及《买卖合同司法解释》的规定,买受人收到标的物时应当在约定的检验期限内检验;没有约定检验期限的,应当及时检验。当事人约定检验期限的,买受人应当在检验期限内将标的物的数量或者质量不符合约定的情形通知出卖人;买受人怠于通知的,视为标的物的数量和质量符合约定。当

事人没有约定检验期限的,买受人应当在发现或者应当发现标的物的数量或者质量不符合约定的合理期限内通知出卖人。买受人在合理期限内未通知或者自收到标的物之日起二年内未通知出卖人的,视为标的物的数量和质量符合约定;但是,对标的物有质量保证期的,适用质量保证期,不适用该二年的规定。出卖人知道或者应当知道提供的标的物不符合约定的,买受人就标的物的数量或质量提出异议,不受前述约定检验期限、合理期限、二年期限、质量保证期的限制。

买受人依约保留部分价款作为质量保证金,出卖人在质量保证期未及时解决质量问题而影响标的物的价值或者使用效果,出卖人主张支付该部分价款的,人民法院不予支持。买受人在检验期限、质量保证期、合理期限内提出质量异议,出卖人未按要求予以修理或者因情况紧急,买受人自行或者通过第三人修理标的物后,主张出卖人负担因此发生的合理费用的,人民法院应予支持。

2. 对法律规定的解读

根据以上法律、法规、司法解释的规定,合同中约定的质量保证期和质量保证金具有以下几项法律意义:一是合同未约定买受人收到标的物的检验期限且合理的检验期限难以确定时,约定的质量保证期是买受人提出标的物数量或质量异议的期间;二是即使已超出约定或推定的检验期限,但质量保证期尚未超过的,出卖人仍应解决标的物出现的质量问题,解决方式包括修复、更换、退货等措施;三是出卖人在质量保证期内未及时解决质量问题而影响标的物的价值或者使用效果的,无权要求买受人支付质量保证金;四是出卖人在质量保证期内未按要求予以修理或者因情况紧急,买受人自行或者通过第三人修理标的物后,出卖人应承担相应的合理费用;五是出卖人对标的物存在质量问题知道或应当知道,即有恶意的,其所应承担的质量责任不受质量保证期的限制。简而言之,在质量保证期内发现标的物质量问题的,出卖人应通过修复、更换、退货等方式予以解决;未解决导致影响标的物的价值或者使用效果的,无权要求买受人支付质量保证金;未解决或情况紧急来不及解决的,应负担买受人为解决质量问题而支出的合理费用;出卖人对标的物存在的质量问题有恶意的,其承担质量责任不受质量保证期的限制。

除上述内容外,法律、法规、司法解释未对质量保证期的其他法律含义作出规定,如实践中争议较多的质量保证期的起算时间如何确定,是否存在需要中止、中断、延长计算的情形，买受方提出的质量异议是否成立应如何确定，当事人对质量争议的举证责任如何合理分配等。司法实践中，在当事人就这些争议无法协商解决而形成诉讼时，由于对该争议缺乏明确的法律规定和合同约定，以及此类争议在人民法院受理的案件里占比并不高，没有形成观点相对明确的裁判规则，不同的法院、不同的办案人员会产生不一致的处理意见，对个案如何裁判往往取决于人民法院自由裁量权的行使，从而增大了案件处理的不确定性，也增大了当事人的诉讼风险。在人民法院作出裁判后，裁判意见由于缺乏明确、具体的法律或合同依据，往往难以被败诉方当事人所接受，进而通过上诉、申请再审、申请人民检察院法律监督等途径寻求对自己有利的案件处理结果，导致纠纷长期得不到最终解决，当事人间的矛盾无法得到有效化解。

3. 合同约定质量保证期和质量保证金时的注意事项

当事人在订立工业品买卖合同时，应充分了解标的工业品的使用工况、组成、功能、性能、可能发生故障的类型及概率，以及各种可能发生的故障对生产经营活动影响的大小等，对与质量保证期和质量保证金有关的事项从以下几个方面作出符合交易需求的约定。

一是对标的设备总成和各组成部分分别约定不同的质量保证期。作为合同标的的成套设备的组成成分一般都较为复杂，如既有需经常更换的耗材、易损件，又有可以长期稳定工作的零部件。当事人应根据不同组件、零部件的自然属性、工作性能、工况条件等，对设备总成及各组成部分约定不同的质量保证期。如对于密封件、仪器仪表等易损件约定较短的期限，对设备总成及耐用零部件约定较长的期限，对其他零部件约定介于二者之间的期限等。

二是对质量保证期的起算时间及期限作出明确、具体的约定。实践中，合同对质量保证期期限的约定一般都较为简单、明确，不会引起争议。但对质量保证期起算时间的约定则较为混乱，常见的如标的物交付日期、现场调试结束日期、验收合格日期、买受人将设备投入使用的日期、设备生产出合格产品的日期等。在这些可能被约定为质量保证期起算点的日期中，除标的物交付日期一般较为容易确定外，其他的日期则经常会由于当事人对相关事实所持主张的不同而难以确定，从而形成质量保证金是否已满足支付条件、买受人所提质量异议是否在质量保证期内等方面的争议。因此，当事人在约定质量保证期的起算时间时，应根据标的物本身的使用工况及所属行业或领域的交易惯例，约定明确具体、可确定的时间起算点，以避免在合同履行过程中由于约定不明而产生争议。

三是对质量问题的确定标准、方法作出约定。实践中，出卖人提供的工业品在交付买受人使用后，可能会出现各种各样的不能正常使用的故障现象，这些故障可能需要通过对设备的参数、工作状态进行调整，修复、更换零部件，部分改变产品的技术方案等方法加以解决。但这些可能出现的故障现象并不一定都是质量不符合要求引起的；还可能是产品的工作状态需要根据现场需要进行调整，合同约定的性能参数与实际使用要求不符，买受方使用过程中操作不当或未按要求对产品进行维护保养等原因而造成。各种不同的原因引起的故障出现后，在合同约定不明确时，就可能会在双方当事人间形成产品是否存在质量问题的争议。因此，当事人应根据合同标的物的组成情况、工作特性、使用工况等，对在使用过程中可能出现的各种常见故障是否属于质量问题在合同中约定明确、可操作的确定标准和方法。

四是对质量保证期是否可以中止、中断、延期作出约定。质量保证期是否可以中止、中断、延期，是产品质量纠纷中较为常见的争议内容。由于法律法规未作出明确规定，司法实践中的处理方式也各不相同。为避免合同履行中发生相关的争执，当事人可在合同中就设备总成、各组成部分的质量保证期是否可以中止、中断、延期及中止、中断、延期的条件、次数、期限等事项作出符合交易需求的约定。

五是对质量保证金的扣除条件、标准、方法等作出约定。实践中，工业品买卖合同中约定的质量保证金多数在合同总价款的10%左右，在总价款中的占比虽然不算很高；但除少数高端设备制造企业外，在市场激烈竞争的背景下，多数装备制造企业属于微利经营，合同中的质量保证金可能是出卖人在合同项目中的全部利润，甚至可能超过利润值。因此，能否在质量保证期满后收回质量保证金，可能关系到出卖人的合同目的能否实现。如果只要在设备质保期内出现质量问题而出卖人未能及时解决，就扣除全部质量保证金，将对出卖人殊为不利。因此，当事人在订立工业品买卖合同时，需要根据交易的具体情况，对质量保证金的扣除条件、标准、计算方法等作出明确、可行、兼顾双方利益的约定。

六、价款支付方式及期限的约定

按照合同约定的方式和期限向出卖人支付合同价款，是买受人在买卖合同中的基本义务；也是出卖人合同目的得以实现的基本保证。当事人尤其是出卖方当事人应当对合同中关于付款方式和期限的约定内容予以特别重视。

1. 价款支付方式的约定

企业或个人在经营性交易活动中所进行的价款支付，包括现金、电汇、转账、汇票、国内信用证等方式。其中，随着电子支付、网上银行支付等新兴支付方式的广泛采用，现金、电汇方式的支付在实践中已经较少采用。汇票支付则主要采用银行承兑汇票和商业承兑汇票两种方式，银行承兑汇票一般在票据到期后都能实现付款，兑付风险小、容易贴现，具有较好的流通性；商业承兑汇票则根据承兑人的信用情况，具有不同程度的兑付风险，相应的可贴现性及流通性也都会受到影响。我国的国内信用证是由开证银行提供信用保证的、不可撤销的跟单信用证，标注了“可转让”字样的可以转让一次，兑付风险较小，但流通性较差。此外，汇票或国内信用证都具有融资工具的属性，接受方取得相应票证后还需要等到付款日期才能实际取得款项，提前贴现或议付的，需要向付款银行支付相应的利息。

当事人在合同中约定价款的支付方式时，需要综合考虑各方的资金充裕情况、财务管理制度、在交易中的优势地位等，在兼顾双方利益的基础上约定适当的支付方式。其中，作为价款接受方的出卖人一方，对于具有较高兑付风险的支付方式，如信用状况较差的商业承兑汇票方式的付款，接受时应特别慎重。

2. 价款支付期限的约定

实践中的装备制造企业所进行的工业品买卖交易，除小额交易外，价款的支付一般都采用了分数期支付的方法；如各占总价款一定比例的合同签订后数日内支付的预付款，合同开始履行一定时间后支付的进度款，标的工业品交付前支付的提货款，工业品完成现场安装、调试或检验后的检验进度款，质量保证期满后支付的质保金等。这种付款方式通过对买受人付款期限的安排，合理地对交易双方在交易过程中的利益进行了平衡，有利于双方对交易过程中相关风险的把控，当事人在订立具体合同中的付款期限条款时可以参照运用。但在确定合同的具体内容时，需要注意以下事项：

(1)付款期数及各期付款占总价款的比例应合理

付款期数是指买受人共需要分几期向出卖人将合同总价款全部支付完毕。合同中关于付款期数的约定,应综合考虑合同总价款的数额大小、合同履行周期的长短、各方当事人的财务状况、出卖人履行合同义务的过程划分情况等因素。一般而言,总价款较低、合同履行周期短、出卖人履行合同义务的过程可划分的阶段少的,以约定较少的付款期数为宜;反之,可以考虑约定较多的付款期数。但无论何种情形,付款期数都应以尽量少为原则,以减少合同履行过程的复杂性及双方因付款问题发生争议的可能性。每期付款占总价款的比例,则主要根据出卖人在每一阶段所完成的合同义务占全部合同义务的比例,结合各方的财务情况、信用状况等合理确定。

(2)付款日期的确定要明确、具体

当事人在合同中约定的付款日期应明确、具体,可确定,如将某一期的付款期限约定为"某日期前""某日期后几日内""合同签订后或交货后几日或几月内"等;而不要将是否会真实发生存在不确定性、或实际发生的时间完全无法预测、或含义模糊不知所云、或是否会发生完全由一方当事人控制等类型事件的发生约定为付款日期的计算基准;如实践中常见的"买受方项目正式投产""经第三方最终验收认可""买受方编制资金运用计划或资金运用计划获得批准"等类似的内容均不宜采用。当事人在合同中关于付款期限的约定不明确具体,导致难以确定付款日期的,对于出卖人而言,将会面临合同价款难以顺利收回的风险;对于买受人而言,将会在发生争议时面临被出卖人主张随时都可提出付款要求的风险。

(3)"背靠背"付款的约定应慎重

装备制造企业进行的工业品买卖交易中,在很多情况下买受方购买标的工业品的目的并不是自己使用,而是将所购置的标的物作为己方向第三方提供的项目工程或更大型机电设备的配套部分向第三方交付。在此类情形中,买卖双方在订立合同中的价款支付条款时,买受方就可能会提出在第三方向其支付了项目价款后,再向出卖人支付相应价款的要求;出卖人接受了该要求的,双方在合同中所约定的关于价款支付的内容就会将合同关系以外的第三人向买受人付款的事实作为买受人向出卖人履行付款义务的前提;此种付款方法在实践中被称为"背靠背"付款。

关于“背靠背”付款方法的法律性质，司法实践中存在诸多不同的观点，如“附条件说”“附期限说”“付款时间的确定方法说”等；而对于其法律效力，也存在“有效”和“无效”两种截然不同的观点，但“有效说”占据主流地位。对于买卖交易中的出卖人来说，合同价款的顺利收回是其核心利益所在，但如果合同中约定了“背靠背”付款的内容，合同价款能否得到支付就将会取决于第三人是否会向买受人支付总工程价款这一己方完全无法掌控的事实。在此情形下，合同价款的支付会面临很大的交易风险，且在发生纠纷提起仲裁或诉讼后，也会由于前述对该付款方法法律性质及效力存在不同的裁判观点，而使纠纷的解决同样存在较大的法律风险。因此，企业作为出卖人在订立买卖合同时，对于对方提出的“背靠背”付款的方案，应在充分考虑向买受人承担付款义务的第三人及买受人自身的经济实力、财务情况、信用状况，以及使用标的工业品的项目工程建设前景等因素后，谨慎确定是否接受此种付款方法；必要时，也可以通过在合同中增加其他付款期限确定方法的内容来降低相应风险，如在约定了“背靠背”付款方法的同时，增加约定在标的工业品交货后超过一定时间，无论第三人是否向买受人付款，买受人均应向出卖人支付相应款项的内容等。

第四节　工业品买卖合同履行过程中的法律风险防控

工业品买卖合同成立并生效后，当事人应当按照合同约定和法律规定履行各自的合同义务。在履行过程中，除需要按照本书第三章介绍的内容对合同履行阶段的相关法律风险进行防控外，还需要根据工业品买卖合同本身的特点对此类合同特有的法律风险进行防控。由于合同的履行主要是通过各方当事人履行各自的合同义务来实现的，下文将分别就买卖双方在履行合同过程中应当注意的特别事项进行介绍。

一、出卖人对工业品买卖合同的履行

在工业品买卖合同关系中，出卖人承担的基本义务是将符合约定要求的标的工业品向买受人交付并转移所有权。此外，出卖人还应按照法律规定或合同约定向买受人履行提供与标的工业品有关的单证和技术资料、提供技术服务等义务。

1. 标的工业品的交付和所有权的转移

出卖人应向买受人交付符合合同约定功能、规格、型号、性能、质量标准等要求的标的工业品,并应按照合同约定的交付期限、地点和方式交付。合同就标的质量,交付地点、期限、方式、费用的负担等没有约定或约定不明的,当事人可以协议补充;不能达成补充协议的,按照合同相关条款或者交易习惯确定。仍不能确定的,按照以下法律规定的要求确定:(1)质量要求不明确的,按照强制性国家标准履行;没有强制性国家标准的,按照推荐性国家标准履行;没有推荐性国家标准的,按照行业标准履行;没有国家标准、行业标准的,按照通常标准或者符合合同目的的特定标准履行。(2)交付地点不明确的,在出卖人一方所在地交付。(3)交付期限不明确的,出卖人可以随时交付,买受人可以随时请求交付,但是应当给对方必要的准备时间。(4)交付方式不明确的,按照有利于实现合同目的的方式交付。(5)交付费用的负担不明确的,由出卖人一方负担;因买受人的原因增加的交付费用,由买受人负担。

出卖人交付大型、组成复杂的设备类工业品,应事先与买受人取得联系,就标的物的交付和接受事宜达成一致的工作安排,防止信息沟通不全面、不及时而出现交付障碍并造成损失。需要分期、分批交付的工业品,出卖人应在每期交付标的物的前后,与买受人就本期交付包含的内容进行事前、事后的确认。出卖人向买受人交付标的物时,应考虑通过买受人签收送货单、确认单等方式对已交付部分的组成内容、数量等进行确认。

(1)因买受人的原因无法依约交付时的处理

实践中,买受人购置标的工业品的目的一般是用于各种经营活动。由于经营项目建设进度与预期不符甚至停滞、停止建设等,工业品买卖合同约定的交货日期到期后,因买受人不具备受领标的物的条件而导致出卖人无法履行交付义务的案例大量存在。在此种情形下,虽然法律规定了标的物提存制度,但各类大型机电设备本身并不一定适于提存,且各地提存机构一般也不愿意接受除货币以外的其他提存标的物。标的物的无法交付,会导致出卖人即无法通过交付标的物,收回价款以了结交易,也无法通过重新建立交易关系将标的物转卖他人以实现交易目的,还可能因需要长期保管无法完成交付的标的物而造成保管费用的损失,从而陷入难以摆脱的交易困境。

出卖人在面临由于买受人的原因而无法进行标的工业品交付的困境时,可以运用以下方法进行应对和处理。首先，应通过对方出具书面文书、保留双方往来联系信息等书面形式，将标的因对方的原因无法依约交付的事实进行固定，以防事后因无证据证明而导致该项基本事实无法确定。其次，应积极与对方进行沟通，就标的物延期交付、尚未支付价款的支付、保管费用的承担等问题通过协商一致的方法加以解决。如经协商无法达成一致意见，或达成一致意见后对方不执行的，出卖人可选择合理的时机通过书面方式催告对方受领标的物，并支付相应的应付价款。最后，如经依法催告后，对方仍不履行受领标的物、支付应付价款义务的，出卖人可根据标的物的流通性、对方当事人的实际履行能力等与交易目的的实现有关的具体情况，通过诉讼或仲裁的方式要求解除合同并要求对方承担违约责任，或要求对方继续履行合同并承担违约责任。

(2)交付标的物时抗辩权的运用

合同约定的标的物交付日期到期后，如存在买受人拖欠支付已到期合同价款或未履行其他应在标的物交付之前履行的义务，出卖人可按照《民法典》的规定行使先履行抗辩权，要求对方先支付已拖欠价款或先履行其他在先义务后再交付标的物。如合同中约定出卖人交付标的物时买受人应同时支付全部或部分价款、或应履行其他义务的，出卖人在交付标的物时可要求对方同时履行约定的相关义务，对方不履行的，出卖人可拒绝交付标的物。

出卖人在合同约定的标的物交付日期到期后，掌握有确切证据证明买受人存在经营状况严重恶化，转移资产、抽逃资金以逃避债务，丧失商业信誉，或有丧失或可能丧失履行能力的其他情形，导致己方交付标的物后，对方可能不能依约支付价款或不能履行其他合同义务的，可以中止履行交付义务。中止履行时，应通知对方；对方提供适当担保的，应当恢复履行。中止履行后，对方在合理期限内未恢复履行能力且未提供适当担保的，视为以自己的行为表明不履行主要债务，出卖人可要求解除合同并可以要求对方承担违约责任。但是，出卖人没有确切证据证明对方丧失或可能丧失履行能力而中止履行的，中止履行的行为将会构成违约，需要向对方承担违约责任。

(3)标的工业品所有权的转移

在买卖合同关系中，出卖人的基本义务除实际交付标的物外，还应向买受人转移标的物的所有权。工业品买卖合同中的标的物是各类机电零件、部件、或通用、专用设备，属于法律规定的动产。根据《民法典》物权编的规定，出卖人将设备交付买受人后，如合同中没有关于所有权保留的约定，则交付行为的完成将产生标的物所有权由出卖人转移给买受人的法律效力，出卖人无须实施其他行为进行设备所有权的转移。

2. 单证和技术资料的提供

根据《民法典》及《买卖合同司法解释》的规定，除交付标的物或提取标的物的单证外，出卖人还应当按照约定或者交易习惯向买受人交付其他的有关单证和资料，主要包括保险单、保修单、普通发票、增值税专用发票、产品合格证、质量保证书、质量鉴定书、品质检验证书、产品进出口检疫书、原产地证明书、使用说明书、装箱单等。根据《产品质量法》的规定，产品应当检验合格，产品或其包装上必须有内容真实的产品质量检验合格证明等标识。《特种设备安全法》规定，特种设备出厂时，应当随附安全技术规范要求的设计文件、产品质量合格证明、安装及使用维护保养说明、监督检验证明等相关技术资料和文件，并在特种设备显著位置设置产品铭牌、安全警示标志及其说明。《标准化法实施条例》规定，企业生产执行国家标准、行业标准、地方标准或企业标准，并应当在产品或其说明书、包装物上标注所执行标准的代号、编号、名称。

根据上述法律规定的要求，在工业品买卖合同履行中，出卖人至少应当向买受人提供证明产品合格的证明以及生产产品所执行的标准信息。标的物是特种设备的，还应当提供设计文件、安装及使用维护保养说明、监督检验证明等技术资料和文件。实践中，根据标的工业品的复杂程度、技术含量的高低、买受人对标的工业品的了解程度等，当事人在合同中所约定的出卖人需向买受人提供的资料和文件也不同。常规工业品的交易中，出卖人除需按法律规定的要求提供产品质量合格证外，一般还需要提供使用说明书、设备工作原理图、总装图、布置图等文件。大型、复杂、技术含量高的设备以及特种设备还可能会要求出卖人向买受人提供产品试验报告、质量鉴定书，设备包含的零部件和元器件的质量合格证、产品样本以及其他技术资料。

(1)产品质量合格证明的制作

产品质量合格证明，是产品生产企业为所生产产品制作的证明该产品质量符合相应要求的文件，是产品已进行了企业自身组织的质量检验并检验合格的证明文件，可以作为证明产品质量的初始证据。但当事人因产品质量发生争议或产品质量监督机关因抽查产品质量的需要，经具有鉴定资质的鉴定机构鉴定认为产品质量不符合要求时,生产企业自身制作的产品质量合格证明不足以对抗鉴定意见的证明效力。

实践中,小型、常规产品的产品质量合格证明是以产品出厂合格证的形式制作的。合格证记载的内容较为简单,一般应包括产品名称、规格、型号、执行的生产标准、产品合格的检验意见,以及检验人员的姓名或工号、检验日期、生产企业名称等信息。大型、复杂、技术含量高、专业性强的产品的质量合格证明,则除包括前述内容外,还应对质量检验的实验条件、产品各项主要性能参数的实际值与标准值的对比、检验过程等内容进行记载。

(2)使用说明书的编制

工业品使用说明书,是产品制造企业制作的关于产品具有的功能、工作性能、质量状况、操作和使用方法、维护和保养方法及要求、常见故障的排除方法、质量保证的范围及要求等内容的文件。使用说明书关于产品功能、性能、质量的描述应满足合同约定的相关要求,并且应当与产品的实际状况相符;产品的实际质量状况与所附使用说明书中的质量说明不符的,将可能被确定为质量不合格的产品。

现代化的工业品大多是由大量零部件组成的制作精密、构成复杂的机电产品,具有较高的专业技术性。这些工业品的使用和操作,都需要具备一定的专业知识、工作技能和经验,并且使用过程中都需要通过定期及不定期的点检、维护和保养来维持工业品的正常工作状态。因此,企业编制的产品说明书,应当根据标的工业品的零部件组成、工作环境、工作方式等实际情况,就工业品使用和操作人员所需掌握的专业知识及具备的工作经验、工业品的使用和操作方法等内容进行详细的说明;就工业品不同部位的检查、维护和保养的频次、方法、内容、要求等内容,以及维护保养人员需要具备的专业知识、工作经验等提出明确的要求。

产品使用说明书还应根据产品中不同零部件的耐用程度、寿命等因素,对其中需要经常检查、更换的易损件的名称、型号、数量、安装位置,可替代产品的名称、规格、型号等信息作出说明;对产品主要零部件在不同工作状况下的预期寿命、功能失效时的表现形式及可能引发的故障、更换方法、可替代产品的名称、规格、型号等内容作出说明。此外,产品使用说明书还应对工业品使用过程中常见故障的现象、发生原因、排除方法及需要使用的工具、故障排除时的安全注意事项等作出说明。

(3)质量检验报告的提供

检验报告,是指根据法律的规定或合同的约定,出卖人在交付标的产品时,需向买受人交付的由具有产品质量检验资质的第三方机构出具的、关于产品质量状况检验情况的文件。当事人依照法律规定交付对人身或财产安全具有较大危险性的特种设备,或在合同中约定了需要提供检验报告的其他工业品时,出卖人在完成产品的生产及自检程序后,应按照法律规定或合同的约定委托具有鉴定资质的机构对产品的质量进行检验,并向买受人提供鉴定机构出具的质量检验报告。

3. 技术服务的提供

实践中,工业品出卖人向买受人提供的技术服务包括标的工业品安装阶段的技术指导,投入使用前的调试服务,投入使用后的技术支持,以及对买受方工作人员的技术培训等形式。出卖人应按照合同中关于技术服务项目、期限、内容等约定,向买受人提供相应的技术服务。出卖人派出的工作人员应掌握产品所属行业或领域的专业技术知识和具备足够的工作经验,具有提供相关技术服务的工作能力。在提供技术服务的过程中,出卖方的工作人员应按照合同约定的工作内容和技术服务的质量要求,为买受人解决设备安装、调试、使用过程中的技术问题,培训工作人员,为工业品的使用提供技术保障。此外,出卖人在为买受人提供技术服务的过程中或结束后,应通过买受人签署确认书、出具工作报告,记录技术服务过程、结果等方法,对己方履行技术服务义务的事实进行证据材料的收集和固定。

4. 出卖人的质量保证义务

根据《民法典》及《买卖合同司法解释》的规定,标的物在质量保证期内发现质量问题,出卖人未及时解决影响标的物的价值或者使用效果的,无权要求买受人支付相应的质量保证金。出卖人未按要求修理或情况紧急的,还应承担买受人自行或委托第三人修理标的物所产生的合理费用。实践中,工业品在使用过程中出现工作障碍的原因多种多样,有些确实是产品本身存在质量问题,但也有很多是买受人操作不当、不合理使用、未进行必要的维护保养等与产品质量无关的原因。买受人在质量保证期内向出卖人提出质量异议时,出卖人应首先查明工业品工作出现故障的原因,确定需要处理的故障现象是否在应承担的质量保证范围内。对于买受人造成的或不属于质量保证范围的故障等,应由买受人自行负责维修或承担修理费用;对于确实属于质量问题的故障,出卖人应积极通过维修、更换零部件等方式及时解决质量问题,恢复标的工业品的正常使用状态。

二、买受人对工业品买卖合同的履行

在工业品买卖合同关系中,买受人承担的基本义务是按照合同约定向出卖人支付合同价款。此外,买受人还应按法律规定或合同约定受领、检验、保管标的物,履行通知、协助、保密等附随义务。

1. 合同价款的支付

工业品买卖合同的买受人应当按照约定的数额、支付方式、地点、时间支付价款。没有约定或约定不明确的,可以协议补充;不能达成补充协议的,按照合同相关条款或者交易习惯确定;仍不能确定的,按照以下规则确定:(1)价款数额不明确的,按照订立合同时履行地的市场价格履行;依法应当执行政府定价或者政府指导价的,依照规定履行。(2)支付方式不明确的,除出卖人自愿接受汇票、信用证等情形外,一般需通过现金、转账等方式进行支付。(3)支付地点不明确的,买受人应当在出卖人的营业地支付;但是,约定支付价款以交付标的物或者交付提取标的物单证为条件的,在交付标的物或者交付提取标的物单证的所在地支付。(4)支付时间不明确的,买受人应当在收到标的物或者提取标的物单证的同时支付。

合同约定的价款支付日期到期后,如存在出卖人未依约交付标的物或未履行其他应在价款支付之前履行的义务,买受人可按照《民法典》的规定行使先履行抗辩权,要求对方先交付标的物或先履行其他在先义务后再支付合同价款。如合同中约定买受人支付价款时出卖人应同时交付标的物或应履行其他义务,买受人在支付价款时可要求对方同时履行约定的相关义务,对方不履行的,买受人可拒绝支付相应价款。买受人在合同约定的价款支付期到期后,掌握有确切证据证明出卖人存在经营状况严重恶化,转移资产、抽逃资金以逃避债务,丧失商业信誉,或有丧失或可能丧失履行能力的其他情形的,可以按照《民法典》规定的不安抗辩权的行使规则中止履行付款义务。

2. 标的物的接收

在工业品买卖合同关系中，向买受人交付标的物是出卖人的基本义务，但出卖人是否能够顺利完成交付，还需要得到买受人的配合，即需要买受人对出卖人所交付的标的物进行接收。因买受人的原因导致出卖人无法交付标的物，或者出卖人已依约实施交付行为，但买受人未依约接收的，买受人需要承担相应的法律责任。根据《民法典》的规定，因买受人的原因致使标的物未按照约定的期限交付的，买受人应当自违反约定时起承担标的物毁损、灭失的风险；出卖人按照约定或法律规定的交付方式将标的物置于交付地点，买受人违反约定没有收取的，标的物毁损、灭失的风险自违反约定时起由买受人承担。

实践中，工业品买卖合同的买受人由于市场环境发生变化、使用标的工业品的经营项目的建设未按期进行或停滞、交易需求发生变化等，不接收或不按合同约定的期限接收标的物的案例屡见不鲜。买受人不按约定接收标的物的表现形式多种多样，但无论买受人采取何种形式不依约接收，均属于违反合同的违约行为，需要根据法律的规定承担相应的违约责任。因此，买受人在合同生效后，因各种主客观的原因不愿或无法按期履行接收标的物的合同义务时，应根据交易中面临的具体情况，与出卖人积极协商，就合同的解除或变更达成一致处理意见，以避免可能需要承担的违约责任给己方带来的不利后果。

根据《民法典》的规定，出卖人在以下两种情形下的标的物交付，买受人有权拒收：一是因标的物不符合质量要求，致使不能实现合同目的的，买受人可以拒绝接收标的物或者解除合同。二是出卖人多交标的物的，买受人可以接收或者拒绝接收多交的部分。除此以外，法律未对出卖人未按约定期限、地点、交付方式或包装方式等交付标的物时，买受人是否可以拒收作出规定。但根据《民法典》合同编通则分编关于合同法定解除条件的规定，出卖人迟延交付标的物，经催告后在合理期限内仍未交付；或有其他违约行为，致使买受人不能实现合同目的的，买受人可以要求解除买卖合同。在买受人具有合同解除权的情形下，其通过行使合同解除权使合同效力终止后，自然无须再接收出卖人所交付的标的物。因此，在这些法律规定的情形中，买受人可以根据法律规定及己方的交易需求决定是否拒收出卖方交付的标的物。

此外，由于出卖人的标的物交付行为不符合合同约定的质量要求、期限等致使买受人不能实现合同目的,买受人选择不解除合同的,有权在接收出卖人交付的标的物后要求出卖人承当相应的违约责任,或要求出卖人在消除违约行为造成的不利影响后继续交付。出卖人要求提前交付,或其他未按合同约定交付标的物的行为,不影响买受人合同目的实现的,买受人虽然无权要求解除合同,但有权暂时不接收交付、要求出卖人按照合同约定的内容交付,或接收交付后要求出卖人承担因未依约交付而产生的保管费等费用或承担相应的违约责任。

3. 标的物的检验

标的物的检验,是指买受人为确定出卖人所交付标的物是否符合约定,而在接收标的物后对标的物的型号、数量及质量状况等进行检查,并就检查结果根据合同的约定内容进行验证的行为和过程。为维护交易秩序的稳定、提高交易效率,《民法典》规定买受人应当对出卖人已完成交付的标的物可能存在的数量或质量瑕疵及时进行检验,并应将检验中发现的标的物数量或质量瑕疵及时通知出卖人,以确定出卖人所完成交付行为的效力及双方间的权利、义务关系,稳定双方间的交易状态。

买受人在接收标的物后,应当在合同约定的检验期限内完成对标的工业品的数量和质量的检验并将所发现的问题通知出卖人。合同没有约定检验期限的,应当及时检验,并将发现的标的物的数量或者质量不符合约定的情形在最长不超过 2 年或不超过合同约定的质量保证期的合理期限内通知出卖人;否则,除出卖人具有恶意外,即使其所交付标的物的数量或质量确实与约定不符,买受人也将需要自行承担相关损失,而无法再要求出卖人承担违约责任。

第五节　工业品买卖合同纠纷解决过程中的法律风险防控

因工业品买卖合同发生的争议,属于民事合同纠纷,解决过程中对相关问题的处理,如纠纷解决方式的选择,诉讼过程中管辖法院的选择、诉讼策略的确定、诉讼权利的行使等,均可按照本书第四章的内容进行。本节内容仅对工业品买卖合同纠纷在司法实践中常见、典型的两类争议事项,即价款支付争议和产品质量争议的处理进行介绍。

一、合同价款支付纠纷的解决

买受人未按照合同约定支付价款而发生的价款支付纠纷，是实践中工业品买卖合同关系中产生的最常见的纠纷类型。在此种纠纷中，双方间的债权债务关系明确或债权人掌握有充分证据的，则一般不会产生大的争议。但在以下几种特殊情形中，当事人需要根据争议的具体情形对纠纷妥善处理。

1. 债权诉讼时效争议的处理

根据《民法典》及相关司法解释的规定，诉讼时效属于债务人行使对债权的抗辩而可以运用的理由，债务人在诉讼中未提出的，人民法院不能主动适用，也不能向债务人释明。债务人在诉讼或仲裁中提出诉讼时效抗辩的，应当对其主张提供证据。债权人反驳对方主张或提出诉讼时效中止、中断等主张的，也应提供证据证明。工业品买卖合同的履行过程往往较为漫长，出卖人出于维护双方间合作关系等因素，在买受人未按约定的时间支付合同价款时，作为债权人的出卖人一般不会轻易地通过提起诉讼或者仲裁的方式主张合同价款，而是在经多方努力催要仍无果后才会考虑提起诉讼或仲裁，导致出卖人在实际提起诉讼或仲裁时，可能已经超过了按合同约定付款期限计算的诉讼时效。在此情形下，如作为债务人的买受人在诉讼或仲裁中提出了诉讼时效抗辩，则出卖人的债权将可能被认定为已超出诉讼时效而面临较大的实现风险。

在具体的纠纷处理过程中，当事人应根据己方在诉讼或仲裁中的地位，就与诉讼时效相关的争议采用相应的应对策略。作为债务人参加诉讼或仲裁的，提出诉讼时效抗辩时应采取慎重的态度，如根据案件客观事实债权并未超出诉讼时效，作为债务人一方的当事人不应为了不合理地逃避债务而随意提出诉讼时效抗辩；否则，所提出的诉讼时效抗辩不仅得不到人民法院或仲裁机构的支持，还可能扩大双方间的争议而导致纠纷的处理更加复杂、困难。如认为对方的合同价款债权确实已超过诉讼时效，债务人在提出诉讼时效抗辩时，应围绕诉讼时效的起算时间、计算方法承担举证责任，并对对方可能提出的诉讼时效中止、中断的主张提出反驳的证据或意见。工业品买卖合同中付款期限的确定往往较为复杂，买受人需要根据合同中约定的最后一期应付款项的付款条件成就时间、付款期限届满时间、己方向对方最后一次同意支付款项或明确拒绝对方付款要求的时间、出卖人最后催要价款的时间等事实提出具有事实根据的关于诉讼时效起算时间如何确定的意见,并在此基础上有理有据地论证债权超过诉讼时效的事实和理由。

作为债权人参加诉讼或仲裁的,在提起诉讼或仲裁时,就应当对己方主张的债权是否存在可能超出诉讼时效的事由、对方是否会提出诉讼时效抗辩、提出时应如何应对等问题进行详细的分析和论证,并积极收集能够证明债权未超过诉讼时效或诉讼时效存在中止、中断等情形的相关证据,以便在对方提出诉讼时效抗辩时有理有据地进行反驳。在诉讼或仲裁过程中,对方当事人提出诉讼时效抗辩的,债权人就需要紧密围绕债权诉讼时效的起算时间的确定,存在的中止、中断事由等事项,通过积极举证、充分论述法律适用意见等方法进行反驳。

2. 与付款条件的确定有关的争议解决

实践中,当事人在工业品买卖合同中约定的付款前置条件五花八门、形形色色;如按固定期限付款,标的完成检验、验收后付款,投入使用后经过一定期间或生产出符合要求的产品一定期间后付款,需求方收到最终用户的付款后付款,第三人检验或验收设备后付款,甚至还有买受人审查同意后付款,按照买受人的资金使用计划付款等约定。在合同履行过程中,买受人的项目建设不顺利、资金紧张或所约定的付款条件未满足等导致买受人未按照出卖人的期望付款的,双方就可能围绕所约定的付款条件是否合法有效、是否已经满足等产生争议。

在工业品买卖合同关系中,买受人向出卖人支付价款是其承担的基本的、确定的合同义务,除出卖人存在违约行为造成买受人损失等特别情形外,合同中不能将具有不确定性的其他事实约定为买受人承担付款义务的条件。因此,前面所述的合同中各种付款条件的约定,在法律性质上应当理解为对于付款期限如何确定的条件,而不是买受人是否需要承担付款义务的依据。在这些由于付款条件而产生的争议解决过程中,当事人可以根据所附条件的不同性质、合同中其他条款约定的内容、法律法规的相关规定等,收集相关的证据,提出合法、合理的事实主张和法律适用意见来维护自己的权利。

(1)将买受人单方的行为作为付款条件时的处理

实践中,不少工业品买卖合同中有将买受人单方实施的行为作为其向出卖人支付价款条件的约定。如约定买受人检验、验收、使用标的工业品后付款,或买受人审查同意后付款、编制资金使用计划后付款等。在这些约定的条件中,关于检验、验收、使用标的工业品等的约定属于买受人根据自身需要所实施的行为；其中，及时对标的物进行检验是买受人应承担的合同义务，购买后实际使用标的工业品是买受人根据生产经营的开展情况自主决定的事项。买受人未在合理的期限内对标的物进行检验、验收、使用的，不应作为其不向对方当事人承担付款义务的理由。在前述关于买受人审查同意后付款、编制资金使用计划后付款等将买受人付款过程中的过程性行为约定为付款条件的情形中，这些所约定的付款条件实际都是买受人履行付款义务时所进行的内部行为，属于买受人在履行付款义务时应当积极实施的行为，而不应将相关行为尚未实施作为对抗出卖人付款请求的理由。

由此可见，在合同中将买受人的单方行为约定为付款条件时，所附的条件一般都是买受人应当履行的义务；如超过合理的期限后这些条件仍未成就，一般都是买受人未积极履行义务造成的。买受人将其不积极履行义务的行为作为对抗出卖人合同价款支付要求的理由，缺乏正当性。因此，此种情形下买受人与出卖人就合同价款支付条件是否成就产生争议的，应根据买受人未实施相关行为是否超出了合理的期限来确定其是否应向出卖人支付价款，而不应仅依据所约定的事实未实际发生来否定出卖人提出的付款要求。

（2）将第三人的行为作为付款条件时的处理

实践中，还存在当事人在合同中将第三方的特定行为约定为买受人付款条件的情况。这些被约定为付款条件的行为可以区分为两种具体的类型：一种是将作为标的物最终使用方的第三方向买受人支付项目价款，作为买受人向出卖人支付合同价款的前提，即实践中所称的“背靠背”付款；另一种是将第三方通过检验、验收接收设备，或将设备投入使用后经过一定时间作为买受人向出卖人支付合同价款的条件。作为标的物最终使用方的第三人并非合同的当事人，合同中的相关约定对其并无约束力。因此，在第三人未及时或未在合理的期间内付款，或未检验、验收、使用标的设备时，出卖人无法向其主张权利。司法实务中对此类将合同关系以外的第三人的行为设定为付款条件的约定是否具有法律效力，存在不同的看法，但主流的意见认为此类约定未违反法律强制性规定，应属有效约定。

买受人以第三人未实施相关行为为由不同意支付合同价款，与出卖人发生争议时，当事人应遵循公平、合理的原则，按照合同中的相关约定及法律规定处理纷争。对于出卖人而言，如买受人超出己方合理预期的期限后仍以第三人未实施相关行为为由不支付合同价款，出卖人应通过合法的渠道了解第三人是否实际进行过支付价款、检验、验收等行为，也可以催告买受人向第三方尽快主张权利。买受人经催告后仍不向第三人主张权利，造成己方债权难以实现的，出卖人可以根据合同订立和履行的具体情况，以买受人未积极主张权利、不正当阻碍合同约定付款条件成就为由，通过诉讼或仲裁的方式要求买受人支付货款，或通过提起债权人代位诉讼的方式直接向第三人主张权利。对于买受人而言，面临此类纠纷时，应本着公平合理、诚实信用的原则，通过积极向与己方存在其他合同关系的第三人主张权利的方式化解纷争，而不应消极地拖延支付、无正当理由拒付价款。

二、产品质量纠纷的解决

双方当事人对产品质量是否符合合同约定而产生的争议，是工业品买卖合同纠纷中最为复杂、处理起来也最为困难的争议类型。产品质量争议一般都是买受人提出质量异议而引发的；但实践中，受交易环境变化等各种主客观因素的影响，买受人提出质量异议的原因极为复杂。有些质量异议确实是出卖人所交付的标的物不符合合同约定的功能、性能而影响了其价值或使用效果，买受人为维护己方的合法权利而提出的。但也有很多争议中标的物并不存在影响价值或使用效果的质量问题，而是买受人因使用标的工业品的经营活动未获得预期的经济收益，为降低所受损失而以对标的物提出质量异议的方式期望达到少付、不付合同价款的目的；或由于交易需求发生变化不再需要标的物，又不愿承担拒收标的物的违约责任，而选择以提出质量异议的方式期望达到解除合同、退还标的物、要求对方返还已付价款的目的。

当事人在面临产品质量争议时，需要综合运用《民法典》《产品质量法》《特种设备安全法》等实体法律以及《民事诉讼法》等程序法规定的相关具体法律制度，根据合同的约定内容及标的物的质量状况等，通过积极举证还原案件事实、充分论证法律适用的意见等方法，积极应对争议的处理。

（一）产品质量状况举证责任的承担

举证责任，是指民事诉讼中的当事人，对于自己提出的事实主张负有的收集和提供证据，并运用所提供的证据证明相应事实的责任。当事人在诉讼或仲裁过程中未尽到举证责任的,需要承担所主张的事实不被认可的不利后果。

1.《民事诉讼法》及相关司法解释关于举证责任的规定

《民事诉讼法》及相关司法解释规定,当事人对自己提出的诉讼请求所依据的事实或者反驳对方诉讼请求所依据的事实,应当提供证据加以证明,但法律另有规定的除外。在作出判决前,当事人未能提供证据或者证据不足以证明其事实主张的,由负有举证证明责任的当事人承担不利的后果。人民法院应当依照下列原则确定举证证明责任的承担,但法律另有规定的除外:(1)主张法律关系存在的当事人,应当对产生该法律关系的基本事实承担举证证明责任;(2)主张法律关系变更、消灭或者权利受到妨碍的当事人,应当对该法律关系变更、消灭或者权利受到妨碍的基本事实承担举证证明责任。

2. 产品质量争议中的举证责任承担

工业品买卖合同中的当事人因产品质量争议形成的民事诉讼,根据形成的原因可以分为两种情况:一种是买受人以产品不合格为由提起的要求赔偿损失、解除合同等的诉讼;另一种是买受人在出卖人提起的要求支付价款、受领标的物的诉讼中,以产品不合格为由提出要求少付、不付价款或解除合同的抗辩意见或反诉请求。在这两种情形中,主张产品质量不合格、己方权利受到妨碍的当事人都是交易中的买受人;根据前述法律规定的内容,买受人应当对其所提出的产品质量不合格的事实主张承担举证责任。此外,在交易实践中,标的物质量符合约定是交易的常态,不符合约定是特殊状态;并且标的物买受人所提出的质量异议一般都会有质量不符合约定的具体理由。在发生争议时,如要求标的物出卖人对常态化的标的物质量状况进行证明,将明显增加交易成本,不符合交易活动经济性的原则,不具有合理性。

因此,工业品买卖合同关系中的当事人因产品质量发生争议的,除法律另有规定外,应以买受人承担证明产品质量不合格的举证责任为原则。但买受人应当承担的举证责任,并不妨碍出卖人为反驳买受人关于质量不合格的主张而提供反驳证据的权利。当事人在工业品产品质量纠纷中,应根据自己在交易中的地位承担相应的举证责任;作为买受人对标的物提出质量异议的,应通过积极申请产品质量司法鉴定等举证方式完成举证行为;作为出卖人主张产品质量合格的,也应积极收集和提供证据证明自己的事实主张、反驳对方的事实主张。

(二)产品质量的鉴定

发生产品质量争议的工业品多数都是构成复杂、技术含量较高的工业产品,对这些产品的质量状况进行判定一般均属于技术性很强的专业问题,根据《民事诉讼法》的规定,需要通过鉴定的方式进行解决。此外,也有一些较为简单的质量问题,通过调查、勘验等方式即可查明标的工业品是否存在质量不合格的事实。实践中,仲裁机构或人民法院在审理产品质量争议案件的过程中对事实的认定过度依赖鉴定意见的现状,而鉴定领域又存在诸多原因引发的乱象,导致当事人在工业品产品质量纠纷处理过程中,对于是否应当进行产品质量鉴定,鉴定范围、方案、材料、依据等如何确定,鉴定意见应否采纳等往往会产生巨大的争议。因此,当事人在处理与产品质量鉴定有关的事项时,需要充分运用法律、法规赋予当事人的在鉴定过程中的各项权利,防范和应对产品质量鉴定过程中的各种法律风险。

1. 产品质量鉴定的分类

根据《产品质量鉴定通用程序规范》的规定,产品质量鉴定可分为产品质量检验检测鉴定、产品质量验证鉴定、产品失效分析鉴定和其他类鉴定。产品质量检验检测鉴定,适用于质量特性指标稳定、与时间无关或关系不大的产品;如金属材料化学成分的检测鉴定等。产品质量检验检测鉴定应满足下列条件:具有明确的鉴定依据及质量指标要求;具有相应的检验试验方法。产品质量验证鉴定,适用于可进行适当恢复性维修的产品,如经恢复性维修后对机床设备或生产线的产能或性能等进行鉴定。产品质量验证鉴定应满足下列条件:具有约定的产品性能或功能要求;具有约定的验证方法;具有相应的环境条件;具有相应的运行、生产或验证条件。产品失效分析鉴定,适用于部分或完全丧失规定功能、出现损坏、发生事故的产品;如设备精度不稳定、故障率高、设备事故等鉴定。产品失效分析鉴定应满足下列条件之一:具有明确约定的质量指标要求;具有约定的产品性能或功能要求。其他类鉴定,适用于鉴定项目和产品质量特性相关,但并不针对产品质量特性的鉴定,如标的工业品是否为二手设备的鉴定等。

当事人在提出工业品产品质量鉴定申请以前,应对双方争议的质量事项的鉴定类型进行判断;并在此基础上,根据双方在合同、技术协议等材料中关于产品的功能、性能及质量指标要求的约定,以及鉴定过程中可能需要采用的检验试验方法，对产品质量是否满足鉴定条件进行分析、判断，对鉴定过程中可能需要进行的配合工作等做合理的预测和必要的准备工作。

2. 产品质量鉴定的申请

根据《民事诉讼法》及相关司法解释的规定，当事人因产品质量是否符合约定发生争议需要通过司法鉴定确认标的物质量状况的，负有举证责任的当事人应当在人民法院指定的举证期限届满前提出鉴定申请。当事人提出的鉴定申请应具有明确的鉴定事项、鉴定范围和鉴定目的。当事人未提出鉴定申请，人民法院在审理案件过程中认为待证事实需要通过鉴定意见证明的，应当向当事人释明，并指定提出鉴定申请的期间。符合依职权调查收集证据条件的，人民法院应当依职权委托鉴定。当事人申请鉴定，应当在人民法院指定的期间内提出，并预交鉴定费用；逾期不提出申请或者不预交鉴定费用的，视为放弃申请。当事人申请鉴定的事项与待证事实无关联，或者对证明待证事实无意义的，人民法院不予准许。

此外，根据《最高人民法院关于人民法院民事诉讼中委托鉴定审查工作若干问题的规定》，人民法院应严格审查拟鉴定事项是否属于查明案件事实的专门性问题；有以下情形之一的，人民法院不予委托鉴定：(1)通过生活常识、经验法则可以推定的事实；(2)与待证事实无关联的问题；(3)对证明待证事实无意义的问题；(4)应当由当事人举证的非专门性问题；(5)通过法庭调查、勘验等方法可以查明的事实；(6)对当事人责任划分的认定；(7)法律适用的问题；(8)测谎；(9)其他不适宜鉴定的情形。拟鉴定事项所涉鉴定技术和方法争议较大的，应当先对其鉴定技术和方法的科学可靠性进行审查；所涉鉴定技术和方法没有科学可靠性的，不予委托鉴定。

当事人在提出产品质量鉴定申请时，应就所申请鉴定的事项是否属于查明案件事实所需解决的专门性问题，是否与案件争议的事实有关联，是否可通过法庭调查、勘验等方法查明事实，鉴定技术和方法是否具有科学可靠性等问题进行综合分析、评估，确定拟提出的鉴定申请符合前述法律和司法解释规定的条件。其中，对于可通过法庭调查、勘验等方法查明工业品质量是否符合合同约定要求的，可以申请法庭对有质量争议工业品的使用情况进行现场调查、勘验。拟鉴定事项存在其他不符合鉴定条件的事由的，应谨慎提出鉴定申请，并考虑通过其他举证方式完成对案件争议事实的证明。对方当事人认为申请人提出的鉴定申请不符合前述规定的委托鉴定条件的，可以向人民法院说明理由，请求人民法院不予委托鉴定。

3. 产品质量鉴定的委托

人民法院准许鉴定申请的，应当组织双方当事人协商确定具备相应资格的鉴定人；当事人协商不成的，由人民法院指定。人民法院依职权委托鉴定的，在询问当事人意见后，指定具备相应资格的鉴定人。根据《产品质量法》的规定，产品质量检验机构必须具备相应的检测条件和能力，经省级以上人民政府市场监督管理部门或者其授权的部门考核合格后，方可承担产品质量检验工作。法律、行政法规对产品质量检验机构另有规定的，依照有关法律、行政法规的规定执行。因产品质量发生民事纠纷，在仲裁或诉讼程序中，仲裁机构或人民法院可以委托《产品质量法》规定的产品质量检验机构对产品质量进行检验。

当事人协商确定或人民法院指定的对产品质量进行鉴定的鉴定人，应当是符合《产品质量法》前述规定要求的产品质量检验机构。经当事人协商或人民法院的指定确定鉴定人后，人民法院应当出具委托书，委托书中应当载明鉴定事项、鉴定范围、鉴定目的和鉴定期限。鉴定开始以前，人民法院应当要求鉴定人签署承诺书。承诺书中应当载明鉴定人保证客观、公正、诚实地进行鉴定，保证出庭作证，如作虚假鉴定应当承担法律责任等内容。

4. 产品质量鉴定材料的提供

鉴定材料，是鉴定人运用科学技术和专业知识对争议涉及的专门性问题进行鉴别、判断及出具鉴定意见的过程中，为确定鉴定对象的具体情况而由鉴定委托人提供的、能够满足鉴定工作需要的证据材料。在工业品产品质量鉴定中，鉴定材料包括当事人关于产品功能、组成、性能等质量状况的约定或说明的合同书、技术协议书、技术要求书、质量保证书、产品说明书等资料，以及能够说明产品实际质量状况的使用记录、维护记录、故障处理记录等资料。根据《民事诉讼法》及相关司法解释的规定，鉴定人有权了解鉴定所需的案件材料，必要时可以询问当事人、证人。经人民法院准许，鉴定人可以调取证据、勘验物证和现场、询问当事人或者证人。人民法院应当组织当事人对鉴定材料进行质证；未经质证的材料，不得作为鉴定的根据。人民法院应严格审查鉴定材料是否符合鉴定要求，应当告知当事人不提供符合要求鉴定材料的法律后果。对当事人有争议的材料，应当由人民法院予以认定，不得直接交由鉴定机构、鉴定人选用。

因此，当事人应根据鉴定工作的需要向人民法院提供符合鉴定所需的真实、完整、充分的鉴定材料，作为鉴定人进行鉴定活动的根据。当事人无法提供相关材料的，可以依照《民事诉讼法》及相关司法解释的规定申请人民法院或鉴定机构调取。在人民法院组织对鉴定材料质证的过程中，当事人应围绕材料的真实性、与鉴定事项的关联性、形式及来源的合法性等充分发表己方的意见，防止不符合要求的材料被错误地作为鉴定根据，从而形成错误的鉴定意见。

5. 鉴定依据的确定

依法接受委托的鉴定人对争议工业品的质量是否合格进行鉴别、判断及出具鉴定意见，除需要根据委托人提供的鉴定材料及通过自行依法调取证据、勘验物证和现场、询问当事人或者证人等获得的材料，对产品的质量状况进行检验外，还需要将检验结果与一定的质量要求进行比对，根据比对结果判断被鉴定的产品是否合格。这些与产品实际质量状况进行比对的质量要求，就是工业品质量鉴定时需要采用的鉴定依据。鉴定人在进行鉴定活动的过程中，应当按照当事人的约定或法律规定确定鉴定依据。当事人在合同、技术协议等材料中约定的关于标的工业品应具有的功能、性能等质量要求，出卖人向买受人提供的产品质量合格证、质量保证书、使用说明书等材料中对标的工业品的质量说明，均可作为鉴别、判断被鉴定的产品质量是否合格的依据。当事人对标的物质量要求没有约定或者约定不明确的，可以协议补充；不能达成补充协议的，按照合同中与产品质量的确定有关的相关条款或者交易习惯确定；仍不能确定的，按照强制性国家标准确定；没有强制性国家标准的，按照推荐性国家标准确定；没有推荐性国家标准的，按照行业标准确定；没有国家标准、行业标准的，按照通常标准或者符合合同目的的特定标准执行。鉴定人查阅、分析相关国家或行业标准、技术规范，以及委托人提供的鉴定材料，根据前述质量要求的确定规则，仍无法确定鉴定依据的，可以按照相关规定终止鉴定活动。

在产品质量司法鉴定过程中，工业品买卖合同纠纷的当事人应根据鉴定事项在合同、技术协议等材料中是否有关于质量要求的约定，所约定的内容是否具体明确、是否可以满足鉴定的需要，相关的产品标准、技术规范中是否有与鉴定事项相关的质量要求，所鉴定的工业品所属行业、技术领域中是否存在与鉴定事项相关的通用性质量要求，合同中体现合同目的的条款能否推断出对标的工业品功能、性能等方面的质量要求等情况，有理有据地向鉴定人提出己方关于鉴定依据应如何确定的意见，防止鉴定依据采用错误导致的鉴定意见错误。

6. 鉴定的实施

具有产品质量鉴定资质的鉴定机构受理鉴定委托后，应当指定本机构具有该鉴定事项执业资格的鉴定人进行鉴定。鉴定机构对同一鉴定事项，应当指定或者选择二名司法鉴定人进行鉴定；对复杂、疑难或者特殊鉴定事项，可以指定或者选择多名鉴定人进行鉴定。鉴定人本人或者其近亲属与诉讼当事人、鉴定事项涉及的案件有利害关系，可能影响其独立、客观、公正进行鉴定的，应当回避。鉴定人曾经参加过同一事项鉴定的，或者曾经作为专家提供过咨询意见的，或者曾被聘请为有专门知识的人参与过同一鉴定事项法庭质证的，应当回避。

(1) 鉴定方案的确定

由鉴定机构指定或选择的鉴定人员组成的鉴定专家组，应根据鉴定需要制定鉴定实施方案，确定鉴定方法、流程、所需资源等。鉴定方案可包含以下内容：所鉴定产品的名称，鉴定项目和要求，鉴定依据，鉴定方法，需要当事人配合的事项，鉴定中异常情况的处置方案，鉴定专家组名单，其他依鉴定需要制定的内容，如鉴定技术资料的收集、实验室选定、现场专业检测人员配置等。

(2) 现场勘验

现场勘验应由鉴定机构组织开展，当事人应在场并配合、见证。现场勘验可以进行一次或者多次，现场勘验应由两名及以上鉴定专家进行。现场检验检测使用的计量器具应经计量检定或校准。操作专用设备、专用仪器的人员应持证上岗，符合法律法规关于资质要求的规定。当事人未到场或拒绝配合现场勘验时，经委托鉴定的办案机关同意，鉴定专家可以在委托鉴定的办案机关见证下按鉴定方案实施鉴定，并认真做好记录。现场勘验笔录应妥加保存。当事人拒绝在现场勘验记录签字的，不影响对现场勘验事实的认定。当事人拒不提供勘验条件使勘验受阻不能完成时，应终止勘验。

(3) 实验室检验检测

对于进入实验室样品的状态，应认真记录相关信息。实验室检验检测应遵循非破坏性项目先于破坏性项目的顺序，对检验检测过程应如实记录。检验检测应按照所采用鉴定依据的内容，运用检验检测仪器设备及设施有效开展，使用的计量器具应在计量检定或校准的有效期内。需委托外部实验室进行检验检测的,应当选择获得计量认证或实验室认可的检测机构,并由其出具检测报告。对部分检验检测参数,如无具有法定资质的检验检测机构能承担,可委托有能力的外部实验室进行检测,鉴定专家组可通过现场考察对该实验室的能力进行确认。

(4)终止鉴定

出现下列情形时,应终止鉴定:当事人拒不提供鉴定所需材料或拒不配合鉴定工作,致使鉴定无法继续进行的;委托鉴定的办案机关撤销委托,或者当事人拒不支付鉴定费用的;因不可抗力致使鉴定无法继续进行的;法律、法规规定的其他需要终止鉴定的情形。

(5)当事人对鉴定的配合和见证

在工业品质量鉴定的过程中,鉴定工作的进行需要当事人配合进行的,当事人有积极配合的义务。当事人拒不提供鉴定所需材料或以其他行为拒不配合鉴定工作,致使鉴定无法继续进行的,鉴定人有权终止鉴定。由于无法进行鉴定而难以查明案件事实的不利后果,一般应由拒不履行配合义务的当事人承担。当事人履行配合义务的范围,以提供所掌握的与鉴定项目有关的材料和信息,以及对现场勘验和检测提供便利条件等为限。如向法庭或鉴定人提供合同、技术协议以及其他客观存在的能反映当事人关于鉴定对象质量要求的约定和能反映鉴定对象实际质量状况的资料和信息;为现场勘验、检测提供必需的场所、操作人员、动力源、通用工具等,以及将鉴定对象调整到适于鉴定、检验的状态等。但所鉴定工业品如果存在重要零部件缺失、年久失修无法启动等类似现象,需投入大量人力、物力或大额资金对工作状态进行恢复,则不应属于当事人配合义务的范畴。此种情形下如提出鉴定申请的一方当事人坚持要求继续鉴定,以该方当事人将鉴定对象恢复到满足鉴定所需状态为宜。

鉴定人对鉴定对象进行现场勘验、检测时,当事人有现场见证的权利。当事人经人民法院或鉴定人通知,不参加对现场勘验、检测的见证的,鉴定人可以在委托鉴定的办案机关见证下继续鉴定工作。当事人在对现场勘验、检测进行见证的过程中,有权对鉴定人制定的鉴定方案、使用的鉴定方法、采纳的鉴定依据以及其他鉴定过程中的具体工作提出意见,提出的意见合理的,鉴定人应当采纳。当事人对于在见证过程中发现的鉴定人在鉴定过程中存在的不合法、不合规的行为,或对己方提出的合理意见不采纳的,有权向委托鉴定的办案机关反映并要求其督促。

(6)鉴定书的出具

鉴定人应当在人民法院指定的期限内完成鉴定,并提交鉴定书。鉴定书应包括以下内容:委托鉴定方、鉴定机构、鉴定专家签名、鉴定机构印章等人员和机构信息;委托鉴定的项目和要求;鉴定产品的相关信息;鉴定依据;对鉴定过程的说明;检验试验结果;分析说明;鉴定意见;承诺书;出具日期等信息。其中,在分析说明部分,鉴定专家组应运用相应的科学技术、专门知识、技能经验,综合鉴定依据,现场勘验情况,检验检测所获取的结果、数据等,对争议产品进行技术分析和判断。由于鉴定材料、产品状态、检验试验条件等受到局限或当事人不配合等,不能得出明确的鉴定意见时,应作出相应的说明。鉴定书中的鉴定意见,应与委托鉴定项目和要求相对应。鉴定意见应准确、清晰、明确、客观。

7. 对鉴定书的质证

在工业品质量纠纷诉讼、仲裁解决的实践中,存在裁判人员对案件的处理过分依赖鉴定意见的普遍现象;鉴定意见对纠纷的处理起着十分重要的作用,甚至在很多情况下直接决定了案件的裁判结果。但被作为裁判重要依据的鉴定意见,并不都是客观公正、真实还原了案件事实真相的。实践中,受鉴定人专业能力或从业经验不足,责任心不强,对技术标准、规范、法律法规理解错误,或鉴定程序违反法定程序规则和技术操作规范,所使用的检验检测方法不科学、不合理,或确定和适用鉴定依据、标准、规范错误等各种主客观因素的影响,从而导致鉴定意见偏离案件事实的案例并不鲜见。因此,为防止办案机构对鉴定意见错误采纳而作出对己方不利的错误裁判,当事人应对与形成鉴定意见有关的各项事项进行详细的检查和分析,有理有据地向法庭或仲裁庭提出有说服力的质证意见,使正确的鉴定意见能够得到法庭的采纳、错误的鉴定意见能够被排除。

(1)对鉴定机构和鉴定人员资质和能力的质证

鉴定机构和鉴定人员具有法定的鉴定资质,鉴定人员具有所鉴定事项相关的专业知识和从业经验,是鉴定意见可以作为定案依据的基本条件,当事人应就该两方面的相关事项进行查询、分析和核实。首先,当事人在对产品质量鉴定书进行质证时,应核实出具鉴定书的鉴定机构及鉴定人员是否具备法律规定的鉴定资质条件、是否已被法律规定的组织赋予了鉴定资质,以及鉴定事项是否在鉴定机构被核准的业务范围内。其次,工业品产品的类别、品种极其广泛,质量特性也会有显著的差异。对不同行业、领域中的工业品质量进行鉴定,所需要的专业知识也是不同的,故并不是所有取得了鉴定资质的鉴定人都能够胜任所有类型工业品质量的鉴定。当事人在对产品质量鉴定书进行质证时,还可以核实鉴定人员是否掌握有充分的被鉴定对象所属行业和技术领域的专业知识,是否具有相关的工作经验,并提出相应的质证意见。

(2)对鉴定材料的质证

在对工业品产品质量进行鉴定的过程中,当事人关于所鉴定工业品质量要求的约定,需要通过查看、分析合同和技术协议等材料中关于标的工业品的功能、性能等的约定进行确定;鉴定方法、程序、鉴定器材的选择,以及鉴定对象的实际质量状况也需要通过查看、分析设计图纸和工艺文件等材料确定。鉴定材料的内容是否客观真实对于产品质量鉴定工作的正常开展以及鉴定意见的可靠性都具有重要的影响。当事人在对鉴定书进行质证时,应围绕鉴定书中采用的鉴定材料内容的真实性,与鉴定事项的关联性,以及形式和取得方式的合法性等进行详细的核实;并应对这些材料尤其是由鉴定人通过调取证据、勘验物证和现场、询问当事人或者证人等方法获得的鉴定材料,在确定为鉴定材料以前是否经过了人民法院组织的质证程序并由人民法院对当事人有争议的材料进行过认定等进行核实,并在此基础上提出相应的质证意见。

(3)对鉴定依据的质证

在工业品产品质量鉴定中,鉴定依据是鉴定人对勘验、检验、检测到的工业品质量实际状况是否符合约定进行分析、判断并出具鉴定意见所依据的质量标准。鉴定依据的选择是否正确、适当,直接决定了鉴定意见的正确性。根据《民法典》的规定,合同标的的质量要求按照当事人的约定标准、补充约定的标准、根据合同相关条款或交易习惯确定的标准、强制性国家标准、推荐性国家标准、行业标准、通常标准或者符合合同目的的特定标准的顺序依次确定。因此,鉴定人应按照前述规定的质量标准范围和顺序确定鉴定依据,不能将规定范围以外的内容确定为鉴定依据,如产品生产厂的内部质量控制标准、当事人未约定选用的企业质量标准等;也不能在存在顺序在前的质量标准时,选用顺序在后的标准,如当事人已约定了质量标准,则不应根据国家、行业标准确定。此外,根据合同相关条款或交易习惯确定的标准、通常标准或者符合合同目的的特定标准确定合同标的的质量，均具有较大的主观性，鉴定人在确定具体内容时，应在听取双方当事人意见的基础上公平、合理、适当地确定。

当事人在就鉴定书中采用的鉴定依据进行质证时，应就鉴定依据是否符合上述法律规定要求，是否与鉴定项目所涉及的技术领域相符，鉴定书引用的内容是否与当事人约定的质量要求或相关国家、行业标准中规定的内容相符，是否存在错误理解当事人约定或技术标准、技术规范规定的情形，根据合同相关条款、交易习惯、通常标准或者合同目的确定的质量标准内容是否合理、适当等，充分运用争议工业品所属行业或技术领域的专业技术知识进行详细的分析论证，并结合法律规定的证据规则提出相应的质证意见。

(4)对鉴定程序的质证

鉴定人在进行鉴定活动的过程中，应遵循法律、法规及相关技术标准、规范规定的要求。鉴定程序违法的，会损害当事人在鉴定过程中享有的程序性权利，并可能导致鉴定人作出错误的鉴定意见。根据《司法鉴定程序通则》的规定，对于不符合鉴定条件、不具有鉴定能力的鉴定委托，司法鉴定机构不得受理。司法鉴定机构对同一鉴定事项，应当指定或者选择 2 名司法鉴定人进行鉴定；对复杂、疑难或者特殊的鉴定事项，可以指定或者选择多名司法鉴定人进行鉴定。符合规定的回避条件的鉴定人，应当回避。司法鉴定机构应当建立鉴定材料管理制度，严格监控鉴定材料的接收、保管、使用和退还。经委托人同意，司法鉴定机构可以派员到现场提取鉴定材料，现场提取鉴定材料应当由不少于 2 名司法鉴定机构的工作人员进行，其中至少 1 名应为该鉴定事项的司法鉴定人。现场提取鉴定材料时，应当有委托人指派或者委托的人员在场见证并在提取记录上签名。司法鉴定人应当对鉴定过程进行实时记录并签名。记录可以采取笔记、录音、录像、拍照等方式。记录应当载明主要的鉴定方法和过程，检查、检验、检测结果，以及仪器设备使用情况等。司法鉴定人完成鉴定后，司法鉴定机构应当指定具有相应资质的人员对鉴定程序和鉴定意见进行复核；对于涉及复杂、疑难、特殊技术问题或者重新鉴定的鉴定事项，可以组织 3 名以上的专家进行复核。此外，鉴定人对包括工业品在内的产品质量进行鉴定时，还应对被鉴定对象进行现场勘验、检测，当事人有权对勘验现场进行见证。当事人不参加勘验的，鉴定人应在委托人的见证下对产品进行勘验、检测。鉴定程序严重违法的,鉴定人所作出的鉴定意见不能作为认定案件事实的证据使用。

当事人在对鉴定程序的进行过程进行质证时,应重点就以下事项进行了解、核实:鉴定事项是否符合鉴定条件;实际进行鉴定工作的人员是否符合规定的人数要求;是否存在鉴定人应回避未回避的情形;鉴定机构对鉴定材料的接收、保管、使用以及提取是否规范严格;是否存在鉴定材料被篡改、污染、损毁的情形;进行现场勘验以前是否通知了当事人或委托人,是否有符合规定的人员对勘验现场进行了见证;鉴定记录关于鉴定过程的记载是否与实际相符;鉴定完成后,出具鉴定书以前是否进行了复核;以及其他对鉴定意见的形成具有重要影响的程序问题。

(5)对鉴定方法的质证

鉴定方法是指鉴定人在鉴定过程中对被鉴定对象进行勘验、检测、检验所使用的技术方法。鉴定人使用的鉴定技术方法不当的,可能会造成勘验、检测、检验的结果与实际状况不符。根据《司法鉴定程序通则》及相关规范性文件的规定,鉴定人在鉴定过程中应按照顺序采用国家标准中规定的技术方法、行业标准和技术规范中规定的技术方法、该专业领域多数专家认可的技术方法。因此,鉴定人在对工业品的产品质量进行鉴定时,应严格按照规定采用相应标准或技术规范中规定的、专业领域内广泛认可的技术方法;不应为了减少鉴定工作量、降低鉴定工作难度等而采用不符合规定的其他技术方法。

工业品产品质量纠纷的当事人在对鉴定人使用的鉴定方法进行质证时,应重点就以下事项进行了解、核实:工业品所属行业或技术领域的相关国家和行业标准、技术规范,是否对鉴定项目中涉及的勘验、检验、检测等应如何进行作出了规范;对于标的工业品功能、性能等进行的勘验、检验、检测等,在该产品所属技术领域是否存在得到广泛认同的技术方法;鉴定人使用的鉴定方法与前述技术方法相比有何异同;鉴定人所使用的技术方法对勘验、检验、检测的结果可能产生哪些影响等。

(6)对鉴定意见的质证

鉴定意见是鉴定人运用科学技术和专门知识,对纠纷中的专门性问题进行鉴别和判断后出具的专门性意见。鉴定意见本质上是鉴定人对专门性问题的主观认识,反映的是鉴定人自己对鉴定事项的观点,属于诉讼或仲裁中的主观证据。在工业品产品质量鉴定中,鉴定意见是鉴定人运用工业品所属专业领域的科学技术、专门知识、技能经验，对通过现场勘验、检验检测等技术手段确定的工业品质量状况，与鉴定依据中关于工业品应具有的功能、性能等质量要求的相符性进行综合的技术分析和判断后，出具的关于工业品质量是否符合质量要求的专门性意见。根据相关的法律法规和规范性文件的要求，鉴定意见应当与鉴定项目和要求相对应，应当有充分的依据，内容应准确、清晰、明确、客观。

鉴定意见是鉴定工作成果的集中体现，是鉴定书中的核心内容，鉴定意见在纠纷处理中是否被采纳在很大程度上会决定案件的处理结果。在工业品产品质量纠纷中，当事人对鉴定意见提出的举证、质证意见能否被法庭或仲裁庭采纳，往往可以直接决定其诉讼或仲裁主张能否成立。当事人在就鉴定意见提出质证意见时，应在对鉴定机构和鉴定人员、鉴定材料、鉴定依据、鉴定程序、鉴定方法等提出的质证意见的基础上，就以下事项进行核实、分析并提出综合的质证意见：一是鉴定意见与鉴定项目和要求是否相对应，是否存在超出、遗漏鉴定项目和要求，以及鉴定意见未对鉴定项目和要求进行回应、答非所问等情形。二是鉴定意见与案件中的待证事实是否具有关联性，能否达到证明工业品产品质量状况的目的。三是鉴定意见是否清楚、明确，根据对鉴定意见内容的正常理解，能否得出鉴定对象质量是否合格的结论。四是鉴定书分析说明部分是否真实体现了鉴定过程，对于鉴定对象质量状况的确定是否与勘验、检验、检测的结果相符。五是鉴定书分析说明部分对鉴定依据的理解是否正确、合理，是否存在逻辑错误，是否与鉴定对象所属专业技术领域的科学技术知识相符。六是鉴定人对工业品所属专业领域的科学技术、专门知识、技能经验的应用是否准确、科学，鉴定意见能否经得起运用现有科学技术知识进行的合理质疑。七是鉴定意见是否与对鉴定过程和鉴定依据分析说明后形成的观点相对应。八是鉴定意见是否与已知的事实或其他证据已经证明的事实存在矛盾。

(7)质证方式的运用

对产品质量鉴定书涉及的各项事项进行质证，需要综合运用与鉴定对象有关的相关专业技术知识和法律知识，具有相当的专业性。在质证时，当事人除需要按照通常证据的质证方式，即紧密围绕证据的真实性、关联性、合法性以及证据对待证事实有无证明力、证明力的大小等陈述意见外，还可以根据《民事诉讼法》及相关司法解释的规定，采用以下几种针对鉴定意见的特有质证方式。一是对鉴定书提出书面异议，由鉴定人进行解释、说明或补充。二是申请通知鉴定人出庭作证，由鉴定人当庭就与鉴定事项有关的问题进行解释和说明。三是申请具有专门知识的人出庭，代表当事人对鉴定意见进行质证，或者就案件事实所涉及的专业问题提出意见。

8. 鉴定书的补正、补充鉴定及重新鉴定

鉴定书出具后发现有瑕疵，或委托人提出新的鉴定材料、鉴定书遗漏了鉴定项目，或鉴定意见存在不能作为证据使用的情形时，应通过补正、补充鉴定及重新鉴定的方法进行解决。根据相关法律法规、司法解释的规定，鉴定书存在内容不清晰，签名、盖章或者编号不符合制作要求，有不影响鉴定意见的文字表达不规范或有错别字等瑕疵的，鉴定人可以补正，但补正不得改变鉴定意见的原意。鉴定书遗漏了鉴定事项或要求，委托人补充了新的鉴定材料，或有其他需要补充鉴定的情形，鉴定人可以根据委托人的要求进行补充鉴定。鉴定书具有鉴定人不具备相应资格，鉴定程序严重违法，鉴定意见明显依据不足等情形，或鉴定意见不能作为证据使用的其他情形，当事人申请重新鉴定的，应当进行重新鉴定。重新鉴定的，原鉴定意见不得作为认定案件事实的根据。

当事人在与鉴定有关的事项进行质证的过程中，发现相关事项有瑕疵、遗漏或错误，需要进行补充鉴定或重新鉴定的，可以根据上述关于补充鉴定或重新鉴定的条件向人民法院或仲裁机构及时提出相应的申请。此外，当事人认为纠纷中还存在与鉴定项目相关联的其他专门问题需要通过鉴定解决的，应当由有举证责任的当事人另行申请鉴定。

9. 鉴定无法进行时处理

工业品产品质量鉴定的实践中，由于无法选择到有资质、有鉴定能力的鉴定人，或鉴定材料不能满足鉴定条件或当事人不进行配合等产品质量鉴定无法进行的案例时有发生。在此情形下，需要通过鉴定解决的产品质量是否合格的问题，会由于鉴定无法进行而难以得到解决；对工业品产品质量状况负有举证责任的当事人也就无法通过申请鉴定的举证方式完成举证，双方当事人争议的产品质量是否符合约定这一事实将处于真伪不明的状态。此时，如何对这一事实作出认定并处理纠纷，就需要按照鉴定无法进行的原因，依据《民事诉讼法》及相关司法解释规定的举证规则进行处理。

根据是否与当事人的行为有关，产品质量无法鉴定的原因可以区分为两种类型；一种是无法选择到有资质、有鉴定能力的鉴定人，或无法收集到充分的鉴定材料，或无法确定鉴定依据等不受当事人意志影响的事项导致的鉴定无法进行，即客观导致的鉴定不能；另一种是当事人以拒不提供应当提供的鉴定材料、鉴定必需的工作条件等方式不履行配合义务导致的鉴定无法进行，即当事人不配合导致的鉴定不能。

（1）客观原因导致鉴定不能时的处理

在客观原因导致鉴定不能的情形中，双方当事人对鉴定无法进行的事实均无过错。此种情形导致的直接后果，是对产品质量负有举证责任的当事人无法通过申请鉴定完成举证，但其所承担的举证责任并不会发生向对方当事人转移的法律效果。在此种情形下，该方当事人应通过其他举证方式完成对产品质量状况的证明；如提供标的实物与约定不符的检测记录、证明标的工业品不能正常工作的材料、双方当事人就标的工业品故障处理进行联系的信息等，或申请法庭或仲裁庭对标的物的质量状况进行调查、勘验。无法提供其他证据或提供的证据不足以支持其关于产品质量不合格的主张的，应由该方当事人承担举证不能的法律后果。

（2）当事人不配合导致鉴定不能的处理

当事人不配合导致的鉴定不能，实践中主要表现为当事人不向鉴定人提供产品图纸、产品使用维护保养说明、加工生产所执行的标准等鉴定材料，或不为鉴定工作提供必需的场所、电力、操作人员等。此种情形下造成产品质量无法进行鉴定，完全是该方当事人的不配合行为。因此，按照《民事诉讼法》规定的诚实信用原则和公平原则，应由实施不配合行为的当事人承担相应的法律后果，即结合在案其他证据，可以推定对方当事人关于产品质量状况的主张成立。

10. 产品质量的调查、勘验

根据《民事诉讼法》及相关司法解释的规定，人民法院认为有必要的，可以根据当事人的申请或者依职权对物证或现场进行勘验。人民法院应当在勘验前将勘验的时间和地点通知当事人，当事人不参加的，不影响勘验的进行。勘验人必须出示人民法院的证件，并邀请当地基层组织或者当事人所在单位派人参加。当事人可以就勘验事项向人民法院进行解释和说明，可以请求人民法院注意勘验中的重要事项。勘验时应当保护他人的隐私和尊严。勘验人应当将勘验情况和结果制作笔录，记录勘验的时间、地点、勘验人、在场人、勘验的经过、结果；由勘验人、当事人和被邀参加人签名或者盖章。对于绘制的现场图应当注明绘制的时间、方位、测绘人姓名、身份等内容。

在工业品质量纠纷解决的过程中,产品质量鉴定是确定标的工业品质量是否合格的主要方式,但并非唯一方式。对于一些较为简单的质量争议或客观原因导致无法进行产品质量鉴定的争议,可根据上述法律规定通过法庭或仲裁庭组织现场调查、勘验的方式查明标的工业品的质量状况。适宜通过现场调查、勘验的方式查明质量状况的争议,主要包括以下几种情形:一是无须进行检验检测的常见工业品的常见质量问题,以及非专业人员运用日常生活经验法则就能判断的质量问题。如机械设备的主要零部件在质保期内发生脱落、断裂等。二是标的产品本身虽然复杂,但举证方主张的质量问题较为简单,判断是否属于质量问题基本无须特别的专业知识的。如生产线能否连续运行、能否以约定的工作速度工作、能否生产出约定的产品等。三是产品质量鉴定无法进行,负有举证责任的当事人提供了证明工业品质量状况的书证、物证、视听资料等证据,需要通过勘验、调查的方法进行验证的。

对工业品质量状况负有举证责任的一方当事人,对于符合上述条件的简单质量争议或无法进行产品质量鉴定的质量争议,可以向人民法院或仲裁机构申请以现场调查、勘验的方式对工业品的质量状况进行查明。在现场调查、勘验进行的过程中,当事人可以向勘验人提出关于勘验的进行程序、需要勘验的内容等方面的建议,也可以就标的工业品的组成、功能、性能及存在的故障、故障的原因等向勘验人进行解释和说明。勘验笔录的质证,可参照本书前文关于对鉴定书质证的事项进行。

(三)标的工业品质量不符合约定时出卖人责任的承担

在工业品买卖合同纠纷的诉讼、仲裁过程中,经产品质量鉴定或通过其他举证方式,证明标的工业品质量状况确有与合同约定的质量要求不符的情形,则出卖人就会因所交付的标的物与合同约定不符而构成违约,出卖人需要承担相应的违约责任。

1. 标的物质量不符合约定要求时如何处理的法律规定

根据《民法典》合同编通则分编违约责任章的规定,履行合同义务不符合约定的,应当按照当事人约定承担违约责任。对违约责任没有约定或者约定不明确的,由双方当事人协商补充;无法协商补充的,根据合同的相关条款或交易习惯确定。仍不能确定的,受损害方根据标的的性质以及损失的大小,可以合理选择请求对方承担修理、重作、更换、退货、减少价款或者报酬等违约责任；在采取补救措施后，受损害方还有其他损失的，违约方还应承担赔偿损失的责任。

《民法典》合同编通则分编合同的权利义务终止章规定，当事人的违约行为致使对方不能实现合同目的的，对方当事人可以请求解除合同。合同解除后，尚未履行的，终止履行；已经履行的，根据履行情况和合同性质，当事人可以请求恢复原状或者采取其他补救措施，并有权请求赔偿损失。《民法典》合同编典型合同分编买卖合同章规定，因标的物不符合质量要求不能实现合同目的的，买受人可以拒绝接受标的物或者解除合同。出卖人交付的标的物不符合质量要求的，买受人可以依据《民法典》合同编通则分编违约责任章的规定，请求出卖人按照合同约定或法律规定，承担修理、重作、更换、退货、减少价款或者报酬等采取补救措施的责任以及赔偿损失的责任。

2. 标的工业品质量不符合约定时出卖人的责任承担

根据上述法律规定的内容，在工业品买卖合同纠纷中，标的工业品不符合质量要求时，买受人一般可通过以下两种方式主张权利：一是请求出卖人以修理、重作、更换、退货、减少价款或者报酬等方式，对违约行为造成的后果采取补救措施并可以要求赔偿损失，即采取补救措施的方式；二是通过单方行使法定解除权的方式要求解除合同，由出卖人收回所交付的标的物、返还全部价款并赔偿损失，即解除合同的方式。通过采取补救措施解决质量纠纷，主要是由出卖人对所发现的质量问题通过维修、更换零部件等方法进行消除；无法消除的则通过减少价款的方法对买受人受到的损失进行弥补，标的工业品则继续交付给买受人所有和使用。通过解除合同的方式解决质量纠纷，则是在买受人行使法定解除权解除合同后，由出卖人向买受人返还已收取的全部价款，并赔偿买受人受到的其他损失；已交付的标的物也需要退回出卖人。对于出卖人而言，在这两种不同的违约责任承担方式中，所带来的经济负担是明显不同的。一般而言，采取补救措施时出卖人只需要投入一定的人力或物力将标的物修复或改造，无法修复或改造时承担相应的价款差价即可，所承受的经济负担较为有限。但在买受人解除合同时，出卖人将需要承担收回已交付的标的物、退还全部合同款项并赔偿损失的责任，其为合同履行所进行的工作将会全部被推翻并需额外承担所产生的全部经济损失。

法律为公平保护交易双方当事人的利益，对标的物质量不符合约定时，买受人要求对方采取补救措施或要求解除合同两种违约责任的承担方式规定了不同的适用条件。其中,要求采取补救措施适用于所有标的物存在不符合约定的情形中,即只要存在标的物质量状况不符合约定要求的情形,无论质量状况是否严重,买受人均可根据实际情况要求对方采取补救措施。解除合同的方式则只适用于出卖人交付的标的工业品存在严重的质量问题,导致买受人合同目的无法实现,即出卖人构成根本性违约的情形下。但在工业品质量纠纷的解决实践中,存在买受人滥用合同解除权的普遍现象,即只要出现了设备存在质量问题的事实,无论质量问题是否严重,买受人就以己方合同目的无法实现为由要求解除合同。不少人民法院或仲裁机构也存在只要鉴定人作出了工业品质量状况与约定不符的鉴定意见,就支持买受人解除合同诉求的裁判习惯,从而使纠纷的处理给出卖人造成了重大的经济损失。

3. 买受人合同解除权的成立条件

根据上文介绍的相关法律规定,只有工业品出卖人提供的标的物质量不符合约定的情形达到买受人合同目的无法实现的程度,即构成根本违约的情况下,买受人才享有对合同的法定解除权,可以要求解除合同并由出卖人承担收回标的物、退还全部价款及赔偿损失的责任。其中,合同目的是指当事人期望通过合同的履行所要获得的利益或实现的状态。在合同约定了合同目的的情形下,基于尊重当事人意思自治的原则,应按照合同中约定的内容确定当事人的合同目的;但在合同中未作出约定时,合同目的就需要根据交易背景、合同类型、合同标的、当事人在合同中的主要义务等进行综合确定。因此,工业品质量不符要求的程度是否足以导致买受人的合同目的无法实现,应首先根据当事人在合同中约定的合同目的是否由于标的工业品存在的质量问题而无法实现进行确定;合同中未约定合同目的的,则需按照标的工业品质量问题的性质、严重程度,对买受人正常使用的影响程度,是否可通过适当的维修、改造进行修复等因素,并根据《民法典》及《产品质量法》的基本原则、相关规定进行综合判定。

在当事人未约定合同目的情形下,工业品存在下列情形的质量问题的,可以认为能够致使买受人不能实现合同目的:一是标的工业品不具有应具备的使用性能,不能正常使用,且无法修复的;二是标的工业品存在对人身或财产不合理的危险,无法通过适当的改造、修复进行消除的;三是标的工业品不能进行合同约定产品的生产加工,或不能在合同约定的使用环境中使用的;四是其他足以导致买受人合同目的不能实现的质量问题。下列情形一般不应属于致使买受人不能实现合同目的的质量问题:一是工业品的使用性能虽不能达到合同约定的要求,但可以正常使用且性能差异并不显著的;二是工业品虽存在质量问题,但可以通过适当的改造、修复达到合同约定要求的;三是工业品的组成方式、外形尺寸、外观特征等不符合合同约定,但不影响功能、性能的。

第七章　工业品承揽合同的法律风险防控

装备制造企业与他人进行的以工业品的转让为内容的交易所订立的合同,除第六章已介绍的工业品买卖合同外,还有工业品承揽合同。两种合同在内容及履行方式上有大量相同或相似之处;如需求方订立和履行合同都是为了获得可用于经营活动的工业产品,供应方都需要加工、制作并向需求方提供产品;供应方都需要向需求方交付符合合同约定的工业品产品,需求方都需要向供应方支付价款;供应方都需要向对方就所交付产品的质量负责等。两者的主要区别在于,工业品买卖合同中作为标的物提供方的出卖人所需要履行的基本合同义务,是向买受人交付符合约定要求的标的工业品;而工业品承揽合同中作为标的提供方的承揽人所需要履行的基本合同义务,是根据定作人提出的要求进行特定工业品产品的加工制作。

实践中,工业品买卖合同主要用于标准化工业品产品的交易,而工业品承揽合同则主要用于非标工业品产品的交易。由于在交易特征上存在的不同,《民法典》对两种合同作出了有区别的法律规范。装备制造企业在订立、履行工业品承揽合同,以及解决相关合同纠纷时,需要根据承揽合同在交易方式及所适用法律规范等方面的特征,对相关的法律风险进行有效的防控。

第一节　工业品承揽合同概述

工业品承揽合同是装备制造企业在生产经营活动中经常采用的合同类型,主要应用于非标工业品产品的交易。由于对应交易方式的不同,工业品承揽合同与买卖合同的法律特征也有显著的区别。

一、工业品承揽合同的概念

根据《民法典》的规定,承揽合同是承揽人按照定作人的要求完成工作、交付工作成果,定作人支付报酬的合同;承揽包括加工、定作、修理、复制、测试、检验等工作。本书中所称的工业品承揽合同,是指具有工业品设计、生产制造能力的企业,根据工业品需求方对工业品的组成、结构、功能、性能、质量等方面的特定要求,进行工业品产品的设计、加工、制作等工作,并将完成的工作成果交付工业品需求方,由工业品需求方支付报酬的合同。其中,进行工业品加工制作的一方为承揽人,工业品需求方为定作人。除此以外的以工业品的修理、测试、检验等工作内容为标的的承揽合同,因相关的法律关系较为简单,本书不作专门探讨。

工业品承揽合同是工业品需求方为满足其对工业品的个性化需求,而由工业品制作方按照其对工业品的特定要求,完成特定工业品产品的加工、制作而订立的合同。工业品承揽合同使工业品需求方通过采购常规工业品产品、标准化工业品产品无法满足需要的个性化需求找到了实现的途径,具有不同于工业品买卖合同的独特交易价值,并在实践中得到了大量的运用。在装备制造企业进行的工业品交易中,企业为满足自身生产活动中对非标工业品的特定需求,或为满足客户对己方工业品产品的特定需求,就需要分别以定作人或承揽人的交易身份与交易对象建立以特定工业品为工作成果的承揽合同关系。

二、工业品承揽合同适用的法律规范

工业品承揽合同是装备制造企业在生产经营活动中大量应用的合同类型,合同当事人在订立或履行以工业品为工作成果的承揽合同时,应按照《民法典》关于承揽合同的专门规定及依法可以适用于承揽合同的其他法律规定实施相关行为。

根据《民法典》合同编典型合同分编承揽合同章的规定,承揽合同的内容一般包括承揽的标的、数量、质量、报酬,承揽方式,材料的提供,履行期限,验收标准和方法等条款。

承揽人应当以自己的设备、技术和劳力,完成主要工作,但是当事人另有约定的除外。承揽人将其承揽的主要工作交由第三人完成的,应当就该第三人完成的工作成果向定作人负责;未经定作人同意的,定作人也可以解除合同。承揽人可以将其承揽的辅助工作交由第三人完成。承揽人将其承揽的辅助工作交由第三人完成的,应当就该第三人完成的工作成果向定作人负责。

承揽人提供材料的,应当按照约定选用材料,并接受定作人检验。定作人提供材料的,应当按照约定提供材料。承揽人对定作人提供的材料应当及时检验,发现不符合约定时,应当及时通知定作人更换、补齐,或者采取其他补救措施。承揽人不得擅自更换定作人提供的材料,不得更换不需要修理的零部件。承揽人发现定作人提供的图纸或者技术要求不合理的,应当及时通知定作人。定作人怠于答复造成承揽人损失的,应当赔偿损失。定作人中途变更承揽工作的要求,造成承揽人损失的,应当赔偿损失。

承揽工作需要定作人协助的,定作人有协助的义务。定作人不履行协助义务致使承揽工作不能完成的,承揽人可以催告定作人在合理期限内履行义务,并可以顺延履行期限;定作人逾期不履行的,承揽人可以解除合同。承揽人在工作期间,应当接受定作人必要的监督检验;定作人不得因监督检验妨碍承揽人的正常工作。

承揽人完成工作,应当向定作人交付工作成果,并提交必要的技术资料和有关质量证明;定作人应当验收该工作成果。承揽人交付的工作成果不符合质量要求的,定作人可以合理选择请求承揽人承担修理、重作、减少报酬、赔偿损失等违约责任。

定作人应当按照约定的期限支付报酬。对支付报酬的期限没有约定或者约定不明确的,可以协议补充;不能达成补充协议的,按照合同相关条款或者交易习惯确定。仍不能确定的,定作人应当在承揽人交付工作成果时支付;工作成果部分支付的,定作人应当相应支付。定作人未向承揽人支付报酬或者材料费等价款的,承揽人对完成的工作成果享有留置权或者有权拒绝交付,但是当事人另有约定的除外。

承揽人应当妥善保管定作人提供的材料以及完成的工作成果,因保管不善造成毁损、灭失的,应当承担赔偿责任。承揽人应当按照定作人的要求保守秘密,未经定作人许可,不得留存复制品或者技术资料。

共同承揽人对定作人承担连带责任,但是当事人另有约定的除外。定作人在承揽人完成工作前可以随时解除合同,造成承揽人损失的,应当赔偿损失。

三、工业品承揽合同的法律特征

根据上述《民法典》关于承揽合同的规定,承揽合同具有以下不同于其他合同的法律特征:

1. 承揽合同以完成一定的工作成果为目的

承揽合同中承揽人的基本义务是按照定作人的要求完成工作,并将工作成果交付定作人。承揽人在履行合同义务进行工作成果的制作时,只需按照定作人对于工作成果在组成、功能、性能、质量等方面的要求进行标的物的加工、制作,但工作过程的进行无须接收定作人的安排。定作人订立承揽合同的目的,是获得符合己方需求的工作成果,而不是对承揽人的工作过程本身进行组织或管理。承揽人可以独立自主地进行承揽工作,但工作成果不能实现的风险也需要由承揽人承担。

2. 承揽合同的标的物具有特定性

承揽合同的标的物是承揽人根据定作人的特殊要求,为满足定作人的个性化需要而专门制作的,是定作人特定要求的物质体现,在用途上具有特定性,通常只能供定作人所使用,无法作为一般的商品在市场上流通。如由于无法向定作人交付等而将其作为普通商品在市场上买卖,在选择交易对象时将会面临极大的困难,且可能造成价值或使用价值上的极大损失。

3. 承揽合同具有较强的人身性

承揽人所具有的专业技术水平的高低、设备的先进程度、工作人员的配置等因素,决定了工作成果的完成质量,对定作人交易需求的实现具有重要的影响。定作人在订立承揽合同时,一般是基于承揽人的工作能力而将其选择为交易对象。承揽人在履行合同进行工作成果的加工、制作时,一般需要亲自完成而不得将承揽工作的主要部分交由他人代为进行。

4. 定作人对标的物的制作过程具有一定的控制力和参与性

承揽人按照合同约定进行标的物的加工制作时,应按照定作人提出的要求开展工作;并且在合同履行过程中,定作人还可以根据己方交易需求的变化而变更工作要求。在交易需求发生重大变化导致不再需要标的物时,还可以在承揽人完成工作以前单方要求解除合同。此种情形下,定作人未经与承揽人协商即单方变更合同内容或解除合同的行为均不属于违约,承揽人无权坚持要求继续履行原合同,也无权要求定作人承担违约责任;但合同变更或解除所造成承揽人的损失,定作人应当赔偿。此外,为保障工作成果的完成质量,定作人还有权对承揽人的工作过程进行监督,对完成的阶段性工作成果进行检验。定作人在合同履行过程中所享有的这些权利,均体现出了其对承揽人工作过程具有较强的控制力。

在承揽人履行合同的过程中,定作人有协助的义务。根据承揽工作的具体情况,需要定作人通过明确和完善工作要求、确定工作方案、及时检验阶段性工作成果、组织验收、提供交付信息等方式进行协助时,定作人应依约、及时进行协助,否则需要承担相应的法律责任。因此,承揽工作虽然是由承揽人承担的,但定作人也需要通过积极协助的方式进行参与。

5. 承揽人对承揽工作具有保密义务

承揽合同履行过程中承揽人所进行的工作内容和完成的工作成果,都是为了满足定作人的特定交易需求。承揽人对于在订立和履行承揽合同过程中获得的定作人的经营信息、技术信息应当保密;非经定作人同意,承揽人不得将为制作工作成果而从定作人处获得的技术资料等信息用于履行合同以外的其他用途,也不得留存工作成果的复制品或者与工作成果有关的技术资料。

6. 承揽合同价款的性质属于工作报酬

承揽合同中定作人需向承揽人支付的价款,其性质是承揽人按照定作人的要求完成了承揽工作的工作报酬,而并非所交付工作成果的标的物价款。因此,承揽合同价款的确定,需按照承揽人进行承揽工作时的工作量大小、承揽工作技术含量的高低、所使用的原材料、所使用设备的先进程度等体现承揽人工作价值的因素确定。

四、工业品承揽合同与工业品买卖合同的联系与区别

工业品买卖合同与工业品承揽合同都是当事人为进行工业品的交易而订立的合同,在合同内容及履行方式上具有大量相同或相似之处。如交易中的需求方订立和履行合同都是为了获得工业品产品,供应方都需要加工、制作并向需求方交付产品,需求方都需要向供应方支付价款,供应方都需要就所交付产品的质量负责等。

但根据上文关于承揽合同法律特征的分析,工业品承揽合同和工业品买卖

合同在合同目的、标的物性质、缔约基础、需求方在合同中的地位、提供方的保密义务、合同价款的性质等方面均有显著的差别。具体分析对比如下：一是买卖合同的买受人以获得标准化工业品的所有权为目的，所能满足的是常规性的交易需求；而承揽合同的定作人以获得符合己方特别需要的特定化工业品为目的，所要满足的是自己特定的、个性化的交易需求。二是买卖合同中出卖人的基本合同义务是向买受人交付符合约定要求的标的物；承揽合同中承揽人的基本义务是按照定作人的工作要求进行特定标的物的加工制作。三是买卖合同的标的物是标准化的、或已存在的工业品产品；承揽合同的标的物则是根据定作人的特别需求专门加工、制作的特定化工业品产品。四是承揽合同中定作人基于对承揽人工作能力的信赖而与之建立合同关系；而工业品买卖合同关系中，买受人关注的是工业品本身的质量，无须对出卖人的工作能力特别关注。五是承揽合同中的定作人对工业品的加工、制作过程可以通过变更工作要求、进行监督检验、解除合同等方式进行合理的干预及控制；而买卖合同中的买受人并无此项权利。六是承揽合同中的承揽人需对承揽工作及与工作成果有关的技术信息承担保密义务；而买卖合同中的出卖人无须承担此类义务。七是买卖合同中的价款体现的是标的物的交换价值；而承揽合同中的价款则是承揽人完成工作应得的工作报酬。

五、工业品承揽合同的法律适用规则

工业品承揽合同是《民法典》规定的典型合同承揽合同在工业品交易领域的具体应用，在合同的订立及履行过程中，应首先适用《民法典》关于承揽合同的专门规定及《民法典》合同编通则分编的相关规定确定当事人间的权利义务关系。此外，《民法典》及相关司法解释关于买卖合同的规定在不与承揽合同的交易特征和法律特征相冲突的条件下，可以参照适用于承揽合同关系。如关于合同成立条件、标的物的交付及风险负担、价款支付、所有权保留、质量保证责任的承担等交易事项，均可参照适用法律、司法解释关于买卖合同的相关规定。

承揽人基于承揽合同关系而加工、生产的工业品属于《产品质量法》中规定的产品，故与工业品质量有关的事项需要适用《产品质量法》的规定；其中法律规定的特种设备，还需遵守《特种设备安全法》的规定。根据《标准化法》的规定，企业应当按照标准组织生产经营活动。因此，企业在订立和履行工业品承揽合同时，还应按照《标准化法》的要求，依法确定并执行各项生产经营活动所需遵循的标准，做到产品从设计、生产到质检、出厂过程中的每项具体工作都有标准可依。这一点在以设计、生产非标定制产品为主要内容的工业品承揽合同的履行过程中尤为重要。

此外，采用承揽合同进行的与工程建设有关的工业品交易，或政府采购中的工业品采购以及其他采用招标投标方式进行的工业品承揽交易，还需要符合《招标投标法》《政府采购法》等法律、行政法规的规定。

第二节　工业品承揽合同订立过程中的法律风险防控

当事人在订立以工业品标的物为工作成果的承揽合同时，需要根据承揽合同的法律特征及当事人在交易中的具体需求，合法、合理地对合同内容进行约定。

一、合同当事人的确定

1. 工业品承揽交易中的关系人

工业品承揽交易是工业品供应方按照需求方对某种工业品的个性化需求加工、制作产品，需求方向供应方支付相应工作报酬的民事活动；工业品承揽合同的主体包括定作人和承揽人双方当事人。与工业品买卖交易的关系人组成相类似的是，在特定情况下，工业品承揽交易中也可能会有标的工业品产品的设计方、最终使用方、安装方、监理方、担保方等其他关系人的参与，但合同内容的主要部分还是关于承揽双方权利义务关系的约定。工业品承揽合同中，承揽人只能是具有非标工业品的设计和生产制造能力的企业；定作人则可能是标的工业品产品的使用方、配套主机厂、项目总包方等各种交易主体。

装备制造企业参与的工业品承揽交易活动，包括以承揽人的交易身份为他人定制工业品和以定作人的交易身份由他人为自己定制工业品两种情形。装备制造企业订立工业品承揽合同时，应根据己方在交易中的地位、交易目的等内容，审慎选择交易对象。

2. 合同当事人的风险防控

工业品承揽合同的当事人在订立合同时，需按照本书第二章及第六章工业品买卖合同中关于合同当事人如何确定的内容，就当事人的缔约资格、经营资质、履行能力等方面可能存在的法律风险进行防控。此外，承揽人所具有的工作能力对于承揽工作的完成质量具有决定性的影响，定作人在选择交易对象时，应通过各种合法途径详细了解承揽方的经营规模、技术水平、所拥有主要设备的加工能力、生产组织能力、人员配置、质量控制等方面的软硬件配置情况及其他可能影响承揽工作正常进行的事项，以及承揽人的工作业绩、诚信状况、商业信誉等信息。大型工业品、价值高昂工业品或制作周期漫长的工业品定作，还需要考虑承揽方企业治理结构是否合理，是否具有长期、稳定经营的能力。其他关于合同当事人选择方面的法律风险防控方法，请参照本书前文相关内容的介绍，本节不再赘述。

二、合同性质的确定

如前文所述，当事人在订立合同时对合同性质的确定，是根据交易标的和所采用的交易方式对合同类型的选择。工业品承揽合同属于《民法典》规定的承揽合同这一典型合同在工业品交易领域中的应用。当事人在订立工业品承揽合同时，应按照承揽合同的交易特征和法律特征确定合同内容。

1. 工业品买卖合同和工业品承揽合同的选择

实践中，容易与工业品承揽合同相混淆的主要是工业品买卖合同。当事人在订立合同过程中确定合同性质、选择合同类型时，需要根据前文中介绍的买卖合同和承揽合同在交易特征和法律特征上的区别，结合当事人在具体交易中的目的、当事人权利义务的范围和性质、履行方式等内容，准确识别和确定合同性质。简言之，工业品提供方按照需求方对工业品的个性化需求制作特定化的工业品产品的，合同性质应确定为承揽合同；工业品提供方向需求方提供的是根据国家、行业或企业标准制作的标准化工业品产品，或订立合同时已存在的非标产品的，合同性质应确定为买卖合同。

2. 工业品承揽合同的名称

工业品承揽合同是承揽人按照定作人的要求加工、定作特定化产品的合同，当事人在订立此类合同时，应采用承揽合同、定作合同、加工合同等体现承揽合同交易特征的合同名称,而不应采用买卖合同、购销合同、委托合同等与承揽交易特征不符的名称。工业产品交易领域大量采用的、由国家相关部门发布的“工业品买卖合同”“工矿产品购销合同”等买卖合同性质的示范文本,也不应在工业品承揽合同的订立中采用。实践中经常使用的采购合同、销售合同、供货合同、订货合同等容易被误认为买卖合同的名称,也应避免使用。

3. 与合同性质有关的合同内容的确定

当事人在订立工业品承揽合同时,应按照承揽合同的交易特征和法律特征确定当事人在交易中的权利义务、安排交易流程。合同内容中应根据交易的实际情况就定作人对标的工业品的具体要求,承揽人可以交由他人完成工作的范围,定作人中途变更工作要求的程序及造成承揽人损失的确定方法,定作人需要承担的协助义务及履行方式,定作人对承揽工作进行监督检验的时间安排、方法,承揽人需要交付的技术资料、质量证明,工作成果的验收主体、条件、程序、方法,承揽人承担保密义务的范围、期限,定作人行使任意解除权的程序、造成承揽人损失的确定方法等承揽合同履行过程中特有的内容作出约定。

三、工作要求相关内容的约定

承揽合同的标的是承揽人按照定作人的工作要求完成工作内容和交付工作成果的行为,而并非所要加工、定作的工业品本身。加工、定作的工业品是承揽工作完成后所形成的工作成果,是承揽合同的标的物,也是定作人通过订立和履行承揽合同所要获得的最终成果。工业品承揽合同的工作要求,就是承揽工作完成后所得到的特定化的工业品应具有何种功能、达到何种性能、由哪些部分组成,以及标的工业品的制作工作应如何进行,采用何种技术规范等内容。

1. 工业品的组成和功能的确定

在工业品买卖合同中,买受人对标的工业品组成和功能的确定,是按照己方的交易需求,在出卖人可以提供的产品中选择符合己方需求的标的物。但在工业品承揽合同关系中,合同订立时标的工业品并不存在,定作人需要根据自己定制标的工业品所要达到的目的,向承揽人提出对标的物应具有的功能、组成、结构、性能、使用效果等方面的要求,由承揽人依据该要求进行工业品的加工、制作工作。因此,定作人在合同订立以前,应当对拟采购工业品的用途、使用工况、需要完成的工作内容、需要达到的工作水平等进行详细的分析、研究,就工业品应具有的功能、组成、结构、性能、使用效果等向承揽人提出符合己方交易需求、满足承揽工作需要的工作要求。

实践中,工业品承揽合同中的承揽人一般都是工业品所属行业或技术领域中的专业厂家,对不同配置和组成的工业品所能达到的功能具有专业的认识能力。但定作人则既可能也对所需要的标的工业品具有丰富的专业知识和实践经验,也可能并不掌握与工业品有关的专业知识。在定作人不具备相关专业知识的情况下,定作人提出对工业品功能、组成方面的要求时,往往需要借助承揽人或第三人的技术帮助。在没有第三人帮助的情形中,定作人对工业品的功能、组成等方面的要求,需要其将拟定制工业品的用途、使用工况、需要完成的工作内容、需要达到的工作水平等内容告知承揽人,由承揽人帮助确定满足这些要求的工业品所应具有的功能和组成。此外,定作人也可以直接将前述关于工业品使用情况的内容作为对承揽人的工作要求,由承揽人根据这些要求确定标的工业品的功能、组成、性能、结构等属性。

在约定标的工业品所应具有的功能、性能时,承揽人应对定作人关于工业品使用效果方面的要求予以特别关注。由于承揽合同中的标的工业品是根据定作人的个性化要求定制的,在制造以前一般并无相同的产品可供借鉴,承揽人即使按照定作人关于工业品的功能、组成等要求制造出了标的工业品,该产品能否达到某种特定的使用效果也会存在不确定性。如能否进行某项特定的工作、能否生产出符合某种特定质量等级的产品、能否达到特定的使用效益等。因此,在定作人提出关于标的工业品所应具有的使用效果方面的承揽工作要求时,承揽人应根据实现该要求的技术难度、实现的可能性、实现或不能实现时的经济成本等因素,谨慎确定是否可以接受此类要求。

2. 工业品的制作要求

工业品承揽合同标的的确定,除需要确定所定作工业品应当具有的功能、由哪些部分组成以外,定作人一般还可以就工业品应如何制作提出具体要求,作为承揽人实施承揽工作时应遵循的依据。一般情况下,工业品的价值和质量主要是由所使用的原材料、零部件、元器件的质量,工业品制造过程中所使用的加工制造方法,以及承揽人的技术水平等共同决定的。因此,关于工业品的制作要求,应围绕原材料、零部件、元器件等的选择,以及产品的加工制造方法、重要生产工序的加工要求等方面的需要而提出。

常见的工业品产品中所使用的原材料主要包括各种钢材、有色金属、非金属材料等制作工业品零部件的工程材料，对工业品整机或零部件进行表面处理的涂料，以及螺钉、电缆等工业标准件；零部件主要是指通过对材料进行机械加工而得到的工业品组成部分，如轴、齿轮、箱体、支撑底座等；元器件则是指由专门生产厂家制作的、可以安装在工业品中实现特定功能的机械或电气装置，如电动机、减速器、风机、泵、各种仪器仪表等装置。当事人在订立工业品承揽合同时，应根据标的工业品正常工作的需要及定作人对标的工业品档次、质量、稳定性、可靠性、经济性、预期使用寿命等方面的需求，就原材料的牌号、性能等级，零部件组成、结构，配套元器件的生产厂家、性能等级等方面的要求作出符合交易需求的约定。

不同的加工制作方法和工艺对产品质量也会有重要的影响。如传统的手工电弧焊接所加工的产品，与先进的激光焊接、电子束焊接等方法加工的产品相比，质量就会有明显的差距。当事人订立工业品承揽合同时，应根据标的工业品及相关零部件的重要程度、工业品的工作环境等因素，就工业品总成及各零部件加工时所应使用的加工设备、工艺等作出符合使用要求的约定。

3. 工业品加工、制作工作的标准适用

工业品承揽合同中的标的工业品，一般都是不符合国家标准、行业标准或企业标准的非标产品，但并非这些非标产品的加工、生产不需要遵循任何技术标准。实践中，绝大多数行业或领域中的工业品产品的加工、制造都有相关的国家或行业通用性标准进行规范。这些通用性的技术标准虽然未对具体产品的组成、性能参数等作出规定，但都对本行业或领域中相应类型的工业品产品在设计、生产、使用、维护等方面应遵循的技术要求进行了规范；非标定制产品的加工、制作也需要按照这些标准规定的内容进行；并且，根据《标准化法》的规定，企业应当按照标准组织生产经营活动。因此，企业应当依法确定生产经营活动中所遵循的技术标准，没有国家标准和行业标准可供选择的，应当依法制定企业标准，而不应无标生产。当事人在订立工业品承揽合同时，也应根据交易需要，选择适当的国家标准、行业标准或企业标准，作为承揽人进行承揽工作时应遵循的技术要求。

4. 备件和技术服务的确定

定作人通过订立和履行工业品承揽合同获得标的工业品后，也需要为工业品检修、维护、保养而配置必要的备用零部件；并且，根据定作人的要求定制的特定化的工业品所具有的功能、技术性能、使用和维护等方面的具体要求，一般比买卖合同中的标准化工业品更加复杂，多数都需要承揽人在安装、调试、使用、人员培训等方面提供技术服务。因此，当事人在订立工业品承揽合同时，应根据工业品检修、维护、保养等工作的具体需要及相关零部件的市场流通性等因素，确定是否需要为标的工业品配置备件及配置的范围、数量。同时，还需要根据定作人对与工业品有关的专业技术的掌握程度，以及对工业品本身的了解程度，合理确定承揽人在工业品安装、调试、初期使用等阶段提供技术服务的范围、期限及服务费用的计算方法等内容。

四、质量要求的约定

工业品承揽合同的标的物是为满足定作人特定化的需求而定制的，而定作人对标的工业品的特定化需求不仅体现在产品应具有的功能及组成方式等方面，还包括对产品性能、寿命、可靠性、安全性、经济性以及外观、造型、色泽、美观性等质量方面的特定需求。当事人在订立工业品承揽合同时，需要按照定作人对于产品质量方面的特定需求就标的工业品的质量要求作出约定。即使定作人对标的工业品没有质量方面的特别要求，当事人也需要参照同类型工业品通常状态下所具有的质量水平在合同中就相关项目的质量要求作出约定。

虽然工业品承揽合同履行完成后所形成的是没有具体产品标准的非标产品，但在相关国家部门制定的关于相关行业或领域产品技术要求的通用性技术标准中，一般都会对该行业或领域中各种常见工业品主要功能的实现所应具备的基本性能，为保证工业品的安全使用所应配置的安全装置、应达到的安全使用条件，以及工业品使用、维护的便利性、经济性等体现工业品质量要求的内容作出规定。其中，对人身、财产安全具有较大危险性的特种设备的相关国家标准中规定的技术要求，属于强制性的国家标准，在工业品的设计、制作和加工过程中必须执行。强制性国家标准以外的国家、行业的推荐性标准中关于工业品质量的要求，在当事人未就合同中的质量标准作出约定的情形下，也会作为评价标的产品是否符合质量要求的依据。因此，当事人在工业品承揽合同中约定关于产品质量要求的内容时，首先需要详细了解与标的产品相关的国家、行业技术标准中对该类产品质量要求的规定，然后根据定作人对产品质量的实际需求,通过直接采用相关质量标准或另行约定具体的产品质量要求,在合同内容中就产品的质量要求作出能够满足交易需求的、可行的、符合经济性原则的约定;其中,对于质量要求有国家强制标准的产品,当事人自行约定的质量要求不得低于国家强制标准的要求。

五、与标的工业品的交付和验收有关内容的约定

承揽人完成标的工业品加工、制作的承揽工作后,应将作为工作成果的标的工业品交付定作人,并提交必要的技术资料和有关质量证明;定作人应当验收该工作成果。承揽人的交付义务及定作人的验收义务,是《民法典》对标的工业品作为工作成果在双方当事人间进行交接时的基本规定。实践中,关于承揽人完成标的工业品的交付所产生的法律效果,定作人不受领交付时应如何处理;以及定作人对标的物应当进行的验收行为的法律属性,定作人不验收或未验收标的物时当事人间的权利义务关系应如何处理等与标的工业品的交付和验收有关的争议大量存在。法律、法规、司法解释均未对此类问题作出明确规定,导致当事人在标的工业品的交付和验收过程中,对相关问题的法律意义理解不同而形成了大量纠纷。因此,当事人在订立工业品承揽合同时,需要根据实际情况对交付、受领交付、验收等合同义务的履行方式、期限、不依约履行的后果等作出明确、具体的约定,以供双方在履行合同过程中共同遵守,减少争议的发生。

1. 工业品交付、受领交付和验收的法律意义

工业品承揽人完成承揽工作后,需要将其占有或支配的工作成果以转移占有的方式交付给定作人;定作人受领交付后标的工业品即转由定作人实际占有。承揽人所实施的将对实物的占有状态转移给定作人的交付行为,与买卖合同履行中出卖人将买卖标的物向买受人交付的行为,在表现形式上是完全相同的;对于标的物提供方而言,交付行为的法律意义也是基本相同的,即都是为履行己方的交付义务而将标的物向对方转移的债务履行行为。但不同性质的合同关系中,标的物接收方受领标的物的行为所产生的法律效果则并不相同。

根据《民法典》的规定,在买卖合同关系中,除当事人另有约定外,买受人受领了出卖人交付的标的物,标的物的所有权就转移给了买受人,出卖人承担的交付标的物的合同义务也就已经履行完毕。买受人对出卖人交付标的物的数

量或质量有异议的,需在约定或法定的检验期间内提出,逾期将视为出卖人所交付标的物的数量和质量符合约定。在承揽合同关系中,承揽人交付工作成果后,定作人应当验收该工作成果;而关于验收的意义,一般认为应当是指"检验后接收",即定作人应当在受领交付后对承揽人交付的工作成果进行检验,根据检验结果决定是否接收。因此,在承揽合同履行过程中,定作人虽然受领了承揽人交付的标的物,但尚未对标的物进行验收时,意味着定作人尚未对标的物是否符合合同约定的制作要求进行认可,尚未接收标的物。承揽人交付合格工作成果的合同义务也就因标的物尚未进行验收而不能认为已经履行完毕;而只有标的物经验收合格被定作人接收后,才能认为承揽人交付工作成果的义务全部履行完毕。

由此可见,在买卖合同和承揽合同两种不同的合同关系中,虽然标的物提供方交付标的物的行为在行为目的、表现形式等方面都基本相同,但法律对接收方受领行为的法律效果作出了不同规定,导致在交付义务是否履行完毕的判断标准上产生了显著的差别。在买卖合同中,买受人只要受领了标的物交付,或虽未实际受领但根据法律规定或合同约定已视为受领的,买受人的标的物交付义务就已经履行完毕。但在承揽合同中,定作人受领了标的物并不意味着已经接收了工作成果的交付,只有对工作成果进行了验收,或根据法律规定或合同约定可以视为已经验收的,承揽人所完成的工作成果才能被认为已被定作人接收。

此外,买卖合同中买受人以受领交付方式对标的物进行的接收,与承揽合同中定作人以验收方式进行的接收,两者的区别还在于:受领交付本身并不包含对标的物数量和质量进行检验的含义,因此除合同另有约定外,买受人的接收行为不能被视为已对标的物的数量或质量进行了认可。买受人有权在接收标的物后的法定或约定检验期内,对标的物的数量和质量是否符合约定进行检验,并有权根据检验结果提出数量或质量异议。验收方式的接收行为本身就包含了对标的进行检验的内容,定作人对标的物检验后接收的行为应被视为对标的物数量和质量的认可,除难以在验收过程中发现的隐蔽瑕疵外,即使承揽人交付的工业品与合同约定存在差异,但定作人检验后同意接受的,也应视为双方已对合同原约定作出了变更,承揽人的交付义务也已经履行完毕。

2. 对标的工业品交付、受领交付的约定

承揽人完成非标工业品的加工、制作等承揽工作后，需将作为工作成果的产品交付定作人，定作人对承揽人根据合同约定进行的工作成果交付应当受领。但是，作为工作成果的标的工业品是为满足定作人特定需求而特别制作的，只能满足定作人这一特定主体的特定需求，一般不具有普通商品的市场流通性。定作人由于交易需求发生变化、拟使用标的物的经营环境发生变化等不再需要标的工业品时，将会面临受领标的物后既无法实际使用也无法通过转卖进行变现的困境；实践中工业品承揽合同中的定作人不愿受领、或不受领标的工业品并以此拒付合同价款的案例较为常见，远多于工业品买卖合同中买受人拒收或不愿接收标的工业品的案例。在此情形下，工业品承揽人一般也无法将已加工完成的非标工业品重新转让给他人以收回投入，从而可能导致承揽人受到重大的经济损失。

因此，当事人在订立工业品承揽合同时，除应在合同内容中就标的工业品的交付时间、地点、方式、费用承担等作出约定外；还应对承揽人交付标的工业品时定作人应承担的受领义务也作出明确具体的约定。并且，还应根据标的的组成、用途、可回收使用的价值、合同价款的数额等因素，就定作人可能的拒绝受领标的物的表现方式，定作人拒绝受领或由于定作人的原因无法交付时应承担的责任，承揽人的权利救济方式以及损失的弥补方法等内容进行明确的约定。

此外，定作人受领了标的工业品但未进行验收的，一般认为并不产生定作人已接收标的物的法律效果。标的工业品在被受领以后、验收以前保管义务的承担以及毁损、灭失的风险承担，法律均未作出明确规定，是否可以参照《民法典》关于买卖合同的相关规定进行确定在实践中也存在一些争议。因此，当事人应根据标的工业品的性质、保管的便利性、交付和受领交付的方式等因素，对标的工业品被受领交付后、验收以前的保管和毁损、灭失的风险承担等作出约定。

3. 对标的工业品验收的约定

工业品承揽合同履行中，定作人接收工作成果需要以验收的方式来完成。但实践中，不同工业品的功能、组成、结构、用途、使用方式等均可能存在巨大差异，导致工业品的验收方式也明显不同。如小型、常规、独立工作的工业品，验收方式一般较为简单，在交付前后均可以随时进行验收。但大型、通用性弱、需要与其他机器装置配合工作的工业品的验收工作则要复杂得多，可能需要大量的前置条件均具备后才能进行验收；验收工作往往需要定作人受领交付后数月甚至数年才能进行。在标的工业品并非因承揽人的原因无法验收或无法按约定时间验收时，承揽人的合同交付义务将会在工作成果已完成甚至标的物已实际交付后仍长时间无法得到确认，其享有的与标的工业品验收有关的合同价款请求权、质量保证期的起算等权利均将无法主张，从而会造成承揽人利益的损失。

当事人订立工业品承揽合同时，应当就标的物验收的相关事项作出约定，如验收工作的人员组成、方式、时间，以及定作人未依约组织验收时的处理等。其中，验收人员一般应由双方当事人或双方委托的工作人员共同参与进行；功能繁多、组成复杂、专业性强的工业品验收可根据需要由产品的设计方、监理方、最终使用方等主体参与进行，或由定作人聘请相关行业或技术领域的专业性机构或人员参与进行；对人身或财产安全有较大危险的特种设备的验收，根据相关法律规定或行政法规的规定，还需要由特种设备检验机构对工业品的安全性能进行检验。工业品的验收方式需要按照标的工业品的功能、组成、复杂程度、用途等确定；如简易、常规、小型的标的工业品，一般根据合同约定的产品功能、组成、质量要求等进行一次检验即可完成验收；但大型复杂的生产线等设备类工业品，则可能需要根据项目进度的开展情况而进行出厂前的初步验收、调试完成后的二次验收、试生产后的最终验收等程序。工业品的验收时间也需要根据工业品的性质、组成、用途及使用工业品的项目进度情况进行确定，简易、常规的工业品可以在工业品交付前后灵活确定验收时间，复杂工业品则一般都需要在现场调试后进行验收，大型工业品则可能需要投入运行使用一段时间后才能进行验收。但无论何种性质工业品的验收，当事人都应在合同中进行内容具体明确，足以确定工业品应当开始验收时间的约定。

定作人未对工业品验收导致双方当事人发生的争议，是工业品承揽合同履行过程中及相关纠纷处理过程中，较为常见、也较难处理的问题。为尽力降低此类争议发生的可能性，以及争议发生后为纠纷的解决提供依据，当事人在订立工业品承揽合同时，应就工业品未能及时验收可能产生问题的处理作出有针对性的约定。首先，当事人应根据工业品的功能、组成、用途等属性，以及使用工业品的项目的建设情况，对可能影响工业品验收工作进行的事件作出合理的预测，并对预测到的可能发生的事件实际发生后，验收工作应如何安排作出有预见性的约定。其次，如可能存在导致验收工作长期无法进行的事件，或可能存在定作人消极不作为而导致验收无法进行的情形，承揽方应当争取在合同中就特定事实的发生约定为视为工业品已经验收的条件；如将定作人受领标的工业品后超过一定时间仍未进行验收、定作人未经验收就将标的工业品投入生产使用等能够说明定作人已经实际认可了标的工业品的事实，约定为视为工业品已经验收合格的条件等。

六、关于定作人合同任意解除权的约定

根据《民法典》的规定，承揽合同关系中的定作人在承揽人完成工作以前可以随时解除合同。该项法律规定所赋予定作人的合同解除权，不需要任何法定或约定的条件，故实践中称之为定作人对合同的任意解除权。

1. 定作人对承揽合同享有任意解除权的法律意义

在定作人行使任意解除权解除合同时，如承揽人已进行了部分承揽工作，则为进行该部分工作而投入的资源将会转变为承揽人受到的损失。定作人单方解除合同的行为完全是基于自身利益的考量而作出的，故该部分损失不应由承揽人承担。因此，《民法典》规定，定作人行使任意解除权解除合同造成承揽人损失的，应当赔偿损失。

定作人基于上述法律规定而享有的对承揽合同的任意解除权，给承揽人的合同履行带来了很大的风险。承揽人所进行的承揽工作在完成以前，随时可能由于定作人解除合同而无法根据合同约定获得工作报酬。虽然法律规定了合同解除造成的承揽人损失应当由定作人赔偿，但赔偿范围及数额如何确定，仍然是在双方当事人之间容易产生争议的问题。实践中，也有当事人在订立承揽合同时有意或无意地通过约定的方式在合同内容中排除了定作人对合同的任意解除权；但考虑到承揽合同中定作人任意解除权制度的运用对于节约社会资源、防止出现合同僵局等均有明显的积极意义，司法实践中倾向于认为前述对合同任意解除权进行排除的约定，不能产生实际的排除解除权行使的法律效力。

2. 对合同任意解除权行使方式和后果的约定

当事人在订立工业品承揽合同时，应根据交易事项的实际情况，在合同中就与定作人行使合同任意解除权有关事项的处理作出约定，以降低双方由此发生争议的可能性及在争议发生时为争议的解决提供处理依据。作为承揽人的

当事人,在合同订立过程中约定与定作人合同任意解除权有关的内容时,应围绕既能防止定作人过于随意地解除合同,尽量维护合同关系的稳定性,又能在合同被定作人解除时承揽人的损失能够得到有效弥补的原则,从合同任意解除权的行使方式和承揽人损失范围、数额的确定两方面考虑确定合同内容。

首先,《民法典》已经规定定作人通过行使任意解除权解除合同需要在承揽工作完成以前;承揽工作已完成的,定作人无权要求解除合同。因此,合同中可就任意解除权的行使方式进行约定;如约定定作人拟解除合同,应事先与承揽人联系确定承揽工作的进度,确定承揽工作是否已实际完成或已完成部分的占比情况,未经事先联系的合同解除不生效等内容。其次,合同还应对定作人解除合同时,需赔偿承揽人损失的范围及数额的计算方法作出具体明确的约定;如可得利益是否需要赔偿,赔偿损失的范围、项目及各项目损失额的计算方法,或按合同总价款比例计算的方法,最低赔偿数额等。

七、合同其他内容的确定

当事人订立工业品承揽合同时,还需要对承揽合同关系中以下特有事项进行约定,以利于合同订立后履行工作的正常进行,及防止不必要的争议。

1. 定作人对承揽工作要求的变更权

与法律关于定作人对承揽合同享有任意解除权规定的立法目的相同,定作人由于交易需求发生变化,需要对所需求工作成果的功能、性能、数量等进行改变的,根据《民法典》的规定,定作人可以要求变更;但造成承揽人损失的,应当予以赔偿。因此,在合同成立后,定作人向承揽方提出对合同中关于承揽工作内容进行变更的要求,不属于违约行为。当事人在订立工业品承揽合同时,应比照上文关于定作人任意解除权的行使方式及需赔偿所造成损失的范围及数额的计算方法,在合同中就定作人变更承揽要求时的相关事项作出约定。

2. 定作人的协助义务

承揽合同是为满足定作人个性化的特定需求而订立和履行的,在承揽人履行合同进行承揽工作的过程中,如工作内容中涉及为满足定作人特定需求而需要其对承揽工作进行协助的,定作人负有积极协助的义务。根据《民法典》的规定,定作人不履行协助义务致使承揽工作不能完成的,承揽人可催告定作人在合理期限内履行义务,并可以顺延履行期限;定作人经催告后仍不履行的,承揽人可以解除合同。此外,根据《民法典》合同编通则部分关于违约责任的一般规定,定作人不履行协助义务造成承揽人损失的,还应承担赔偿损失等违约责任。

在工业品承揽合同中,需要定作人履行的常见协助义务包括以下几种类型:一是工作要求的明确或具体化。如向承揽人提供满足承揽工作需要的图纸或技术要求,就工作要求在具体承揽工作中的实现进行明确或量化,对承揽人提出的关于工作要求的疑问、意见进行及时答复,对承揽人完成的产品设计方案是否符合己方需求进行确认等。二是根据合同约定的品种、规格、数量及时间,提供原材料、配套零部件等物品。三是对阶段性工作成果及时进行检查验收。四是按合同约定的标的工业品交付时间、地点、查验方式等内容受领交付。五是为承揽方工作人员提供必要的工作条件。

当事人订立工业品承揽合同时,需要根据承揽工作的具体内容、工作成果的性质等因素,合理地预见合同履行过程中定作人需要协助进行的具体工作内容,对承揽人提出协助要求的条件、方式,定作人提供协助的内容、范围、方式,及定作人未依约协助时的处理等作出符合承揽工作实际需要的约定。

3. 定作人对承揽工作的监督检验

根据《民法典》的规定,承揽人在工作期间,应当接受定作人必要的监督检验,但定作人不得因监督检验妨碍承揽人的正常工作。其中,监督检验中的"监督",一般是指对承揽工作过程的检查、督促;"检验",一般是指对阶段性工作成果的检验。因此,当事人订立工业品承揽合同时,可根据工业品承揽工作的具体情况和实际需要,就相关需要由定作人进行监督检验的工作事项及监督检验的程序、方式等作出约定。

实践中,在工业品承揽合同履行过程中常见的需要定作人进行监督检验的事项主要有以下几方面的内容:一是承揽工作的进行进度,需要定作人定时或不定时的检查和督促,以促使承揽人能够按期完成承揽工作;防止由于所定制的工业品不能按期投入使用,影响工业品使用项目的整体建设进度。二是承揽人完成设计的工业品产品工作原理方案、总装布置图、施工图、电气图等技术资料,需要定作人对相关内容进行检查、审核,以保证根据这些图纸文件加工制作的产品符合定作人的需求。三是承揽人采购的原材料、配套元器件,需要定作人对名称、规格、型号、技术参数、质量等级、生产厂家等进行检验,确保符合合同约定。四是承揽人对标的工业品重要零部件的加工工艺、使用的设备,以及加工完成后的质量状态,需要定作人进行监督、检验,以保证符合合同约定的要求。五是承揽人完成的阶段性工作成果,需要定作人进行检验,以保证工业品整机的产品质量能够达到合同约定的要求。六是承揽人对工业品进行质量检验的过程,需要定作人进行监督、检查,确保质量检验过程和结果的真实性。

当事人在订立工业品承揽合同时,应根据标的工业品的规模、技术先进程度、组成的复杂程度、重要性,及进行相关监督、检验工作的成本等因素,就工业品加工制作过程中需要由定作人进行监督检验的项目,监督检验的程序、方式、人员组成、费用负担等内容在合同中作出约定。

4. 承揽人的质量保证义务

《民法典》关于承揽合同的规定内容中,未就与质量保证有关的事项作出规定。但实践中,大多数工业品承揽合同中均会约定工业品的质量保证期;并且根据《产品质量法》的规定,任何产品的生产者均应对其所生产产品的质量负责。承揽人对其加工制造的非标工业品工作成果所应承担的产品质量保证义务,在法律性质上与买卖合同关系中出卖人应对标的物承担的质量保证义务并没有本质差别。因此,在当事人未就质量保证义务的负担方式、未依约依法履行质量保证义务时应承担的责任,以及质量保证期是否可延长、可中断,质量保证金的支付条件等内容作出约定时,相关事项可参照《民法典》及相关司法解释关于买卖合同的规定确定。

质量保证期在承揽合同和买卖合同中的区别在于以下两个方面:一是在买卖合同关系中,如当事人未约定买受人接收标的物后的检验期限且难以确定检验合理期限,合同中约定的质量保证期是买受人对标的物进行检验并提出质量或数量异议的期限。但在承揽合同中,根据《民法典》的规定,定作人需要以验收的方式接收标的工作成果;除当事人另有约定外,定作人受领标的工作成果后,并不需要根据买卖合同中的标的物检验规则对标的物的质量进行检验。因此,承揽合同中约定的质量保证期一般不具有确定检验期限的效力。二是两种合同关系中质量保证期的起算时间确定规则不同。在买卖合同关系中,买受人受领交付的行为即为接收标的物的行为。因此,如当事人没有不同约定,质量保证期应从买受人收到标的物之日起算;实践中当事人约定的起算时间也大多数是买受人收到标的物之日。但在承揽合同关系中,定作人受领交付后并不意味着已经接收了标的工作成果,定作人接收标的成果的时间需要按照标的完成验收之日确定。因此,如当事人没有不同约定,质量保证期应从标的工作成果完成验收之日起算;实践中当事人约定的起算时间也大多数是标的工作成果完成验收之日。

因此,当事人订立工业品承揽合同时,需要参照前文关于工业品买卖合同中约定质量保证相关事项的要求,就工业品总成和各组成部分根据具体情况约定不同的质量保证期,对质量保证期的起算时间及期限作出明确、具体的约定。如对质量问题的确定标准、方法,质量保证期是否可以中止、中断、延长,质量保证金的扣除条件、标准、方法等作出约定。其中,约定质量保证期的起算时间时,需要根据使用工业品的经营项目建设进度,工业品的功能、组成、价值等属性,以及验收工作启动的难易程度等因素,在合同中就质量保证期的起算时间作出可准确识别和确定,并能满足当事人交易目的的约定。如工业品验收日期明确具体并能够得到实际执行,可将验收完成时间约定为质量保证期起算时间。但影响标的工业品验收工作的因素过多,可能经历漫长的期限后仍无法进行,则应考虑将其他时间节点,如标的工业品交付之日、完成调试之日、实际使用之日等容易确定的日期约定为起算时间。此外,当事人还可以根据需要约定多种质量保证期起算时间的计算方法,并将其中先到的一种确定为起算之日。

第三节　工业品承揽合同履行过程中的法律风险防控

工业品承揽合同的履行过程可以分为承揽工作实施阶段和标的工业品交付、验收及质量保证等阶段。在承揽工作实施阶段,合同履行的主要内容是承揽人根据定作人的要求进行标的工业品的加工、制作。在标的工业品交付、验收和质量保证阶段,合同履行的主要内容是承揽人将定制完成的标的工业品向定作人进行交付,并根据合同约定提供技术服务,履行质量保证义务等;定作人受领交付并按照约定验收标的工业品,支付工作报酬等。

一、工业品承揽工作的实施

按照合同中约定的要求进行产品的加工、制作工作,是承揽人的基本义务,也是整个工业品承揽合同的主要履行内容。承揽人应当按照合同约定和法律规定实施承揽工作，定作人应按照合同约定和法律规定行使工作要求变更权、监督检验权及合同解除权等权利，并应对承揽工作的实施承担相应的协助义务，根据合同约定支付相应的工作报酬。

1. 承揽工作的进行

在承揽工作实施阶段，承揽人需按照定作人的工作要求完成承揽工作；其中，定作人提出的工作要求，不仅包括合同中已经约定的内容，还包括合同成立后定作人提出的对工作要求变更的内容。

(1)工作要求的明确

定作人提出的工作要求，是承揽人进行承揽工作的依据，内容应具体明确，能够满足承揽工作正常进行的需求。承揽人在开始承揽工作以前或在承揽工作进行的过程中，应根据承揽工作进行的需要，及时发现定作人所提工作要求中存在的问题，并由定作人及时对相关问题进行答复、明确。

首先，合同进入履行阶段后，承揽人应当对合同文本、合同所附技术协议或产品功能性能要求书、招投标文件、图纸、技术要求书等资料进行详细的审查，发现对标的工业品所提出的要求不明确、不合理的，应当及时通知定作人，由定作人进行明确和答复。发现根据合同中约定的工业品组成内容、技术方案进行标的工业品的加工生产，难以满足定作人关于标的工业品的功能或性能要求的，应当通过双方协商变更相应的合同内容。其次，在标的工业品产品设计、材料准备、加工生产过程中，发现定作人所提出的工作要求不明确、不合理、无法实现的，比照前述方法处理。发现由于市场供应不足、加工制造成本远高于预期等，无法或不宜按照原工作要求履行的，应当积极与对方协商进行合同内容的变更。最后，定作人对承揽工作的要求发生变更，需要重新进行全部或部分已完成的工作的，应详细分析新的工作要求与原工作要求在承揽工作内容上的具体差异，尽量减少由于工作要求的变更对承揽工作带来的不利影响，降低损失。

(2)工作标准的执行

根据《标准化法》的规定，企业的生产经营活动应当按照法律确定的标准进行。因此，承揽人进行定制工业品产品的加工、制作时，在产品的设计、图纸资料的编制、原材料和配套零部件的采购、生产加工工艺的编制、零部件的加工和安装、工业品的装配和调试、质量检验和控制等方面，均需要按照相应的国家、行业或企业自行制定的技术标准或管理标准进行。企业进行无标生产活动的，所生产的产品将可能被行政管理机关或司法机关按不合格产品处理。

(3)产品的设计

工业品承揽合同的标的工业品都是定制的产品,生产加工活动中所需要的图纸等文件一般没有现成资料可供使用,而是需要根据定作人的个性化工作要求进行产品的设计并制作图纸等技术资料。在不同的承揽工作中,承揽人所需要承担的产品设计工作范围是不同的,在定作人已自行或委托其他专业人员完成了工业品设计工作的情形下,承揽人只需要根据己方进行承揽工作的需要对定作人提供的图纸等技术文件进行适当转化即可。但在定作人未提供产品设计文件,只提出了对工业品的功能、组成、性能等方面的要求时,则标的工业品加工制作所需要的原理方案、施工图纸、电气控制等方面的设计工作都需要由承揽人进行。

承揽人进行标的产品的设计,需要遵循国家、行业关于工业品所属行业或技术领域的相关通用性技术标准或合同约定的其他特定标准进行,并应围绕定作人在合同或其他技术文件中提出的技术要求进行。其中,标的工业品工作原理方案、总装布置图、电气控制图等反映标的物整体工作原理、结构特征的设计文件完成后,一般应由定作人审查确认是否符合其使用要求。大型、重要程度高、价值高昂的标的工业品设计完成后,一般还需要由定作人组织与标的工业品的设计、生产、使用、维护等工作有关的单位或人员,通过召开产品技术方案审查会等方式对已完成的设计方案进行审查确定。

(4)原材料及配套零部件的准备

现代化的各类通用及专用工业品尤其是设备类产品,多数是功能繁多、组成复杂的工业产品,制造过程中所需的大量原材料、配套零部件都需要承揽人根据标的工业品产品的生产要求专门进行采购。承揽人采购这些配套使用的原材料、零部件时,应按照合同约定的名称、规格、型号、数量、生产厂家等要求进行。所采购的配套件应带有产品合格证、使用说明书等表明产品质量状况和使用方法的单证资料;重要的零部件还应带有原产地证明、质量检验证书等表明合法来源和质量检验情况的单证资料。市场没有适当的供货商供货或无法按期供货,致使配套零部件的采购难以满足承揽工作要求的,承揽人应将相关情况及时通知定作人,通过双方协商变更合同内容等方式进行解决。

(5)标的工业品的生产加工

承揽人需按照合同约定的产品结构、加工工艺及设备、质量等级等要求进行标的工业品的生产加工。零部件加工完成后,应当按照规定的质量检验标准和程序进行质量检验,并保存重要零部件的质量检验记录。工业品整机加工生产完成后,应按照产品设计图纸中关于产品应具有的功能、性能等技术要求对工业品产品进行调试;还应按照约定的质量检验标准和程序对工业品整机进行质量检验,并保存及根据合同约定向定作人提供质量检验记录。

在承揽人加工制作标的工业品的过程中,定作人根据合同约定,或合同虽未约定但定作人以不妨碍承揽工作进行的方式,要求监督检验加工生产过程、加工生产形成的半成品、定作人已完成采购的原材料和配套零部件等反映承揽工作的进行和完成情况的,承揽人应当配合。合同约定定作人对承揽人完成的阶段性工作成果进行检验的,承揽人在完成相应的工作后,应及时通知定作人进行检验。

(6)定作人变更工作要求或解除合同时损失的确定

根据《民法典》的规定,在承揽合同履行过程中,定作人可以变更工作要求,在工作成果完成以前还可以解除工业品承揽合同,但应赔偿承揽人因此受到的损失。实践中,在工业品承揽合同履行过程中定作人要求变更工作要求的案例大量存在,要求解除合同的案例也并不鲜见。因此,在承揽人实施承揽工作的过程中,发生定作人要求变更工作要求或解除合同事件的,承揽人应及时将合同已实际履行的具体情况告知定作人;对方有异议的,还应提供必要的证据进行证明或由双方共同进行见证确认。定作人要求变更工作要求的,承揽人可将内容变更所需要重新采购的配套件,需要重新进行的产品设计、生产加工等工作,以及预计将产生的损失费用等告知定作人,由定作人对合理损失进行赔偿。定作人要求解除合同的,承揽人应将已进行的全部承揽工作以及所产生的费用、合同约定的定作人解除合同时需赔偿的其他费用等告知定作人,由定作人对合理损失进行赔偿。

2. 定作人在承揽工作进行过程中的权利行使和义务承担

在承揽人完成承揽工作以前,定作人可以根据己方交易需求变更工作要求或解除承揽合同,但应赔偿承揽人由此受到的损失。在承揽人实施承揽工作的过程中,定作人对承揽工作的进行负有协助义务,享有对承揽工作的进行情况进行监督检验的权利，但监督检验不得妨碍承揽工作的正常进行。

(1)定作人对工作要求的变更

工业品承揽合同关系中的定作人在合同成立、生效或承揽人实施承揽工作的过程中，如由于使用标的工业品的经营项目发生变化或交易需求发生变化，需要变更所需标的工业品的功能、组成、性能等对承揽工作的要求，可以通知承揽人对相应的工作要求进行变更。同时，为了尽量减少工作要求的变更对承揽人所造成的不利影响，定作人在确定要对工作要求进行变更时，应及时通知承揽人。变更内容复杂，可能造成承揽人较大损失的，在作出变更决定前应与承揽人就拟变更的内容及承揽人已完成工作的情况进行充分的沟通了解；根据既能满足己方新的交易需求，又能将对承揽人的不利影响降到最低的原则确定变更内容。定作人作出变更工作内容的决定后，还需要与承揽人就已完成工作的情况、需要重新进行的工作情况，以及工作要求变更给承揽人造成的损失等进行协商确定。

(2)定作人对工业品承揽合同的任意解除

定作人由于交易需求的变化不再需要所定制的标的工业品，或由于丧失对承揽人的信任而不愿再由其为己方制作标的工业品时，可以承担承揽人所受的损失为代价，通过行使合同任意解除权的方式终止双方间的承揽合同关系。为了尽量降低合同的解除给承揽人所造成的损失，减轻己方的赔偿义务，定作人在作出解除合同的决定后，应及时通知承揽人。在确定赔偿承揽人所受损失的范围和数额时，应详细核查承揽人已完成的工作量及产生的费用，根据合同的相关约定确定赔偿事宜；合同未约定的，应在核查清楚承揽人实际损失的前提下，按照公平合理的原则与承揽人协商解决赔偿事宜。

(3)定作人对承揽工作的协助

承揽人实施的承揽工作，是为实现定作人的特定需求、按照定作人的特定要求而进行的。在承揽工作进行的过程中，承揽人如遇到定作人在合同中提出的工作要求内容不明确、不具体或客观上难以实现等事件，仅凭承揽人单方的努力，承揽工作将无法继续进行或面临较大的风险。为此，《民法典》规定承揽工作需要定作人协助的，定作人有协助的义务，定作人不履行协助义务的，需要承担相应的不利后果。因此，在承揽人实施承揽工作的过程中，定作人应根据合同约定或承揽工作的实际需要，为承揽工作的正常进行提供必要的协助。

在工业品承揽工作进行的过程中,常见的需要由定作人提供的协助义务主要体现在以下几个方面:一是通过技术交底、提供详细的技术资料、及时答复和明确承揽人提出的问题等方式,对工业品承揽工作的要求进行明确、具体化。二是根据合同的约定,及时向承揽人提供承揽工作正常进行所需的图纸资料、原材料或配套零部件、专用工具等。三是对承揽人完成的需要定作人确认的产品设计方案、计算说明书、性能参数表、原理方案、总装图、电气控制图等技术文件及时予以审查确认。四是对承揽人完成的需要检验的阶段性工作成果及时进行检验。五是根据合同约定或工作进行的实际需要,为承揽人实施承揽工作提供必要的工作条件。

(4)定作人对承揽工作的监督检验

为保障承揽工作的完成质量,《民法典》规定承揽人在工作期间应当接受定作人必要的监督检验,但定作人不得因监督检验妨碍承揽人的正常工作。因此,在承揽人进行承揽工作期间,为促使承揽人按照约定的期限和质量要求完成承揽工作,定作人应根据标的工业品的重要性、技术先进程度、组成的复杂程度、价值等因素,按照合同约定的程序和方式对标的工业品的加工制作工作进行监督检验。合同未对监督检验的程序和方式作出约定的,按照既能够满足对工业品承揽工作的进度和工作质量进行有效监督,又不影响承揽人工作正常进行的原则进行。

监督检验的对象,包括承揽人进行产品设计、原材料和配套零部件的采购、整机及零部件的加工制作等方面的进展情况是否与约定的工作进度相符;承揽人进行生产加工的图纸等技术资料的内容是否与合同约定的工作要求相符;采购的原材料、配套零部件是否与合同约定的名称、规格、型号、技术参数、质量等级、生产厂家等相符;重要零部件的加工制造是否使用了约定的工艺和设备、是否符合质量要求;承揽人是否按照约定的标准对产品重要零部件及整机进行了质量检验等内容。监督检验的方式,应根据合同的约定确定,合同未约定的,可以根据标的工业品的组成、技术含量、价值、重要程度等情况,通过承揽人定期通报、定作人定期或随机的检查、派驻工作人员或专职监理人员驻厂等方式进行。

二、标的工业品的交付和验收

承揽人完成承揽工作后，应当按照约定向定作人交付工作成果。定作人在受领标的物后，应当按照约定的时间、方式、程序等验收工作成果；简易、小型的标的工业品，也可以在交付以前进行验收。

1. 标的工业品的交付

承揽人应将作为工作成果的工业品产品，按照合同约定的期限、地点和方式交付定作人。承揽人交付的标的工业品，应当符合双方约定的功能、组成、性能、质量等工作要求。承揽人按照合同约定交付工业品，定作人应当受领。大型、复杂工业品的交付，当事人应在交付进行前就工业品的交付、受领事宜达成一致的工作安排。所交付的标的工业品被定作人受领后，承揽人应考虑通过定作人签收送货单、确认单等方式，对已交付部分工业品的名称、组成、数量、状态等进行确认。

（1）交付的标的工业品存在质量瑕疵时的处理

根据《民法典》的规定，标的工业品不符合约定的质量要求的，定作人可以合理选择要求承揽人承担修理、重作、减少报酬、赔偿损失等方式承担违约责任。此外，如承揽人交付的标的工业品不符合合同中对标的工业品应具有的功能、性能等方面的约定，致使定作人无法使用的，定作人有权拒绝受领交付，并可以要求承揽人重新加工制作符合约定要求的标的工业品；也可以根据《民法典》合同编通则分编中关于合同法定解除的规定解除合同，并要求承揽人赔偿损失。

（2）技术资料和质量证明的提供

现代化的各类通用或专用工业品，尤其是设备类工业品，都是功能繁多、组成复杂、技术性强的专业化工业产品，在使用、维护、保养的过程中需要根据图纸、使用说明书等技术资料来进行相关工作。并且，承揽人向定作人交付的标的工业品，是根据定作人的特定要求加工制作的定制产品，定作人无法仅凭通常的技术手段对标的物进行使用或维护。因此，《民法典》规定承揽人在向定作人交付工作成果时，还应提交必要的技术资料。承揽人应提供资料的范围和类型应按照合同约定的内容确定。合同未作约定的，应按照满足定作人对标的工业品进行正常使用、维护、保养等常规需要的原则进行确定。

此外，根据《产品质量法》《民法典》的规定，承揽人还应向定作人提供所交付工业品质量状况的质量证明。实践中，小型、简易工业品，承揽人应提供记录产品质量检验时间、地点、内容、检验人、质量状况等信息的产品合格证；大型、复杂的工业品，承揽人提供的质量证明中还应包含工业品各项主要性能参数的检验数值等内容。承揽人向定作人提供的图纸、使用说明书、合格证、质量证明书等资料的编制，可参照本书前文关于工业品买卖合同履行中资料编制的要求确定。

(3)标的工业品交付过程中其他事项的处理

承揽工作完成后，如定作人不受领或以不支付应付到期价款、不提供收货信息等方式，致使标的工业品交付工作无法进行或无法完成的，承揽人可参照本书前文关于工业品买卖合同履行的相关内容，通过及时收集和固定证明工业品无法交付的证据、以合法有效的方式对定作人进行催告、与定作人进行协商、根据法律规定要求解除合同或要求定作人履行合同义务等方法进行处理。

在作为承揽工作成果的标的工业品交付以前，承揽人应当妥善保管定作人提供的原材料以及已完成的标的工业品；因保管不善造成毁损、灭失的，承揽人需要承担赔偿责任。在定作人受领交付后、进行验收之前，工业品的保管义务及毁损、灭失风险根据合同的约定确定；合同没有约定的，原则上应由对工业品形成实际占有事实状态的当事人承担相关义务。标的工业品经定作人组织验收后，保管义务及毁损、灭失风险应由定作人承担。

此外，定作人未支付到期工作报酬、材料价款等合同价款的，承揽人对已加工制作完成的标的工业品可以依照《民法典》物权编的规定进行留置或拒绝交付，但合同中约定不得留置或拒绝交付的除外。定作人有其他应当先于标的物交付履行的义务而未履行的，承揽人有权拒绝在其履行相应义务以前交付标的工业品。

2. 技术服务的提供

在承揽人完成标的工业品本身及所附技术资料、质量证明等文件的交付后，承揽人还需要按照合同约定的技术服务项目、人员、方式、期限等要求就标的工业品的安装、现场调试、试生产、使用维护人员培训等提供技术服务。合同未就技术服务的提供及费用的承担进行约定，或约定不明确的，应由双方当事人协商确定；无法协商一致的，应根据双方间的交易习惯、合同中的其他条款、合同订立过程中形成的询价和报价文件等合理确定。仍无法确定的,为实现双方当事人的缔约目的,承揽人应向定作人提供满足标的工业品安装、调试、使用基本需要的技术服务,定作人应向承揽人支付相应的服务报酬。承揽人派出的技术服务人员应具有足够的标的工业品所属技术领域的专业知识及实际工作经验,能够胜任技术服务工作,有能力判断和解决技术服务过程中的各种技术问题。

实践中,大型、复杂的工业品交付后,一般都需要承揽人进行工业品的现场调试工作。所谓工业品的现场调试,是指根据现场使用条件和要求,将工业品的各项工作参数、各部件的工作状态,按照实际生产的需要进行调整;对不符合实际使用要求的组成部分及时发现存在的问题,通过更换零部件、变更产品结构、变更设计方案或原工作要求等方法,使工业品能够满足使用要求的技术服务工作。在具体的合同关系中,承揽人应按照合同约定的调试服务要求安排符合约定的人员,按约定的期限和方式提供工业品调试服务,调试服务的工作报酬和产生的其他费用根据合同的约定解决。由于解决工业品调试过程中出现的问题而产生的费用,应按照合同的约定负担;合同未作约定或约定不明确的,应根据所发现问题的产生原因确定负担主体。由于承揽人未按定作人的要求制作产品或产品存在质量问题需要整改而形成的损失,应由承揽人承担;由于定作人在承揽合同订立或履行过程中提出的工作要求与工业品实际使用的工况不符,需要变更工作要求对产品进行整改而形成的损失,应由定作人承担。

除标的工业品的调试外,承揽人还需要根据合同约定向定作人提供标的工业品安装、初期使用、维护保养、人员培训等方面的技术服务工作。合同未作约定的,当事人需根据定作人对标的工业品所属行业或技术领域相关专业知识的掌握情况及对标的工业品本身的了解情况,补充协商确定承揽人需要提供相关技术服务的范围、人员、期限、方式、费用承担等事项;根据协商一致的内容,由承揽人提供相关的技术服务。

3. 标的工业品的验收

根据《民法典》的规定,承揽合同中的定作人收到承揽人交付的工作成果后,应当进行验收。由此可见,对工作成果进行验收是定作人应当履行的重要合同义务。在工业品承揽合同履行过程中,定作人在受领承揽人交付的标的工业品后,应当按照约定的时间、程序和方式进行验收;合同未就验收事宜作出约定的，定作人应在受领标的工业品后的合理期限内进行验收。

(1)验收前的准备

定作人在对标的工业品进行验收以前，应根据标的工业品在规模大小、组成的复杂程度、技术含量的高低等方面的具体情况，进行相应的准备工作；包括人员、物料及场地的准备，并应根据验收工作的具体需要编写验收方案。其中，人员的准备是指预先确定由哪些当事人的工作人员参与验收工作，如定作人方、承揽人方、产品设计方、监理方、项目总包方、设备最终使用方等，以及各方当事人需派出哪些岗位或技术专业的人员参与验收等。物料的准备是指根据验收工作的需要，确定预先准备哪些动力设备、检测设备或工具、操作工具以及验收工作中所需的油、水、气等消耗品、工作介质等材料。场地的准备是指确定验收工作所需使用的场地，如进行具体验收工作的车间、召开验收工作会议的会场等。验收方案的编写，需要根据标的工业品的功能、组成、结构、性能等方面的具体情况，就所有需要验收的内容按顺序进行逐项分解，并就每一项验收项目的具体内容、验收标准、负责人及操作人员、需要使用的设备或工具、验收结论的确定方法等作出详细的说明。

(2)验收的进行

对工业品产品的验收，一般可按照"先数量后质量、先静态后动态、先部分后整体"的原则进行相关项目的检验。先数量后质量，是指在开始验收工作后，应先对标的工业品的数量、组成工业品的各功能组件、结构部件等的数量进行检查，确认标的工业品数量齐全无遗漏、组成完整无缺损后，再对产品的功能、性能等质量指标进行验收。先静态后动态，是指对标的工业品的验收顺序，应先进行工业品处于静止状态即可进行检验的项目，如产品整机及主要零部件的外形及配合尺寸、加工精度、表面状态等，随后再启动机器对工作状态中的项目进行检验，如工作速度及精度、稳定性、工作噪音等。先部分后整体，是指对于多部件、组件构成的工业品的验收，一般应先对各部件、组件进行检验，后对工业品整机进行检验。

在对标的工业品进行验收的过程中，当事人应根据双方在合同、技术协议中约定的及双方在合同订立后或履行过程中补充约定的工作要求所涉及的标的工业品的组成、结构、功能、性能等与工业品的质量、使用效果等有关的项目，进行全面的检验，并将检验中得到的工业品实际状况的参数、状态等结果详细记录。进行各项检验工作的人员应具备相应的专业知识,使用的工具、量具、检测设备等应准确、可靠。验收过程中采用的技术方法应科学、合理,符合相关技术规范的要求。需要委托他人进行检测的项目,应委托具有相应资质及技术能力的机构进行。各验收项目的检验结果,至少应由双方负责验收工作的工作人员共同以书面方式进行确认。

对标的工业品的验收是工业品承揽合同履行过程中的重要环节,无论是作为定作人还是承揽人,当事人都应对验收工作的进行予以高度的重视。首先,在验收过程中,应当对需要验收的项目做到应验尽验、避免遗漏,尤其是关于工业品的组成、数量等方面的验收。其次,对于每一项验收项目的检查、检测的结果、数据应认真、严谨地确定,确保相关的结果、数据与标的工业品的实际状态相一致,且经过了双方当事人的确认。再次,对于大型、高价值工业品的验收,应通过适时召开验收工作会议等方式对验收过程中相关事项的准备、推进、分析、研讨等做好统筹协调。又次,对于组成复杂、技术性强、价值高的工业品的验收,如己方工作人员难以应对验收工作过程中出现的全部技术问题,定作人应考虑聘请相关技术领域的专业人员协助进行产品的验收工作。最后,验收工作由于准备工作不充分、条件不充足、标的工业品需要整改等而无法继续进行或无法一次完成的,可在采取相关补救措施或条件具备后再行继续验收工作。

(3)验收报告的出具

对标的工业品的现场检查、检验等工作完成后,定作人需要根据对标的工业品的检验情况制作验收报告。验收报告没有固定的格式,但一般应包括以下内容:验收组织方、参与方及具体的组织、参与人员的名单,验收的时间、经过,验收项目及各项目的验收标准、验收结果,验收结论等。其中,验收结论是验收报告的核心部分,该部分内容需要根据验收结果与验收标准的比对情况进行确定。一般而言,验收结论包括以下几种情形:标的工业品的各项检验结果与工作要求相符,或虽然存在不相符的情形,但不影响标的工业品的质量及使用效果的,确定为验收合格。检验结果与工作要求存在不相符的情形,但定作人方同意接收该结果的,确定为让步合格、视同合格等;需要进行整改的,确定为待整改、整改后另行验收等;无法整改且存在严重影响标的物质量或使用效果的问题,定作人不同意接收的,确定为不合格。

验收结论对双方当事人的利益会产生直接而重要的影响,定作人在验收报告中确定验收结论时,应遵循客观、严谨、慎重的工作原则。一方面,应确保验收报告中关于标的工业品质量状况的评价与标的物的实际状况相符合;不应为了尽快投产等原因而随意降低验收标准,也不应为推诿责任而任意提高验收标准。另一方面,对于己方认为不合格的验收项目,应在验收报告中明确不合格的理由,并听取承揽人的解释说明等意见。

4. 验收后续事宜的处理

对标的工业品的验收工作完成后,当事人即需要根据验收结论对相关后续事宜进行处理。验收结论合格的,意味着定作人对承揽人交付的标的工业品的数量及质量已经认可,会产生承揽人所履行的交付工作成果的合同义务已经得到定作人接受的法律效果。验收结论认为承揽人需进行相关整改工作,承揽人也认可该结论的,承揽人就需要按照验收工作中发现的问题及提出的要求对产品进行整改,并在整改完成后由定作人继续进行标的工业品的验收。验收结论认为标的工业品不合格,承揽人也认可该结论的,定作人可以选择要求承揽人重新制作标的物或主张解除合同。承揽人不认可验收报告的,则可能会在双方之间形成合同履行不全面、产品质量不合格等方面的争议,双方当事人需通过协商、诉讼等方式解决纷争。

三、工业品承揽合同履行过程中的其他事项

1. 承揽人对标的工业品的质量保证义务

工业品承揽合同的承揽人,需要根据合同约定对作为工作成果的标的工业品承担质量保证义务。与工业品买卖合同关系中出卖人承担的质量保证义务的不同之处在于,除合同另有约定外,工业品买卖合同中的质量保证期一般从标的工业品交付之日起算,质量保证期限较为清楚明确。工业品承揽合同中的质量保证期则多数是从工业品完成验收后开始计算;在大型、复杂工业品的承揽交易中,由于验收工作受到诸多因素的影响,可能会出现质量保证期的起算时间无法准确确定的情形。在这种情形下,当事人需要根据工业品的交付、调试、投入使用、验收工作的开展等情况,合理确定质量保证期的起算时间。如定作人受领标的物后无故拖延验收,承揽人应催告定作人进行验收,经催告后仍不进行验收的,承揽人可根据标的工业品在安装、调试等工作过程中表现出的工作状况,提出应视为标的工业品验收合格的权利主张。定作人未经验收就将

标的工业品投产使用，且在工作过程中未发现不符合工作要求的情形的，承揽人也可以提出标的工业品应视为验收合格的主张。

在质量保证期内，工业品在使用过程中出现故障的，当事人应根据故障的原因合理确定各方的责任。定作人使用不当等造成的故障，应由定作人承担处理故障所产生的费用；标的工业品的质量问题造成的故障，承揽人应通过维修、更换零部件等方式解决所出现的质量问题，并承担相关费用。双方当事人对故障原因及责任承担持不同意见而形成争议的，需要通过协商、诉讼等方式进行解决。

2. 工作报酬的支付

根据合同约定的数额和期限支付工作报酬，是定作人在承揽合同履行过程中的基本义务。根据《民法典》的规定，合同未就工作报酬的支付期限进行约定或约定不明确的，应由当事人协商补充；无法协商一致的，根据合同中的其他条款或者交易习惯确定。仍不能确定的，定作人应当在承揽人交付工作成果时支付；工作成果部分交付的，定作人应当相应支付。实践中，承揽合同中约定的工作报酬支付方式，多数为定作人按照合同订立和履行的进度分期支付。当事人约定的常见支付时间节点有：合同订立后数日内支付预付款，完成原材料和配套零部件的采购后支付履行进度款，交付标的工业品的前支付提货进度款，工业品验收合格后支付验收进度款，预留一部分价款作为工业品质量保证金等；各部分款项在合同总价款中的比例由当事人根据交易的具体情况协商确定。

定作人应当按照前述法律规定或合同约定的支付期限、金额向承揽人支付工作报酬。定作人未向承揽人支付报酬的，承揽人可根据《民法典》合同编通则分编关于先履行抗辩、同时履行抗辩的规定，《民法典》典型合同分编承揽合同章中关于工作成果的留置权、拒绝交付权等规定，通过暂停承揽工作的进行、留置标的工业品、拒绝交付标的工业品等方法维护己方的权利。承揽人采取前述措施，可能导致承揽工作不能按期完成或标的工业品不能按期交付的，应根据诚信原则将所采取的措施及可能导致的后果告知定作人。

3. 技术成果的归属

工业品承揽合同中的承揽工作，是进行符合定作人个性化要求的特定工业品产品的设计制作。为满足定作人的特定需求，双方当事人或承揽方当事人在进行标的产品的设计、生产时，可能需要进行在工业品所属技术领域中具有创造性的技术开发工作,从而可能形成具有创新性的新的技术成果。此种情况下所形成技术成果的权利归属及使用权的共享方式,需要根据合同的约定确定。合同未约定的,应当按照《民法典》关于技术合同的相关规定确定,即技术成果的权属由完成方当事人享有,对方当事人不能在履行本合同以外的情况下使用。双方合作开发完成的,由双方当事人共有,双方间的权利义务关系根据法律关于技术开发合同的规定确定。

4. 保密义务的承担

在工业品承揽合同履行过程中,双方当事人间会形成较为紧密的合作关系。一方面,承揽人为进行承揽工作,会对定作人与标的工业品使用有关的信息进行深入而详细的了解;另一方面,定作人为促使承揽人按期、保质保量地完成承揽工作,会对承揽工作的开展情况进行监督、检验。在此过程中,双方间不可避免地会围绕合同的履行进行较多的沟通、协调工作,尤其是在大型、复杂工业品的承揽合同履行过程中。双方在交流、沟通过程中,可能会了解到对方包括商业秘密在内的各种经营信息,尤其是承揽人,可能会了解到定作人关于工业品使用项目的相关建设信息。当事人如将所了解到的对方经营信息不适当地向他人提供,或用于与本合同的履行无关的其他经营活动,将可能给对方当事人造成损失。

因此,定作人或承揽人均应根据合同约定的保密范围和方式,对在合同订立和履行过程中了解到的对方经营信息进行保密。合同未约定的,应根据《民法典》关于当事人应当遵循诚信原则履行保密等附随义务的规定,对了解到的对方经营信息承担保密义务,不得向他人提供或用于与本合同履行无关的活动。其中,承揽人还应根据合同约定及定作人的要求,对承揽合同本身的订立和履行情况,工业品使用项目的建设情况,标的工业品的技术特征等信息承担保密义务;不能将相关信息应用于与本合同履行无关的其他活动。未经定作人同意,承揽人也不能留存标的工业品的复制品、模型或技术资料。

5. 知识产权侵权风险的防范

目前,在一些行业、领域的工业品承揽合同履行过程中,存在程度不等地侵害他人商标权、专利权等知识产权的现象,在某些行业甚至还很严重。当事人在履行工业品承揽合同时,应对知识产权侵权行为予以足够的重视,并采取有效措施对相关法律风险进行防范。

(1)工业品承揽交易中的常见知识产权侵权类型

工业品承揽交易中常见的知识产权侵权类型主要包括以下几种表现形式：一是作为标的工业品提供方的承揽人，向对方当事人提供假冒他人商标的产品，或在产品中配套使用了假冒他人商标的主要零部件、元器件。二是作为标的工业品需求方的定作人与承揽人互相串通，加工制作侵害他人商标权的工业品产品。三是承揽人在加工制作工业品的过程中未经许可实施了他人享有专利权的技术方案。四是承揽人和定作人互相串通，加工制作侵害他人专利权的工业品产品。以上四种侵权类型中，前两种为商标侵权行为，后两种为专利侵权行为；第一、三种为承揽人单独实施的侵权行为，第二、四种为承揽人和定作人共同实施的侵权行为；其中，第一种侵权行为在实践中发生较多。

(2)知识产权侵权行为的法律风险

上述各种类型的知识产权侵权行为，不仅损害知识产权权利人的利益，还严重违背了国家鼓励技术创新、鼓励市场主体公平竞争的经济政策和法律要求。在承揽人单独实施的情况下，还严重损害了对方当事人的利益，属于故意实施的严重违约行为。在国家实施知识产权强国战略、严厉打击知识产权侵权行为的背景下，企业或个人在工业品承揽合同履行过程中实施的上述知识产权侵权行为，将会面临巨大的法律风险，甚至可能被追究刑事责任。

在承揽人单独实施侵害他人知识产权的情形中，承揽人提供侵害他人权利标的物的行为本身就属于违约行为，需要承担相应的违约责任；尤其是提供假冒他人商标标的物的行为，属于承揽人恶意的违约行为，即使发现时已超出质量保证期，定作人也可以要求承揽人承担更换、重作、赔偿损失等责任；工业品整机或主要配套件假冒他人商标的，定作人还可以要求解除合同并赔偿损失。此外，承揽人还需向商标权人、专利权人承担知识产权侵权的民事责任；还会因所实施的知识产权侵权行为违反知识产权保护的相关法律法规而被相关国家机关处以没收非法所得、罚款等行政处罚，情节严重、构成犯罪的，还会被依法追究刑事责任。在不知情的情形下接收了知识产权侵权产品的定作人，也可能由于使用侵权产品而被知识产权权利人追究民事责任，并被管理、保护知识产权的国家机关进行侵权调查。虽然理论上由此造成的损失可向承揽人追偿，但要得到足额的弥补，在实践中往往难以实现；并且由此造成的信用、商业信誉的损失，是无法通过追偿损失进行弥补的。

在承揽人和定作人共同实施侵害他人知识产权的情形中,双方的行为将属于共同侵权行为,需要向商标权人、专利权人共同承担知识产权侵权的民事责任。双方还会被相关国家机关处以没收非法所得、罚款等行政处罚,情节严重、构成犯罪的,还会被依法追究共同犯罪的刑事责任。

(3)知识产权侵权法律风险的防范和应对

装备制造企业在订立和履行工业品承揽合同时,应坚守法治底线,不应实施侵害他人商标权、专利权及其他知识产权的行为。在作为承揽人订立和履行合同时,不应接受对方关于设计、制作侵害他人知识产权工业品产品的要求;不应加工制作侵害他人知识产权的工业品产品。作为定作人订立和履行合同时,不应向他人定制侵害知识产权的工业品产品,更不应要求他人向自己提供侵权产品。受领对方当事人交付的标的工业品产品后,可以通过向对方索取标的工业品或重要元器件的来源证明、向合同中约定的工业品或重要元器件的生产厂家核实等方式,对承揽人提供的工业品整机或其中的重要零部件是否存在假冒他人商标的情形进行确认,防范对方当事人可能的以假充真、以次充好的产品质量违约行为。发现对方当事人确有此类违法行为的,可通过适当的方式固定证据后依法追究其违约责任;也可以向相关国家机关投诉、举报,要求予以调查处理。

第四节　工业品承揽合同纠纷解决过程中的法律风险防控

工业品承揽合同与工业品买卖合同,都是当事人为进行以工业品为标的物的交易而订立和履行的。两种合同在纠纷解决方面存在的法律风险大多数是相同或相似的。本书第六章第五节所分析的工业品买卖合同纠纷解决过程中的两种典型纠纷类型,即合同价款支付纠纷和产品质量纠纷的相关内容,在不与承揽合同的法律特征相冲突的情况下均可以在工业品承揽合同的纠纷解决过程中参照应用。本节内容仅对工业品承揽合同纠纷在司法实践中的一些特有、典型争议事项的处理进行介绍。

一、合同性质争议的解决

实践中，由于当事人在合同文本中所使用合同名称的混乱，以及工业品买卖合同和承揽合同在履行方式上存在的大量相似之处，在发生合同纠纷后，容易引发当事人对合同的性质的争议。而在纠纷处理中对合同性质的不同认定，又可能会在案件管辖、举证责任承担、当事人权利义务界定、责任承担等方面产生不同的结果。因此，当事人需根据不同性质合同在交易特征和法律特征两方面的区别，对相关争议事项进行积极应对。实践中，工业品交易纠纷中合同性质的争议主要体现为承揽合同与买卖合同、委托合同的争议。

1. 工业品承揽合同与买卖合同的区分

关于合同性质是买卖合同还是承揽合同，是工业品承揽合同纠纷中最为常见的争议类型。在面临此类纠纷时，当事人需根据本书前文中已详细介绍过的二者在交易特征及法律适用方面的区别，对不同类型合同的区分提出符合交易实际的主张及观点。

(1)争议产生的背景

除现货交易外，实践中还存在大量预售形式的工业品买卖交易，即供需双方在订立合同时，标的物并不存在，而是在合同订立以后，或需求方支付一定额度的价款后，工业品供应方才开始组织标的产品的生产；在标的产品生产完成后，供应方再按照合同约定的交付时间将产品交付给需求方。此种工业品买卖合同的履行方式与工业品承揽合同存在大量相似之处：需求方都是为了获得一定的工业产品，一般都是通过分期付款的方式支付价款；供应方都是在合同订立后才进行产品的生产，都需要向对方提供一定限度内的技术服务，都需要对产品承担质量保证义务等。此外，在工业品交易实践中还普遍存在套用合同示范文本、混用合同名称的现象，经常造成合同所使用的名称与内容的性质不相符，从而给合同的履行及争议的解决留下了隐患。但是，由于买卖合同和承揽合同在交易特征上的不同，法律对两种合同中当事人权利义务的确定也规定了不同的规则。在同一纠纷中适用不同的法律规则，将会对当事人权利的享有及义务的承担产生明显的影响。

在这些交易实践和法律背景下，当事人由于合同的效力、履行事项等发生纠纷时，往往会出于追求己方利益最大化的考虑，而要求适用自认为于己有利的法律规定。在由于工业品交易而发生的纠纷中,关于合同应定性为买卖合同还是承揽合同,成为较为常见且争议也很大的问题。并且,该项争议的解决直接关系到对纠纷的法律适用,是纠纷解决过程中需要首先解决的问题。

(2)承揽合同与买卖合同的区分方法

当事人在解决工业品交易合同纠纷的过程中,因合同应确定为买卖合同还是承揽合同的问题发生争议的,应根据本书前文中介绍的两种合同在交易目的、标的物性质、缔约基础、需求方在合同履行过程中的地位、供应方的保密义务、合同价款的性质等方面的区别,综合分析确定争议合同的性质,有理有据地提出有利于维护己方主张的意见。

首先,对合同性质的判断不应拘泥于当事人在合同文本中所使用的合同名称,而应根据所约定的当事人间权利义务关系的性质进行确定。即使合同名称使用了“买卖合同”“购销合同”等名称,但合同中所约定的当事人间的权利义务关系符合法律关于承揽合同的规定的,合同性质也应确定为承揽合同,并按承揽合同的法律规定确定双方间的权利义务;反之亦然。

其次,如在当事人订立合同时标的工业品已存在,供应方也无须根据需求方的特定要求对标的工业品的功能、组成、主要工作性能等进行改装,则合同性质应确定为买卖合同。如需要在已存在的工业品的基础上进行功能、组成、主要工作性能等方面的改装,且改装后的工业品不属于符合国家、行业或企业标准的产品,则合同性质应确定为承揽合同;如改装后的产品仍属于相应标准中规定的产品,则合同性质应以确定为买卖合同为宜。

最后,如标的工业品在订立合同时并不存在,需要在合同订立后由供应方加工制作,则需要根据前文介绍的两种合同的区别确定合同性质。一般而言,如供应方只需按照需求方选定的工业品规格、型号、性能参数、质量要求等内容,根据国家、行业、企业标准中关于工业品的功能、组成等要求进行加工制作,合同性质应确定为买卖合同。如标的工业品不属于相关产品标准中的标准化产品,需要根据需求方的特定要求确定产品的功能、组成、主要性能等内容,合同性质应确定为承揽合同。当事人在合同中约定的内容兼具两种合同的特征,合同性质确定困难的,还需要根据合同中的约定内容是否赋予了需求方对工业品加工制作的过程进行监督检验的权利、是否有变更工作要求的权利,需求方是否有协助进行承揽工作的具体义务等情形,综合判断合同的性质。

2. 工业品承揽合同与委托合同的区分

实践中不少以工业品为交易标的物的合同中采用了“委托加工合同”“委托生产合同”等名称，导致在实质为工业品承揽合同的纠纷处理中，在当事人间产生了不少案涉合同应定性为承揽合同还是委托合同的争议。在面临此类争议时，当事人需要根据该两类合同在交易特征及法律适用等方面的区别，对合同的性质作出正确的判断。

(1)委托合同的概念和特征

委托合同也是《民法典》规定的典型合同，是指委托人与受托人约定，由受托人处理委托人事务的合同。在委托合同关系中，委托人订立合同的目的是将己方事务委托给受托人处理，通过交易所得到的是受托人在委托事务进行过程中所提供的劳务或服务，而非事务的处理结果。委托关系的建立基础在于当事人相互间的信任，尤其是委托人对于受托人的信任，信任的来源可以是相互间的身份关系、情感关系，也可以是委托人对受托人专业水平、工作能力等方面的认可。委托合同中的委托人和受托人均享有对合同的任意解除权。此外，委托合同包括有偿和无偿两种类型，二者在受托人办理委托事务时注意义务的程度及合同解除时当事人的责任承担等方面存在一定差异。

(2)委托合同与承揽合同的联系与区别

委托合同与承揽合同存在以下相同或类似之处：一是合同履行过程中，承揽人或受托人均需要接受对方当事人的指示或要求，定作人或委托人对合同的履行都有一定的控制力；但委托人对合同履行的控制力更强。二是两种合同都是建立在当事人有一定程度的信任基础上的，都具有一定的人身依赖性；但委托关系中当事人间的信任基础更重要。三是两种合同中法律都作出了关于任意解除权的规定；但委托合同中双方当事人都享有该项权利，承揽合同中则只有定作人附条件地享有。

委托合同与承揽合同的差异主要体现在：一是承揽人的合同义务是按照定作人的要求完成工作，并将符合约定的工作成果交付定作人，承揽人需要对工作完成的结果负责；而受托人的合同义务是根据委托人的指示进行委托事务的处理，而并不对事务的最后结果负责。二是合同履行过程中，受托人需要根据委托人的指示处理受托事务，并应根据进展情况向委托人报告委托事务的处理情况及结果；而承揽人完成承揽工作的过程是自主进行的，在合同未作出约定的情形下无须向定作人报告进展情况,定作人也不能干扰、影响承揽人的工作。

(3)承揽合同与委托合同的区分方法

当事人在解决因工业品交易而发生的合同纠纷的过程中,因合同为委托合同还是承揽合同而发生争议的,应根据上述内容中关于两种合同所存在的区别对合同关系进行分析,对合同性质作出正确的判断。实践中,只要合同内容体现的是交易中的需求方以获得符合己方特定要求的工业品实物为交易目的,供应方需要为标的物的功能、性能、质量等承担责任的交易关系,双方间的交易关系就不符合受托人不对事务处理结果负责的典型特征,不应确定为委托合同,而应确定为工业品承揽合同。

二、定作人拖延验收争议的解决

在工业品承揽合同履行过程中,承揽人就合同中约定的验收进度款、质量保证金主张权利,以及质量保证义务的履行等均需以标的工业品已通过验收为前提条件。故定作人是否能够按照合同的约定完成标的工业品的验收,对承揽人合同权利的实现有重要的影响。但实践中,由于使用标的工业品经营项目的建设进度延期、定作人自身缺乏对标的工业品进行验收的技术能力,或定作人希望在验收以前对标的物通过试用发现可能的质量问题,或为了拖延相关价款的支付及延长承揽人需要承担的质量保证义务期限等各种主客观因素,定作人未依约进行验收、故意拖延验收的情形均较为常见。在此情形下,承揽人就会面临相应合同价款难以收回的不利状况而质量保证义务的承担期限又被不当延长的不利交易处境。为避免己方合法权益的损失,承揽人需要采取有效措施对此种情形进行积极应对。

在合同履行过程中,定作人未依约对标的工业品进行验收的,承揽人可以催告要求验收,定作人仍不进行验收,或未经验收将标的工业品投入生产经营活动中进行使用的,属于违反验收义务的行为,应承担相应的不利后果。承揽人可在收集相关证据材料后,根据具体情况适时提出标的工业品应视为验收合格的主张。合同未就验收期限作出约定的,承揽人应在定作人受领交付后与定作人就验收事宜进行积极协商;无法协商一致的,承揽人可根据标的工业品的组成情况、使用工况、使用标的工业品的主机产品或工程项目的建设进度等实际情况,适时向定作人发出在合理期限内对标的工业品进行验收的催告;定作人仍不进行验收,或未经验收将标的工业品投入生产经营活动中进行使用的,承揽人可适时提出标的工业品应视为验收合格的主张。定作人不认可承揽人的主张,继续不同意支付相应的合同价款,不同意开始计算质量保证期,导致双方围绕验收事宜发生争议的,双方当事人可通过协商解决纷争,无法协商解决的,可通过诉讼、仲裁等途径解决。

三、定作人既不付款收货也不解除合同时争议的解决

工业品承揽合同所形成的标的工业品,一般是应用在定作人所进行的特定生产经营项目中的。但实践中,市场环境、定作人经营计划、经营状况等方面的变化,导致拟使用标的工业品的生产项目建设停滞、搁置甚至取消的情形并不鲜见。在出现这些状况时,虽然承揽人可能已经完成了全部或部分标的工业品的加工制造,但定作人却可能已经不再需要标的工业品;为减少己方经营状况发生变化所造成的损失,定作人停付应付合同价款、不再依照合同约定受领标的工业品等,就成为此类交易情景下经常出现的现象。并且,为了给以后可能的项目恢复建设留有余地,或为了回避己方因解除合同而需要向承揽人承担的赔偿义务,定作人往往还不愿根据法律规定提出解除合同的要求,而是选择通过停付应付价款、不受领标的物的方法对合同的履行消极应对。在这种情形下,由于所加工、生产的标的产品是只能满足定作人特定要求的产品,一般不具有市场流通性,承揽人将面临既无法向定作人完成交付收回合同价款,也无法通过另行出售挽回损失的交易困境。

承揽人在合同履行过程中面临此类交易状况时,需要根据合同的约定及法律的规定采取积极措施,防止交易困境的延续给己方带来难以挽回的损失。首先,承揽人可参照运用本书前文关于工业品买卖合同履行过程中出卖人遭遇类似境遇时的应对方法,即通过及时收集和固定证明标的物无法交付的证据、以合法有效的方式对定作人进行催告、与定作人进行协商、根据法律规定要求解除合同或要求定作人履行合同义务等方法确定应对纠纷的思路。其次,与买卖合同中的标的物可通过重新选择交易对象重新进行交易相比,承揽合同中已特定化的标的工业品市场流通性极差。因此,承揽人选择解除合同时应特别慎重;一般而言,除已完成的工作量占承揽工作总量比例较小或定制的标的工业品具有较好的市场流通性或定作人已丧失合同履行能力等特别的情形外,承揽

人应选择要求对方继续履行合同的策略向定作人主张权利。最后,承揽人选择通过解除合同并要求对方赔偿损失的策略主张权利的,需要就己方因已完成的承揽工作所受到的损失进行证据材料的收集和固定;如购置配套零部件的合同、收货单,加工零部件的材料费及人工费的支出情况,其他用于产品设计或生产加工的费用等;必要时可通过申请司法鉴定或价格评估的方法进行损失的确定。

四、产品质量争议的解决

与工业品买卖合同纠纷相似的是,当事人围绕产品质量是否合格所发生的争议,也是工业品承揽合同纠纷中最常见也最复杂的争议类型。在此类争议解决过程中,关于产品质量的举证责任承担、产品质量的确定方法、产品质量鉴定过程中相关事项的处理,以及产品质量不合格时当事人间权利义务的确定等,这两类合同中纠纷的处理方法基本是相同的。对相关事项可采用的处理及应对方法可参照本书第六章第五节的内容确定。本节内容仅对工业品承揽合同纠纷处理过程中的一些特有事项的解决进行分析和说明。

1. 鉴定依据的确定

鉴定依据是鉴定活动中用于判断标的工业品是否符合定作人所提出的工作要求、是否符合约定或法定的质量要求所依据的标准。在工业品承揽合同纠纷中,标的物是按照定作人所提出的特定工作要求而加工制作的,标的工业品实际是体现定作人特定要求的特定化产品。因此,判断标的工业品是否符合约定主要是判断标的工业品是否与定作人的工作要求相符,鉴定过程中应适用的鉴定依据也主要是定作人所提出的工作要求;只有工作要求中没有涉及的关于同类产品都应具有的功能或性能、产品加工制作中应遵循的技术规范等事项,才需要在定作人所提的工作要求以外,按照《民法典》的规定按顺序采用强制性标准、推荐性标准、行业标准、通常标准、特定标准等。

可以作为鉴定依据的工作要求,包括当事人在订立合同时双方已经在合同中确定的工作要求,以及合同履行过程中定作人向承揽人提出,并已经被承揽人接受的对工作要求的变更、补充内容。标的工业品加工制作完成后,承揽人进行检验或验收时对标的工业品的现状予以认可的内容,也应作为鉴定依据在鉴定过程中予以适用。对于工作要求中没有涉及,但标的工业品要完成同类产品都应具有的功能或达到的性能的鉴定项目,鉴定依据一般应按照相关国家或行业标准中规定的内容确定;没有国家或行业标准的,按照标的工业品应当能在约定的使用地点的通常使用条件下进行正常工作的标准确定;当事人在合同中约定了特别的使用环境或其他使用条件的,应按照能够在该约定的使用条件下进行正常工作的标准确定。

2. 标的工业品达不到约定的使用效果时质量是否合格的确定

实践中,工业品承揽合同的定作人所提出的工作要求,既有关于标的物应具有的功能、组成、结构、性能参数等关于产品加工制作方面要求的内容,还可能会有标的工业品所应达到的使用效果等方面要求的内容;而承揽人按照定作人所提出的加工制作方面的要求完成产品的生产后,定作人所提的使用效果方面的要求能否同时得到满足是具有不确定性的。一般而言,常见的、技术成熟的工业品的加工制作完成后,只要满足了加工制作方面的要求,使用效果方面的要求也是可以满足的。但新型产品、带有试验性质的产品,其设计制作过程本身具有技术创新的性质,承揽人即使按照定作人提出的加工制作方面的要求进行了产品的制作,产品也不一定就能达到约定的使用效果。在此情形下,产品质量是否合格应以何种标准确定、定作人所提出的使用效果方面的要求是否应作为鉴定依据就会在当事人之间产生争议。

在产品鉴定过程中,标的工业品符合定作人关于加工制作方面的要求,但达不到关于使用效果的要求时,产品质量是否符合要求应按照具体情况合理确定。在定作人不仅向承揽人提出了工作要求,还提供了全部或主要产品设计图纸等技术资料的情况下,承揽人所进行的承揽工作实际就是按照定作人设计完成的技术方案进行产品的加工,此种情形下产品最终的使用效果应当由产品的技术方案确定方,即定作人承担,承揽人加工制作的产品只要符合定作人所提供的图纸等技术资料,就应认为产品质量符合要求;而不应由承揽人承担产品的使用效果能否实现的风险。在定作人只提出了产品功能、性能方面的要求,产品由承揽人进行工作原理、组成、结构方面的设计工作的,如承揽人在合同内容中明确认可了定作人提出的关于产品使用效果的要求,则相应的技术创新工作所具有的风险一般应由承揽人承担。此种情形下标的工业品虽然符合加工制作要求,但达不到约定使用效果的,除定作人具有故意隐瞒产品设计制造技术难度等特殊情形外,一般应按产品不符合约定要求处理。

五、合同的解除及解除后清理结算相关争议的解决

工业品承揽合同的解除包括双方当事人经协商一致进行的协商解除、依照法律规定的解除条件进行的法定解除、依照合同约定的条件进行的约定解除，以及定作人依照法律赋予的任意解除权进行的任意解除 4 种情形。其中，协商解除是由双方对合同解除及解除后果的处理达成一致意见后进行的，一般不会再围绕解除事宜发生争议；约定解除只在合同已就合同可解除条件作出了约定的情形下才会出现，且这两种情形下对合同的解除以及解除后对后续事宜的处理均与其他合同中的相应解除相同，当事人进行此类合同解除时可根据本书第三章和第四章的内容对相关法律风险进行防控，本节内容不再专门探讨。

1. 合同法定解除的运用

工业品承揽合同中的双方当事人均可以按照法律规定的合同可解除条件解除合同，相关内容规定在《民法典》第 563 条和第 778 条。其中，第 563 条的规定内容是本书前文已详细解读的可适用于所有民事合同的法定解除条件；第 778 条是《民法典》专门对承揽合同规定的法定解除条件，具体内容为定作人经承揽人催告后仍不履行对承揽工作的协助义务的，承揽人有权要求解除合同。纵观前述法律关于合同解除的法定条件，这些条件可以区分为两种类型，一种是合同履行过程中发生不可抗力的，受不利影响的一方可以要求解除合同；另一种是一方存在严重违约行为的，对方可以要求解除合同。由于不可抗力事件的发生一般很少见，实践中产生争议的合同法定解除纠纷，主要是一方主张对方违约而对方不认可己方违约形成的。

对于工业品承揽合同中的定作人，实践中最常见的对合同进行法定解除的理由是产品不符合约定要求、质量不合格，此外还有承揽人逾期且经催告后仍不能交付标的工业品，生产加工进度严重逾期、构成预期违约等。其中，因产品质量发生的纠纷的争执焦点就是前文已探讨过的产品质量纠纷的内容，对相关事项的处理可参照前文内容确定。在工业品承揽合同履行过程中，定作人发现承揽人存在前述违约行为或其他足以导致己方合同目的无法实现的违约行为时，可按照法律规定的条件提出解除合同的要求，并可同时提出由对方承担违约责任的要求。需要特别注意的是，由于定作人本身还享有对合同的任意解除

权,为避免对方或处理纠纷的办案机关对己方解除合同的理由及法律依据产生误认,定作人以对方违约为由要求解除合同时,应当在直接发送给对方的解除通知或提交给办案机构的起诉状、仲裁申请书中明确提出己方的解除理由及法律依据。

对于工业品承揽合同中的承揽人,可用于对合同进行法定解除的常见理由有定作人逾期付款且经催告后在合理期限内仍未支付、对方不履行协助义务且在催告后的合理期限内仍未履行,或对方实施了其他足以导致己方合同目的不能实现的严重违约行为。但由于大多数工业品的加工承揽交易均处于激烈的市场竞争状态,承揽人获得交易机会尤其是获得大型高值工业品承揽加工的交易机会殊为不易,实践中承揽人以定作人存在这些违约行为为由要求解除合同的案例并不多见。因此,定作人在工业品承揽合同履行过程中出现此类违约情形时,承揽人对于解除合同或要求对方继续履行合同的选择,应综合考虑不同选择所对应的后果后谨慎确定。一般而言,对方出现己方可解除合同的违约行为,但己方尚未开始履行合同或履行内容较少,所造成的损失小,或对方已丧失继续履行合同的能力,或存在其他合同难以履行的困难等情形下,承揽人可考虑根据法律规定解除合同,其他情形下的合同法定解除应慎重进行。

2. 合同任意解除的运用

对工业品承揽合同的任意解除,是专属于定作人的权利,承揽人不享有该项权利;定作人行使该项权利以承揽人尚未完成承揽工作为条件,以承担承揽人所受到的损失为代价。一般认为,法律关于定作人可任意解除承揽合同的规定,避免了定作人已不再需要定作标的物、合同仍不得不继续履行所导致的社会财富浪费,故该项规定属效力性强制规定;即使当事人在合同中排除了定作人的该项权利,相关约定也属无效约定,不能产生排除定作人对承揽合同享有任意解除权的效力。实践中,定作人愿意以承担承揽人的损失为代价而进行的对合同的任意解除,一般是由于己方的交易需求发生变化而不再需要标的工业品。此外,在合同订立后定作人发现承揽人的合同履行能力存在瑕疵,丧失对承揽人专业水平或工作能力的信任,但又没有证据证明承揽人存在导致己方享有法定或约定解除权的违约行为时,定作人也可以通过行使任意解除权的方式解除合同。但如承揽人已进行了较多的承揽工作,此种情形下的合同解除将可能需要向承揽人承担相应的赔偿责任。实践中定作人行使任意解除权而产生的争议，主要集中在解除合同所导致的承揽人的损失范围应如何确定。

定作人通过行使任意解除权解除合同的，应通过向承揽人提前提示、及时通知、积极沟通等方式，有效地降低合同解除对承揽人所造成的损失。承揽人在得到定作人的相关提示、通知后，也应通过暂停配套元器件的采购及零部件的生产加工等方式暂缓或及时停止承揽工作的进行，并及时采取有效措施防止损失的扩大；而不应为向定作人争取更多的赔偿而恶意加快生产进度、放任损失的扩大，否则，由此导致扩大的损失将需要自行承担。

3. 合同解除权行使方式的选择

当事人对合同享有的解除权，无论是约定解除权，还是法定或任意解除权，均可通过直接向对方发出解除合同的通知或通过在仲裁、诉讼过程中提出解除合同的主张的方式行使。解除权的这两种行使方式的区别在于，直接通知的方式程序简单便捷，可以使解除权人尽快摆脱已有合同关系的束缚，便于重新安排交易；缺点是对方对合同的解除有异议时，解除效力将需要通过诉讼或仲裁的程序进行确认。通过仲裁、诉讼解除合同的方式则程序复杂漫长，不利于交易的重新安排，但可将与合同解除相关的所有争议都集中在同一程序中解决，争议可以全面、彻底地得到解决。当事人在工业品承揽合同纠纷中通过解除合同维护权利时，需要根据纠纷争执的实际情况，结合两种不同的解除权行使方式的特点，合理选择权利的行使方式。一般而言，争议的事实简单，对方对己方享有的解除权没有异议而只是对解除后的清理结算有争议的，或己方掌握有充分证据可以支持合同解除，或己方具有另行安排交易的迫切需求等类型的纠纷中，可考虑通过直接通知的方式行使解除权；反之，应优先选择通过仲裁、诉讼程序解除合同。

4. 合同解除后的清理结算

合同被依法解除后，当事人基于合同约定所产生的权利义务关系将终止。合同尚未履行的部分将不再履行，已经履行的部分将需要根据合同关于清理结算的约定或法律的相关规定进行清理结算。同时，不同类型的合同解除所产生的法律后果也是不同的，如因一方违约对方主张解除合同，违约方需要向对方承担赔偿损失等违约责任；定作人通过行使任意解除权解除承揽合同的，需要承担对方由此造成的损失。因此，在合同纠纷解决的过程中发生合同解除的事件时，各方当事人需要根据合同解除的类型及方式，以及合同中关于合同被解除后应如何进行清理结算的约定，法律关于不同类型的合同解除后果的规定，就相关后续事宜进行清理和结算。

(1)合同解除及解除后的清理结算应一并解决

合同解除是合同权利义务关系终止的原因之一，所要解决的是合同是否应当继续履行的问题。合法有效的合同经依法解除后即丧失履行资格，当事人无须再履行合同义务。但合同被解除后，已经履行的部分可能造成的当事人间的利益失衡，需要通过相应的清理结算进行解决。因此，合同解除后一般都需要进行清理结算，而清理结算需要以合同解除为前提条件，二者是密切相关而又相互独立的事项。合同关系中的当事人因合同解除事宜发生争议时，一般应将该两项争议事项在同一程序中一并解决，以避免纠纷分别处理所造成的诉累。具体而言，解除权人以直接通知对方的方式解除合同，对方有异议的，解除权人通过提起仲裁或诉讼要求确认解除效力时，应同时提出要求进行清理结算的诉求，如要求对方承担赔偿损失的责任等。解除权人通过提起诉讼或仲裁的方式要求解除合同的，应在提出解除合同主张的同时，提出进行清理结算的诉求。

(2)标的物归属的确定

工业品承揽合同解除时，标的工业品可能已经加工完成甚至可能已经交付定作人，也有可能是尚不符合交付条件的半成品。实践中，在工业品承揽合同解除后，除非双方达成了其他约定，否则无论标的工业品是否已经交付或是成品还是半成品，仲裁或司法机关一般会按恢复原状的裁判思路处理标的物的归属，即已经交付的需要返还给承揽人，没有交付的则不再交付。但标的工业品是只对定作人具有使用价值的特定化产品，故此种处理思路实际并不符合《民法典》关于民事活动应有利于节约资源的规定。

当事人在具体的个案中，可根据更有利于发挥标的物效用的原则提出关于标的物归属的相应意见，争取由仲裁或司法机关作出更有利于化解纷争的裁决或裁判。如标的工业品已经加工完成尤其是已经完成交付，即使由于质量不合格而被定作人解除合同，但如该标的工业品仍具有一定的使用价值可以被定作人利用，承揽人也可以提出该标的物由定作人所有，并确定合理的价格从己方应向对方退还的价款中进行适当抵扣的意见。如此处理后，既可以将标的物有效利用，也可以尽量降低己方因承担产品质量不合格的违约责任而受到的损失。

(3)赔偿损失范围的确定

工业品承揽合同由于一方当事人严重违约,对方通过行使法定解除权解除合同的,或定作人根据法律赋予的任意解除权解除合同的,均需要按照合同约定或法律规定由违约人或定作人就对方所受损失进行赔偿。在一方违约而导致合同被对方解除的情形中,违约方需就对方违约行为所造成的损失进行赔偿,如为进行合同履行所支出的材料、人力、管理等成本,合同履行后可以得到的利益等。

定作人通过行使任意解除权解除合同应对承揽人承担的赔偿损失责任,是承揽合同中特有的责任承担方式。定作人行使任意解除权解除合同是法律赋予的权利,不属于违约行为,故不应按承担违约责任时赔偿损失的范围确定承揽人的损失。因此,如合同未作出相应约定,此种情形下赔偿损失的范围应按照公平合理的原则合理确定。首先,对于承揽人因订立及履行合同而受到的直接损失应全部由定作人赔偿。如为订立合同所支出的人工费用、差旅费用等;为进行标的工业品的加工而采购元器件、加工零部件等产生的费用,已经产生的产品设计、管理活动等的费用,但应扣除已采购零部件的可回收价值及已加工零部件的残值。其次,对于承揽人在合同履行后可以得到的利益即合同利润,则不宜全部计算为应赔偿的损失,而应按照承揽人已完成的承揽工作在全部承揽工作中的占比情况合理确定。最后,承揽人未采取合理的减损措施导致扩大的损失,承揽人由于合同解除而可以获得的利益等,应从损失赔偿额中合理扣减。

第八章　机电设备融资租赁合同的法律风险防控

融资租赁的交易模式产生于20世纪50年代的美国,我国从20世纪80年代开始引入。融资租赁的交易标的开始于各类大中型机电设备,虽然经过几十年的应用和发展,实践中通过融资租赁进行交易的标的已扩展到不动产、基础设施等各种财产,但大中型机电设备仍然是融资租赁交易中的主要交易标的。融资租赁具有的融资与融物相结合的独特交易模式,使得交易具有参与主体多、合同关系复杂等特点,也给交易的进行带来了比一般的买卖、借贷、租赁等交易更多、更复杂的法律风险。

在具体的机电设备融资租赁交易中,装备制造企业的交易身份可能是为了购置己方所需的标的机电设备而向出租人融资的承租人,也可能是为交易提供标的机电设备的出卖人,还可能是为了获得融资而将己方已有的机电设备通过售后回租的方式先出卖再租回的,兼具出卖人、承租人双重身份的当事人。装备制造企业在参与融资租赁交易时,需要根据己方在交易中的地位、身份,对所面临的各种法律风险进行有效防控。本章内容主要对装备制造企业在交易中常见的交易角色,即承租人在融资租赁交易中的相关法律风险进行介绍;对于一般由专业的融资租赁公司充任的出租人在融资租赁交易中的法律风险,本书不作介绍。

第一节　机电设备融资租赁合同概述

机电设备融资租赁合同是指以机电设备为租赁标的物的融资租赁合同。由于融资租赁合同与一般租赁合同在交易特征及法律适用等方面均有显著的区别,机电设备融资租赁也与实践中以机电设备为标的物的一般租赁合同在交易目的、交易方式等方面存在很大的差异。

一、机电设备融资租赁合同的概念

根据《民法典》第735条的规定,融资租赁合同是出租人根据承租人对出卖人、租赁物的选择,向出卖人购买租赁物,提供给承租人使用,承租人支付租金的合同。本书中所称的机电设备融资租赁合同,就是指以机电设备这一特定物品类型为租赁标的物的融资租赁合同。融资租赁交易模式产生的历史背景就是通过融资的方式进行机电设备的交易,且融资租赁交易实践中至今也仍然是以机电设备为主要标的物的;故《民法典》关于融资租赁合同的相关规范内容也主要是围绕机电设备等固定资产类动产的交易需求而制定的。因此,无论是关于融资租赁合同的法律规定,还是融资租赁交易实践中形成的大量交易习惯,一般都可以适用于以机电设备为标的物的融资租赁交易。

由上述《民法典》关于融资租赁合同概念的规定可知,融资租赁合同关系中的租赁标的物及标的物的出卖人都是由承租人自主选择的,标的物的获得虽然需要通过出租人作为买受人与出卖人订立并履行买卖合同的方式来实现,但出卖人是否有足够的合同履行能力及标的物是否能满足承租人的实际使用需求,都是由承租人选择确定的。出租人在交易关系中的实际作用是为承租人获得所要使用的标的物提供融资,在合同履行过程中,出租人只要依约向出卖人支付了租赁物价款,所应承担的主要合同义务就已经履行完毕;除法律另有规定或合同另有约定外,出租人不承担标的物质量瑕疵保证、维修、毁损灭失的风险等一般租赁合同中应由出租人承担的相关合同义务。此外,机电设备融资租赁合同关系中出卖人提供的标的租赁物机电设备,既可以是出租人以买受人的交易身份购置的标准化机电产品,也可以是出租人以定作人的交易身份定制的非标产品;故此处的出卖人概念应当作扩大解释,既可以是买卖合同中的出卖人,也可以是承揽合同中的承揽人。

二、机电设备融资租赁合同适用的相关规定

机电设备融资租赁合同是以机电设备为标的租赁物的融资租赁合同,需要适用关于融资租赁合同的法律规定调整相关当事人间的权利义务关系。目前,我国关于融资租赁合同的专门法律规范主要是《民法典》合同编融资租赁合同章,以及《最高人民法院关于审理融资租赁合同纠纷案件适用法律问题的解释》(以下简称《融资租赁合同司法解释》)、《最高人民法院关于适用〈中华人民共和国民法典〉有关担保制度的解释》(以下简称《担保司法解释》)两部司法解释。此外,原银监会、商务部还分别对经营融资租赁业务的企业所应具备的条件、经营资质管理、业务监督等制定了相应的部门规章。

1.《民法典》合同编融资租赁合同章的规定

(1)合同的订立

《民法典》合同编融资租赁合同章规定,融资租赁合同是出租人根据承租人对出卖人、租赁物的选择,向出卖人购买租赁物,提供给承租人使用,承租人支付租金的合同。融资租赁合同的内容一般包括租赁物的名称、数量、规格、技术性能、检验方法,租赁期限,租金构成及支付期限和方式、币种,租赁期限届满租赁物的归属等条款。出租人根据承租人对出卖人、租赁物的选择订立买卖合同,未经承租人同意,出租人不得变更与承租人有关的合同内容。融资租赁合同应当采用书面形式。当事人以虚构租赁物方式订立的融资租赁合同无效。依照法律、行政法规的规定,对于租赁物的经营使用应当取得行政许可的,出租人未取得行政许可不影响融资租赁合同的效力。

(2)租赁标的物的交付

出卖人应当按照约定向承租人交付标的物,承租人享有与受领标的物有关的买受人的权利。出卖人违反向承租人交付标的物的义务,有下列情形之一的,承租人可以拒绝受领出卖人向其交付的标的物:①标的物严重不符合约定;②未按照约定交付标的物,经承租人或者出租人催告后在合理期限内仍未交付。承租人拒绝受领标的物的,应当及时通知出租人。出租人对租赁物享有的所有权,未经登记,不得对抗善意第三人。

(3)索赔权利的行使

出租人、出卖人、承租人可以约定,出卖人不履行买卖合同义务的,由承租人行使索赔的权利;承租人行使索赔权利的,出租人应当协助。承租人对出卖人行使索赔权利,不影响其履行支付租金的义务;但是,承租人依赖出租人的技能确定租赁物或者出租人干预选择租赁物的,承租人可以请求减免相应租金。出租人有下列情形之一,致使承租人对出卖人行使索赔权利失败的,承租人有权请求出租人承担相应的责任:①明知租赁物有质量瑕疵而不告知承租人;②承租人行使索赔权利时,未及时提供必要协助。出租人怠于行使只能由其对出卖人行使的索赔权利,造成承租人损失的,承租人有权请求出租人承担赔偿责任。

(4)出租人对承租人占有和使用租赁物的保证义务

出租人应当保证承租人对租赁物的占有和使用;出租人有下列情形之一的,承租人有权请求其赔偿损失:①无正当理由收回租赁物;②无正当理由妨碍、干扰承租人对租赁物的占有和使用;③因出租人的原因致使第三人对租赁物主张权利;④不当影响承租人对租赁物占有和使用的其他情形。承租人占有租赁物期间,租赁物造成第三人人身损害或者财产损失的,出租人不承担责任。承租人应当妥善保管、使用租赁物;承租人应当履行占有租赁物期间的维修义务。租赁物不符合约定或者不符合使用目的的,出租人不承担责任;但是,承租人依赖出租人的技能确定租赁物或者出租人干预选择租赁物的除外。

(5)租金的确定及支付

融资租赁合同的租金,除当事人另有约定外,应当根据购买租赁物的大部分或者全部成本以及出租人的合理利润确定。承租人占有租赁物期间,租赁物毁损、灭失的,出租人有权请求承租人继续支付租金,但是法律另有规定或者当事人另有约定的除外。承租人应当按照约定支付租金;承租人经催告后在合理期限内仍不支付租金的,出租人可以请求支付全部租金,也可以解除合同,收回租赁物。

(6)合同的解除

承租人未经出租人同意,将租赁物转让、抵押、质押、投资入股或者以其他方式处分的,出租人可以解除融资租赁合同。有下列情形之一的,出租人或者承租人可以解除融资租赁合同:①出租人与出卖人订立的买卖合同解除、被确认无效或者被撤销，且未能重新订立买卖合同；②租赁物因不可归责于当事人的原因毁损、灭失，且不能修复或者确定替代物；③因出卖人的原因致使融资租赁合同的目的不能实现。

(7)合同被解除、被确认无效或被撤销后的处理

融资租赁合同因买卖合同解除、被确认无效或者被撤销而解除，出卖人、租赁物系由承租人选择的，出租人有权请求承租人赔偿相应损失；但是，因出租人原因致使买卖合同解除、被确认无效或者被撤销的除外。出租人的损失已经在买卖合同解除、被确认无效或者被撤销时获得赔偿的，承租人不再承担相应的赔偿责任。融资租赁合同因租赁物交付承租人后意外毁损、灭失等不可归责于当事人的原因解除的，出租人可以请求承租人按照租赁物折旧情况给予补偿。

(8)合同终止后租赁物的归属

出租人和承租人可以约定租赁期限届满租赁物的归属；对租赁物的归属没有约定或者约定不明确的，可以协议补充；不能达成补充协议的，按照合同相关条款或者交易习惯确定；仍不能确定的，租赁物的所有权归出租人。当事人约定租赁期限届满租赁物归承租人所有，承租人已经支付大部分租金，但是无力支付剩余租金，出租人因此解除合同收回租赁物，收回的租赁物的价值超过承租人欠付的租金以及其他费用的，承租人可以请求相应返还。当事人约定租赁期限届满租赁物归出租人所有，因租赁物毁损、灭失或者附合、混合于他物致使承租人不能返还的，出租人有权请求承租人给予合理补偿。当事人约定租赁期限届满，承租人仅需向出租人支付象征性价款的，视为约定的租金义务履行完毕后租赁物的所有权归承租人。融资租赁合同无效，当事人就该情形下租赁物的归属有约定的，按照其约定；没有约定或者约定不明确的，租赁物应当返还出租人。但是，因承租人原因致使合同无效，出租人不请求返还或者返还后会显著降低租赁物效用的，租赁物的所有权归承租人，由承租人给予出租人合理补偿。

2.《融资租赁合同司法解释》的相关规定

(1)融资租赁合同的认定

人民法院应当根据《民法典》第735条的规定，结合标的物的性质、价值、租金的构成以及当事人的合同权利和义务，对是否构成融资租赁法律关系作出认定。对名为融资租赁合同，但实际不构成融资租赁法律关系的，人民法院应按

照其实际构成的法律关系处理。承租人将其自有物出卖给出租人，再通过融资租赁合同将租赁物从出租人处租回的，人民法院不应仅以承租人和出卖人系同一人为由认定不构成融资租赁法律关系。

(2)合同的履行和租赁物的公示

承租人拒绝受领租赁物，未及时通知出租人，或者无正当理由拒绝受领租赁物，造成出租人损失，出租人向承租人主张损害赔偿的，人民法院应予支持。出租人转让其在融资租赁合同项下的部分或者全部权利，受让方以此为由请求解除或者变更融资租赁合同的，人民法院不予支持。

(3)合同的解除

有下列情形之一，出租人请求解除融资租赁合同的，人民法院应予支持：①承租人未按照合同约定的期限和数额支付租金，符合合同约定的解除条件，经出租人催告后在合理期限内仍不支付的；②合同对于欠付租金解除合同的情形没有明确约定，但承租人欠付租金达到两期以上，或者数额达到全部租金15%以上，经出租人催告后在合理期限内仍不支付的；③承租人违反合同约定，致使合同目的不能实现的其他情形。因出租人的原因致使承租人无法占有、使用租赁物，承租人请求解除融资租赁合同的，人民法院应予支持。当事人在一审诉讼中仅请求解除融资租赁合同，未对租赁物的归属及损失赔偿提出主张的，人民法院可以向当事人进行释明。

(4)违约责任

租赁物不符合融资租赁合同的约定且出租人实施了下列行为之一，承租人依照《民法典》第744条、第747条的规定，要求出租人承担相应责任的，人民法院应予支持：①出租人在承租人选择出卖人、租赁物时，对租赁物的选定起决定作用的；②出租人干预或者要求承租人按照出租人意愿选择出卖人或者租赁物的；③出租人擅自变更承租人已经选定的出卖人或者租赁物的。承租人主张其系依赖出租人的技能确定租赁物或者出租人干预选择租赁物的，对上述事实承担举证责任。

承租人逾期履行支付租金义务或者迟延履行其他付款义务，出租人按照融资租赁合同的约定要求承租人支付逾期利息、相应违约金的，人民法院应予支持。出租人既请求承租人支付合同约定的全部未付租金又请求解除融资租赁合同的，人民法院应告知其依照《民法典》第752条的规定作出选择。出租人请求承租人支付合同约定的全部未付租金,人民法院判决后承租人未予履行,出租人再行起诉请求解除融资租赁合同、收回租赁物的,人民法院应予受理。

出租人依照上述规定请求解除融资租赁合同,同时请求收回租赁物并赔偿损失的,人民法院应予支持。损失赔偿范围为承租人全部未付租金及其他费用与收回租赁物价值的差额。合同约定租赁期间届满后租赁物归出租人所有的,损失赔偿范围还应包括融资租赁合同到期后租赁物的残值。

诉讼期间承租人与出租人对租赁物的价值有争议的,人民法院可以按照融资租赁合同的约定确定租赁物价值;融资租赁合同未约定或者约定不明的,可以参照融资租赁合同约定的租赁物折旧以及合同到期后租赁物的残值确定租赁物价值。承租人或者出租人认为依前述规定确定的价值严重偏离租赁物实际价值的,可以请求人民法院委托有资质的机构评估或者拍卖确定。

(5)纠纷处理

出卖人与买受人因买卖合同发生纠纷,或者出租人与承租人因融资租赁合同发生纠纷,当事人仅对其中一个合同关系提起诉讼,人民法院经审查后认为另一合同关系的当事人与案件处理结果有法律上的利害关系的,可以通知其作为第三人参加诉讼。承租人与租赁物的实际使用人不一致,融资租赁合同当事人未对租赁物的实际使用人提起诉讼,人民法院经审查后认为租赁物的实际使用人与案件处理结果有法律上的利害关系的,可以通知其作为第三人参加诉讼。承租人基于买卖合同和融资租赁合同直接向出卖人主张受领租赁物、索赔等买卖合同权利的,人民法院应通知出租人作为第三人参加诉讼。

3.《担保司法解释》的相关规定

在融资租赁合同中,承租人未按照约定支付租金,经催告后在合理期限内仍不支付,出租人请求承租人支付全部剩余租金,并以拍卖、变卖租赁物所得的价款受偿的,人民法院应予支持;当事人请求参照《民事诉讼法》"实现担保物权案件"的有关规定,以拍卖、变卖租赁物所得价款支付租金的,人民法院应予准许。

出租人请求解除融资租赁合同并收回租赁物,承租人以抗辩或者反诉的方式主张返还租赁物价值超过欠付租金以及其他费用的,人民法院应当一并处理。当事人对租赁物的价值有争议的,应当按照下列规则确定租赁物的价值:①融资租赁合同有约定的,按照其约定;②融资租赁合同未约定或者约定不明的，根据约定的租赁物折旧以及合同到期后租赁物的残值来确定；③根据前两项规定的方法仍然难以确定，或者当事人认为根据前两项规定的方法确定的价值严重偏离租赁物实际价值的，根据当事人的申请委托有资质的机构评估。

三、机电设备融资租赁合同的法律特征

根据以上法律及司法解释关于融资租赁合同的规定，融资租赁合同在适用法律上具有以下特征：

1. 交易至少涉及三方主体和两个合同关系

虽然融资租赁合同的当事人为出租人和承租人两方，但交易还需要由出租人作为买受人与出卖人订立及履行以租赁物为标的物的买卖合同后才能实现。因此，融资租赁交易过程的进行至少需要出租人、承租人、出卖人三方当事人的共同参与，且至少涉及融资租赁合同和买卖合同两个合同关系。在一些复杂的融资租赁交易中，还可能会有回购人、担保人、保险人等当事人的参与，所涉及的合同关系也会更多。

2. 交易兼具融资和融物双重属性

融资租赁交易的进行包括了融资和融物两方面的交易内容，出租人为购置租赁物出资，以收取租金的形式收回出资及收益，体现了交易的融资属性；出租人向出卖人购买租赁物并由承租人租赁使用体现了交易的融物属性；融资与融物的交易互相结合，共同实现融资租赁的交易目的。在直接租赁的模式中，承租人通过向出租人融资的方式实现对标的物的占有和使用，融资是手段，融物是目的，融资服务于融物。在售后回租的模式中，承租人为实现向出租人融资的目的，而将己方的已有设备出售给出租人，再由出租人出租给承租人使用，融物是手段，融资是目的，融物服务于融资。

3. 出租人的基本义务是为租赁物的购置提供资金

在融资租赁交易中，出租人的实际交易角色是为承租人提供购置标的物所需的资金。在合同订立过程中对标的物及出卖人的选择一般均由承租人进行，出租人只负责向已由承租人选择确定的出卖人购置已由承租人选择确定的标的物。在合同履行过程中，出租人一般只负责买卖合同中标的物价款的支付，而不对标的物的性能、质量等是否满足承租人的需要负责；标的物不符合约定要求的，一般需要由承租人向出卖人进行索赔，且索赔期间不影响租金的支付。

出租人只要履行了买卖合同中向出卖人承担的价款支付义务，其在融资租赁合同中的基本义务就已经履行；出租人无须承担租赁物的维修义务，也无须承担标的物在租赁期间毁损、灭失的风险。

4. 融资租赁交易属于受政府机关监管的金融活动

出租人通过融资租赁交易向他人提供资金的行为属于金融活动，需要按照相关规定接受监管机构的监管。一般而言，出租人从事融资租赁交易需要满足规定的条件，并应在取得经营资质后才能开展融资租赁经营活动，且在开展融资租赁活动的过程中，需要接受相关金融监管机构的监管。

5. 租金主要是根据融资成本确定的

在一般的租赁合同中，租金是按照租赁物使用权的市场价格和租赁期限来确定的，而与租赁物本身的购置价格没有直接的关系。但在融资租赁交易中，出租人的交易角色是资金提供方，所承担的基本义务是为承租人提供融资，所收取的交易对价租金的数额高低是由租赁物的购置成本及合理的费用、利润等决定的，而与租赁物的使用权价值没有直接的对应关系。

6. 租赁标的物具有非典型担保功能

出租人购置标的租赁物是根据承租人的选择进行的，是为了满足承租人的经营活动需要。在租赁期间，标的物由承租人占有、使用、收益，出租人不得随意收回或转让。出租人对标的物所享有的所有权，是为租金债权的实现提供担保，而不是为了拥有标的物本身。

7. 合同具有不可解约性

融资租赁合同的不可解约性又称“中途解约禁止”，是指融资租赁合同在成立后，双方当事人变更合同内容或解除合同的条件比其他类型的合同更加苛刻，而并非指融资租赁合同完全不可以解除。融资租赁合同中出租人享有所有权的租赁物是为了满足承租人的需要而购置的，出租人参与交易的目的是通过向承租人提供融资而获取利息收益。合同被解除后，承租人将无法通过使用租赁物获取收益，出租人也无法通过收取租金获取融资收益，故合同关系的稳定对双方当事人都很重要；任何一方要求变更或解除合同，都可能造成对方或双方利益的较大损失。因此，法律对于融资租赁合同的解除规定了比一般租赁合同更加严格的条件，且当事人一般也会在合同中就合同的变更或解除约定限制性条件。

四、机电设备融资租赁合同的常见类型

根据具体交易方式及当事人在交易中权利义务的不同，融资租赁合同可以分为多种类型；其中，在装备制造企业经营活动中应用较多的主要有直接租赁、售后回租、厂商租赁等类型。

1. 直接租赁

直接租赁，是指出租人根据承租人对出卖人、租赁物的选择，向出卖人购买租赁物提供给承租人使用，承租人支付租金，租赁期满后标的物一般由承租人所有或由承租人支付象征性价款购买租赁物的融资租赁。直接租赁是融资租赁最基础的交易方式，由出租人、承租人、出卖人三方当事人参与，由融资租赁合同和买卖合同两个合同关系构成。直接租赁的交易实质，是承租人通过向出租人融资的方式，向出卖人获取己方所需标的物的交易活动。

2. 售后回租

售后回租，是指承租人将己方合法所有的标的物出售给出租人，再通过与出租人订立售后回租合同的方式取得对标的物的占有、使用权，并向出租人支付租金，租赁期满后承租人重新取得标的物所有权的融资租赁。售后回租中的承租人和出卖人为同一人，故实际参与交易的只有出租人和承租人两方主体。售后回租中的承租人为获得出租人提供的融资，而以将己方已有标的物的所有权转让给出租人的方式为租金的支付提供担保，本质上是一种担保融资活动。售后回租是实践中应用较多的融资租赁方式。

3. 厂商租赁

厂商租赁是指标的物的出卖人与出租人合作，由出卖人向承租人提供标的物，出租人为承租人提供融资服务的融资租赁方式。厂商租赁中的出租人可以是出卖人专门开设或控制的租赁公司，也可以是与出卖人进行业务合作的其他租赁公司。出卖人参与厂商租赁的目的主要是拓展己方生产或销售产品的销售渠道，提升产品的销售规模和市场份额。厂商租赁方式的融资租赁在标准化的机电设备产品，如汽车、工程机械、机床等的销售中得到了广泛的应用。

除上述类型外，交易实践中还有经营性租赁、委托租赁、杠杆租赁、联合租赁等类型的融资租赁交易方式。

第二节　机电设备融资租赁合同订立过程中的法律风险防控

装备制造企业进行机电设备的融资租赁交易，在订立合同时，需要按照己方在交易中的身份，根据融资租赁的交易特点及法律特征，对相关法律风险进行防控。

一、交易对象的选择

装备制造企业在机电设备融资租赁中的交易身份，可以是通过融资购置标的设备的承租人，也可以是提供租赁物的出卖人；不同交易身份的当事人在选择交易对象时所需要注意的法律风险因素也是不同的。

1. 承租人对交易对象的选择

与承租人直接订立融资租赁合同的对方当事人一般仅有出租人。但在出租人另行订立合同的买卖合同关系中，出卖人以及标的物一般也是由承租人选择确定的，且多数情况下，标的物价款、交付时间及方式，价款的支付方式、时间等买卖合同中的内容也是由承租人与出卖人提前协商确定的。出租人只是在承租人已经与出卖人就买卖合同的交易条件协商一致后，再根据融资租赁合同的约定，替代承租人的买受人地位，与出卖人订立标的物的买卖合同；并且在买卖合同履行过程中，向出卖人受领交付的标的物，或出卖人的履行能力不足或标的物的质量瑕疵等造成买受人一方损害时，向出卖人提出索赔主张等一般也需要由承租人进行，相关的法律后果或责任也需要由承租人承担。因此，作为承租人参与融资租赁交易的当事人，不仅需要选择与己方订立融资租赁合同的交易对象，即为己方提供融资服务的出租人，还需要选择买卖合同的交易对象，即向己方交付租赁物的出卖人。

对于融资租赁交易的出租人，一般应选择具有融资租赁资质、资金实力雄厚、信誉良好的专业租赁公司。虽然目前关于融资租赁应取得经营许可的规定是由相关行政规章规定的，司法实践中多数情况下并不会将不具有融资租赁经营资质的组织作为出租人的融资租赁合同认定为无效；但与其他组织或个人相比，经政府部门审查后授予融资租赁经营资质的租赁公司，无论在资产规模、资金运用、风险管控等方面的实力，还是融资租赁业务相关的财务、金融、税务、贸易、法律事务的处理，显然都更加专业、可靠。目前，在我国境内具有融资租赁业务经营资质的市场主体有两种类型，一种是受金融监管部门监管的金融租赁公司，另一种是受商务部门监管的融资租赁公司；这两种经监管部门许可取得经营资质的租赁公司，均可以在批准的业务范围内开展融资租赁业务。

关于机电设备融资租赁交易中的出卖人，因为租赁标的物即可能是通过买卖交易获得的标准化产品，也可能是通过承揽交易获得的非标定制产品，所以此处的出卖人泛指能提供标准或非标定制机电设备的标的物提供方，实际交易身份可能是买卖交易中的出卖人，也可能是承揽交易中的承揽人。承租人在选择出卖人时，应根据标的物的具体情况，如标准化设备还是非标定制设备，分别按照本书第六章和第七章中关于买受人应如何选择出卖人、定作人应如何选择承揽人的内容，对融资租赁交易中的出卖人进行符合交易实际需要的选择。

2. 出卖人对合同对象的选择

在融资租赁交易中，与出卖人就标的物的买卖交易进行协商的是承租人，但以买受人身份订立合同的当事人则是出租人；在合同履行过程中，承担标的物价款支付义务的是出租人，而除此以外的应由买受人享有的权利及承担的义务，则除另有约定外，一般都是由承租人享有和承担的。因此，出卖人对交易对象的选择，也涉及两方当事人，即承租人和出租人的选择。

出卖人参与机电设备融资租赁交易的起因，可能是向己方购置标的设备的买受人不具有足额支付合同价款的能力，而选择融资租赁公司作为交易的出租人为其提供融资，而使原本拟进行的直接的买卖交易转化成了融资租赁的交易；也可能是出卖人为促进己方产品的销售而与特定的融资租赁公司进行了厂商租赁形式的合作，买受人在与出卖人建立交易关系时，因有融资需要而选择了融资租赁模式，而所选择的为交易活动提供融资的出租人也只能是与出卖人进行业务合作的融资租赁公司。在前一种情形中，出租人一般是由承租人预先选择的，但出租人需要在买卖合同履行过程中承担向出卖人支付标的物价款的义务，出租人价款支付能力的强弱将会直接影响到该项合同义务履行的可靠性。因此，出卖人需要根据标的物价款数额的高低、拟采用的付款方式等情况，对承租人已经选择的出租人的合同价款支付能力进行调查核实；发现该出租人存在信用状况不佳、履行能力不足、商业信誉不良等情形，可能影响付款义务履行时,应建议承租人重新选择适当的出租人。在后一种情形中,出租人一般只能是已经与出卖人建立了业务合作关系的融资租赁公司,故在具体的交易中一般无须重新选择。

对于出卖人而言,融资租赁交易中承租人的实际交易角色就是由出租人代为支付标的物价款的买受人;而在一般的买卖交易中,出卖人对于买受人的选择所需要考虑的主要风险因素就是买受人的价款支付能力。在标的物价款支付的合同义务已经转由出租人承担的情形下,出卖人选择承租人时所需要考虑的主要交易风险因素也就转变为对出租人的选择。一般而言,只要承租人能维持正常的经营状况,不会拒不受领标的物或恶意向出卖人提出索赔,就可以选择为交易对象。但是,在融资租赁交易实践中,出租人可能会为了降低自身的交易风险而要求出卖人承担标的物回购的义务,即在融资租赁合同履行过程中,承租人未依约支付租金达到一定程度,出租人依法或依约要求解除合同时,出卖人需要通过支付剩余租金或标的物价款的方式将标的物回购。出卖人对回购义务的承担,实际是将本应由出租人承担的承租人无法支付租金的风险转移给了出卖人。因此,出卖人在与出租人订立的买卖合同中包含有回购条款或单独订立了回购协议时,就需要对承租人的信用状况、租赁期限内持续经营的能力等影响租金支付的情况进行全面的分析评估,尽量避免承租人无法支付租金而导致己方不得不回购标的物的情形。

二、合同性质的确定

融资租赁合同具有融资、融物双重属性,当事人尤其是承租人方,为实现己方的交易需求而选择交易方式时,需要根据融资租赁合同与其他合同在交易方式及法律特征等方面的区别,了解不同合同所能合法实现的当事人的不同交易需求,准确判断所需订立合同的性质,正确选择合同类型。

1. 融资租赁合同的适用范围

无论是直接租赁还是售后回租或其他方式的融资租赁交易,一般都是在承租人有融资需求的交易背景下产生。但实践中,能够满足当事人融资需求的交易方式是多种多样的,其中应用最多的是借贷方式。借贷与融资租赁的主要区别在于,借贷是单纯的资金融通,而融资租赁则是融资和融物一并进行的双重交易。融资租赁交易通过租期内将标的物的所有权设定为出租人所有,为出租人租金债权的实现提供了有效的保障;也降低了承租人获得融资所需要的资信、担保等方面的条件,为难以获得银行信贷资金支持的中小企业增加了融资渠道,一定程度上有助于缓解中小企业的“融资难”问题。此外,融资租赁交易,还有助于作为市场经营主体的承租人一方通过融资的方式实现生产设备的更新改造、生产技术的升级换代,从而有助于提升企业的生产经营水平。为此,国家先后出台了相关政策,鼓励企业通过融资租赁交易等方式解决新项目建设、旧项目技术改造等经营活动所需的资金问题。但当事人通过融资租赁方式进行的交易,需要符合融资租赁交易的适用条件,否则,在发生争议时,当事人间的法律关系将可能不被认定为融资租赁关系。

融资租赁法律关系的判断,需要从标的物的性质和价值、租金的构成,以及合同中约定的当事人间的权利义务等方面进行。首先,关于融资租赁中的标的物,虽然目前没有相关法律或行政法规对标的物的范围进行过规定,但融资租赁交易方式本身决定了标的物应该是具有确定性及可转让性,并且在使用过程中不会被消耗掉的、可以在租期届满时向出租人返还的有形物。此外,相关监管机构制订的部门规章中,也均将融资租赁交易中的标的物范围规定为固定资产。因此,消耗品、植物动物等生物财产,或知识产权、债权等财产或财产性权利不宜作为融资租赁合同的租赁标的物;以不存在的或无法特定化的财产作为租赁物的,当事人间的融资租赁法律关系也将得不到认可。其次,标的物的价值与租金的金额应具有一定的对应关系,即租金的总额一般应按标的物的正常购置价格和出租人应得的合理利润及相关费用之和确定。标的物价值显著低于融资金额,或者租金显著高于标的物价值与合理利润之和的,当事人间的法律关系将可能不被认定为融资租赁合同关系。最后,当事人在合同内容中关于双方间权利义务的约定,也需要符合融资租赁的交易特征,即需要具有融资与融物双重属性,交易至少包含买卖和融资租赁两个合同关系,至少涉及出租人、承租人、出卖人三方当事人(售后回租型的融资租赁中承租人与出卖人为同一人)等特征。

因此,当事人拟通过融资租赁的方式解决融资或融物的需求时,应详细分析评估交易中涉及的相关事项是否符合上述要求,根据评估结果确定适当的交易方式。拟进行的交易存在不符合融资租赁交易特征的情形时,可考虑通过变更交易方式、订立及履行其他类型的合同的方法实现交易需求。如标的物不符合融资租赁交易要求,可以考虑通过抵押贷款的方式进行融资;对租金金额及租赁期限的需求与标的物总价款不匹配,可以选择通过普通租赁的方式解决对标的物的需求等。

2. 融资租赁方式的选择

除直接租赁、售后回租等常见的融资租赁方式外,交易实践中还存在大量以金融创新为名的新型融资租赁交易模式,如杠杆租赁、委托租赁、转租赁、通道租赁、共享式租赁等。这些交易方式中有些是典型融资租赁与其他交易模式的混合运用,如委托租赁、杠杆租赁等;还有一些则在交易过程中当事人间的权利义务关系并未明显体现出融资租赁的特征,在发生争议时将可能无法被认定为融资租赁。当事人在选择通过融资租赁的交易模式进行机电设备的交易时,应优先选择已经得到法律、司法解释明确认可的交易方式,如直接租赁、经营性租赁、售后回租等。如这些交易方式无法满足交易需求,可考虑通过分别订立及履行融资租赁交易的合同及其他合同(如委托合同、合伙合同、借款合同)的方式进行交易;以避免不同类型的交易内容混合出现在同一合同中可能导致的当事人对合同性质的争议及权利义务关系的混乱。

三、合同内容的确定

融资租赁交易的进行,至少涉及融资租赁合同和买卖合同两个合同的订立和履行。在合同订立过程中,当事人需要根据己方在交易中的身份,就各个不同合同的内容作出符合己方需求的约定,并需要确保不同合同中对于相关联交易事项约定内容的协调、一致。

1. 文本内容的了解和核实

实践中,融资租赁合同的文本一般是由作为出租人的融资租赁公司提供或拟定的,且多数情况下是融资租赁公司在日常经营中重复使用的范文文本,或在范文文本基础上作简单调整后的文本。融资租赁公司提供的这些合同文本,内容一般都是按照融资租赁行业的交易习惯确定的,侧重于对出租人利益的保护及经营风险的防控,且文本中含有大量金融、租赁等行业的专门术语。对融资租赁交易缺乏经验的承租人,一般难以理解文本内容所建构的交易逻辑,也无法准确理解相关术语的法律意义。因此,承租人在签署合同文本前,应就合同文本中的内容向出租人进行详细的咨询和了解,分析判断合同文本中的内容与双方进行交易协商的内容是否一致、是否符合己方的实际交易需求,必要时应向第三方专业人员咨询或由专业人员协助进行合同的订立。

装备制造企业作为出卖人订立融资租赁交易中的买卖合同时,合同内容与直接进行的买卖交易中的合同的不同之处主要在于,作为交易对象的买受人所享有的权利及所承担的义务,除支付价款的义务仍由买受人(融资租赁交易中的出租人)直接承担外,其余的权利和义务一般需要根据约定由买卖合同关系以外的第三人(融资租赁交易中的承租人)享有或承担。因此,融资租赁交易中的买卖合同内容,对于买受人方相关权利及义务在出租人及承租人间的合理划分,需要根据出租人与承租人在融资租赁合同中的约定进行。在确定具体内容时,应注意确保划分界限的清楚明确、无缝对接,避免出现无人履行的义务或可重复主张的权利等情形。

2. 对相关术语法律意义的明确

融资租赁合同内容中会涉及较多的金融、租赁等方面的专业术语,一些在其他交易中常见的合同用语出现在融资租赁合同中时,也可能会有不同于其他交易的特定含义。实践中较为容易引发争议的有首付款、保证金、手续费、服务费等与费用支付有关的用语。当事人在订立合同时,应当对这些用语的法律意义在合同内容中进行明确。如预付款的支付目的是什么,是否包含在租金总数额内,是否具有债权担保的功能及担保的方式等;保证金的收取目的是什么,是发生违约行为时可以直接扣收的违约金还是用于抵顶未付租金的预收款项,扣收条件和程序如何安排,抵顶欠付款项的顺序如何确定等;手续费、服务费、管理费等费用的收费目的是什么,是对出租人经营成本的弥补,还是出租人办理特定手续或提供特定服务的报酬等。对于其他在具体的融资交易中具有不同于通常含义的合同词句、用语,也应在合同内容中作出专门的定义或说明。

3. 对买卖合同有关内容的约定

融资租赁交易中的标的物是为满足承租人的使用需求而进行交易的,且一般情形下标的物及标的物的出卖人都是由承租人选定的。在买卖合同履行过程中,除价款支付以外的其他属于买受人的权利和义务也是由承租人享有和承担的。在买卖合同履行过程中如何与出卖人就标的物的买卖事宜进行对接,出租人与承租人之间如何进行分工、配合就需要双方在融资租赁合同中作出约定。

首先，当事人应根据交易的具体情况，确定承租人是否需要以第三人的身份参与买卖合同的订立作出约定。一般而言，买卖合同中的交易标的组成繁多或权利义务关系复杂的，可考虑由承租人作为第三人参与买卖合同的签订。

其次，出租人是否参与租赁物的选择对双方间的权利义务关系有显著的影响，故合同内容中除应对标的物名称、数量、规格、技术性能、检验方法、交付方式和期限等一般内容作出约定外，如果承租人在选择标的物时需要依赖出租人的技能或出租人实际干预租赁物选择，相关事实也应体现在合同内容中。

再次，承租人向出卖人行使索赔权的范围应在买卖合同及融资租赁合同中作出明确约定。机电设备买卖交易中买受人向出卖人进行的索赔包括两种类型，一种是不否定合同履行效力的索赔，如标的物存在质量瑕疵时要求出卖人承担修理、重作、更换、减少价款、赔偿损失等责任；出卖人未依约定的方式或时间交付标的物时，要求出卖人继续履行合同并赔偿损失等。另一种是否定合同履行效力的索赔，如出卖人存在根本违约行为时买受人要求解除合同，或买卖合同存在无效、可撤销的情形时，买受人要求确认合同无效或撤销合同等。两种索赔方式对当事人间交易关系的影响有很大的差别，一般情况下，第一种索赔对出卖人的交易利益影响较小，对出租人一般不会有直接影响；融资租赁交易实践中，此种情形的索赔权行使一般都会由承租人行使。第二种索赔则将可能导致买卖合同和融资租赁合同两个合同的不正常终止，对出卖人和出租人的利益都会产生很大的影响。出租人和承租人需要根据交易的具体情况确定该项索赔权利的行使主体及行使条件、方式等内容。

最后，融资租赁合同还应就因买卖合同的履行与出卖人发生争议时，出租人与承租人之间互相协助的条件、方式等作出约定。

4. 对合同被解除、被确认无效或被撤销后处理的约定

融资租赁合同被解除，或被确认无效、被撤销后，租赁物一般需要返还给出租人。但融资租赁交易中的出租人一般是从事融资金融活动的金融组织，而并不是专业的设备管理或租赁组织，且融资租赁中的租赁物多数是为满足承租人的特定需要而专门购置的，市场流通性较差，租赁物返还出租人后很多情况下将会既无法向市场销售，也难以重新出租。因此，租赁物返还出租人后将可能因无法再继续使用和收益而造成巨大的资源浪费，交易双方的利益都会受到损害。此外，融资租赁交易中出租人对租赁物所享有的所有权本质上是为了租金

债权的实现而设置的担保，在合同由于承租人欠付租金而被解除的情形下，如租赁物的现有价值超过了欠付的租金和其他费用，出租人将需要在收回租赁物后向承租人返还超出部分的费用。如租赁物的现有价值不足欠付的租金和其他费用，承租人需要继续赔偿差额部分；合同约定租赁期满租赁物归出租人所有时，还需要赔偿租赁期限届满后租赁物的残值。在这些情形中，租赁物返还时的现有价值及租期期满后的残值均需要按一定的标准确定。

因此，当事人在订立融资租赁合同时，应根据租赁物的构成、价值、市场流通性等具体情况，以及交易双方对租赁物的管理、使用、营运等方面的能力，就合同可能被解除，或被确认无效、被撤销后，租赁物是否需要返还给出租人，返还的条件、方式等作出约定；并应就租赁物价值的折旧计算方法、残值等根据租赁物的性质、使用工况、可能的市场变化情况等作出实用、明确的约定。

5. 标的物归属的约定

与一般的租赁合同中租赁期满后租赁物需要返还出租人不同的是，融资租赁合同租赁期限届满后，租赁物的归属需要按照双方的约定确定；双方未约定且根据合同相关条款及交易习惯均无法确定租赁物归属时，租赁物才应归出租人所有。为避免租赁期限届满时可能产生的争议，当事人在订立融资租赁合同时应就租赁期限届满时租赁物的归属作出约定。

租赁物在租赁期限届满后的归属，主要应根据租金的构成、标的物的性质等进行确定。具体而言，如租金的构成是按照购置租赁物的部分成本及相应的利润确定，则出租人的投入将无法通过在租期内收取租金的方式全部收回，租赁物在租赁期限届满后应归出租人所有；由出租人通过收回租赁物后出售、另行出租，或不收回租赁物续租等方式收回剩余成本及相应的利润。此种租赁方式实践中称为经营式的融资租赁。但如租金的构成是按照购置租赁物的全部成本及利润确定，则出租人通过在租赁期限内收取租金就足以收回融资成本并获取收益，租赁物在租赁期限届满后的归属应约定为承租人所有；或为体现融资租赁交易中的租赁特征，约定为承租人有权以象征性的价格购置租赁物。

第三节　机电设备融资租赁合同履行过程中的法律风险防控

装备制造企业作为出卖人参与融资租赁交易时，在合同履行过程中需要承担的合同义务及存在的法律风险与买卖合同中的出卖人或承揽合同中的承揽人基本相同，本节内容不再赘述；作为承租人参与融资租赁交易时，需要根据融资租赁合同的履行特征对相关的法律风险进行有效防控。

一、租赁物的受领及索赔权的行使

在融资租赁合同履行过程中，承租人需要依据合同的约定受领出卖人交付的标的物。出卖人交付租赁物不符合约定时，承租人可根据合同的约定向出卖人提出索赔。

1. 租赁物的受领

与普通租赁不同的是，除合同另有约定外，融资租赁合同履行过程中向承租人承担租赁物交付义务的是出卖人，而不是出租人；并且除租赁物是依赖出租人的技能确定或出租人干预了租赁物的选择等特定情形外，出租人也不对出卖人所交付的标的物是否符合合同约定、是否能够满足承租人的使用要求等事项负责。因此，承租人在向出卖人受领所交付的标的租赁物时，需要参照买卖合同中买受人的交易身份行使相关权利、履行相关义务，即需要根据出租人与出卖人所订立买卖合同的内容，对标的物的种类、组成、结构、规格型号、性能参数、数量、质量要求等进行检验或验收；在发现标的物的数量、质量等不符合约定时，还应在合同约定或法律规定的期限内向出卖人提出相关异议，而不应以普通租赁合同中承租人的交易思维，期望出租人对标的物的质量、效用等承担责任。出卖人交付标的物的组成、结构、功能、性能、质量等严重不符合要求，无法正常使用或显著影响使用效果的，或出卖人未按约定的期限交付标的物，经催告后仍在合理的期限内没有交付的，承租人有权拒绝受领；承租人拒绝受领标的物的，应及时通知出租人，并应与出租人积极协商合同的后续履行事宜；未通知而造成出租人损失的，承租人将需要承担赔偿责任。

按照合同约定受领出卖人交付的租赁标的物，既是融资租赁交易中承租人所享有的权利，也是应当承担的义务。对于出卖人按照合同约定所进行的标的物交付，或虽然交付不符合约定，但尚不足以使承租人有权拒收的，承租人有义务受领。承租人无正当理由拒绝受领出卖人交付的租赁物，致使出租人需要向出卖人承担违约责任，或造成买卖合同及融资租赁合同无法履行而受到损失的，承租人将需要承担赔偿责任。

2. 租赁物交付不符合约定时的索赔

承租人在受领出卖人交付的租赁物时或受领后的质量检验期内或完成验收前，发现租赁物不符合合同约定要求，或出卖人交付租赁物的方式、时间等不符合约定，影响己方使用或造成己方损失的，应根据合同中关于索赔权利的行使范围、方式等向出卖人提出索赔要求。索赔过程中可以提出的要求出卖人承担责任的方式，包括对租赁物进行修理、重作、更换，减少价款，支付违约金、赔偿损失等。承租人向出卖人行使索赔权，需要出租人通过陈述事实、提供信息和证据、进行催告、参与协商等方式进行协助的，应及时向出租人提出协助要求。对于合同中未约定由承租人行使的索赔权，或合同中已约定由出租人行使的权利，如解除买卖合同的权利、主张买卖合同无效或撤销买卖合同的权利等，承租人认为其必须通过行使该项权利才能维护己方合法权利的，应及时通知出租人，或与出租人就相关索赔权利的行使或交易的后续安排进行积极协商。出租人隐瞒租赁物质量瑕疵，或出租人未及时提供必要协助，致使承租人受到损失的，承租人可向出租人提出赔偿损失的要求。出租人怠于行使只能由其行使的索赔权利，给承租人造成损失的，承租人可以要求其赔偿损失。

如果租赁物是依赖出租人的技能确定或出租人干预了租赁物选择，则出租人应当对租赁标的物存在的质量问题，或不能满足承租人使用要求的结果承担相应的责任。存在此种情形时，承租人有权向出租人提出适当减免部分租金的要求，并可根据合同订立及履行的具体情况，合理选择由出租人、出卖人分别承担或共同承担赔偿己方损失的责任。具体而言，如果租赁物不能满足己方使用需求的原因是出租人错误选择标的物，则应由出租人承担责任；如果出卖人提供的租赁物存在质量问题，造成承租人损失的，出租人应与出卖人共同承担责任。但无论何种情形下的索赔，承租人可得到的赔偿总额均不应超过己方所受到的实际损失。

二、对租赁物的占有和使用

通过对租赁标的物的占有和使用获得收益，是融资租赁交易中承租人所要实现的合同目的。出租人负有保证承租人对租赁物平静占有和使用的义务。在承租人占有租赁物期间，租赁物的维修义务及租赁物毁损灭失的风险均需要由承租人承担。

1. 出租人违约时的权利维护途径

在融资租赁合同履行期间，出租人不仅不能直接实施妨碍承租人对租赁物占有和使用的行为，还需要保证第三人不会对租赁物提出权利主张。出租人无正当理由收回租赁物，或妨碍承租人对租赁物的占有和使用，或将租赁物转让、抵押、重复租赁等导致他人向承租人主张权利，或自身负债等导致租赁物被采取诉讼保全或执行措施，承租人无法正常占有和使用租赁物的，承租人可根据合同约定或法律规定追究出租人的违约责任。

在融资租赁合同履行过程中，出现非由己方引起的无法继续占有和使用租赁物的情形时，承租人可根据出租人违约行为的具体情况，采取相应的救济措施维护己方的权利。出租人或第三人违约，或没有法律依据占有租赁物或妨碍己方对租赁物的占有和使用的，承租人可直接要求或通过诉讼的方式要求出租人或第三人返还租赁物，或排除对租赁物占有和使用的妨碍。对于所造成的损失，可以提出出租人或出租人与第三人共同赔偿损失的主张。出租人的违约行为导致融资租赁合同无法继续履行的，承租人可以根据合同约定或法律规定提出解除合同并要求出租人赔偿损失的主张。

2. 对租赁物的管理和维护

与普通租赁合同的履行过程不同的是，融资租赁交易的承租人在占有和使用租赁物期间，除合同另有特别约定外，需要承担对租赁物的全部日常管理、维护等义务；并且还要承担租赁物损毁、灭失、失去使用性能等造成的损失，以及使用过程中租赁物造成他人人身伤害或财产损害的赔偿责任。因此，机电设备融资租赁合同的承租人，在占有、使用租赁物的过程中，应完全按照己方自有机电设备的管理、维护标准对租赁物进行使用、管理和维护，使标的机电设备保持优良的使用性能以最大限度地发挥其效用；避免标的机电设备使用、管理不当而发生损坏、遗失，或造成他人人身或财产的损害；而不可按照普通租赁关系中的承租人的交易思维，期望出租人承担租赁物的维修义务或其他管理义务。

3. 对标的物的处分应慎重

从交易模式上分析，融资租赁交易中的租赁物是承租人为满足自身的使用需求，通过向出租人融资的方式由出租人购买、由承租人占有和使用的。因此，实践中不少承租人会认为租赁物的实际所有人是自己，己方有权按自己的意愿对租赁物进行处分，如将租赁物转让、抵押、出质、出租、出借等。但根据相关法律的规定，承租人所实施的这些对租赁物的处分措施存在很大的法律风险。租赁物本身在法律上认可的所有权是由出租人享有的，承租人所实施的这些处分措施被出租人发现时，承租人将会面临向出租人承担沉重违约责任的可能。如被视为全部租金加速到期需要立即支付，或出租人要求确认处分行为无效、收回租赁物，以及要求解除合同、赔偿损失等。因此，承租人在未获得出租人同意的情形下，一般不应对租赁物进行法律或事实上的处分。

4. 出租人扣留租赁物或限制租赁物使用时的应对

实践中，在融资租赁合同履行过程中承租人出现欠付租金等情形时，出租人直接或委托第三方对租赁物进行扣留，或采用技术手段对租赁物的使用进行限制或强制停止，即“锁机”的案例较为常见。出租人为维护自身利益所采取的这些自力救济措施，会直接导致承租人对租赁物占有状态的丧失或虽仍占有租赁物但无法使用而不能获得收益，从而造成承租人利益的损害。虽然此种情形的出现一般都发生在承租人出现欠付租金或其他违约行为之后，而并非出租人无故妨碍或影响承租人对租赁物的占有和使用，但出租人所实施的这些行为并不一定都是合法的。

在占有和使用租赁物期间，如出租人对租赁物采取扣留或“锁机”等措施而导致己方无法占有或使用租赁物时，承租人应根据合同中的相关约定、对方所采取措施的合理性及造成的己方损失与己方的违约行为相比较是否适当等因素，就对方的行为是否符合合同约定和法律规定进行判断，并采取相应的应对措施。如合同中赋予了对方实施相应行为的权利，约定内容也不存在无效情形，且对方所采取的措施符合合同约定条件，则此种情形下对方对租赁物的扣留或“锁机”将属于合法的自助行为，承租人应通过与对方积极协商、纠正违约行为等方法积极促成对方解除相关措施。如合同内容未赋予对方相关权利，或对方采取的措施不符合合同约定的条件，或对方采取的措施明显不合理，造成了己方较大损失，则出租人的相关行为应属于不当妨碍承租人对租赁物进行占有和使用的违约行为，承租人可向对方提出解除扣留或“锁机”措施、适当减交租金、赔偿损失等主张，以维护己方的合法权利。

三、租金的支付

按合同约定的数额、方式、期限等向出租人支付租金是融资租赁交易中承租人的基本、主要义务；与普通租赁中的租金支付不同的是，除租赁物是依赖出租人技能确定或出租人干预选择的外，即使租赁物存在不能满足承租人的使用要求，或因质量问题而无法使用，或与承租人自身无关而毁损、灭失等情形，致使承租人无法使用的，承租人也仍需承担继续向出租人支付租金的义务。承租人无正当理由欠付租金的，将可能触发合同中关于出租人可对租赁物进行扣留、“锁机”等内容的条款；欠付情况达到合同中约定的出租人可解除合同的条件，或合同未约定时，欠付两期以上租金或数额达到总租金 15% 以上，经催告仍未支付的，融资租赁合同将可能因出租人行使解除权而被解除。合同被解除后，租赁物将被出租人收回而使承租人无法使用、收益，且承租人将需要赔偿出租人相关损失。

因此，融资租赁交易中的承租人应当积极履行支付租金的义务，避免欠付租金可能造成的各种不利结果。承租人在处理与租金支付有关的交易事项时应注意以下事项：一是应严格按照合同中约定的数额、时间、收款人信息等内容支付租金。融资租赁交易实践中，存在较多的出卖人、出租人的代理人或渠道商等以受出租人委托代收租金的名义，要求承租人向其支付租金的现象。这些单位或个人要求代收租金的原因有很多是出租人存在欠付他们货款、代理费用的情形，而并不是真实地受到了出租人关于代收租金的委托。因此，在合同没有作出约定，也没有得到出租人明确的书面同意的情形下，承租人不应向这些单位或个人支付租金；否则，将可能需要承担向出租人再次支付相应租金的后果。二是出现己方认为可拒付或缓交租金的情形时，对拒付或缓交租金的条件应细致、谨慎地进行分析判断，而不应根据主观感觉随意停付租金。如前文所述，融资租赁交易中的租金支付条件与普通租赁有很大的区别，在普通租赁中出现的可拒付租金的条件并不都能适用于融资租赁交易中。三是由于财务困难而难以依约支付租金时，应提前与出租人就租金的缓交事宜进行积极协商，而不应随意停付租金造成己方违约。

四、合同解除权的运用

融资租赁合同的履行具有长期性,各种事前难以预料的事件都有可能在合同履行过程中出现。这些意外发生的事件,有些可能会有利于承租人利益的实现,还有一些则可能会不利于承租人,甚至可能导致承租人交易目的的无法实现。因此,在不利于己方利益的事件,尤其是可能导致己方交易目的落空的意外事件发生时,通过对合同解除权的行使及时终止合同的履行,就可以有效地控制不利事件所造成的影响,有效地维护己方的利益。

根据相关法律及司法解释的规定,融资租赁合同关系中承租人可提出解除合同要求的情形主要有以下几种;一是租赁物的出卖人严重违约,致使承租人合同目的不能实现,且承租人未与出租人就重新选择的租赁物达成一致意见;二是出租人存在未依约支付租赁物价款致使承租人无法获得租赁物,或出租人无正当理由取回租赁物等严重违约行为,致使承租人合同目的不能实现;三是租赁物非己方的原因毁损、灭失,且无法修复或者确定替代物;四是出租人与出卖人订立的买卖合同被解除、被确认无效或被撤销,且未能重新订立买卖合同。

在上述几种承租人可行使法定解除权的情形中,合同解除权的成立基础并不相同,故合同被解除后所产生的法律后果也是不同的。在第一种和第二种情形中,合同解除权的成立条件是出卖人或出租人存在严重违约行为。因此承租人依法解除合同后,有权依据合同约定和法律规定分别向出卖人或出租人提出赔偿损失的要求。在第三种情形中,各方当事人都对合同所出现的可解除事由没有过错,承租人在依法解除合同后,不仅不能向出卖人或出租人主张赔偿,还需要根据融资租赁交易的特征,对合同解除给出租人造成的损失进行合理的补偿。在第四种情形中,则需要根据买卖合同被解除、被确认无效或被撤销的具体原因,结合融资租赁交易的法律特征,确定合同被解除后当事人间的权利义务关系。因此,在合同履行过程中出现己方可解除合同的事由时,承租人需要根据解除合同和继续履行合同两种不同选择可能导致的实际结果,综合权衡利弊得失后谨慎作出相应的选择。

第四节　机电设备融资租赁合同纠纷解决过程中的法律风险防控

融资租赁交易所具有的融资与融物紧密结合的特征，使得当事人由于融资租赁合同的订立或履行所发生纠纷的争议对象，也与其他类型的合同有很大的不同。本节内容就实践中较为常见以及融资租赁交易中特有的一些纠纷类型，从承租人的角度对相关纠纷解决过程中法律风险的防控进行介绍。

一、当事人的确定

如前文所述，融资租赁合同的必要当事人虽然只有出租人和承租人两方，但整个融资租赁交易的进行至少还需要出卖人的参与才能进行。在交易较为复杂的情形下，还会有担保人、回购人、保险人等主体的参与。当事人因融资租赁合同发生争议时，争议的解决将可能需要出租人和承租人以外的其他主体参与才能进行。因此，承租人在融资租赁交易进行的过程中与出租人、出卖人或其他当事人发生争议时，需要根据争议所涉及的具体合同关系、争议事实与不同当事人的关系、争议的处理结果对不同当事人利益的影响等因素，合理选择或确定解决纠纷的当事人。对于在纠纷中与己方具有共同或相一致利益关系的当事人，应通过相互协调立场、积极配合等方法促成纠纷向有利于维护己方权利的方向得到解决；对于可能需要共同或分别向己方承担相应法律责任的当事人，在纠纷解决过程中应积极向他们提出己方相应的权利主张，避免遗漏责任人，以利于纠纷的集中、有效解决。

1. 诉讼或仲裁程序中当事人的确定

在纠纷通过诉讼程序解决的过程中，己方作为原告提起诉讼时，一般应将所有可能需要向己方承担责任的当事人列为被告；如租赁物存在质量问题导致己方损失而纠纷又需要通过诉讼解决时，如租赁物是依赖出租人的技能选择或出租人干预了租赁物选择，则应将出卖人和出租人都列为被告，根据具体情形要求他们共同或分别向己方承担责任。对于虽然不需要向己方直接承担法律责任，但案件的处理结果可能与他们有法律上的利害关系，或者查明案件事实需要他们参与的,也应考虑将这些当事人列为第三人,由人民法院通知他们参加诉讼。己方作为被告参加诉讼时,如认为原告方提出的诉讼请求中应由他人全部或部分承担,或者认为他人参加诉讼更有利于案件事实的查清或纠纷的全面解决,也可以向人民法院提出通知该方当事人参加诉讼的申请。

在纠纷通过仲裁程序解决的过程中,也可以参照上述内容确定仲裁当事人。但需要注意的是,当事人通过仲裁解决财产纠纷,需要以存在合法的仲裁协议为前提。故对于未参与仲裁协议订立的当事人,即使客观上存在该方当事人参与仲裁更有利于纠纷解决的情形,也不能被追加为当事人参加纠纷的仲裁活动。

2. 存在租赁物实际使用人时当事人的确定

融资租赁交易实践中存在较多承租人与租赁物的实际使用人不一致的情形。出现此种情形的原因多种多样,较为常见的有:实际使用人资信不足,无法通过出租人的融资资格审查,而采用了以承租人的名义订立相关合同及办理相关手续,但租赁物实际由实际使用人占有和使用的方式进行交易;实际使用人不愿意以自己的名义直接参加融资租赁交易,而采用了委托承租人代为进行相关合同的订立及手续的办理,自己实际使用租赁物的方式进行交易;承租人在融资租赁合同履行期间,因不再需要使用租赁物,而将租赁物转租、出借给他人使用等。实践中,租赁物的实际使用人与合同载明的承租人不一致的情形,有些是出租人明知或默许的,有些则是承租人和实际使用人向出租人隐瞒事实后自行进行的。

在所面临的融资租赁合同纠纷中存在承租人与租赁物的实际使用人不一致的情形时,承租人可以根据该情形的发生原因及出租人对该情形是否事前明知等实际情况,确定纠纷当事人和己方的应对策略。在承租人是受实际使用人的委托代为处理融资租赁交易的相关事宜,并基于受托人的身份与出租人订立合同,办理融资租赁过程中的相应手续的情形下,如承租人不愿参与该纠纷的解决,且有证据证明出租人对承租人与实际使用人之间的委托关系明知的,承租人可以根据《民法典》第 925 条关于隐名代理的规定,主张该融资租赁交易中的真实承租人为实际使用人,应由实际使用人作为交易中的承租人,或诉讼中的相应当事人享有相关权利,承担相应义务;如出租人对承租人与实际使用人之间的委托关系不知情,承租人可以根据《民法典》第 926 条关于隐名代理披露的规定,向出租人主动说明双方间的委托关系,并根据具体情况建议出租人选择实际使用人为纠纷解决的相对人,争取由实际使用人与出租人直接解决相关纠纷。在其他情形中,如认为实际使用人参与纠纷的解决更有利于案件事实的查明,或纠纷的处理结果与实际使用人存在法律上的利害关系时,可以要求或建议实际使用人参与纠纷的解决;纠纷通过诉讼途径解决的,承租人可以向人民法院提出通知实际使用人参加诉讼的申请。

二、合同性质争议的解决

关于合同性质的争议,是融资租赁合同纠纷处理中较为常见的争议类型。此类争议大多发生在承租人欠付租金而出租人要求解除合同、收回租赁物,或承租人认为出租人向己方收取的租金及其他费用过高、要求调低等纠纷中。

1. 争议的发生原因

在融资租赁合同关系中,出租人向承租人收取的租金及各种费用的总和一般是高于借贷关系中的本金和合理利息的总和的,且出租人租金债权的实现还有出租人对租赁物所享有的所有权作为担保。但一旦融资租赁合同关系未得到确认,双方间的合同法律关系一般会被确认为借款合同关系,出租人的交易身份会被确认为贷款人,承租人会被确认为借款人;承租人需要向出租人支付的租金也会改变为借款人需要向贷款人偿还的本金和合理的利息,付款数额会发生明显的减少;合同中约定的承租人需要向出租人支付的服务费、手续费等费用也将不再需要支付,已经支付的也将需要抵扣借款本金或利息;出租人对租赁物所享有的所有权也会被否定,债权的实现也将不再有租赁物的担保。因此,实践中在融资租赁合同纠纷中发生的关于合同性质的争议,大多是合同载明的出租人认为双方间的法律关系是融资租赁关系,而承租人则认为双方实际成立的是借款合同关系,应按借款关系确定双方间的权利义务。

2. 发生争议时的应对

如前文所述,融资租赁合同法律关系的判断,需要从标的物的性质、价值、租金的构成,以及合同中约定的当事人间的权利义务等方面进行,而并非根据合同文本中所使用的名称。对于机电设备融资租赁合同而言,租赁标的物机电设备本身是适于通过融资租赁的方式进行交易的,故对合同性质的判断,主要应围绕以下两个方面展开:一是交易是否兼有融资和融物双重属性;主要应从合同中约定的标的租赁设备是否真实存在、是否已经特定等方面进行确定;以虚构的、不存在的机电设备为租赁物,或以未特定化到具体实物的机电设备为租赁物,或不是以机电设备本身,而是以机电设备配套使用的消耗性的工作介质、原材料、产品等为租赁物的,融资租赁合同关系不能成立。二是根据标的机电设备价值、融资金额、租金的构成等相互之间是否相称进行判断;存在标的物价值显著低于融资金额,租金总额显著高于融资金额与合理利润之和等情形的,融资租赁合同关系不能成立。

根据上述判断方法,认为双方的实际交易关系不符合融资租赁交易关系认定条件的,承租人可以按照前文已介绍过的关于融资租赁交易的相关法律及司法解释的规定,结合交易实际情况,提出双方间的融资租赁交易关系不成立,双方间的权利义务应按借贷关系确定的纠纷处理意见。

三、合同条款解释相关争议的解决

融资租赁交易中大多使用的是出租人提供的模板式合同文本,这些合同文本中会使用大量金融、租赁等行业的专用术语。如双方未在合同内容中就这些术语的具体含义进行专门的约定,在合同履行过程中,双方将可能围绕相应合同条款应如何解释等发生争议。如合同中约定的“首付款”“服务费”等是什么性质的费用,是否应包含在租金总金额内等。出现此类争议时,承租人可根据合同订立及履行过程中的具体情形,提出相应的权利主张或抗辩意见。

1. 对格式条款的抗辩

根据《民法典》第 496 条至第 498 条的规定,格式条款是一方当事人为了重复使用而预先拟定,并在订立合同时未与对方进行协商的条款。提供格式条款的一方应当遵循公平原则确定双方间的权利和义务,并采用合理的方式提示对方注意免除或者减轻其责任等与对方有重大利害关系的条款,按照对方的要求,对该条款予以说明。提供格式条款的一方未履行提示或者说明义务,致使对方没有注意或者理解与其有重大利害关系的条款的,对方可以主张该条款不成为合同的内容。提供格式条款一方不合理地免除或者减轻其责任、加重对方责任、限制对方主要权利,或排除对方主要权利的,该格式条款无效。对格式条款的理解发生争议的,应当按照通常理解予以解释;对格式条款有两种以上解释的,应当作出不利于提供格式条款一方的解释;格式条款和非格式条款不一致的,应当采用非格式条款。

在融资租赁交易实践中，订立合同过程中所使用的合同文本多数是由出租人拟定并提供的，这些合同文本中的内容除标的物的信息、租金的总额、支付方式、支付期限等交易的具体内容外，关于双方间权利义务关系的其他内容则多数是出租人预先已经拟定，并在其所从事的融资租赁业务活动中经常性、重复性使用的条款。这些条款符合法律关于格式条款的规定条件，可以按照前述法律规定的规范要求确定合同的内容、相关条款的法律效力以及对条款内容进行解释。因此，承租人与出租人因可能构成格式条款的合同内容发生争议时，应收集充分的能够证明合同订立过程中合同文本由对方为重复使用而拟定且未与己方单独协商、未向己方就条款中存在的异常内容进行提示或说明等事实的证据，并提出相应条款不应作为合同内容或不具有法律效力，或应提出有利于己方解释的主张和意见。

2. 对交易习惯的抗辩

交易习惯，是指交易当事人之间在交易活动中的惯常作法，或交易行为当地或者某一交易领域、某一行业通常采用的交易惯常做法。根据《民法典》及相关司法解释的规定，交易习惯在不违背公序良俗的条件下，可以作为确定当事人间权利义务关系的依据；但对于存在于特定地域、领域、行业的交易习惯的适用，还应以对方当事人在订立合同时知道或应当知道为条件。

在融资租赁交易实践中，大多合同文本是由出租人拟定的，这些合同文本中无论是对交易结构的组织和安排，还是所使用的词句或用语，基本都是按照融资租赁行业的交易习惯来确定的。当合同履行过程中双方当事人因合同内容的解释发生争议时，出租人一般会主张按照融资租赁行业的交易习惯解释有争议的合同内容。但是，承租人一方的当事人一般并不会经常性地进行融资租赁交易，也就既无法与出租人单独形成双方在交易活动中的交易习惯，也不可能了解融资租赁行业的交易习惯。根据上述法律及司法解释关于交易习惯的定义和适用条件，在承租人对相关交易习惯不知情，也无法合理推断其应当知情的情形下，融资租赁行业存在的交易惯例并不符合在具体交易的纠纷处理中进行适用的法定条件。因此，在具体的融资租赁合同纠纷处理过程中，对于出租人经常提出的以融资租赁行业的交易习惯对合同内容进行解释的主张，承租人可以根据合同订立过程中的具体事实、己方与对方的交易历史情况、己方对融资租赁行业的了解情况等，提出相应的抗辩意见。

3. 对交易性质的运用

融资租赁交易的基本模式，是出租人通过与出卖人订立买卖合同并履行支付价款的义务，使承租人获得满足其使用需求的标的物；承租人通过占有和使用租赁物获得收益；出租人以向承租人收取租金的方式回收资金成本并获取收益。在交易进行过程中，出租人负有保证承租人平静占有和使用租赁物的义务，承租人负有按约定向出租人支付租金的义务。当事人由于对合同内容具有不同理解而发生争议时，如合同中未对相关内容作出专门的约定，则对合同相应条款的意义可根据融资租赁交易的性质进行解释；如交易中各方当事人权利义务的界限应如何划分、各方分别应承担哪些基本义务、各项义务所对应的交易对价是什么等。例如，对于承租人而言，如合同中未对己方需向出租人支付的租金以外的其他费用的性质、对应的对价等作出约定，也无法从相应费用名称所使用词句的通常意义对该费用的性质进行识别，就可以根据融资租赁交易的性质提出相关费用应属租金组成部分的主张。

四、租赁物质量争议的解决

标的租赁物的质量不符合约定要求或不能满足承租人的使用要求而发生的争议，是融资租赁合同履行过程中较为复杂、处理难度也较大的争议类型。与机电设备的买卖或承揽交易中的产品质量争议相比较，融资租赁交易中发生的产品质量纠纷，在举证责任的承担、产品质量的鉴定、质量不符合约定时出卖人或承揽人的责任承担方式等方面，所适用的法律规范是相同的。承租人在处理与出租人、出卖人间发生的产品质量纠纷时，可参照本书第六章和第七章的内容对相关的法律风险进行防控。本节内容仅对在租赁物存在质量问题时，承租人基于融资租赁交易的特征，可如何向出租人、出卖人进行权利主张，如何应对出租人、出卖人的抗辩等进行分析和说明。

1. 租赁物及出卖人由承租人选择确定时质量争议的解决

在融资租赁交易中，租赁物本身以及为交易提供租赁物的出卖人，一般是由承租人在与出租人订立融资租赁合同以前就已经做出的选择，出租人的实际交易身份就是为承租人获得所需标的物提供融资；在所订立合同的内容中，一般也会将租赁物存在质量问题时，向出卖人进行索赔的权利赋予承租人。根据相关法律及司法解释的规定，此种情形下出租人不对租赁物是否满足承租人的使用要求或租赁物的质量是否符合约定承担责任。因此,在此种交易情形中,除合同另有约定外,承租人在受领出卖人交付的标的租赁物后,发现标的物不符合合同约定的质量要求时,承租人应向出卖人提出相应的索赔主张。在索赔过程中需要出租人协助时,承租人可向出租人提出协助要求;出租人未履行协助义务或履行协助义务不符合要求造成承租人损失的,承租人可向出租人提出赔偿相应损失的要求。租赁物符合合同约定的质量要求,但选择错误导致无法满足己方使用需求的,相应的交易风险也需要由承租人自己承担。

2. 租赁物系依赖出租人的技能确定或出租人干预了租赁物选择时质量争议的解决

融资租赁交易实践中,在承租人自身不具备选择标的物的技术能力而出租人具备的情形下,出租人为促成交易的进行,就可能会以代替承租人进行租赁物选择的方式来进行融资租赁交易。在出租人与固定的设备出卖人合作进行产品销售的情形下,承租人选择与该出租人进行融资租赁交易后,一般也就无法再选择其他的设备出卖人,而只能在出租人指定的一家或几家设备出卖人内进行选择,租赁物也就只能在指定的出卖人所能提供的产品范围内选择确定。在这两种情形下所进行的融资租赁交易,承租人对租赁物及提供租赁物的出卖人的自主选择权受到了明显的限制,如仍由承租人对租赁物及出卖人选择不当的后果承担全部责任,对承租人明显不公平。因此,《民法典》规定,在该两种情形的融资租赁交易中,出现出卖人违约的情形时,承租人可向出租人提出减免相应租金的要求;租赁物不符合约定或不符合使用目的时,出租人需要承担相应的责任。

在发生质量争议的融资租赁合同纠纷中,如存在租赁物系依赖出租人的技能确定或出租人干预了租赁物的选择等情形,此类争议在司法解决的过程中存在大量证据不足而导致司法机关未对相应事实予以认定的案例,故承租人应特别注意证据的收集。在相应事实能够得到证明的条件下,承租人可就由于标的租赁物不符合质量要求或不能满足使用要求的责任承担,结合案件具体事实,向出卖人和出租人提出相应的权利主张。但需要注意的是,虽然法律规定了此种情形下出租人需要承担责任,但法律或司法解释并未对出租人承担责任的方式、范围等作出明确、详细的规定。因此,在提出具体的权利主张时,需要根据租赁物选择过程中各方当事人所起作用的大小、是否存在过错及过错的大小、出租人与出卖人间的关系、标的租赁物不能满足使用要求或不符合约定质量要求的具体情况和原因等因素，合理提出要求出租人与承租人承担连带责任或分别承担责任的主张。

此外，在融资租赁合同履行过程中，出租人存在擅自变更承租人已经选定的出卖人或租赁物，或向承租人隐瞒租赁物存在的质量瑕疵等情形的，承租人也可以根据交易的具体情况向其提出承担相应责任的要求。

五、出租人收回租赁物相关争议的解决

融资租赁交易中出租人收回租赁物的争议，主要出现在融资租赁合同被确认无效、被撤销或被解除等情形中，在合同丧失继续履行的基础后，出租人基于其对租赁物所享有的所有权，可以提出承租人返还租赁物的要求。围绕租赁物的返还在当事人间产生的争议，常见的有租赁物是否应当由出租人收回、收回后双方当事人间的权利义务如何清理结算，租赁物的价值如何确定等。

1. 租赁物的返还或留用

融资租赁合同被确认无效、被撤销或被解除后，如果合同中对该情形下租赁物的归属作出了约定，则应按约定处理；如没有作出约定，则出租人可以根据交易的具体情况选择承租人返还租赁物，或通过实现担保物权的民事诉讼特别程序对租赁物进行拍卖、变卖，或与承租人协商由承租人支付一定补偿费用后对租赁物留用。对于承租人而言，如由于经营情况的变化不再需要对租赁物进行占有和使用，则可以主动要求将租赁物返还给出租人；即使出租人不主张收回租赁物，承租人也可以己方不再需要租赁物、留用将会显著降低租赁物效用，或己方没有向出租人支付相应补偿费用的能力等为理由，要求出租人收回租赁物。承租人如由于经营所需，需要留用租赁物的，可通过与出租人积极协商的方式争取留用租赁物；如重新建立租赁关系，支付一定补偿费用后将租赁物由己方所有等。无法协商一致致使纠纷通过诉讼解决的，承租人也可以在诉讼中提出租赁物归属于己方更有利于发挥效用，己方愿支付合理的补偿费用等意见，争取租赁物能够被己方留用。

2. 出租人收回租赁物后当事人间权利义务的清理结算

租赁物被出租人收回后，当事人还需要根据融资租赁合同不再继续履行的具体原因对双方间的权利义务关系进行清理结算。融资租赁合同被确认无效

或被撤销,导致租赁物被出租人收回时,对于合同订立及履行所造成的损失,需要由当事人根据对合同无效或可撤销所存在的过错承担责任,双方都有过错的,需要根据过错的大小分别承担与过错程度相对应的责任。融资租赁合同被当事人依法解除而导致租赁物被出租人收回时,需要根据合同被解除的原因对当事人间的权利义务进行清理结算。如果由于出租人存在严重违约行为,合同被承租人依法解除的,出租人虽然也可以收回租赁物,但应当对违约行为造成承租人的损失承担赔偿责任。如果由于承租人存在严重违约行为,合同被出租人依法解除时,出租人在收回租赁物时还可以要求承租人赔偿违约行为造成的损失;但出租人不能既要求解除合同、收回租赁物,又要求承租人支付全部未付租金。

3. 租赁物价值的确定

融资租赁合同被确认无效、被撤销或被解除后,在对双方的权利义务进行清理结算时,无论是租赁物被出租人收回还是由承租人留用,在确定违约方需要向对方支付的赔偿金或承租人留用租赁物需要支付的补偿金等费用的数额时,都需要对租赁物的价值进行确定。在进行清理结算事宜时,一般情况下租赁物已经被承租人进行过期间不等的实际使用,且由于不同租赁物市场流通性的不同,再次销售的折价也是不同的。此种情形下租赁物的价值不能按照初始购置价确定,而需要按照办理清理结算事宜时租赁物的市场价格确定,即需要在初始购置价格的基础上减去再次销售的折价和使用造成的减值损失。

根据《融资租赁合同司法解释》的规定,诉讼期间承租人与出租人对租赁物的价值有争议的,人民法院可以按照融资租赁合同的约定确定租赁物价值;融资租赁合同未约定或者约定不明的,可以参照融资租赁合同约定的租赁物折旧以及合同到期后租赁物的残值确定租赁物价值。承租人或者出租人认为依前述规定确定的价值严重偏离租赁物实际价值的,可以请求人民法院委托有资质的机构评估或者拍卖确定。司法实践中,对租赁物价值的确定有以下几种具体方式:一是通过执行程序中的拍卖、变卖等方式进行确定,裁判文书主文不直接认定;二是在案件审理阶段通过委托价格评估的方式确定;三是参考《企业所得税法实施条例》第 60 条关于固定资产折旧年限的规定进行确定;四是按照合同约定的折旧率计算方法进行确定。因此,在具体的融资租赁纠纷解决过程中,双方当事人由于租赁物价值的确定发生争议时,承租人可根据前述司法解释的规定,根据租赁物的性质、实际状况、市场流通性、准备进行的处理方式(如留用还是有出租人收回)等因素,向对方或向处理纠纷的人民法院、仲裁机构提出应采用何种确定方式的意见,争取租赁物的价值能够得到公平、合理的确定。

参考文献

1. 韩世远:《合同法总论》(第四版),法律出版社 2018 年版。

2. 最高人民法院民法典贯彻实施工作领导小组编著:《中国民法典适用大全》,人民法院出版社 2022 年版。

3. 叶小忠、贾殿安主编:《中国企业法律风险管理发展报告》,法律出版社 2013 年版。

4. 吴江水:《完美的合同》(增订版),北京大学出版社 2020 年版。

5. 江必新、何东林等:《最高人民法院指导性案例裁判规则》(合同卷一),中国法制出版社 2012 年版。

6. 江必新、何东林等:《最高人民法院指导性案例裁判规则》(合同卷二),中国法制出版社 2012 年版。

7. 江必新主编:《合同风险及其防范控制全书》,中国法制出版社 2019 年版。

8. 何力、常金光等:《合同起草审查指南:三观四步法》,法律出版社 2019 年版。

9. 程永顺主编:《技术合同判例》,知识产权出版社 2010 年版。

10. 王熙峰:《机械制造行业产品质量纠纷诉讼实务研究》,法律出版社 2018 年版。

11. 李超主编:《法院审理融资租赁案件观点集成》,中国法制出版社 2021 年版。

12. 黄喆:《〈合同法〉第 261 条(工作成果的交付和验收)评注》,载《法学家》2020 年第 2 期。

13. 防城港华裕特纤科技有限公司诉邵阳纺织机械有限责任公司案,中华人民共和国最高人民法院(2019)最高法民再383号民事判决书。

14. 王某银诉堆龙东为实业有限公司、成都百悦大地矿业有限公司案,中华人民共和国最高人民法院(2019)最高法民辖终385号民事裁定书。

后　记

2020年春节期间突然袭来的新冠疫情,打乱了很多人的工作和生活,我利用难得的空闲时间,将多年执业过程中积累的知识、经验进行体系化的归纳和总结,以作为未来工作中的基础和参照。

由于曾长期在装备制造企业工作,从事律师职业后又办理了较多合同类的诉讼及非诉讼业务,我对企业合同,尤其是装备制造企业业务合同的订立、履行、变更或解除、纠纷的解决等方面的事务可以说非常熟悉。对自己熟悉且主题范围也比较集中的专题进行总结和分析,可以充分利用以往在法律事务处理过程中已经形成的一些既有材料,对书稿内容范围的规划、针对具体问题观点的确定等也就更为得心应手。因此,我决定将自己学习研究合同法律及办理合同类法律事务过程中积累的知识和经验进行归纳和总结。恰逢《民法典》颁布实施、《民事诉讼法》修改、最高人民法院对相关司法解释大幅度修改并陆续发布了一些新的司法解释,本书的内容也与时俱进随之调整,直到2023年年底才基本定稿。

本书的编写得到了法律出版社编辑邢艳萍专业而细致的指导,使以往没有图书创作经验的我顺利完成了书稿的编写和修改,在此表示衷心的感谢。此外,我的妻子和孩子对我将大量时间和精力用于本书的编写,给予了充分的理解和支持;山西晋信律师事务所的同事为本书创作提供了诸多支持,在此一并表示感谢。

由于本人学识和能力方面的不足,本书内容难免会存在一些疏漏,竭诚欢迎读者朋友批评指正,我的邮箱地址为 wjb0579@163. com。